Fantasy

Herausgegeben von Friedel Wahren

Von **Charles de Lint** erschienen in der Reihe
HEYNE SCIENCE FICTION & FANTASY:

Das Dungeon 3 –
Das Tal des Donners · 06/4752

Das Dungeon 5 –
Die verborgene Stadt · 06/4754

Das kleine Land
1. Teil: *Das verborgene Volk* · 06/5237
2. Teil: *Die vergessene Musik* · 06/5238

CHARLES DE LINT

DAS KLEINE LAND

ZWEITER TEIL

Die vergessene Musik

Roman

Deutsche Erstausgabe

WILHELM HEYNE VERLAG
MÜNCHEN

HEYNE SCIENCE FICTION & FANTASY
Band 06/5238

Titel der Originalausgabe
THE LITTLE COUNTRY, 2. TEIL
Aus dem Amerikanischen übersetzt von
NORBERT STÖBE

Das Umschlagbild malte Michael Whelan
Die Illustrationen im Text zeichnete
Johanna Peterka

Redaktion: E. Senftbauer

Die Originalausgabe erschien bei
William Morrow and Company, Inc., New York

Printed in Germany 1994
Umschlaggestaltung: Atelier Ingrid Schütz, München
Satz: Schaber Satz- und Datentechnik, Wels
Druck und Bindung: Presse-Druck, Augsburg

ISBN 3-453-07998-1

INHALT

Tee heilt alle Leiden 9
When Sick Is It Tea You Want?

Faß mich an, wenn du dich traust 49
Touch Me If You Dare

Grenzerfahrung 97
Border Spirit

Es wird ernst 152
The Bargain Is Over

Dumdideldum 167
Leppadumdowledum

Anhänglicher Billy 186
Constant Billy

Der Mann, der starb und wieder auferstand 216
The Man Who Died and Rose Again

Da stand ich nun 223
So There I Was

Wieder nach Haus 257
Tottering Hame

Das Glück, mein Feind 267
Fortune My Foe

Nimm dein Schicksal in die Hand 313
Kick the World Before You

Der Schrei des Adlers 327
The Eagle's Whistle

Der Prüfstein 366
The Touchstone

Manche Leute behaupten, der Teufel sei tot 385
Some Say the Devil Is Dead

Epilog 402

Fast zu schön, um wahr zu sein 403
Absurd Good News

Zufriedenheit geht über Reichtum 407
Contentment Is Wealth

Anhang 413
Eine Auswahl aus Janey Littles Stücken

ZWEITER TEIL

Die vergessene Musik

Musik ist der eine immaterielle Zugang
zu den höheren Bereichen
der Erkenntnis, der den Menschen versteht,
ohne daß der Mensch ihn versteht.

LUDWIG VAN BEETHOVEN zugeschrieben

Ursprünglich dienten Lieder religiösen Zwecken.
Später, im Zeitalter der Balladen,
transportierten sie Informationen, Geschichten
und Meinungen. Jetzt, im 20. Jahrhundert,
sind sie zu einem Mittel geworden,
um Geld zu verdienen und berühmt zu werden.
Ich glaube, die anderen beiden Zwecke
waren besser.

MIKE SCOTT
aus einem Interview in *Jamming*, 1985

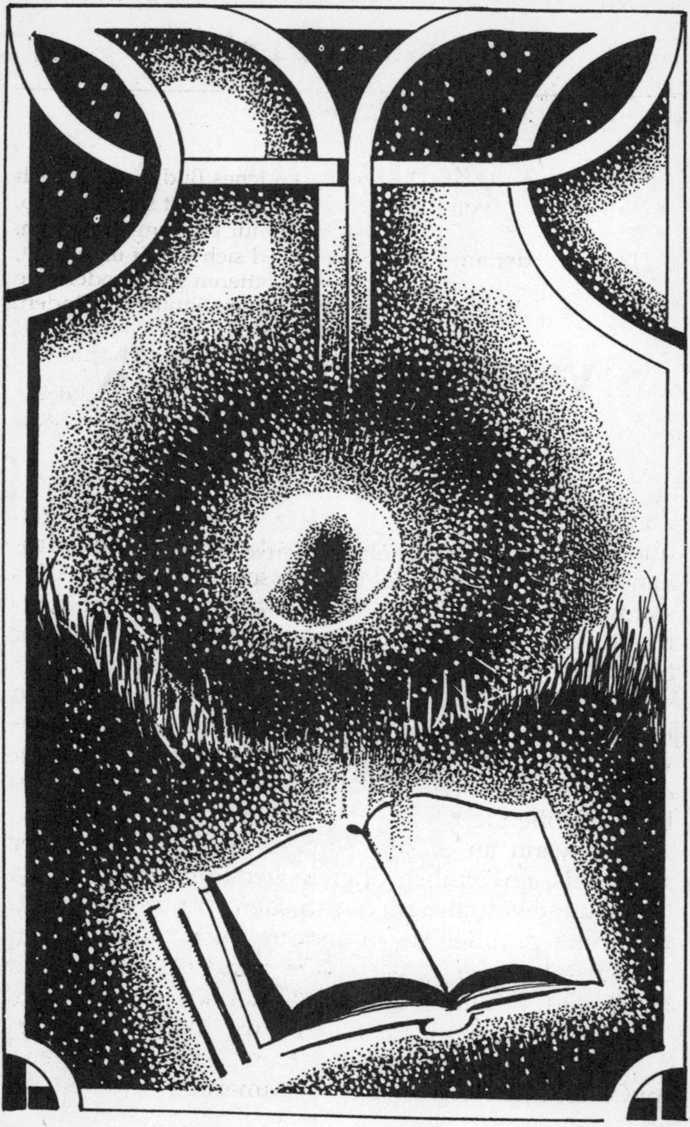

Tee heilt alle Leiden

Ich weiß nicht, welches Bild die Welt sich
von mir macht, aber mir selbst scheint es so,
als sei ich nur ein Junge gewesen,
der am Strand spielte und sich damit unterhielt,
ab und zu einen glatteren Kiesel oder eine
hübschere Muschel als gewöhnlich zu finden,
während der weite Ozean der Wahrheit
unerkannt vor mir lag.

SIR ISAAC NEWTON zugeschrieben
aus Brewsters *Life of Newton* (1831)

An der Riviera von Cornwall dämmerte der Morgen und überzog die Mount's Bay mit dunkelgrauen, drohenden Wolken. Die Einheimischen nannten dies ›schwarzes Ostwetter‹ – schlecht, jedoch nicht stürmisch. Zu Zeiten des Fischfangs hielten die Männer besonders nach den plötzlichen Atlantikstürmen Ausschau, die wie aus dem Nichts über sie kommen konnten. Doch jetzt, mit dem Tourismus als Haupterwerbszweig und in der Nachsaison, war das Wetter eher etwas, worüber man beim Tee sprach, als eine lebensbedrohende Kraft.

Und wenn an diesem Morgen auch viele ruhiger waren als gewöhnlich oder in gedämpftem Ton von ihren ungewöhnlichen nächtlichen Träumen erzählten, rollte draußen die Brandung noch immer gegen die Küste an, der wechselhafte Wind rüttelte an den Fensterläden und wirbelte Wetterfahnen im Kreis herum, und die Möwen segelten wie Drachen und erfüllten die Luft mit ihren heiseren Schreien, während im Osten der Morgen heraufdämmerte.

Sie kreisten und tauchten noch immer im Sturzflug auf die Häuser auf dem Raginnis Hill hinab, als Lilith Mabley ins Schlafzimmer ihrer Tochter trat, den Zettel, den Clare ihr am Vorabend hingelegt hatte, in der Hand. Früher einmal hatte sie das gleiche dunkle Haar gehabt wie Clare, doch nun wurde es grau; sie machte sich nichts aus Tönungs- oder Färbemitteln. Das Grau betonte ihre stattliche Erscheinung – die aufrechte Haltung und den stets hocherhobenen Kopf. Sie hatte den Stolz einer Prinzessin, und für die Einwohner von Penwith war die Witwe eines Fischers nicht weniger wert als die ins Herrenhaus hineingeborene Lady.

»Clare?« rief sie leise an der Tür.

Clare erwachte mit pochendem Herzen, doch als sie sah, daß es ihre Mutter war, beruhigte sie sich.

»Hallo, Mam.«

»Dieser Zettel …?«

»Ich werd's dir erklären.«

»Aber es ist niemand unten.«

Clare setzte sich auf und fuhr sich mit den Fingern durchs Haar. Sie fühlte sich noch benommen von dem bißchen Schlaf, den sie den frühen Morgenstunden hatte abtrotzen können.

»Niemand …?« wiederholte sie.

War alles Teil der schrecklichen nächtlichen Alpträume gewesen?

»Nun ja«, sagte ihre Mutter. »Auf dem Sofa in deinem Arbeitszimmer liegt eine zusammengefaltete Decke und ein Kissen, aber es schläft dort niemand.«

Nein, es war kein Traum gewesen, dachte Clare, als sie die Beine aus dem Bett schwang. Ihr Bein schmerzte nämlich heftig. Und ihr Kopf auch. Und sie brauchte nur die Augen zu schließen, und schon sah sie das Insektengesicht mit der Schutzbrille und dem Halstuch vor sich.

Und das Messer …

»Davie ist weg?« sagte sie.

Ihre Mutter nickte. »Davie Rowe«, sagte sie in einem Ton, der ihre Überraschung verriet. »Was hast du dir bloß dabei gedacht, einen wie den mit nach Hause zu bringen?«

»Ich ...«

Clare versuchte sich daran zu erinnern, was sie auf den Zettel geschrieben hatte. Nur eine verschwommene Erklärung. Ihre Mutter wollte anscheinend mehr wissen.

»Ich bin gestern abend im Regen hingefallen«, sagte sie, »und Davie kam zufällig vorbei und hat mich nach Hause begleitet. Es hat so stark geregnet, daß ich ihn auf dem Sofa hab schlafen lassen. Ich nehme an, er ist aufgebrochen, sobald das Wetter besser wurde.«

»Das letzte, woran ich mich erinnere, bevor ich ins Bett ging«, sagte ihre Mutter, »war, daß du in deinem Arbeitszimmer gesessen und gelesen hast.«

Ja, aber dann war Felix gekommen, und sie war zu Janey gegangen, und irgendein Wahnsinniger hatte sie mit einem Messer bedroht... Aber das konnte sie ihrer Mutter unmöglich sagen, sonst bliebe ihr heute keine ruhige Minute mehr. Hatte Janey Felix gefunden? War jemand anders überfallen worden?

»Das Buch ist mir langweilig geworden«, sagte sie, »deshalb habe ich Janey besucht.«

»So spät«, sagte ihre Mutter kopfschüttelnd. »Du hattest Glück, daß Rowe vorbeikam.«

Ihr Tonfall ließ deutlich erkennen, daß sie jeden Umgang mit Davie Rowe mißbilligte, obwohl er ihr geholfen hatte.

»Er ist gar nicht so übel«, sagte Clare.

Ihre Mutter nickte. »Natürlich nicht. Deshalb hat man ihn ja auch ins Gefängnis gesteckt – weil er ein so netter Kerl ist.«

»Du weißt, was ich meine.«

»Janey hätte dich nach Hause fahren sollen«, sagte ihre Mutter, um das Thema zu wechseln.

»Janey hatte eine Besorgung zu machen.«

»Um diese Zeit?« Ihre Mutter schüttelte den Kopf. »Wie weit ist es bloß gekommen?«

Das fragte Clare sich auch.

»Ich ziehe mich besser mal an«, sagte sie.

»Du gehst weg?«

»Ich hab Janey versprochen, heute morgen vorbeizukommen.«

»Ich hatte gehofft, wir könnten mit dem Puzzle weitermachen ...«

Ihre Mutter liebte Puzzles, je komplizierter, desto besser. Wenn sie fertig waren, klebte sie das vollendete Puzzle auf einen steifen Karton und stellte es solange auf dem Kaminsims zur Schau, bis das nächste fertig war. Hinten in ihrem Kleiderschrank lag ein meterhoher Puzzlestapel. Das neueste war ein besonders verlockendes Projekt – die täuschende Reproduktion eines kleinen Kutters mit graublauem Segel, der unter einem graublauen Himmel auf blaugrauem Wasser trieb, im Hintergrund graublaue Klippen und ein verwirrendes Durcheinander ineinander verlaufender Schatten gleicher Färbung.

An manchen Werktagen, wenn Clare abends vom Laden nach Hause kam, und so gut wie jeden Sonntagmorgen setzten sie sich an den Wohnzimmertisch, wo die Puzzles ausgebreitet lagen, und arbeiteten gemeinsam daran. Clare genoß diese Gelegenheiten jedesmal, denn dann steckten sie die Köpfe zusammen, vorgeblich auf die vor ihnen liegende Aufgabe konzentriert, während sie vor allem die entspannte Unterhaltung genossen, zu der sie beide unter der Woche sonst kaum Zeit fanden.

»Es tut mir leid, Mam«, sagte sie. »Wirklich. Aber es ist wichtig.«

Ihre Mutter lächelte, ihre Enttäuschung gut verbergend.

»Es geht um Felix, stimmt's?« fragte sie. »Die beiden brauchen dich bestimmt als Schiedsrichter bei ihren Streitereien.«

»Etwas in der Art«, gab Clare zu.

»Ts-ts-ts«, machte ihre Mutter. »Wo er doch gerade erst einen Tag wieder da ist. Man sollte eigentlich meinen, sie hätten dazugelernt. Also zieh dich an, Clare. Am besten gehst du rasch rüber, bevor es dort nichts mehr zu retten gibt.«

»So schlimm ist es nicht.«

»Vielleicht war es gestern abend noch nicht so schlimm, aber du hast mir genug darüber erzählt, wie sich die beiden beim letztenmal aufgeführt haben, daß ich weiß, daß man sie nicht lange alleinlassen kann.« Sie schüttelte den Kopf und steckte Clares Zettel in die Tasche. »Aber was sie machen werden, wenn sie erst mal verheiratet sind«, fügte sie hinzu, »also, *ich* weiß es nicht. Aber das ist ihr Problem.«

Clare blieb nichts anderes übrig als zu lachen, doch das reichte aus, die letzten Nachwehen der Nacht abzustreifen. Allmählich fühlte sie sich wieder wohler in ihrer Haut. Und wenn Janey Felix hatte finden können …

»Zieh dich an, Clare«, wiederholte ihre Mutter, als sie aus dem Zimmer ging. »In einer Minute ist dein Frühstück fertig.«

»Ich liebe dich auch!« rief Clare ihr nach.

2

Felix erwachte allein im Bett. Seine Kopfschmerzen waren verschwunden. Die Erfahrungen der vergangenen Nacht, reale Ereignisse und geträumte gleichermaßen, jagten in seinem Kopf durcheinander, doch am deutlichsten erinnerte er sich daran, daß Janey und der Chef ihn fortgeschickt hatten.

Einen Moment lang meinte er, alles sei ein Traum gewesen – denn hier lag er nun im Gästezimmer des Chefs, als erwachte er soeben am Morgen nach seiner Ankunft im Dorf – aber nein, sie *hatten* ihn weggeschickt. Das war wirklich gewesen. Die Erinnerung war zu deutlich und zu schmerzhaft, als daß er es geträumt haben konnte.

Und als er in der Nacht neben Janey aufgewacht war?

Er blickte sich im Zimmer um. Wenn er hier war – ohne genau zu wissen, wie er hierhergekommen war –, dann war das ebenfalls kein Traum gewesen.

Er setzte sich auf, ein wenig erschöpft, aber nicht übermäßig mitgenommen.

Wie war er also wieder hierhergekommen?

Sein Seesack und der Akkordeonkoffer standen neben der Tür, Clares Spazierstock lehnte dagegen. Seine Jacke hing über einer Stuhllehne, seine Sachen lagen unordentlich auf der Sitzfläche.

Er versuchte sich an möglichst viel zu erinnern. Nach dem Streit war er zu Clare gegangen. Dann der Spaziergang; das Akkordeonspielen am Meer; das Unwetter; der Besuch bei Lena, um ihr Clares Spazierstock leihweise zu überlassen. Und dann … dann wurde es verwirrend. Alptraumhafte Bilder. Er war tot gewesen – man hatte ihn gehängt. Von der Eiche abgeschnitten und im Dreck liegengelassen, wo die Frau …

Das hatte er geträumt.

Er schauderte, als er sich an ihr Gesicht erinnerte.

Sie hatte seine Leiche gebumst. Und diese Erinnerung überlagerte das Bild, wie Lena mit ihm geschlafen hatte, aber auf dem Bett in ihrem Hotelzimmer. Die Ähnlichkeiten waren verblüffend – angefangen von der gleichen Position der beiden Frauen bis zu seiner erzwungenen Unbeweglichkeit. Als hätte er als Unbeteiligter in seinem eigenen Körper gesteckt …

War das real gewesen, oder war es ein Erinnerungsrest aus wiederum einem anderen Traum?

Letzte nacht hatte Janey gemeint, man habe ihn unter Drogen gesetzt.

Lena hatte ihn unter Drogen gesetzt.

So sehr er sich auch anstrengte, an mehr konnte Felix sich nicht erinnern. Jedenfalls nicht klar. Nur in verschwommenen, bedrückenden Bildern, die hinter seinen Lidern flackerten, sobald er die Augen schloß.

Seufzend stieg er aus dem Bett und zog sich an. Er wollte sich im Bad waschen gehen, aber seine Knie gaben nach, ihm wurde komisch im Magen, und er schaffte es gerade noch, sich den sauren, pelzigen Geschmack aus dem Mund zu spülen, dann verspürte er den Drang, sich wieder hinlegen.

Aber nicht wieder in seinem Zimmer. Er fühlte sich elend, jedoch nicht elend genug, um auf ein paar Antworten zu verzichten.

Er schaffte es bis nach unten, wo er Janey und den Chef in der Küche beim Frühstück antraf. Sie warfen ihm gleichgeartete Blicke zu, in denen sich Besorgnis mit Schuldgefühl mischte. Wenn ihm nicht so übel gewesen wäre, hätte er sie geneckt, doch es blieb ihm nichts anderes übrig, als ins Wohnzimmer hinüberzugehen und sich auf die Couch zu legen, bevor die Beine unter ihm nachgaben.

Janey folgte ihm und setzte sich aufs Sofa, und als ihr Gewicht in die Polster einsank, hob sich ihm der Magen. Er blieb still liegen, wartete darauf, daß das Zimmer anfangen würde, sich zu drehen, und hoffte, daß er sich nicht übergeben mußte.

»Felix?« fragte sie.

»Es … es geht schon …«

»Du siehst schlecht aus.«

Er versuchte erfolglos, zu lächeln.

»In Wirklichkeit«, sagte er, »fühle ich mich schrecklich.«

»Vielleicht sollten wir dich nach Penzance bringen«, sagte der Chef. »Ins Krankenhaus.«

Er war Janey ins Wohnzimmer gefolgt und stand neben der Treppe, ans Geländer gelehnt. Offenbar traute er sich nicht näher.

Felix schüttelte den Kopf – und wünschte sogleich, er hätte es nicht getan. Bei jeder Bewegung hob sich sein Magen.

»Nicht ins Krankenhaus«, brachte er hervor.

Er haßte es, krank zu sein, aber Krankenhäuser haßte er noch mehr. Seiner Ansicht nach dienten sie allein dem Zweck, einen kränker zu machen, als man ohnehin schon war, obwohl er sich nicht vorstellen konnte, wie es wäre, wenn er sich noch schlechter fühlte als im Moment.

»Die Idee ist gar nicht so übel«, sagte Janey. »Wir haben keine Ahnung, welche Drogen dir die Frau gegeben hat.«

»Sie hat mir tatsächlich Drogen gegeben?«

Janey nickte.

»Und du hast mich ... hierhergebracht?«

»Und das hat mein Liebling ganz allein getan«, sagte der Chef.

Felix sah von einem zum anderen, indem er nur die Augen bewegte.

»Ihr beide glaubt mir also jetzt?« fragte er. »Daß ich nichts mit diesen Leuten zu tun hatte?«

Janey legte ihm die Hand auf die Schulter. »Natürlich glauben wir dir. Es war gemein von uns, dir keine Zeit für Erklärungen zu geben.«

»Wir waren ziemlich außer uns, nehme ich an«, fügte der Chef hinzu. »Es tut mir leid, Felix. Mehr, als ich dir jemals sagen kann.«

Trotz seiner Übelkeit fühlte Felix sich bereits erheblich besser. Tief in seiner Brust entspannte sich etwas. Eine schmerzhafte seelische Wunde begann zu heilen.

»Schon gut«, sagte er. »Irgendwann dreht jeder mal durch.«

»Aber nicht so schlimm«, sagte Janey.

»Ist schon gut«, wiederholte Felix. »Wirklich.«

»Und was das Krankenhaus angeht«, begann der Chef.

Felix schüttelte wieder den Kopf, was eine neue Welle von Übelkeit zur Folge hatte.

Der Chef schaute ihn lange Zeit an. Ein Teil der Düsternis, die sich in seinen Augen niedergelassen hatte, verschwand. Er straffte sich und nickte.

»Dann möchtest du bestimmt einen Tee«, sagte er.

Das brachte Felix kurzzeitig zum Lächeln. Vertrau nur Tom Little. Wenn man krank war, dann heilte Tee jedes Leiden. Cornwalls Antwort auf Hühnerbrühe.

»Ein Tee wäre prima«, gab er zu.

»Du solltest dich jetzt ausruhen«, sagte Janey, während der Chef den Wasserkessel aufsetzen ging.

Als sie Anstalten machte, ebenfalls hinauszugehen, nahm Felix ihre Hand.

»Ich möchte nirgendwo anders sein als hier«, sagte er.

Lächelnd blieb Janey neben ihm auf der Couch sitzen.

3

Willie Keel erschien früh und gutgelaunt an Lenas Tür. Er blieb im Flur stehen, die Mütze in einer Hand, die andere zu ihr ausgestreckt.

»Hab alles erledigt«, sagte er. »Genau wie Sie's wollten.«

Nach der schlaflosen Nacht hatte Lena schlechte Laune, doch sie beherrschte sich. Je nachdem, wie sich die Dinge entwickelten, würde sie Willies Hilfe womöglich noch einmal in Anspruch nehmen müssen.

»Ich habe kein Bargeld«, sagte sie. »Nehmen Sie Reiseschecks?«

»In Pfund?«

»Selbstverständlich.«

Lena sah in ihrer Handtasche nach, wieviel Pfund in Reiseschecks sie noch hatte. Knapp sechshundert.

»Was halten Sie davon, wenn ich Ihnen heute fünfhundert gebe, und wir holen uns den Rest am Montag gemeinsam von der Bank?«

Keel überlegte einen Moment.

»Tja, also«, sagte er stirnrunzelnd. »Wir hatten was anderes abgemacht, wenn ich mich recht erinnere. Sie waren es, die mich mitten in der verdammten Nacht angerufen hat…«

»Kann ich Ihnen irgendwie helfen, Miss?«

Als Lena aufsah, stand Jim Gazo nur wenige Schritte entfernt im Flur – ohne eine Spur von Wiedererkennen in den Augen, genau so, wie sie es gewollt hatte. Er war so leise an sie herangetreten, daß weder sie noch Keel seine Annäherung bemerkt hatten.

Wenn Keel Lena an ein Wiesel erinnerte, dann war Gazo ein Bulle mit rotunterlaufenen Augen. Er war breitschultrig und hochgewachsen und hatte angenehme Gesichtszüge, abgesehen von der Nase, die einmal gebrochen und nie wieder richtig zusammengewachsen war. Sein dunkles Haar war kurz geschnitten, und bei all der Sorgfalt, die er seinem Körper widmete, kleidete ihn alles, was er trug. In Anbetracht seiner Größe gehörte seine Fähigkeit, sich unauffällig zu verhalten und nahezu lautlos zu bewegen, zu seinen größten Vorzügen. Niemand wollte einen Bodyguard, dessen Anwesenheit ständig lautstark Sicherheit verkündete – es sei denn, es war notwendiger Bestandteil des Jobs, und damit würde Gazo ebensogut zurechtkommen.

Lena blickte Keel an, der den Fremden einzuordnen versuchte, ohne es sich allzu deutlich anmerken zu lassen. Er kam nicht sonderlich weit damit.

»Ich ...«, begann sie.

»Kein Problem«, sagte Keel rasch. »Reiseschecks wären prima.«

Hinter Keels Rücken lächelte Gazo andeutungsweise, dann nickte er Lena zu und ging weiter zu seinem Zimmer. Keel folgte ihr aufs Zimmer, wo sie neben der Frisierkommode Platz nahm. Sie suchte in ihrer Handtasche nach einem Kugelschreiber, dann unterschrieb sie die erforderliche Anzahl von Schecks und reichte sie ihm.

»Ich rufe Sie morgen früh an«, sagte er, während er die Schecks rasch in seiner Sakkotasche verstaute. »Es sei denn, Sie haben heute noch etwas für mich zu tun?«

»Morgen früh ist mir recht«, sagte Lena.

Sie humpelte zur Tür zurück und machte sie hinter ihm fest zu. Sie wollte sie gerade abschließen, dann überlegte sie es sich anders. Sie hatte Willie nicht gefragt, *wie* er die Mabley gerettet hatte, aber er *hatte* es getan, und so wie sie Bett kannte, würde er heute, nachdem man ihm einen Strich durch die Rechnung gemacht hatte, noch schlechterer Laune als gewöhnlich sein. Sie wartete einen Augenblick, bis der Flur leer war, dann humpelte sie mühsam zu Gazos Zimmer. Er öffnete auf das erste Klopfen hin und blickte rasch den Flur auf und ab, bevor er sie ansah.

»Ein schlechter Zug?«

Lena schüttelte den Kopf. »Nein, genau der richtige.«

Gazo blickte an ihrem Bein hinunter und bemerkte die Schwellung. »Hat Bett das getan?«

»Würden Sie mir glauben, daß ich vom Fahrrad gefallen bin?«

»Wenn Sie es sagen? Ja. Sie wissen nicht, was es

heißt, halbe Sachen zu machen. Möchten Sie reinkommen?«

Lena nickte. »Letzte Nacht bin ich Bett in die Quere gekommen, und obwohl ich mir nicht sicher bin, ob er es weiß oder nicht, möchte ich möglichst schnell irgendwohin, wo er mich nicht finden kann.«

Als Gazo ihr seinen Arm bot und sie ins Zimmer führte, wurde Lena unwillkürlich an Felix und seine kleinen Aufmerksamkeiten erinnert. Sie fühlte, wie sich ihre Augen mit Tränen füllten, und blinzelte heftig.

Zum Teufel mit ihm.

Zum Teufel mit der ganzen Situation.

Als Gazo sich besorgt zeigte, schützte sie als Entschuldigung für das verräterische Glitzern in ihren Augen größere Schmerzen in ihrem Knöchel vor, als sie tatsächlich hatte.

»Daddy fliegt heute her«, sagte sie, als sie Platz genommen und ihre Gefühle wieder etwas besser unter Kontrolle hatte. »Zusammen mit John Madden.«

Gazo, der sich trotz seines Umfangs wie ein Panther bewegte, setzte sich aufs Bett.

»Was geht hier eigentlich vor?« fragte er. »Aber will ich's überhaupt wissen?«

Lena schüttelte den Kopf. »Sie wollen's nicht wissen.«

So ist das eben, wenn man keine Freunde hat, dachte Lena, von der Erkenntnis überrascht. Bis jetzt hatte sie noch nie darüber nachgedacht. Sie hatte Angestellte, angefangen von Jim Gazo bis zu den Dienstmädchen und Gärtnern zu Hause. Sie hatte alle möglichen Leute um sich herum, die bereit waren, ihr Gesellschaft zu leisten, die sie zu beeindrucken versuchten oder darauf warteten, beeindruckt zu werden, aber keine Freunde. Niemanden.

In diesem Augenblick hätte sie alles dafür gegeben, wenn sie mit jemandem über den Aufruhr in ihrem

Innern hätte sprechen können. Mit jemandem, der sie verstand. Leider war der einzige Mensch, der ihr einfallen wollte, Felix Gavin, und sie hatte sich damit abgefunden, daß er ihr nie wieder auch nur einen Augenblick Zeit schenken würde.

Die Alpträume der letzten Nacht wurden in ihr neu aufgewühlt.

Vergiß sie, sagte sich Lena. Schluß damit. Schau nach vorn. Setz die Maske auf und laß sie nicht mehr verrutschen.

Angenommen, Bett käme hinter ihre momentane Schwäche …

»Erzählen Sie schon, Jim«, sagte sie. »Was gibt's Neues in Boston?«

»Abgesehen davon, daß die Celtics in Topform sind?«

4

Wie Felix auch, mußte Janey mit ihren eigenen schlimmen Erinnerungen – realen und geträumten – fertig werden, doch anders als bei ihm waren sie ungetrübt. Dafür war sie nicht gerade dankbar. Die Bilder kreisten in ihrem Kopf, als wären sie zu einer Endlosschleife zusammengeklebt …

Die Szene draußen auf dem Chapel Place, als sie und der Chef Felix weggeschickt hatten.

Die Heimfahrt im Regen.

Felix im Bett der Amerikanerin.

Ihre Mutter als besoffene Pennerin.

Verzeih mir.

Und Dunthorns geheimnisvolles Buch, aus dem zunächst eine so wunderbare Musik erklungen war, bis sich die Schatten herangearbeitet hatten und sie sehr, sehr düster geworden war …

Sie war froh, bei Felix zu sein, neben ihm auf der Couch zu sitzen und ihm Gesellschaft zu leisten, aber das Schweigen gefiel ihr nicht. Weil es ihr zuviel Zeit zum Nachdenken ließ. Weil es gleich wieder das Endlosband in Bewegung setzte, das die aufgezeichneten Bilder durch ihren Kopf wirbeln ließ, und dann wollte sie bloß noch auf etwas einschlagen… auf irgend etwas, vorzugsweise aber auf die Frau, die Felix unter Drogen gesetzt hatte, weil…

Als die Klingel ertönte, schreckte sie zusammen.

Wer mochte das sein? dachte sie, doch dann fiel ihr der Reporter von *Rolling Stone* ein, der heute vorbeikommen sollte, und einen schrecklichen Moment lang meinte sie, er sei gekommen, um die Fotos zu machen, und sie sah aus wie frisch von den Toten auferstanden. Doch als die Haustür aufging, stand Clare davor.

»Wer war denn das?« fragte der Chef, aus der Küche tretend.

Als er Clare erblickte, lächelte er.

»Haben Sie sich entschlossen, mir zu vergeben?« fragte Clare.

»Sie hatten recht, und wir hatten unrecht, meine Liebe«, erwiderte er. »*Wir* sollten Sie um Verzeihung bitten. Wenn Sie nicht gewesen wären…«

Als Clare die Hand hob, verstummte er.

»Das ist erledigt«, sagte sie. »Damit sollten wir uns nicht länger quälen.«

Als sie sich umdrehte, um ins Wohnzimmer zu treten, sah sie Felix auf dem Sofa liegen. Auf ihrem Gesicht breitete sich Erleichterung aus. Erst in diesem Augenblick wurde Janey klar, wie große Sorgen sich Clare gemacht hatte. Während Clare Felix anschaute, wurde ihr Blick weicher, und ihre Mundwinkel entspannten sich.

»Du hast ihn tatsächlich gefunden«, sagte Clare.

Sie trat weiter ins Zimmer vor, um ihn genauer zu betrachten, und ein Teil ihrer Besorgnis kehrte zurück.

»Geht es ihm gut?« fragte sie.

»Also, die Frau hat ihn unter Drogen gesetzt«, begann Janey, doch in diesem Moment schlug Felix ein Auge auf und sah sie beide an.

»Mir wär's lieber, ihr würdet nicht über mich reden, als ob ich gar nicht anwesend wäre«, sagte er.

»Geht's uns schon ein bißchen besser?«

Ihr Tonfall war neckend, aber die Frage war ernst gemeint. Sie drückte ihm die Hand.

Clare setzte sich auf einen Hocker, den sie näher ans Sofa zog. Der Chef kam ebenfalls ins Zimmer und nahm in seinem Sessel Platz, nachdem er Dunthorns Buch beiseite gelegt hatte.

»Ein bißchen«, erwiderte Felix. »Jedenfalls bin ich noch nicht soweit, um in der Bucht surfen zu gehen.«

Vorübergehend hörte Janey ihn nicht. Sie starrte das Buch an, das der Chef weggelegt hatte, während ihr die Erinnerung an seine Musik – sowohl die frohe als auch die düstere – durch den Kopf ging, bevor sie sich wieder Felix zuwandte und ihn anlächelte.

»Nein«, sagte sie. »Wir haben so schon Aufregung genug, auch ohne daß wir das Rettungsboot rufen müssen, damit es einen verrückten Surfer rettet, der meint, er sei auf Hawaii anstatt in Cornwall.«

»Aufregung?« fragte Clare.

Und so berichtete Janey, was letzte Nacht geschehen war, wobei sie die kompromittierende Situation ausließ, in der sie Felix und die Frau vorgefunden hatte. Wenn Felix sich nicht erinnern konnte, nun, dann würde sie den Teufel tun und alles wieder aufrühren.

»Ich hatte auf dem Heimweg auch ein bißchen Aufregung«, sagte Clare, als Janey geendet hatte.

Und nun war die Reihe an ihr, zu erzählen, wie sich ein einfacher Spaziergang auf den Raginnis Hill in eine Szene aus einem der blutrünstigen Filme verwandelt hatte, über die sich die Boulevardpresse ausläßt, wenn es keine wirklichen Neuigkeiten gibt, die sie entweder enthüllen oder erfinden kann.

»Das muß schrecklich gewesen sein«, sagte Janey.

Felix machte ein finsteres Gesicht.

»Haben Sie denn die Polizei gerufen, meine Liebe?« fragte der Chef.

Clare schüttelte den Kopf. »Davie hält nicht viel von ihr, und ...«

»Das wundert einen nicht«, unterbrach sie Janey.

»Und als ich heute morgen aufstand«, fuhr Clare fort, »also, da kam ich mir ein bißchen blöd vor. Ich meine, was hätte ich denn sagen sollen, wenn sie mich gefragt hätten, warum ich mit der Anzeige so lange gewartet habe?«

»Die Wahrheit«, sagte der Chef.

Clare schüttelte den Kopf. »Das wäre Davie gegenüber nicht fair gewesen.«

»Wahrscheinlich wollte er selbst jemanden ausrauben«, sagte Janey.

»Und das ist auch nicht fair«, sagte Clare. »Wenn er nicht gewesen wäre, könnte ich mich jetzt nicht mit euch unterhalten.«

»Schon möglich. Aber Davie Rowe.« Janey schüttelte den Kopf. »Und dann hast du ihn *in dein Haus* eingeladen?«

»Was hätte ich denn tun sollen? Ihn wegschicken, zurück in den Regen, ohne auch nur danke zu sagen? Außerdem hatte ich immer noch Angst. Solange er da war, habe ich mich wenigstens sicher gefühlt.«

»Aber Davie Rowe ...«

»Ich glaube, sie hat dich schon verstanden«, sagte Felix.

Janey wandte sich ihm zu. »Vermutlich. Aber du kennst ihn nicht, Felix. Er war im Gefängnis und alles.«

»Sie meint«, sagte Clare, »daß man ihm nicht unbedingt auf der Straße begegnen möchte.«

»Und was ändert das?« fragte Felix.

»Im Grunde gar nichts«, sagte Clare.

Janey hob die Hände. »Ich geb auf. Du weißt, wie

ich's gemeint hab, Clare. Ich habe nichts gegen Davie Rowe.«

Clare nickte. »Ich weiß.«

Janey schaute ihre Freundin an, die so gelassen wie eh und je auf dem Hocker saß, obwohl sie in der letzten Nacht beinahe umgebracht worden wäre. Wie schaffte sie das nur? Wie konnte sie ihr Endlosband daran hindern, ihr ständig seine Bilder vorzuspielen?

»Du wirkst so ruhig«, sagte Janey. »Wenn mir das passiert wäre, wäre ich immer noch in Panik.«

Clare nickte. »Bin ich auch – aber ich hab sie versteckt, tief in mir drinnen. Sozusagen weggesperrt und eingeschlossen, weil ich das Gefühl habe, wenn ich sie herausließe, würde ich die Beherrschung verlieren und könnte nicht mehr aufhören zu zittern. Darum tue ich so, als wäre ich ruhig, und wenn ich so tue, als wäre ich ruhig, dann fühle ich mich auch ruhig.«

»Konntest du den Mann sehen?« fragte Felix.

»Nicht richtig. Alles war irgendwie so nebelhaft, und außerdem hatte er diese Schutzbrille auf und das Halstuch um ...« Sie hielt inne, denn ihr fiel etwas ein. »Aber da war etwas. Er hatte eine Tätowierung, an dieser Stelle ...« Sie hob ihr Handgelenk und zeigte darauf.

»Was für eine Tätowierung?« fragte Felix.

Janey warf ihm einem merkwürdigen Blick zu. Sein Tonfall hatte scharf geklungen, beinahe verärgert. Er hatte sich auf einen Ellbogen aufgestützt und starrte Clare mit beunruhigender Eindringlichkeit an.

»Eine Taube«, sagte Clare.

Felix ließ sich zurücksinken und schien zu schrumpfen wie ein Ballon, aus dem man die Luft abließ.

»Eine Taube«, wiederholte er langsam.

Clare nickte. »Also, sie war irgendwie stilisiert. Ich habe an eine Taube gedacht, als ich die Zeichnung sah, aber ich konnte sie nur einen Moment sehen. Es handelte sich jedenfalls eindeutig um einen Vogel.«

»Hast du mal einen Stift und ein Stück Papier?« sagte Felix zu Janey.

Der Chef erhob sich und ging das Gewünschte holen. Er wollte es Clare reichen, aber Felix schüttelte den Kopf.

»Nein«, sagte er. »Gib es mir.«

Er legte sich auf die Seite und zeichnete rasch etwas, dann zeigte er es Clare.

»Sah sie so aus?« fragte er.

Clare erbleichte. »Woher wußtest du ...?«

»Ich habe die Tätowierung schon mal gesehen.«

»Du *kennst* den Mann, der Clare überfallen hat?« fragte Janey.

Felix schüttelte den Kopf. »Lena Grant hat am Handgelenk die gleiche Tätowierung.«

Janeys Augen weiteten sich. Wenn Lena und der Mann, der Clare letzte Nacht überfallen hatte, miteinander in Verbindung standen ...

»Es geht um das Buch«, sagte sie.

Der Chef hob *Das kleine Land* hoch, und drei Augenpaare folgten seiner Bewegung.

»Lena Grant war hinter dem Buch her«, fuhr Janey fort. »Erst war da der Einbruch, dann hat sie versucht, Felix unter Drogen zu setzen, während ihr Freund sich an Clare heranmachte ...«

Sie schloß die Augen, versuchte alles von Anfang bis Ende zu durchdenken, aber ihre Gedanken verhedderten sich zu einem Knäuel, das sie nicht zu entwirren vermochte.

»Warum?« sagte sie. »Warum sollte jemand Felix wegen des Buches unter Drogen setzen oder Clare etwas tun wollen?«

»Anders gefragt«, sagte Felix, »warum ist das Buch so wichtig?«

Janey nickte. »Sie wollen es bestimmt nicht bloß veröffentlichen.«

»Da steckt mehr dahinter, meine Prinzessin«, sagte der Chef. »Irgend etwas stimmt nicht mit Dunthorns Buch.«

Clare hob eine Hand. »Wartet mal. Ihr habt mich vergessen. Ich weiß, daß es irgendwelche Leute auf Dunthorns unveröffentlichte Schriften abgesehen haben, aber von welchem Buch redet ihr eigentlich? Ihr wollt doch nicht etwa sagen, daß es einen unveröffentlichten Roman gibt?«

Der Chef reichte ihn ihr. Clare las den Einband, warf Janey einen fragenden Blick zu, dann schlug sie das Buch auf, bevor jemand etwas sagen konnte. Sie las die Titelseite, blätterte zur Seite mit den Angaben zum Copyright weiter. Janey sah, daß ihre Finger zitterten.

»Eine Auflage von einem Exemplar«, sagte Clare verwundert.

Sie blätterte einige Seiten um, las ein paar Zeilen, blätterte weiter. Als befände sie sich wieder in ihrem Traum, vernahm Janey leise Musik, die unvermittelt abbrach, als Clare das Buch zuklappte. Sie blinzelte, als sie bemerkte, daß Clare sie mit einem unbekannten Ausdruck in den Augen ansah. Es dauerte eine Weile, ehe Janey klar wurde, daß es Wut war. Eine traurige Wut, aber trotzdem Wut.

»Du weißt, daß ich Dunthorns Bücher ebenso liebe wie du«, sagte Clare. Ihr Tonfall drückte tiefe Enttäuschung aus. »Ich bin genauso verrückt danach wie du, Janey – vielleicht sogar noch mehr. Wie konntest du das vor mir verstecken?«

»Es ist nicht so, wie du meinst.«

»Ich dachte, wir wären Freundinnen.«

»Wir *sind* Freundinnen«, sagte Janey. »Aber ich habe es gerade erst entdeckt. Und ... und ...«

»Und, was? Dachtest du, ich würde das Geheimnis

nicht für mich behalten?« Clare schüttelte den Kopf. »Ich begreife das alles nicht. *Warum* ist es ein Geheimnis?«

»Sie dürfen Janey nicht die Schuld geben, meine Liebe«, sagte der Chef. »Sie hat sich nur an ein Versprechen gehalten, das ich Billy gegeben habe, als ich das Buch von ihm bekam.«

»Aber …« Clare hielt das Buch an sich gedrückt, die eine Hand besitzergreifend daraufgelegt, mit den Fingern der anderen Hand über den Rand des Einbands fahrend. Sie blickte Felix an.

»Du hast davon gewußt?«

»Erst seit gestern«, erwiderte er. »Ich hab's entdeckt, als ich darauf wartete, daß Janey und Tom von der Session heimkämen. Dann sagten sie mir, es sei ein Geheimnis – ihr Geheimnis. Ich mußte mich daran halten.«

»Ich sollte das Geheimnis hüten«, sagte der Chef. »Das Buch war jahrelang versteckt, aber kürzlich mußte ich es auf dem Speicher verstauen, und dann hat Janey es gefunden …«

Er sah so unglücklich aus, wie Janey sich fühlte. Erst hatte sie die Entdeckung des Buches in Atem gehalten, und dann waren all die merkwürdigen Dinge passiert, so daß sie gar nicht darüber nachgedacht hatte, wie sehr Clare Billys Bücher mochte. Sie hatte das Geheimnis ebenfalls wahren müssen, aber sie hatte ein furchtbar mieses Gefühl, weil sie ihren Großvater nicht gebeten hatte, Clare einzuweihen. Sie wußten beide, daß Clare ihr Vertrauen niemals enttäuschen würde.

»In letzter Zeit ist alles so verrückt«, sagte Janey. »Ich hab einfach nicht daran gedacht, Opi zu fragen, ob du es sehen kannst.«

»Ich habe Billy ein Versprechen gegeben«, wiederholte der Chef.

»Ein Versprechen?« fragte Clare.

Janey blickte ihren Großvater an, und dieser nickte.

»Es steht in dem Brief, den ich als Lesezeichen benutze«, sagte sie. »Na los – lies ihn.«

Clare nahm den Brief heraus, steckte einen Finger zwischen die Seiten und las Dunthorns kurzes Schreiben.

»Das macht alles nur *noch* mysteriöser«, sagte sie, als sie es gelesen hatte.

Janey nickte. »Das gleiche Gefühl hatte ich auch.«

»Hatte Dunthorn tatsächlich übernatürliche Kräfte?« fragte Clare, wobei sie den Chef ansah.

Der Chef zwinkerte. »Was meinen Sie damit?«

»›Die berühmte Hellseherei des Verrückten Bill Dunthorn schlägt wieder zu‹«, las sie vor. »Das klingt so, als hätte er mehr als einmal in die Zukunft geblickt und sie richtig vorhergesagt, würde ich meinen, oder warum hätte er das sonst schreiben sollen?«

»Also, Billy hatte so eine Art an sich«, begann der Chef.

Janey blickte ihn an. Offenbar war es ihm unangenehm, darüber zu sprechen. Sie nickte ihm aufmunternd zu, als er sie kurz ansah.

»Was für eine Art?« fragte Clare.

»Na ja, meine Liebe, manche Dinge schien er einfach im voraus zu wissen, das ist alles. Nichts so Phantastisches wie die Wunder, die er in seinen Geschichten beschrieb, aber trotzdem eigenartige Dinge. Schiffsunglücke, ob gute Zeiten oder schlechte kamen. Er redete nicht viel darüber – wer hört schon auf einen so jungen Kerl, der solchen Unsinn von sich gibt? –, aber er redete mit mir, und ich hörte ihm zu.«

Der Chef zögerte erneut.

»Und?« fragte Janey.

Der Chef seufzte. »Und er hatte häufiger recht als daß er sich irrte.«

»Und das Buch?« fragte Clare. »Was hat es nun mit dem Buch auf sich?«

Der Chef schüttelte den Kopf. »Das hat Billy mir nicht gesagt, meine Liebe. Aber immer dann, wenn es nicht versteckt war, *passierte* anscheinend etwas – seltsame Dinge. Ich kann es nicht genau erklären. Das Buch setzt eher etwas in Gang, als daß es diese Dinge geschehen läßt.«

»Sie meinen, es ist eine Art Katalysator?« fragte Clare.

»Das ist das richtige Wort.«

»Aber warum? Welche Absicht könnte dahinterstecken?«

»Muß es denn unbedingt eine Absicht geben?« fragte Felix. »Vielleicht reicht es aus, zu wissen, daß es noch immer Wunder auf der Welt gibt, daß die Leute, die etwas auseinandernehmen müssen, um es zu begreifen, und dann überrascht sind, wenn es nicht mehr funktioniert, es nicht geschafft haben, alles Geheimnisvolle zu zerstören.«

Das brachte Janey zum Nachdenken – sowohl über das, was Felix gesagt hatte, als auch über die Tatsache, daß er es gesagt hatte. Sie hatte Felix immer für einen sehr praktischen, realistischen Menschen gehalten – aber so hatte ihr Großvater auch Dunthorn charakterisiert. Wahrscheinlich konnte jemand gleichzeitig praktisch und hellseherisch veranlagt sein.

Genauso verhielt es sich ihrer Meinung nach mit der Musik. Man brauchte nur mal einen Burschen wie Chalkie Fisher zu nehmen, ein Mensch, wie man ihn sich nüchterner kaum vorstellen konnte, geradlinig in Wort und Tat, aber wenn er seine Quetsche hervorholte und den Knöpfen und Bälgen eine Melodie entlockte, war das dann etwa keine Magie?

Man versuchte nicht, sie zu begreifen. Man genoß sie einfach.

Musik.

Magie.

Die Endlosschleife in ihrem Kopf spielte den Moment aus ihrem Traum ab, als das Buch aufgeschlagen vor ihr lag und die Musik daraus hervorzuströmen begann. Eine Musik, ganz ähnlich der, die sie zu hören gemeint hatte, als Clare im Buch geblättert hatte ...

»Was für Sachen sind passiert?« fragte Clare, worauf Janey sich wieder auf die Unterhaltung konzentrierte.

Der Chef zuckte die Achseln. »Einfach ... seltsame Dinge, mein Goldstück. Töne und Geräusche, wo eigentlich keine sein sollten. Aus den Augenwinkeln nahm man eine Bewegung wahr, obwohl dort gar nichts war. Alle wurden von einer unerklärlichen Unruhe erfaßt. Das Dorf ... bekam etwas Gespenstisches. Und dann die Träume ...«

Janey meinte, ein Stocken in seiner Stimme wahrzunehmen, als er allmählich leiser wurde und verstummte, doch dann erinnerte sie sich an ihre eigenen Träume der vergangenen Nacht. Als sie sich im Zimmer umsah, wirkten alle nachdenklich, und sie fragte sich, was die anderen wohl geträumt hatten. Wenn ihre Träume wie ihre eigenen gewesen waren ...

Der Chef rutschte im Sessel hin und her und räusperte sich.

»Aber das gehört nicht zur Sache«, sagte er.

Felix nickte. »Wir haben es mit einem grundlegenderen Problem zu tun.«

»Aber wo sollen wir anfangen?« fragte Clare.

»Zunächst mal damit, daß du überfallen wurdest«, sagte Janey. »Und daß bei uns eingebrochen wurde.«

»Und daß wir glauben, alles sei Teil einer Verschwörung einer Geheimgesellschaft, die nach einem geheimen Talisman sucht, der zufällig mit diesem alten Buch identisch ist?« Clare tippte mit einem kurzgeschnittenen Fingernagel auf *Das kleine Land*. »Man würde glauben, wir seien komplett verrückt geworden.«

Janey beugte sich vor. »Aber genau das ist es!« sagte

sie. »Die tätowierte Taube – das muß das Symbol eines Geheimbunds sein, so was wie die Freimaurer oder etwas in der Art.«

»Schon möglich«, sagte Felix. »Obwohl es ziemlich weit hergeholt scheint.«

Janey ging nicht auf ihn ein. »Wie können wir dann feststellen, welcher Geheimbund dieses Symbol benutzt?«

»Ob das überhaupt möglich ist?« meinte der Chef.

»Was willst du damit sagen?« fragte Janey.

»Na ja, wenn sie bekannt sind, mein Schatz, dann wären sie ja nicht geheim, oder?«

»Es gibt Leute, die diese Dinge studieren«, sagte Felix. »Ich habe einen Freund in Kalifornien, der sich schon ein Leben lang mit dem Geheimnisvollen und Wunderbaren beschäftigt. Je merkwürdiger, desto besser; je geheimer, desto mehr will er darüber wissen.«

»So jemanden haben wir gleich hier in der Nachbarschaft«, sagte Clare. »Peter Goninan. Er bestellt immer die seltsamsten Bücher – alle möglichen rätselhaften historischen und okkulten Texte –, und mit der Post bestellt er mindestens noch mal soviel.«

»Ich kenne ihn«, sagte der Chef. »Er lebt noch auf der elterlichen Farm, draußen bei St. Levan. Billy und ich sind mit ihm zur Schule gegangen, und er war schon damals ein schräger Vogel.«

Janey fröstelte. »Ich bin ihm ein paarmal auf dem Küstenweg begegnet«, sagte sie. »Wenn ich ihn sehe, bekomme ich eine Gänsehaut.«

»Ich bin ihm nie begegnet«, sagte Clare. »Meistens gibt er seine Bestellungen telefonisch auf, dann läßt er die Bücher von einer Nachbarin abholen. Zumindest glaube ich, daß es seine Nachbarin ist – eine hochgewachsene, schlaksige Frau, die immer auf einem alten Knabenfahrrad rumfährt.«

»Ich habe sie schon mal gesehn«, sagte Janey.

Der Chef nickte. »Chalkie hat sie mal kennengelernt. Sie heißt Helen oder so ähnlich, und ich glaube, sie hat ein Haus von Goninan gemietet.«

»Dann hat sie's aber schon ein paar Jahre«, sagte Clare, »weil Tommy sie nämlich von W. H. Smiths Geschäft her kannte – aus der Zeit, als er noch keinen eigenen Laden hatte.«

»Meint ihr wirklich, Peter Goninan könnte uns helfen?« fragte Janey.

Es widerstrebte ihr, Goninan zu Hause aufzusuchen, doch dann wurde ihr klar, daß sie bei Peter Goninan ebenso vom Äußeren auf den Charakter schloß wie bei Davie Rowe. Er war hochgewachsen und linkisch, spindeldürr und kahlköpfig, außerdem hatte er die Angewohnheit, einen auf eine Art anzuschauen, die ein Bauer aus dem Mittelalter als den bösen Blick bezeichnet hätte. Er lief in abgerissener, überwiegend schwarzer Kleidung herum, so daß er ihr jedesmal, wenn sie ihm begegnet war, wie ein seltsamer Kranich erschienen war, der in der Gegend herumhüpfte.

Aber da der Schein häufig trog, wie Clare ihr gerade eben klargemacht hatte, war er wahrscheinlich die Freundlichkeit in Person.

Sie lächelte still vor sich hin. Genau. Und der verdammte Davie Rowe hatte nie im Gefängnis gesessen …

»Den Versuch ist es wert«, sagte Clare.

»Wenn ihr mit ihm redet, solltet ihr aber eines bedenken«, sagte Felix. »Wenn es einen Geheimbund gibt, dessen Symbol eine Taube ist, wer sagt euch dann, daß er nicht dort Mitglied ist?«

Clare grinste. »Tja, dann müssen wir eben mal kurz einen Blick auf sein Handgelenk werfen, bevor wir ihm alles sagen, was meint ihr?«

Felix erwiderte ihr Lächeln. »Das ist einleuchtend. Dann laßt uns rübergehen und mit ihm reden.«

Er wollte sich aufsetzen, legte sich aber gleich wieder zurück, kalkweiß im Gesicht.

»Felix?« sagte Janey.

Er schüttelte den Kopf, dann verzog er das Gesicht.

»Ich kann nicht mitgehen«, sagte er. »Es sei denn, ihr versprecht mir, alle paar Schritte anzuhalten, damit ich mich übergeben kann. Solange ich liege, geht's mir gut, aber sobald ich mich aufsetze oder auch nur bewege...«

»Janey und ich werden fahren«, sagte Clare.

Janey nickte. Sie war von der Idee nicht begeistert, aber Clare konnte nicht alleine gehen.

»Bleibst du bei Felix, Opi?« fragte sie.

»Mir gefällt das nicht«, sagte der Chef.

»Wir kommen schon klar«, versicherte ihm Clare.

»Sicher«, erwiderte der Chef in einem Ton, der deutlich verriet, daß er das Gegenteil für wahrscheinlicher hielt. »Wo Verrückte herumlaufen, Leute mit Messern überfallen und womöglich noch ganz andere Schweinereien ausbrüten? Wer sagt denn, daß ihr unterwegs nicht überfallen werdet? Und wo wir gerade dabei sind, wer sagt eigentlich, daß es sich nicht so verhält, wie Felix sagt, und ihr kommt zu Goninan und stellt fest, daß er selbst in die Sache verwickelt ist?«

»Wir werden ganz behutsam vorgehen«, sagte Clare.

»Oder du fährst Clare zu ihm, und ich bleibe bei Felix.«

Sie sah, daß ihr Großvater die Gefahren gegeneinander abwog. Das Haus lag im Dorf, aber das hatte den Feind bisher auch nicht abgeschreckt. Sie wußten, daß man Janey hier finden würde. An der Küste würde man sie vielleicht nicht so schnell finden...«

»Also geht«, sagte er. »Aber bleibt nicht so lange weg.«

Janey beugte sich vor und gab Felix einen Kuß.

»Du paßt auch bestimmt auf?« fragte er.

»Bestimmt«, versprach sie.

»Kann ich das mitnehmen?« fragte Clare und hob die grobe Zeichnung auf, die Felix von der Taube angefertigt hatte.

Felix nickte.

Janey holte ihre Jacke und hatte gerade die Tür erreicht, wo Clare auf sie wartete, als das Telefon läutete.

»Es ist für dich, mein Goldstück«, sagte der Chef und hielt ihr den Hörer hin.

Janey seufzte und ging ins Zimmer zurück, um das Gespräch entgegenzunehmen.

5

Obwohl Michael Bett zuwenig geschlafen hatte, war er am Morgen hellwach.

Der fehlende Schlaf machte ihm nichts aus. Er haßte den Schlaf sowieso und gestattete sich nur das Minimum, das der Körper unbedingt brauchte. Seiner Meinung nach machte Schlaf träge, schwerfällig. Er führte einen weg von dem schmalen Grat, auf dem alles klarumrissen war; wo man sich spontan entscheiden konnte, ohne erst über die Konsequenzen nachdenken zu müssen. Der Verstand stimmte automatisch sämtliche verfügbaren Informationen aufeinander ab und spuckte sie aus, so daß man sich ganz darauf konzentrieren konnte, eine bestimmte Aufgabe auszuführen, ohne sich Sorgen zu machen, ob man ihr gewachsen war oder ob man das Richtige tat.

Auf dem Grat *wußte* man es einfach.

Diese Erfahrung würden Maddens Schafe niemals machen. Weil sie nämlich verweichlicht und faul waren und ihre Köpfe mit Watte ausgestopft waren. Wenn er auf dem Grat wandelte, war er mehr als nur ein Wolf für sie; er war eine fremde Spezies. Ein Mann wie er war zu allem fähig – solange er auf dem Grat wandelte.

Bei einem wie ihm hatten die Schafe keine Chance.

Zum Beispiel Janey Little und ihr Geheimnis, was es auch sein mochte, was sie und ihr Großvater vor der Welt versteckten.

Er hatte sich dem Problem genähert, wie es ein Schaf getan haben würde, war auf Zehenspitzen drumherumgeschlichen und hatte die Regeln beachtet. Maddens Anweisungen: Kein Aufsehen zu erregen. Aber auf dem Grat gab es keine Regeln, und jetzt, wo er darauf stand, die Welt klar und deutlich um sich ausgebreitet, mit einem rasiermesserscharfen Verstand, wußte er genau, wie er mit ihr umzugehen hatte.

Madden war noch immer wichtig für ihn. Bett war noch nicht mit dem Orden fertig, und Madden war sein einziges Verbindungsglied. Darum mußte er Maddens Wünsche einstweilen respektieren. Er würde keinen der beiden Littles mit dem Messer bearbeiten. Er würde nicht einmal ihren Freunden etwas tun. Es gab andere Möglichkeiten, ihnen den Teppich unter den Füßen wegzuziehen.

Als er sein Zimmer verlassen hatte, ging Bett nach unten. Er hatte den Besitzer der Pension vor ein paar Minuten weggehen hören und dann von seinem Fenster aus die Straße entlanggehen sehen. Nun hatte er die Wohnung für sich allein. Er nahm im Wohnzimmer in einem Sessel Platz und stellte das Telefon auf die Armlehne. Es dauerte einige Minuten, bis ihn die Vermittlung mit Übersee verbunden hatte, doch endlich hörte er das Telefon am anderen Ende der Leitung in New York klingeln.

»Dennison, Ermittlungen«, sagte eine Stimme.

»Sam? Hier spricht Michael Bett.«

»Was kann ich für Sie tun, Mr. Bett?«

»Ich befinde mich in Cornwall, und die Dinge steuern allmählich auf den Höhepunkt zu. Es wird Zeit, daß Sie den letzten Teil unserer Vereinbarung erfüllen.«

»Warten Sie, ich hole mir einen Bleistift. Okay, schießen Sie los.«

»Als erstes kontaktieren Sie einen Mann namens Ted Grimes.« Er nannte Dennison die Adresse an der Upper West Side und die Telefonnummer von Grimes' Büro. »Anschließend schnappen Sie sich die Frau, und Sie drei fliegen mit der ersten Maschine hierher. Ich will Sie alle hier in Penzance haben, und zwar so schnell wie möglich.«

»Die Frau kommt freiwillig mit?«

»Sie wird bezahlt, genau wie Sie.«

»Ich bin schon unterwegs, Mr. Bett.«

Bett unterbrach die Verbindung und starrte einen Moment das Telefon an, bevor er abermals die Vermittlung anrief. Er führte noch ein halbes Dutzend weitere Ferngespräche, dann schließlich wählte er eine Ortsnummer. Tom Little nahm ab und holte seine Enkeltochter an den Apparat.

»Janey? Hier ist Mike Betcher.«

»Oh, hallo, Mike. Haben Sie gut geschlafen?«

Bett legte ein Lächeln in seine Stimme. »Sicher doch. Ich habe großartig geschlafen. Hören Sie, was unsere Verabredung heute betrifft ...«

»Es ist etwas dazwischengekommen, und ich wollte gerade weggehen. Kann ich Sie später zurückrufen?«

»Ich wollte selber absagen«, sagte Bett. »Das heißt, ich will weniger, als daß ich muß.«

»Stimmt irgendwas nicht? Geht es Ihnen gut?«

»Es betrifft nicht mich – mir geht's gut. Es ... Herrgott noch mal, ich weiß nicht, wie ich es Ihnen sagen soll, Janey. Das ist eine ganz komische Sache. Ich bekam einen Anruf von meinem Chefredakteur, und der will auf einmal nicht mehr, daß Sie in dem Artikel vorkommen. Er wollte nicht darüber sprechen, sondern meinte bloß, er wolle Sie nicht in seiner Zeitschrift erwähnt haben, Punkt.«

Am anderen Ende der Leitung entstand ein kurzes Schweigen, dann fragte Janey: »Aber … warum?«

»Das wollte ich *Sie* eigentlich fragen. Ich fahre nach London zurück, um zu sehen, ob ich das wieder hinbiegen kann. Sie haben sich in letzter Zeit doch keine Feinde gemacht?«

»Was?«

»Die Sache ist die, er wirkte stocksauer – mein Chefredakteur, meine ich. Das letzte Mal, als ich ihn in so einer Stimmung erlebt habe, hatte er einen Prozeß am Hals, von diesem Kerl in – na, ist ja auch egal. Die Angelegenheit wurde außergerichtlich beigelegt. Aber er ist nicht gut auf Sie zu sprechen, Janey, und ich kann mir den Grund nicht denken. Ich bin selbst stocksauer – natürlich nicht auf Sie –, und ich will mich auch für Sie einsetzen, aber wenn Sie mir irgend etwas darüber sagen können, was da eigentlich vor sich geht, könnte mir das vielleicht helfen …«

»Ich – ich habe keine Ahnung, worum es geht.«

»Ich muß jetzt los, Janey. Tut mir leid, daß ich Sie mit alledem belastet habe, aber ich dachte mir, daß Sie's wissen sollten, wenn Sie's nicht schon wußten.«

»Dafür bin ich Ihnen dankbar, Mike. Wenn Sie …«

»Genau das hasse ich an diesem Geschäft«, fuhr Bett fort. »Diese Fehden und Rachefeldzüge und all solchen Mist. Man sollte eigentlich meinen, die Leute machten ihre Arbeit mit ein bißchen mehr Ernst, aber manchmal kommt man sich vor wie in einem Kindergarten, verstehen Sie, was ich damit sagen will?«

»Eigentlich nicht. Ich …«

»Ich muß jetzt wirklich los. Ich rufe Sie in zwei Tagen an – spätestens in drei. Keine Angst, Janey. Das kriegen wir schon wieder hin. Und bis dahin passen Sie auf sich auf, okay? Und machen Sie sich keine Sorgen.«

»Aber …«

Bett legte auf und ließ sich seine letzten Worte noch einmal durch den Kopf gehen.

Machen Sie sich keine Sorgen.

Er lächelte vor sich hin.

Als ob sie seinen Anruf so leicht vergessen würde. Und wenn die übrigen Teile des Puzzles an ihren Platz rückten und sie entdeckte, wie leicht alles wieder auseinanderfallen konnte …

Es machte beinahe ebensoviel Spaß, einen Verstand auseinanderzunehmen wie einen Körper, fand er.

Er stellte das Telefon an seinen Platz zurück und ging wieder auf sein Zimmer, um sich anzukleiden.

Zeit für einen kleinen Anstandsanruf bei der Eisprinzessin, dachte er. Vielleicht ein paar Spielchen mit den fadenscheinigen Erklärungen, die sie vorbringen würde. Eine Entschuldigung für letzte Nacht. Lieb und freundlich sein. Schwören, daß er ihr helfen würde, den Seeman zurückzubekommen, wenn es das war, was sie in Wirklichkeit wollte.

Wenn er fertig war, würde sie ihm sagen, wie leid es ihr täte, daß *sie* alles vermasselt hatte. Und wenn Madden und ›Daddy‹ auftauchten, nun, dann wären er und Lena eben ein Herz und eine Seele.

Bestimmt wären sie das.

Die Dinge begannen sich wieder in seinem Sinn zu entwickeln, denn er war wieder auf dem Posten.

Wieder auf dem Posten und topfit.

6

Janey legte langsam den Hörer auf und erbleichte, als ihr nach und nach klarwurde, was Bett gesagt hatte.

Es ergab keinen Sinn.

Nicht im geringsten.

»Was ist, mein Spatz?« fragte der Chef.

»Das war Mike – Mike Betcher«, antwortete sie.

»Der Mitarbeiter von *Rolling Stone*?« fragte Clare.

Janey nickte. »Er meinte, sein Chefredakteur hätte den Artikel gekippt. Nein, das stimmt nicht. Er hat bloß den Teil gekippt, der mich betrifft. Mike hat gefragt, ob ich irgendwelche Feinde hätte; er meinte, der Chefredakteur sei wütend auf mich ...« Sie blickte nacheinander ihren Großvater, Clare und Felix an. »Ich *kenne* den Mann nicht einmal.«

»Das muß ein Irrtum sein«, sagte der Chef.

»Oder vielleicht genau das Gegenteil«, sagte Clare.

»Was wollen Sie damit sagen?«

»Vielleicht war es Absicht. Wenn wir von einer Verschwörung ausgehen ...«

Janey lachte halbherzig auf, doch niemand fiel darin ein.

»Aber ich bitte euch«, sagte sie. »Denkt mal drüber nach, was ihr da eigentlich sagt. Es ergibt keinen Sinn.«

»Ich weiß nicht«, sagte Felix. »Vielleicht hat Clare gar nicht so unrecht. Bis jetzt hat man versucht, dich von mir zu entfremden und Clare umzubringen. Mir kommt das so vor, als versuchte man dich mit deinen Freunden zu entzweien. Jetzt beschäftigen sie sich mit deiner Karriere ...«

»Ich kann nicht glauben, daß Mike darin verwickelt ist«, sagte sie. »Er hat mir gerade gesagt, er würde nach London fahren und sich bei seinem Chefredakteur für mich einsetzen.«

»Bei seinem Chefredakteur in London?«

»Also ... ich weiß nicht. Das hat er gesagt. Vielleicht unterhalten sie dort ein Büro oder so.« Sie schüttelte den Kopf. »Es erscheint mir völlig abwegig, daß er daran beteiligt sein sollte. Oder seine Zeitschrift.«

»Menschen kann man kaufen«, sagte Felix.

»Aber …?«

Clare nahm sie beim Arm. »Je früher wir etwas über diese Leute herausfinden, desto besser, Janey.«

Janey blickte Felix an.

»Sie hat recht«, sagte er.

»Ich weiß nicht, ob euch Peter Goninan helfen kann«, sagte der Chef, »aber wir sollten der Angelegenheit so rasch wie möglich auf den Grund gehen, mein Goldstück.«

»Schon möglich, Opi. Würdest du Kit anrufen und sie fragen, ob sie irgendwas gehört hat?«

Kit Angelina war Janeys Agentin und arbeitete in London.

»Die Nummer steht in meinem kleinen roten Notizbuch«, fügte sie hinzu.

»Ich ruf sie gleich an«, erwiderte er.

»Gut.«

Janey zögerte noch einen Moment, doch dann nahm Clare sie wieder beim Arm, und sie begleitete ihre Freundin nach draußen zum Auto.

Als sie sich hinters Steuer setzte, blickte sie sich nach dem vertrauten Chapel Place um – zum Garten ihres Großvaters, der Methodistenkirche, den freundlichen Häusern, die sich alle über die Straße zu beugen schienen. Auf einmal wirkte alles fern und fremd. Als gehörte es zu einem Teil der Welt und sie zu einem anderen.

Sie fühlte sich schrecklich verloren.

»Janey?« fragte Clare.

Sie blickte ihre Freundin an, ohne sie zunächst wahrzunehmen, dann nickte sie langsam und ließ den Motor an.

Doch als sie losfuhr, fragte sie sich unwillkürlich, warum gerade *ihr* das alles passierte.

7

Davie Rowe saß im King's Arms und wartete auf Willie Keel. Der Pub lag in Paul, in der Mousehole Lane gegenüber der St. Paul's Church. Der silberhaarige Harry war auf seinem üblichen Posten hinter der Bar und unterhielt sich mit zwei Burschen, die an der Straße nach Trungle eine Farm bewirtschafteten. Ihre Gummistiefel waren noch schmutzig, aber beide Männer trugen ihre besten Sonntagskleider – Baskenmützen und saubere Jacketts und Hosen, und die Krawatten hatten sie unter dem Kinn zu einem Knoten gebunden. Abgesehen von ihnen hatte Davie den Pub für sich allein, obwohl sich der Speisesaal nebenan rasch füllte. Gesprächsfetzen und Gelächter drangen durch die Öffnung in der Trennwand hinter der Bar, die zur zweiten Bar im Speisesaal führte.

Auf dieser Seite war es jedoch still. Der unvermeidliche Spielautomat schwieg zur Abwechslung einmal. Es reizte Davie, ein Spielchen zu wagen, aber er gewann nur selten an den Automaten, und im Moment war er knapp bei Kasse. Bis Willie mit dem Geld kam, konnte er sich gerade noch ein weiteres halbes Pint leisten. Darum setzte er sich auf einen Hocker bei den Billardtischen und nippte an seinem Bier.

Und wartete eine weitere halbe Stunde.

Willie tauchte erst auf, als Davie sein Bier ausgetrunken und beim Barkeeper noch ein halbes Pint Hicks Bitter bestellt hatte. Er ging gerade zu seinem Tisch zurück, als Willie breit grinsend hereinkam. Keel holte sich ein Pint Bitter von der Bar und brachte es zu Willies Tisch. Er nahm einen kräftigen Schluck, dann noch einen und leerte das Glas mit dem dritten; anschließend setzte er sich Willie gegenüber an den Tisch.

»Wie geht's denn so?« fragte er.

»Mir ging's schon mal besser.«

»Dann wird das hier deine Laune heben.«

Keel blickte zur Bar, dann holte er ein gefaltetes Bündel Zehnpfundnoten aus der Tasche und reichte es Davie. Davie steckte es ein, ohne nachzuzählen. Wie groß das Trinkgeld auch sein mochte, das Willie sich von seinem Anteil abgezweigt hatte, mit ihm handelte man nicht. Wenn er Davie zweihundert Piepen versprochen hatte, dann waren es auch zweihundert, und kein Penny mehr oder weniger.

»Nicht schlecht für so'n bißchen Arbeit, wie?« sagte Keel.

»Überhaupt nicht«, stimmte Davie zu.

Es war eine sehr gute Bezahlung.

»Und ich bin mir sicher, wo das herkommt, da gibt's noch mehr«, fügte Keel hinzu.

Davie beugte sich über den Tisch. »Worum dreht sich's eigentlich, Willie?«

»Nun ja, du weißt, wie ich darüber denke. Man tut seine Arbeit und kassiert die Bezahlung, aber man stellt keine Fragen.«

»Ich weiß«, sagte Davie. Das und noch viel mehr hatte er im Gefängnis gelernt. »Aber diese Frau – was will sie überhaupt von Janey und Clare?«

»Was geht's dich an? Solange sie bezahlt.«

»Ja schon, aber ...«

»Ich werd dir mal was sagen.« Keel beugte sich ebenfalls vor. »Unsere Miss Grant ist nicht allein im Geschäft. Sie hat nicht nur Geld im Rücken, sondern auch Leute. Und da kommen wir ins Spiel, mein lieber Davie. Das ist sozusagen unser Revier, und die Amerikaner können sich hier nicht so frei bewegen wie wir. Aber« – er tippte zur Betonung mit einem Finger auf den Tisch – »ich sag dir was. Wenn wir was ausplaudern und unsere Nasen in Dinge hineinstecken, die uns nichts angehen, dann werden sie selbst aktiv, und wo bleibt dann unser Geld?«

»Aber du hast eben gesagt, sie könnten sich nicht so bewegen wie wir.«

»Und das stimmt auch. Aber es gibt andere, die von dem leichtverdienten Geld gern was ab hätten, Davie. Und wer kann im Dunkeln schon einen Einheimischen von einem Amerikaner unterscheiden? Sie werden leise auftreten wollen, aber ein bißchen Drecksarbeit macht ihnen nichts aus. Und anfangen würden sie vielleicht damit, ein loses Mundwerk zu stopfen, wenn du verstehst, was ich meine.«

Davie schüttelte den Kopf. »Ich will keinen Ärger haben. Da ist bloß ... na ja, Clare. Warum sollte ihr jemand was tun wollen?«

»Eine Sache mußt du noch lernen«, sagte Keel, »und das ist die simple Tatsache, daß jeder Mensch seine Geheimnisse hat. Manche sind finsterer als andere, aber wir alle haben welche. Vielleicht kennst du Clare Mabley schon ein ganzes Leben lang ...«

»Das tue ich.«

»Aber das heißt nicht, daß du sie *kennst*. Ich könnte dir Geschichten erzählen ...«

»Was? Über Clare?«

Keel lachte und schüttelte den Kopf. »Nicht über sie. Aber es gibt in dieser Gegend eine Menge vornehmer und rechtschaffener Bürger, die Schlimmeres getan haben, als dir und mir jemals einfallen würde, Davie. Glaub mir, ich kenne ein oder zwei Geheimnisse.«

»Zum Beispiel?«

»Wenn ich sie dir erzählen würde, was wäre dann noch geheim daran?«

»Das sagt sich so leicht.«

»Dann überleg dir mal folgendes: Wie kommt es eigentlich, daß ich noch nie im Gefängnis war, mein Freund?« Keel tätschelte seinen Oberarm. »Das kommt daher, daß ich Dinge weiß, die wichtige Leute lieber nicht an die Öffentlichkeit dringen lassen möchten.«

Davie war noch immer neugierig, ließ es aber dabei bewenden. Es stimmte, das Gesetz hatte sich nie sonderlich für Willie Keel interessiert, allerdings bezweifelte er, daß dies darauf zurückzuführen war, daß der kleine Mann Macht über irgendwelche wichtigen Bürger hatte. Wer würde sich seine Geschichten schon anhören, geschweige denn glauben? Wahrscheinlicher war, daß Keel einfach ein Informant war.

Keel trank sein Bitter aus und stand auf.

»Also, Davie«, sagte er. »Auf mich wartet Arbeit.«

»Auch für mich was dabei?«

»Vielleicht, vielleicht auch nicht. Bleib in Reichweite des Telefons, und ich ruf dich an, wenn sich irgendwas ergibt.«

Davie wollte es dabei nicht bewenden lassen. Er wollte mehr über die Amerikanerin erfahren – woher sie gewußt hatte, daß Clare in Gefahr gewesen war, und, noch wichtiger, von *wem* die Gefahr ausging. Wenn Willie es ihm nicht rundheraus sagen wollte, dann hängte er sich am besten an ihn dran. Denn Willie redete gern, und im Lauf des Nachmittags würde er früher oder später die eine oder andere Bemerkung fallenlassen. Er wußte aber auch, daß er ihn nicht drängen durfte.

»Einverstanden«, sagte er. »Ich hab selbst noch ein paar Besorgungen zu machen, aber dann bin ich zu Hause.«

Keel zwinkerte ihm zweideutig zu. »Auf die Amerikaner und ihr Geld«, sagte er und ging zur Tür.

Davie sah ihm nach, dann setzte er sich wieder auf den Hocker. Er trank sein Bier aus. Das Geld in seiner Tasche betastend, überlegte er, ob er sich noch eins holen sollte, dann entschied er sich dagegen.

O ja, er hatte es verdient, daran gab es keinen Zweifel. Er hatte Clare gerettet und ihren Angreifer in die Flucht geschlagen. Er hatte seinen Job getan.

Seinen Job: Genau das machte ihm zu schaffen. Clare war nie unfreundlich zu ihm gewesen – im Gegensatz zu manchen anderen. Ihr zu helfen hätte kein Job sein sollen. Er hätte es einfach deshalb tun sollen, weil es getan werden mußte. Weil sie in Schwierigkeiten steckte und Hilfe brauchte. Nicht weil er Geld damit verdienen konnte.

Das war ein seltsamer Gedanke für jemanden, der seinen Lebensunterhalt damit bestritt, daß er die Touristen beklaute, von denen es in der Gegend jeden Sommer wimmelte. Aber bei ihnen war das etwas anderes. Sie waren reich, oder zumindest reicher als er. Sie kannte er nicht. Sie …

Sie waren nicht Clare.

Zwei Einheimische traten ein und begannen eine Runde Billard. Er sah ihnen zu, bis sich derjenige, der verlor, lautstark beklagte, er ziele deshalb daneben, weil ihn ein bestimmtes häßliches Gesicht in seiner Konzentration störe. Sein Freund grinste, und als Davie in ihre blöde lächelnden Gesichter blickte, spürte er, wie die blanke Wut in ihm hochkochte.

Er stand auf, und angesichts seiner Größe wichen beide etwas zurück, umklammerten ihre Billardstöcke fester. Davie ballte an den Seiten massige Fäuste, und seine Augen verengten sich. Er machte einen Schritt auf sie zu, doch dann blickte er zum Barkeeper, Clare fiel ihm ein, und seine Fäuste entspannten sich. Er nickte Harry steif zu und verließ den Pub, während ihm das Gelächter in den Ohren klang.

Sie wußten, er würde nicht kämpfen. Früher einmal hatte er es getan – jedesmal, wenn man ihn ausgelacht oder beschimpft hatte –, doch das war vorbei. Er konnte es nicht mehr. Weil er nicht wieder ins Gefängnis wollte. Der Schmerz war jedoch geblieben, und die Wut.

Als er über die Mousehole Lane zurückging, die Hände tief in den Taschen vergraben, ergötzte er sich an der Vorstellung, wie es sich anfühlen würde, in ihre blasierten Visagen hineinzuschlagen, aber dadurch fühlte er sich nur noch elender.

Denk an was Nettes, Davie, sagte er sich.

Als erstes fiel ihm ein, wie er mit Clare am Küchentisch gesessen hatte. Er überlegte, wie es wohl wäre, sie in den Armen zu halten. Mit ihr zu schlafen …

Wieviel Kraft sie wohl in dem lahmen Bein hatte? War es stark genug, ihn zu umschlingen, ihn fest an sich zu drücken, ihn tiefer in sich hineinzuziehen?

Das wirst du nie herausfinden, sagte er sich.

Aber das bedeutete nicht, daß sie nicht Freunde werden konnten. Vielleicht sollte er sie besuchen und sich ein Buch ausleihen.

Er betastete das Bündel Zehnpfundnoten in seiner Tasche.

Oder er könnte einfach mit ihr reden. Über das, was er wußte. Vielleicht war sie in Schwierigkeiten und konnte seine Hilfe brauchen. Sie beide gegen ihre Feinde – genau wie im Kino. Er wäre Dennis Quaid, und sie wäre Ellen Barkin. Und wenn ihre Feinde besiegt wären, würde sie so dankbar sein …

Er spürte, wie er hart wurde, wie sein Penis schmerzhaft gegen die Hose drückte.

Nein, dachte er. Sie würden bloß Freunde sein.

Aber das wäre doch auch schon etwas, oder nicht? Einen richtigen Freund zu haben?

Er dachte an das, was Willie gesagt hatte, eben im King's Arms.

Jeder Mensch hat Geheimnisse.

Welche hatte sie?

Manche sind finsterer als andere …

Wie finster waren ihre?

Was machte es schon? Wie finster sie auch sein mochten, er wußte, daß sie niemals so schwarz wären, daß sie ihn dazu brächten, sich von ihr abzuwenden.

Verdammter Mist, dachte er. Die ganze Sache war hoffnungslos.

Als er jedoch Regent Terrace erreichte, bog er trotzdem rechts ab – auf die Straße, die ihn hinter dem Dorf vorbei zum Raginnis Hill bringen würde, wo Clare wohnte.

Faß mich an, wenn du dich traust

Du weich nimmer der Not,
nein, tritt ihr tapfrer entgegen…

VERGIL, Äneis, Buch VI

Die ersten Kinder aus dem Bruch trafen ein, als Henkie, Taupin und Lizzie gerade die Fenster des Lagerhauses verrammelten. Sie kletterten abwechselnd auf eine wacklige Leiter und klebten Kartons vor die Scheiben. Mit jedem verdunkelten Fenster wurde es im Lagerhaus düsterer, da das einzige Licht von einigen Petroleumlampen kam, die Henkie in dem höhlenartigen Raum aufgehängt hatte.

Zuvor hatte Taupin Kara Faull Bescheid gesagt, daß sie die Hilfe der Kinder brauchten, und nun traf sie als erste ein, riß die Tür auf, ohne vorher angeklopft zu haben, und kam hereinmarschiert. Helligkeit strömte durch die Tür und warf einen hellen schmalen Lichtkeil ins Lagerhaus, während sich die Schatten drumherum vertieften.

»Hallo!« schrie sie, im Eingang blinzelnd. »Soll ich mein Fahrrad mit reinnehmen?«

»Mach die verdammte Tür zu!«

Henkies Stimme dröhnte von der entgegengesetzten Seite des Lagerhauses her – laut genug, daß Jodi zusammenzuckte. Sie saß auf Denzils rechter Schulter, denn so war sie niemandem im Weg, konnte sich aber zumindest bei einem ihrer Mitverschwörer Gehör verschaffen. Sie klammerte sich an seinen Kragen, um das Gleichgewicht zu halten, und murrte jedesmal, wenn

Denzil sich zu weit auf den Tisch vorbeugte, auf dem er die Arbeiten verrichtete, die Henkie ihm zugeteilt hatte.

»Muß der denn immer so brüllen?« fragte sie Denzil.

»Ich habe eher den Eindruck, daß er sich von seiner besten Seite zeigt«, erwiderte Denzil.

»Das kann ich nicht glauben.«

»Also, nach allem, was ich so gehört habe...«

»Wirst du wohl die Tür zumachen!« wiederholte Henkie noch lauter.

Jetzt, wo sie ihn im Halbdunkel ausmachen konnte, lächelte Kara ihn bloß an.

»Die anderen kommen gleich«, sagte sie, »also können wir sie genausogut offen lassen. Was ist mit meinem Fahrrad?«

»Wirf es meinetwegen in die Bucht.«

Karas Lippen formten einen Schmollmund. »Du bist nicht sehr nett«, verkündete sie. »Zumal wir hergekommen sind, um *euch* zu helfen.«

Henkie funkelte sie von der Leiter aus an.

»Ja, das stimmt«, fügte sie hinzu.

»Na schön«, sagte Henkie. »Laß die verdammte Tür offen. *Laß* die Hexenwesen rein, damit sie unsere Geheimnisse ausspionieren können. Wir haben erst eine verdammte Stunde damit zugebracht, die Fenster zu verrammeln, damit sie nicht reingucken können, also sind wir natürlich entzückt darüber, daß du die Tür sperrangelweit offen lassen willst, damit sie einfach reinmarschieren können. Soll ich vielleicht Tee für sie machen, was meinst du?«

»Was hat er eigentlich?« fragte Kara Taupin.

»Mach dir nichts draus. Wir freuen uns, daß du da bist. Behalt einfach den Eingang im Auge und paß auf, daß nichts reinkommt.«

»An was dachtest du da so?«

Taupin zuckte die Achseln. »Ich weiß nicht. Vielleicht alles, was größer als eine Fliege ist?«

Karas Blick wanderte von ihm zu Henkie und Lizzie, dann zu Denzil, der an einem Tisch saß und Puppenkleider nähte.

»Nicht größer als eine Fliege?« wiederholte sie.

Taupin nickte. »Nur um sicherzugehen.«

»Wärst du mal so nett, mir noch ein Stück Karton raufzureichen?« fragte Henkie von oben.

Taupin bückte sich zu dem Stapel zu seinen Füßen und reichte Lizzie, die auf einer Sprosse in halber Höhe stand, ein weiteres Stück hinauf. Sie gab es an Henkie weiter.

»Ihr seid wohl alle verrückt geworden?« sagte Kara.

»Eigentlich nicht«, sagte Taupin. »Das scheint bloß so. Warte noch einen Moment, bis wir hiermit fertig sind, dann erklären wir dir alles.«

»Wer ist verrückt?« fragte eine neue Stimme.

Hinter Kara erschien Peter Moyle. Er spähte über ihre Schulter ins Lagerhaus.

»Hallo, Denzil!« rief er. »Was hast du denn da auf der Schulter – eine neue Affenart?«

»Ich haue ihm gleich eine runter«, sagte Jodi. »Das heißt, wenn ich wieder ein bißchen größer bin.«

»Das ist kein Affe«, sagte Kara plötzlich mit gespannter Aufmerksamkeit. »Das ist ein Kleiner.«

Beide traten näher.

»Nein, das stimmt nicht«, sagte Peter. »Das ist Jodi!«

»Die Tür!« schrie Henkie.

Peter sah zu ihm hoch. »Die ist immer noch da!« rief er zurück.

»Mach endlich! Schließ sie!«

Die beiden Kinder beachteten ihn jedoch nicht. Sie näherten sich mit vor Verwunderung weit aufgesperrten Mündern dem Tisch, an dem Denzil arbeitete.

»Wie habt ihr sie bloß in eine Kleine verwandelt?« fragte Kara.

»Könnt ihr mich als nächsten nehmen?« fügte Peter hinzu.

»Verdammter Mist«, murmelte Henkie. »Würdest du dich mal um die Tür kümmern, Brengy?«

»Aber die Leiter ...?«

»Das geht schon.«

Während Henkie sich umdrehte, um das neue Stück Karton am Fenster zu befestigen, ging Taupin zur Tür, wo ihm aber nur eine schnatternde Kinderschar entgegenkam, die alle in einem Haufen hereinmarschiert kamen und bald den Tisch umstanden, an dem Denzil nun Hof hielt und so redete, als hätte er schon ein Leben lang gewußt, daß es wirklich Wunder gab, und als brächte ihn sein plötzlicher Sinneswandel nicht im mindesten in Verlegenheit.

Taupin blickte rasch nach draußen. Die Fahrräder der Kinder lagen in einem Durcheinander aus Metall und Rädern um den Eingang verstreut, aber das war auch schon alles, was er sah. Zumindest solange, bis er den Blick aus dem Umkreis des Lagerhauses in die Ferne schweifen ließ. Dann bemerkte er, wie sich jemand in einem schwarzen Umhang hinter die Kaimauer duckte – und gleich wieder verschwunden war.

»Sie ist immer noch da!« rief er nach drinnen.

Jetzt war es ruhiger, denn Denzil hatte die Kinder wegen ihres aufgeregten Geschreis ermahnt und ihnen erklärt, daß die lauten Stimmen Jodi in den Ohren weh taten.

»Irgendwas von ihrer kleinen Bestie zu sehen?« fragte Henkie. »Wie hieß sie noch gleich? Kindel? Spindel?«

»Windle«, half ihm Lizzie.

»Nichts zu sehen«, rief Taupin zurück.

»Dann mach endlich die Tür zu!«

»Henkie«, sagte Lizzie. »Mußt du so schreien?«

Er blickte auf sie hinunter.

»Nerv mich nicht«, begann er und drohte ihr mit dem Finger. »Seitdem Brengy uns in die Sache mit reingezogen hat, heißt es nur noch ›Henkie tu dies‹ und ›Henkie tu das‹ ...«

Als die Leiter zu schwanken begann, verstummte er.

»Nicht bewegen!« schrie er. »Ganz ruhig!«

Aber es waren seine eigenen Bewegungen, welche die Leiter zum Wackeln brachten, und als er die Schwingungen auszugleichen versuchte, lehnte er sich zu weit in die andere Richtung. Die Leiter schwankte einen Moment, dann kippte sie zur Seite. Lizzie sprang ab und landete auf einer alten Matratze in der Nähe, doch Henkie befand sich ganz oben und konnte nichts weiter tun, als sich festzuhalten und mit der Leiter zu Boden zu stürzen.

Die Gespräche im Lagerhaus hörten auf, während alle zusahen, wie er auf einen Stapel Gemälde hinunterfiel. Die Leiter schlitterte über den Boden und prallte mehrmals ab, bevor sie zum Stillstand kam. Henkie plumpste in die Gemälde, und der ganze Stapel kippte in einer Staubwolke um. Als der Staub sich schließlich gesetzt hatte, sah man Henkie wie betäubt inmitten der Bilder sitzen.

Durch eines hatte er eine Hand gestoßen, durch zwei andere einen Fuß, aber was die Kinder in johlendes Gelächter ausbrechen ließ, war das Bild, durch das sein Kopf hindurchgegangen war. Es war der Brustakt einer Frau, der wie eine Schürze an ihm herabhing, während ihn sein Kopf genau an der Stelle durchstoßen hatte, wo sich ursprünglich der gemalte Kopf des Modells befunden hatte.

Begleitet von einem Schwall von Flüchen zerrte er es herunter und rappelte sich hoch, woraufhin sie verstummten. Ein wütender Mann von seiner Größe hatte etwas Einschüchterndes.

»Na schön«, sagte er. »Du und du« – er zeigte auf

zwei Kinder – »ihr verdunkelt die übrigen Fenster. Du« – sein Finger stieß abermals vor – »horchst an der Tür. Der Rest von euch hilft Denzil – ihr könnt doch nähen, oder?«

»Ich kann.«

Eine Range, die halb so groß war wie Kara, hielt eine schmutzige Hand hoch. Sie war gewiß nicht älter als sieben. Ihr Gesicht war rund, ihr Haar ein Wust von fest gedrehten Locken.

Henkies Blick wurde weicher. »Jetzt auch?«

Das kleine Mädchen nickte.

»Und wie heißt du?«

»Ethy.«

»Also, Ethy, dann wirst du Denzils Assistentin.«

Ihr kleines Gesicht strahlte.

»Was den Rest von euch angeht…«, fuhr Henkie fort.

»Warte einen Moment«, sagte Peter. »Wir sind hergekommen, um zu helfen – nicht um uns von dir herumkommandieren zu lassen, als wärst du das Gesetz oder so. Davon haben wir zu Hause schon genug.«

»Wenn ihr gekommen seid, um zu helfen«, begann Henkie, »dann könnt ihr verdammt noch mal zuhören, wenn ich euch etwas sage, oder ihr haut wieder ab und laßt uns…«

Als Lizzie ihn gegen das Schienbein trat, unterbrach er sich.

»Bist du verrückt geworden, Frau?« wollte er wissen.

»Die sind alle verrückt«, vertraute Kara den anderen Kindern an.

»Du solltest dich mal reden hören«, sagte Lizzie.

Tief in Henkies Brust erhob sich ein dumpfes Grollen.

»Hör nur«, sagte Lizzie.

Für kurze Zeit sah es so aus, als wollte er irgend

etwas zerschlagen. Alle außer Lizzie traten einen Schritt zurück. Doch dann seufzte er und nickte.

»Ich werd mich ein Weilchen dort drüben in den Sessel setzen«, sagte er und deutete in eine Ecke, »und in aller Ruhe ein großes Glas Whiskey trinken. Ruft mich, wenn die Planung anläuft.«

Lizzie stellte sich auf die Zehen und hauchte ihm einen Kuß auf die Wange, bevor er wegging.

»Ts-ts-ts«, machte sie.

Als Henkie auf sie zukam, teilten sich die Kinder vor ihm wie das Rote Meer zu Moses Füßen, und als er hindurchgeschritten war, rückten sie wieder zusammen. Sie beobachteten, wie er ein Glas bis oben hin mit Whiskey füllte und dann im Sessel Platz nahm, wo er das Glas halb austrank, ohne daß ihm auch nur die Augen getränt hätten. Da sie das eklige Getränk, wie Kinder es eben tun, schon des öfteren selbst probiert hatten, waren sie entsprechend beeindruckt.

Als sie ihre grimmigen Gesichter wieder Lizzie zuwandten, lächelte diese ihnen zu.

»Wir sind euch sehr dankbar, daß ihr uns helft«, sagte sie, »und wenn einiges auch langweilig sein mag, wird es zum Schluß bestimmt noch ganz lustig.«

»Was liegt an?« fragte Peter, der von ihr offenbar ebenso bezaubert war, wie ihn Henkies Versuch, sie herumzukommandieren, abgestoßen hatte.

Lizzie erklärte ihnen, wie sie die übrigen Fenster verdunkeln sollten. Außerdem mußten noch einige identische Puppenkleider genäht werden. Perücken mußten auseinandergeschnitten und Puppenköpfen angepaßt werden. Und es mußte jemand Wache halten und sie vor neugierigen Augen und Ohren schützen.

»Was soll das alles?« fragte ein anderes Kind.

Von ihrem Ausguck auf Denzils Schulter aus erkannte Jodi den Sprecher – Harvey Ross. Er war ein großer, stämmiger Junge, vor dem Henkie seine Geldbörse in Sicherheit bringen würde, wenn er einmal ausgewachsen war. Mit seinen zwölf Jahren bekam er bereits Gelegenheitsjobs auf den Fischkuttern und arbeitete mit den Männern Seite an Seite.

»Kennt ihr die Witwe Pender?« fragte Taupin.

»Die ist eine Hexe«, erwiderte ein Junge.

Jodi brauchte nicht eigens hinzusehen, um zu wissen, daß dies Ratty Friggens' Stimme gewesen war. So groß Harvey für sein Alter war, so klein war Ratty. Er war ein Jahr jünger als Jodi, überragte Ethy aber nur um ein paar Handbreit. Eigentlich hieß er Richard, aber wegen seiner zuckenden Nase, dem spitzen Gesicht und der Art, wie er umherschlich und das Beste aus seiner Kleinwüchsigkeit machte, hatte man ihn vor Jahren ›Ratty‹ getauft, und dieser Name war an ihm hängengeblieben.

»Genau«, sagte Taupin, während die Kinder wie auf ein Kommando die Luft einsogen.

Es war eine Sache, zu glauben, daß es Hexen und Kleine gab, aber ganz etwas anderes, herauszufinden, daß die Geschichten tatsächlich der Wahrheit entsprachen.

»Wir müssen Jodi solange vor ihr verstecken, bis wir sie zum Men-an-Tol gebracht haben, und zwar ohne daß die Witwe merkt, was wir vorhaben.«

»Was ist, wenn sie uns alle zu Kleinen macht, weil wir euch helfen?« fragte Kara.

»Sie muß euren Namen kennen und ihn dreimal wiederholen, bevor der Zauberspruch wirkt«, erklärte Taupin. »Bis dahin könntet ihr doch bestimmt weglaufen? Oder euch die Ohren zuhalten?«

»Und es muß der richtige Name sein, nicht wahr?« fragte Ratty.

»Der Name, der euch zu dem macht, der ihr seid«, stimmte Taupin zu. »Der alles umfaßt, was euch in eurer Vorstellung ausmacht. Wenn sie also versuchen sollte, dich zu verhexen, Ratty, dann müßte sie dich Ratty Richard Friggens nennen, denn ich glaube, daß du so von dir denkst.«

Ratty nickte.

»Sie kann unmöglich alle eure Namen kennen«, sagte Taupin.

»Aber sie könnte sie auswendig lernen, nicht wahr?« fragte Ethy.

»Ich …«

Taupin sah Lizzie hilflos an, die an seiner Stelle weitermachte. Sie erläuterte den Rest von Henkies Plan. Als sie geendet hatte, grinsten die Kinder über beide Ohren.

»Das wird ein Spaß«, sagte Kara.

Nun ging es darum, jedem seine Aufgabe zuzuteilen. Alle Kinder wollten freiwillig Denzil helfen, denn dann hätten sie die winzige Jodi betrachten können, die auf seiner Schulter saß, und sich mit großen Augen ihre Geschichte anhören können, ganz zu schweigen von dem Gelächter, das ihre hohe, piepsende Stimme hervorrief.

Es wurde eine Weile herumgestritten – mit Argumenten wie: »Ich war als erster dran«, »Die könnte nicht mal nähen, wenn's um ihr Leben ginge« oder »Du Blödmann!« –, doch schon bald war alles gerecht aufgeteilt, mit der nützlichen Einschränkung, daß jeder beim Nähen einmal drankommen würde.

Als alles vorbereitet war – sie hatten den Plan entworfen und alle Eventualitäten, die ihnen einfallen wollten, durchgesprochen und passende Lösungen dafür gefunden –, war es Nachmittag und Zeit anzufangen.

»Vergeßt nicht«, sagte Taupin zu den Kindern, als sie sich alle an der Tür versammelt hatten. »Wenn es zum Schlimmsten kommt, könnt ihr immer noch in die Bucht springen, dann können euch ihre Wesen nichts anhaben.«

»Was ist mit den Ertrunkenen?« fragte Ratty.

Mehrere Kinder nickten nervös.

Taupin blickte Jodi an. »Was weißt du darüber?«

Jodi schüttelte den Kopf. Sie hatte die Nase voll davon, daß die Kinder jedesmal lachten, wenn sie etwas sagte. Wenn sie erst einmal ihre ursprüngliche Größe wiedererlangt hätte, würde sie den einen oder anderen verprügeln.

»Ich habe gehört«, sagte Ratty, »daß sie die Toten aus dem Meer heraufbeschwören kann, und dann kommen sie herausgewatschelt, triefend naß und voller Tang, und kauen das Fleisch der Lebenden.«

»Wir wissen aus zuverlässiger Quelle«, sagte Taupin, »daß Hexen die Berührung von Salz nicht ertragen können.«

»Ja, aber die Toten aus dem Meer berühren doch nicht *sie*«, sagte Ratty.

Henkie erhob sich aus dem Sessel wie ein Bär, der im Frühjahr seine Höhle verläßt.

»Wenn du dich nicht traust, mein Junge«, sagte er, »dann komm verdammt noch mal her und sag's mir.«

»Ich habe keine Angst«, sagte Ratty.

»Ich auch nicht«, sagte Ethy. »Überhaupt nicht.«

»Dann wollen wir mal sehen, was wir ausrichten können«, sagte Henkie.

Kara stand der Tür am nächsten. Als Lizzie nickte, drückte sie die Klinke, riß sie auf und ging zu ihrem Fahrrad.

2

Die Witwe Pender war nicht immer Witwe gewesen und hatte auch nicht immer Pender geheißen.

Zur Welt gekommen war sie genau zwischen Neumond und Vollmond. Ihre Geburt fand auf der Ladefläche eines Eselskarrens statt, den man hinter eine Weißdornhecke gezogen hatte, als die ersten Winterstürme die Bäume schüttelten und der Rauhreif grimmig auf der gefrorenen Erde lag.

Ihre Geburt stand unter einem glücklichen Stern – zumindest meinten das ihre Eltern, denn diese glaubten, es sei die Not, die den Charakter formt und stark macht.

Die Hebamme ihrer Mutter war eine Hexe gewesen, und sie wurde in eine Hexenfamilie hineingeboren, als dritte und letzte von drei Töchtern, die den Familiennamen Scorce trugen. Von denen, die es nicht besser wußten, wurde ihre Familie dem fahrenden Volk zugerechnet; das fahrende Volk selbst wußte jedoch genau, wer die Scorces waren, und wich ihnen nach Möglichkeit aus. Sie kratzten ihre Geheimzeichen in die Erde, um die anderen umherreisenden Sippen vor dem Aufenthaltsort der Scorces zu warnen.

Das Neugeborene wurde einige Wochen später in einer recht merkwürdigen Zeremonie auf den Namen Hedra getauft, was die alte Bezeichnung für Oktober war, der Monat, in dem sie geboren war. Ihre Familie versammelte sich um einen schroff aufragenden Stein, hoch oben auf einer Klippe am Meer, und hätten die Feierlichkeiten Zuschauer gehabt, so hätten diese ein recht ursprüngliches Treiben miterlebt, wortlose Gesänge und wilde Tänze, das Verbrennen kleiner Strohpuppen und Talismane in Feuern aus Knochen und die Herstellung von Fetischen, die alle mit dem Namen des Neugeborenen und dessen Zukunft verbunden waren. Jeder Teilnehmer an der Zeremonie zog mit einem solchen Fetisch fort, der sicher verwahrt werden würde, um das Glück des frisch getauften Kindes zu bewahren.

Unter ihrer steifen Bluse trug die Witwe Pender ihren Fetisch noch immer in einem kleinen Lederbeutel mit sich herum. Sie trug ihn zur Erinnerung an die Zeit, als sie Hedra Scorce gewesen war und die Welt ein freundlicher Ort voller Wunder, als die Schatten

nur Schatten gewesen waren und sie noch nicht gewußt hatte, was sich in den Schatten verbarg und jede Bewegung, die sie machte, mit glitzernden Augen unter schweren Lidern aus Spinnweben hervor beobachtete.

Sie trug ihn jedoch nicht als Glücksbringer, denn all ihr Glück hatte sie längst verlassen.

Die Scorces waren jahrelang umhergereist – Mutter, Tante und Großmutter auf dem Eselskarren sitzend, die Mädchen zu Fuß nebenher. Wie das übrige fahrende Volk auch, verrichteten sie Gelegenheitsarbeiten und führten Reparaturen durch, ernteten je nach Jahreszeit Kartoffeln und Gemüse, verkauften die Reisigbesen und Körbe, die sie selbst herstellten, und die Amulette, die, im Gegensatz zu den meisten anderen, wirkten, auch ohne daß man an die Kraft ihrer Magie glaubte. Sie liebten das Unterwegssein, die lange Straße ohne Anfang und Ende, die sich unter ihren Füßen abspulte, sie von einer Stadt zur nächsten führte, durch die Dörfer und darüber hinaus, hinauf zu den einsamen Orten, den Mooren und steinübersäten Klippen, die für diejenigen, welche der Erde so nahe standen wie sie, alles andere als einsam waren.

Doch die Zeiten änderten sich. Sie wurden härter für das fahrende Volk, da die Polizei sie aus den Städten und vom Dorfanger verjagte, bis ihnen nur noch die Moore und Klippen gehörten; in diesen verlassenen Gegenden konnten sie jedoch kein Auskommen finden. Die Schönheit der Natur nährte den Geist, aber der Körper verlangte nach gewöhnlicherer Kost, und die konnten sie sich nur in den Dörfern und Städten verdienen.

Schwere Zeiten.

Inzwischen konnte sie manchmal die Augen sehen, die sie aus den Schatten heraus beobachteten. Und sie hörte eine flüsternde Stimme. Und dann einen ganzen Chor von Stimmen.

»Hör nicht hin«, sagte ihre Großmutter, wenn sie diese fragte, was sich in den Schatten verbarg. »Im Schatten warten alle Übel der Welt darauf, über unschuldige Kinder wie dich herzufallen. Sie versprechen dir alles mögliche. Befolgst du ihren Rat, nimmst du ihre Geschenke an, dann verhärtest du innerlich. Dann schrumpft und verdorrt deine Seele, bis du die Gegenwart der Allmutter nicht mehr spürst. Wenn du ihr Licht verlierst, bleiben dir nur noch die Schatten, und das wünsche ich keinem, weder Freund noch Feind.«

»Aber sie sagen, sie könnten uns helfen.«

»Je süßer das Versprechen«, erwiderte ihre Großmutter, »desto wahrscheinlicher ist es eine Lüge.«

»Aber ...«

»Erinnere dich an die Lektion, die die Christen vergessen haben: Als Adam und Eva im Garten Eden ihre Wahl trafen, ging es weder um blinden Gehorsam noch um selbstgerechte Frömmigkeit. Sondern sie haben das eigene Ich über Gott gestellt, die Anmaßung über den Glauben.«

»Wir sind keine Christen«, entgegnete Hedra.

»Das stimmt. Aber unsere Allmutter und ihr Christus sind gar nicht so verschieden – im Herzen folgen wir alle dem Licht; nur die Namen unterscheiden sich. Was aus dem Dunkel zu dir spricht, ist die Schlange aus dem Garten Eden.«

»Ich mag Schlangen.«

Ihre Großmutter lächelte. »Ich auch. Aber es liegt ein himmelweiter Unterschied zwischen der kleinen Verwandten, die wir im Gras vor uns sehen, und der, die uns aus dem Dunkel in Versuchung führt. Versprich mir, daß du ihr nicht mehr zuhörst.«

Sie hatte ihre Großmutter noch nie so ernst und feierlich erlebt.

»Ich verspreche es«, sagte sie.

Und sie versuchte, den Rat ihrer Großmutter zu befolgen, ihr Versprechen zu halten, doch das Weghören fiel ihr schwer, da die Welt so war, wie sie war, da das Licht erstarb, wohin man sich auch wandte, und nur die Schatten übrigblieben.

Schwere Zeiten.

Kerra verschwand als erste und heiratete einen Schuhmacher aus Peatyturk. Die Großmutter starb. Die Tante heiratete in eine andere umherreisende Familie ein. Die Mutter wurde krank, erholte sich aber. Gonetta blieb, bis sie durch Rosevar kamen, wo sie den Sohn eines Ladenbesitzers heiratete.

Dann waren es nur noch sie selbst und ihre Mutter, die mit dem Esel und dem Karren des Weges zogen.

Schwere Zeiten.

Das Geflüster in den Schatten wurde lauter, und unwillkürlich hörte sie darauf. Doch sie erinnerte sich an das Versprechen, das sie ihrer Großmutter gegeben hatte, und wandte das geheime Wissen, das die Schatten ihr ins Ohr hauchten, nicht an.

Nicht einmal dann, als die Polizei sie aus der Stadt jagte, bevor sie ihre dürftigen Vorräte hatten einkaufen können, und sie darauf angewiesen waren, nach Wurzeln zu graben und entlang der Küste nach etwas Eßbarem zu suchen.

Nicht einmal dann, als sie von den Kirchgängern verhöhnt wurden, von den vornehmen, rechtschaffenen Bürgern, die andächtig den Predigten vom Licht lauschten, die in den heiligen steinernen Hallen gehalten wurden, die aber mit weniger Barmherzigkeit in den Herzen herauskamen, als den kalten Winterstürmen zu eigen war.

Nicht einmal dann, als die Kinder sie mit Steinen bewarfen oder man die Hunde auf sie hetzte. Zum Spaß.

Schwere Zeiten.

Ihre Mutter starb in einer Nacht, die ebenso kalt

und einsam war wie die, in der Hedra geboren wurde. Sie hatten hinter einer anderen Hecke ihr Lager aufgeschlagen, aber der Rauhreif bedeckte ebenso grimmig den Boden, der Winter war genauso kalt. Gerade erst fünfzehn Jahre alt, saß Hedra die ganze Nacht über wach und wiegte den Leichnam ihrer Mutter in den Armen. Am Morgen begrub sie den fremden Gegenstand, zu dem ihre Mutter geworden war. Er war ein leeres, seelenloses Ding und hatte nicht mehr Ähnlichkeit mit ihrer Mutter als ein Stein.

Doch sie erinnerte sich an tröstende Arme, an eine liebliche hohe Stimme, die ihr zur Begleitung des Windes draußen vor dem Zelt Wiegenlieder vorsang, an ein Lächeln, so warm wie Sonnenschein im Sommer.

Die Schatten bedrängten sie und flüsterten in einem fort.

Die Arme um ihren frierenden Leib geschlungen, hockte sie zitternd am Grab ihrer Mutter und versuchte, nicht hinzuhören, doch das war schwer, sehr schwer. So schwer wie die Zeiten. Sie summte eines der Wiegenlieder ihrer Mutter, verschloß ihre Ohren vor den Stimmen, schaukelte vor und zurück, doch diesmal trug sie die Last in ihrem Herzen, nicht auf den Armen.

Und so fand sie Edwin Pender.

Er nahm sie mit zu sich nach Hause. Er machte sie zu seiner Frau. Er schenkte ihr Ordnung, Liebe und Trost und hielt die Schatten in Schach. Der Esel wurde alt und lebte zufrieden, bis er starb. Der Karren stand hinter Penders Haus, die helle Bemalung verblaßte im rauhen Wetter, Gras schlang sich in die Speichen seiner Räder, die Ladefläche bedeckten Blätter und Schutt, während schläfrige Katzen auf dem Fahrersitz lagen, wenn die Sonne die hölzernen Leisten wärmte.

Doch Hedra scherte sich nicht darum, denn Edwin Pender hatte die schweren Zeiten verjagt und die

Leere in ihrem Innern gefüllt. Er fuhr zur See, und sie führte den Haushalt. Wenn er enttäuscht darüber war, daß sie ihm kein Kind schenkte, so erwähnte er es nie. Sie gingen gemeinsam zur Kirche, und Hedra war es zufrieden, ihre Allmutter gegen Christus eingetauscht zu haben, denn hatte Großmutter nicht gesagt, sie wären ein und dasselbe – nur die Namen unterschieden sich?

Die schweren Zeiten waren vorbei.

Bis sie von der Geliebten ihres Mannes erfuhr.

Als sie ihn darauf ansprach, lachte er. Ein Mann wie er brauchte mehr als eine Frau, sagte er ihr, aber sie bräuchte sich keine Sorgen zu machen. Ihr Zuhause sei hier, und habe er nicht mehr als genug Liebe für sie übrig? Komm nur in meine Arme…

Sie war vor ihm zurückgewichen, hatte aber kein Wort gesagt.

Ihr Zorn war ein lautloser Sturm.

Und wie sich ihre Welt verdunkelte, kehrten auch sogleich die Schatten zurück, Augen glitzerten in den dunklen Winkeln des Zimmers, wo sie sich versteckt hatten, Stimmen wisperten, und das ganze geheime Wissen fiel ihr wieder ein, das sie ihr jemals anvertraut hatten.

Als ihr Mann aufs Meer hinausfuhr, beschwor sie einen Sturm herauf. Wenn er das Alte Kai überschwemmte und die Fischerboote versenkte, wenn fünfzehn Männer ihr Leben ließen, was machte es schon, solange nur Edwin Pender dabei war?

Die Geliebte ihres Mannes überließ sie den Schatten. Hoch oben auf einer Klippe, in einer mondlosen Nacht, erschlug sie das Barmädchen mit einem Eisenrohr, dann begrub sie den Leichnam in einem nicht gekennzeichneten Grab, wo ihr moderndes Gebein bis heute noch ruhte.

Sie empfand kein Bedauern.

Sie empfand kein Bedauern, weil ihr Geist jetzt den

Schatten gehörte und weil diese ihm jegliche Milde entzogen, ihn ausdörrten und verbitterten. Als Gegenleistung überließen sie ihr noch mehr Geheimwissen.

Sie brachte die Jahre damit zu, mit den Einwohnern von Bodbury zu spielen, ihnen kleine Unannehmlichkeiten zu bereiten, die sich nie bis zu ihr zurückverfolgen ließen, komplizierte Unglücksmuster in Gang zu setzen, die Jahre brauchten, bis sie sich erfüllten und die aufgrund ihres unsichtbaren Wirkens und ihres komplizierten Aufbaus um so reizvoller für sie waren.

Sie erschuf sich aus sich selbst heraus eine Art Kind, das ebenso selbstverständlich in ihrem Leib heranwuchs wie die Kinder anderer Frauen. Ihren Doppelgänger. Sie nannte ihn Windle. Gemeinsam lebten sie im Grenzland zwischen der Welt, wie sie gewöhnlichen Menschen erschien, und der geheimen Welt, die sich in den Schatten verbarg. Sie spionierten herum und trieben ihre Späße, sie waren wie zwei Spinnen, die um jeden Mann, jede Frau und jedes Kind in Bodbury herum ein unsichtbares Netz woben.

Und sie war es zufrieden.

Das aufgeweckte Kind, das sie einmal gewesen war, hatte sie vergessen, als hätte es nie existiert.

Hedra Scorce? Wer war das? Jetzt gab es nur noch die Witwe Pender.

Und die Jahre vergingen.

Zwanzig Jahre war der Sturm her, als sie die Schatten akzeptiert hatte.

In dieser Zeit kamen Seeleute auf dem Meer um. Andere starben an Land, Männer wie Frauen. Kinder wurden geboren. Die Räder der Welt drehten sich. Und die Witwe Pender wurde älter, ihre Seele war nur noch ein dunkler Schmutzfleck, so schwarz wie die tiefste Finsternis.

Doch je älter sie wurde, desto häufiger dachte sie an die Zeit zurück, als die Welt ein freundlicherer Ort gewesen war, als sie einen anderen Namen getragen und die Schatten keine Gewalt über sie gehabt hatten. Zunächst klopften die Erinnerungen nur zaghaft an, und sie beachtete sie nicht. Doch mit der Zeit sah sie Gesichter.

Ihre Schwestern; ihre Tante. Was war aus ihnen geworden?

Ihre Mutter. Ihre Großmutter.

Edwin Pender.

Sie ertappte sich bei dem Gedanken, wie soviel hatte schiefgehen können. Hatte es einen anderen Drahtzieher gegeben – jemanden wie sie jetzt einer war –, der ihr Leben und das ihrer Familie an Marionettenfäden gelenkt hatte?

Die Schatten zischten und fauchten, wenn sie dies dachte. Windle wurde abweisend.

Sie entdeckte ihren Geburtsfetisch tief in einer Schublade und begann ihn wieder zu tragen. Sie dachte über Glück und Unglück nach, über das, was sie verloren hatte.

Ein altes Lied fiel ihr ein, das sie irgendwann einmal gehört hatte und dessen Strophen sie zu den unmöglichsten Tages- und Nachtzeiten verfolgten:

Was vor mir lag, was hinter mir, hab ich verloren,
Den Westen wie den Osten, als eine andre du erkoren.
Raubtest mir Sonne, Mond und Sterne
Und rücktest Gott in weite Ferne.

Ihr Mann hatte ihr alles gegeben und es ihr dann wieder genommen. Sie hätte alles für ihn getan, aber selbst das war nicht genug gewesen.

Oh, schwarz wie Schlehen ist dein Herz;
So schwarz wie Kohle ist mein Schmerz;
Und schwarz der Stiefelabdruck in der Tür –
Du tratst hindurch, nun fehlst du mir.

Der dunkle, ausgedörrte Schmutzfleck, der ihre Seele war, begann zu schmerzen, tief in ihrer Brust. Sie dachte immer öfter an das, was ihre Großmutter ihr gesagt hatte, daß die Schatten logen, wie sie unschuldige Menschen zu manipulieren vermochten …

Sie versuchte sich daran zu erinnern, konnte sich jedoch nicht vorstellen, wie es wäre, anders zu sein, als sie jetzt war. Wenn es sich so verhielt, woher wollte sie dann wissen, ob sie in ihrem Leben die richtige Wahl getroffen hatte? Woher sollte sie wissen, ob nicht jemand anders an ihrer Stelle entschieden hatte?

Um das herauszufinden, hätte sie sich von den Schatten befreien müssen, doch diese wollten sie nicht loslassen. Es sei denn, sie verschaffte ihnen ein Geheimnis, das ihnen selbst unbekannt war. Das war der Preis – ein simpler, unmöglich zu bezahlender Preis.

Bis sie sich an ihre Kindheit erinnerte und an die Geschichten, die ihre Großmutter und Mutter ihr von der Hügelwelt erzählt hatten – der Unterwelt der Kobolde. Dort hatten die Schatten keine Macht. Wenn sie ihnen den Schlüssel dazu verschaffen könnte …

Sie kaufte sich eine aufziehbare Spielzeugfigur und richtete sie mit Wachs und Talismanen so lebensecht her, daß man meinte, sie könne sich jeden Moment aufsetzen und zu sprechen anfangen. Dann weckte sie den einen die Kobolde betreffenden Zauber, den die Schatten kannten. Er schoß wie Angelleine und Haken eines Fischers durch die Luft einer mondlosen Nacht, sauste durch die Dunkelheit, bis er sich in der träumenden Seele eines kleinen Moormenschen verfing und sie zu ihrem Haus brachte.

Obwohl er inzwischen belebt war, wollte ihr mechanischer Spielzeugmann noch immer nicht reden. Und keine Geheimnisse preisgeben.

Die Schatten lachten.

Windle sah zu, und um seine Lippen spielte ein ungewohntes Grinsen.

Doch die Witwe verzagte nicht. Wie ein Kind, das ein neues Spielzeug bekommen hatte, richtete sie ihrem Gefangenen in einem alten Aquarium eine Wohnung ein und vertiefte sich in die Herstellung von passenden Möbeln und Kleidern. Bei der Arbeit erwog und verwarf sie zahllose Pläne, wie sie dem kleinen Mann sein Geheimnis entreißen könnte, dachte nach, bis ihr der Kopf weh tat und sie allmählich einsah, daß sie geschlagen war. Sie würde niemals hinter seine Geheimnisse kommen. Sie würde sich nie von den Schatten befreien können.

Schließlich brachte sie das herumschnüffelnde Kind aus dem Bruch auf einen durchführbaren Plan. Sie hatte Jodi ein paar Tage lang schmoren lassen wollen – gerade so lange, bis sie daran zu zweifeln begann, ob sie je wieder ihre alte Größe zurückerlangen würde –, dann wollte sie dem Mädchen einen Tauschhandel vorschlagen. Wenn Jodi dem kleinen Mann sein Geheimnis entlocken konnte, dann würde die Witwe sie wieder freilassen.

So einfach war das.

Statt dessen waren das unglückselige Kind und der Kobold geflohen, und sie stand wieder dort, wo sie angefangen hatte, mit einer einzigen verbliebenen Hoffnung: daß der kleine Mann dem Mädchen irgend etwas Nützliches verriet, solange sie zusammen waren.

Es hieß, sich an einen Strohhalm zu klammern, doch etwas anderes blieb der Witwe nicht mehr übrig. Der Schmerz in ihrer Brust bereitete ihr höllische Qualen. Und das wispernde Gelächter der Schatten machte sie verrückt. Schlimmer noch, im Gefolge derselben Erinnerungen, die sie peinigten, war ihr die Erkenntnis gedämmert, daß sie sich bei ihrem Tod den Schatten anschließen würde.

Eigentlich hatte sie es immer schon gewußt. Früher war es anscheinend nicht wichtig gewesen. Doch jetzt wurde sie alt, und mit dem Alter wurde ihr klarer, was es hieß, den Schatten anzugehören.

Niemals ohne Schmerz zu sein.

Niemals Frieden zu haben.

Niemals ihre Familie im Jenseits wiederzutreffen.

Alles, was ihr gehörte, nicht nur ein- oder zweimal zu verlieren, sondern für immer und ewig, ohne jede Aussicht auf Erlösung...

Der Widersinn ihres Tuns – daß sie die verlorene Unschuld dadurch wiederzuerlangen versuchte, daß sie einen anderen Menschen peinigte – wurde ihr gar nicht erst bewußt. Allem anderen als ihren eigenen Bedürfnissen gegenüber war sie blind. Hätte sie innegehalten und nachgedacht, wäre ihr klargeworden, worüber die Schatten eigentlich lachten.

Doch Zielstrebigkeit war ihre Stärke, und darum hockte sie an der Mauer des Alten Kais und beobachtete Hedrik Whales Haus, während ihr Doppelgänger auf dem Dach und außen herumschlich und einen Blick ins Innere zu erhaschen versuchte. Was die Leute von ihrem Verhalten denken würden, war ihr gleichgültig. Sie wollte lediglich herausfinden, was Whale und die anderen vorhatten. Sie wußte, daß Jodi dort drinnen war. Aber was würden sie mit ihr anfangen?

Es war eine so unwahrscheinliche Zusammenstellung von Individuen, daß man ihre Absichten unmöglich durchschauen konnte. Jeder für sich genommen war schon merkwürdig genug, aber allen zusammen war jede Verrücktheit zuzutrauen. Und nahm man noch die schnatternde Schar der Kinder hinzu, die eben dazugekommen waren...

Die Witwe war überzeugt davon, daß irgendein Unglück bevorstand.

Unruhig trat sie von einem Fuß auf den anderen. Sie war es leid, die verwitterte Wand des Lagerhauses anzustarren. Dann sah sie, wie sich eine kleine spinnenartige Gestalt vom Dach herunterschwang und an der Kaimauer entlang auf sie zukam.

Irgend etwas tat sich. Sie roch geradezu, daß sich etwas zusammenbraute.

Windle plapperte so schnell drauflos, daß sie kaum ein Wort seiner merkwürdigen Sprache verstand. Schließlich wurde ihr klar, daß er ihr lediglich mitzuteilen versuchte, was sie bereits gespürt hatte – daß das Warten ein Ende hatte.

Wie auf ein Stichwort hin wurde die Tür des Lagerhauses aufgerissen, und die ganze Schar, Erwachsene und Kinder, strömte heraus. Die Witwe schloß die Augen und streckte ihre Hexensinne aus – eine Art von Sehen, das hinter das blickte, was sich dem bloßen Auge darbot, indem es die Welt auf ihre grundlegenden Elemente reduzierte.

Blut rief Blut.

Die Witwe war so umsichtig gewesen, Jodi ein paar Tropfen Blut abzunehmen, als diese bewußtlos war, und sie zu schlucken. Deren Geschmack brannte jetzt scharf an ihrem Gaumen, als ihr Hexensinn nach dem ersten Kind griff, das aus der Tür trat, es fand und erfaßte.

Das kleine Mädchen aus dem Bruch. Es hatte Jodi bei sich, die Witwe wußte es. Der Geschmack von Jodis Blut war dem Mädchen so nahe, daß sie es sein mußte, die Jodi trug.

Sie wollte sich gerade aufrichten und die Augen öffnen, doch dann bemerkte sie, daß das zweite Kind ebenfalls Jodi bei sich trug. Desgleichen das dritte und vierte – sie alle trugen sie bei sich, Kinder und Erwachsene gleichermaßen.

Was unmöglich war.

Sie bündelte ihren Hexensinn stärker, und der Kopf begann ihr von der Anstrengung weh zu tun.

Sie fühlte sich alt und müde.

Die helle Sonne bildete Schatteninseln am Fuß der

Kaimauer, und sie vernahm ein höhnisches Gelächter, das aus den dunklen Flecken aufstieg.

Na schön, dachte sie. Entweder hatten sie sie in Stücke geschnitten, und jeder trug ein Stück von ihr, oder sie wendeten einen anderen Trick an, doch das würde ihnen nichts nützen. Dann würde sie sie eben aufspüren, jeden einzelnen von ihnen. Auf die eine oder andere Art würde sie die Kleine, die sie erschaffen hatte, wieder in ihre Gewalt bringen.

Das Gelächter aus den Schatten wurde lauter.

Lacht ihr nur, soviel ihr wollt, sagte sie zu ihnen. Ihr werdet mich trotzdem nicht bekommen.

Nun wurde das Gelächter langgezogen und scharf.

Niemals, sagte die Witwe.

Die Kinder vor dem Lagerhaus saßen inzwischen alle auf ihren Fahrrädern. Sie rasten in ein Dutzend verschiedene Richtungen davon, während sie mit ihren kleinen Beinen in die Pedale traten, was das Zeug hielt. Auch die Erwachsenen gingen in unterschiedliche Richtungen davon, nur daß sie sich langsamer bewegten. Die Witwe schickte einem der Kinder Windle nach, dann wartete sie einen Moment lang ab und machte sich an die Verfolgung eines anderen.

Niemals, wiederholte sie.

Die Schatten antworteten nicht, doch das lag nur daran, daß sie in den hellen Sonnenschein hinausgetreten war, wohin sie ihr nicht zu folgen vermochten.

3

Wenn sie ihre Eltern klagen hörte, wenn sie sah, was es hieß, auch nur ein paar Jahre älter zu sein, dann wollte es Kara Full so scheinen, als gäbe es kein schöneres Alter als elf zu sein. Die Vorstellung, älter zu werden, gefiel ihr nicht. Es gab die merkwürdigen Erwachsenen wie Denzil und Taupin, die ihrem Verhalten nach noch immer hätten Kinder sein können, oder solche wie Jodi und Ratty, die sich in einem unbestimmten Schwebezustand zwischen Normal- und Erwachsensein befanden, aber vor allem schien älter zu werden zu bedeuten, daß man von immer mehr Dingen ausgeschlossen wurde.

Von der Magie.

Vom Wunderbaren.

Vom einfachen Spaßhaben.

Darüber dachte sie nach, während sie von Henkies Lagerhaus fortradelte. Wenn man sich keinen solchen Jux mehr erlauben konnte, wann immer man Lust dazu hatte, was sollte das Ganze dann eigentlich noch?

Denn das *war* ein Jux. Mehr noch, der klare Beweis, daß alles wahr war, wovon die Erwachsenen behaupteten, es könne nicht sein. Aber wenn man es mit eigenen Augen sah, wer konnte dann noch daran zweifeln? Es gab tatsächlich Hexen und Kleine und alle möglichen wunderbaren Dinge. Sie waren *wirklich.* Und wenn das nicht das Beste war, was sie seit Wochen erfahren hatte, dann wußte sie wirklich nicht mehr weiter.

Ihre Beine pumpten heftig, um das Tempo an der ansteigenden Weaver Street zu halten. Nachdem sie den höchsten Punkt erreicht hatte, rollte sie grinsend auf der anderen Seite hinab – während die breiten Reifen auf den Pflastersteinen summten, ihr der Wind ins Gesicht blies, ihr der Rock ihres Strandkleides um die Schenkel flatterte und ein Lachen in ihr aufstieg.

In ihrer Tasche steckte eine der Puppen, die sie im Lagerhaus hergestellt hatten. Keine von ihnen wies auch nur die entfernteste Ähnlichkeit mit Jodi auf, doch das war nicht der springende Punkt, hatte Taupin ihnen erklärt. Es kam auf die Größe an, die Haarfarbe und darauf, daß alle Kleidungsstücke gleich waren. Und auf einen winzigen Tropfen von Jodis Blut, den sie behutsam auf den Kopf jeder einzelnen Puppe geträufelt hatten und den der trockene Stoff sogleich aufgesaugt hatte.

Dieser Teil hatte Kara nicht gefallen – und Jodi auch nicht, ihrem verzerrten Miniaturgesicht nach zu schließen, als sie sich mit einer Nadel in den Finger hatte stechen lassen und dann jeder Puppe ein Stück von sich hatte abgeben müssen.

Insgeheim glaubte Kara, daß nicht einmal eine Hexe so dumm sein konnte, eine dieser Puppen fälschlicherweise für das Original zu halten, aber Taupin hatte es beharrlich beteuert, hatte Zauber- und Hexengeschichten angeführt, in denen genau diese Art von Trick nicht nur als klug angesehen wurde, sondern sich außerdem als erfolgreich erwiesen hatte.

Warten wir's ab, dachte sie, als sie sich in die Kurve am Fuß des Hügels legte, wo die Weaver Street kurz dem Tinway Walk begegnete, ihn kreuzte und anschließend als Redruth Steep eine weitere Steigung hinaufführte.

Als sie um die Ecke bog, warf sie einen Blick hinter sich, aber die Luft war rein. Immer noch grinsend und den Zusammenstoß mit einem Fußgänger, der ihr wütend hinterherrief, nur knapp vermeidend, stellte sie sich am Ende der Straße in die Pedale und begann den neuerlichen Aufstieg. Auf halber Höhe der Steigung sauste sie in die Mündung des Penzern Way hinein – eine gewundene, schmale Gasse, die sie auf einem Umweg zwischen den Rückseiten der dichtgedrängten Steinhäuser hindurch, die in diesem Stadtteil vorherrschten, von hinten an den Hafen heranführen würde.

Ich hab's geschafft, dachte sie und verlangsamte das Tempo, um einem Zusammenstoß mit einem unordentlichen Müllstapel auszuweichen. Die Hexe und ihr Doppelgänger – was immer das nun wieder war –

waren jemand anderem gefolgt, und das gab ihr nachträglich recht.

Die Puppen waren einfach kein so guter Trick, wie Taupin behauptet hatte. Wenn sie nur auf sie gehört hätten und sich ein Fischernetz geborgt hätten, mit dem man die Hexe hätte fangen und dann in die Bucht werfen können, dann hätten sie jetzt gut lachen, weil…

Etwas von der Größe einer Katze landete auf ihrem Rücken und grub seine Klauen in ihre Schultern.

Kara schrie auf und verlor die Gewalt über das Fahrrad. Das Vorderrad glitt an einem Pflasterstein ab, und sie wurde über den Lenker geschleudert. Vor dem heftigen Zusammenprall mit einer allzu rasch sich nähernden Wand rettete sie nur die Tatsache, daß sich ihr Rocksaum am Ende des Lenkers verfangen hatte. Der dünne Stoff riß, aber er hatte ihrem Flug doch den Schwung genommen, so daß sie atemlos und mitgenommen in einem Abfallhaufen landete, anstatt mit dem Kopf gegen die Wand zu schlagen.

Es blieb ihr jedoch keine Zeit, ihr Glück zu würdigen. Das Ding auf ihrem Rücken krallte sich in ihre Haut, und ihr blieb nichts anderes übrig, als weiterzuschreien, während sie sich im Müll herumwälzte, um es loszuwerden. Als sie es geschafft hatte, hüpfte es augenblicklich vor sie hin und schlug mit seinen Krallen nach ihrem Gesicht. Kara warf so rasch den Kopf zurück, daß sie sich einen Halsmuskel zerrte.

»Wenn ihr meint«, hatte Taupin ihnen gesagt, »ihr befändet euch irgendwie in Gefahr, dann gebt um Himmels willen eure Puppe her. Darauf haben sie's abgesehen. Gebt sie her, und wenn sie sehen, was sie da gejagt haben, dann werden sie jemand anderem hinterherlaufen.«

Taupins Worte klangen Kara in den Ohren, als sie entsetzt und fasziniert das Wesen anstarrte, das so dicht vor ihrem Gesicht hockte.

Jodis Beschreibung war nicht sonderlich genau gewesen. Das Wesen sah aus wie eine haarlose Karikatur von Denzils Affe, doch da hörte die Ähnlichkeit auch schon auf, denn Ollie hatte weder Klauen wie der Doppelgänger noch dessen scharfe Zähne, auf die ein Hai stolz gewesen wäre. Und Ollies Kehle erzeugte auch nicht dieses schreckliche Quietschen – als kratze man mit dem Fingernagel über eine Schiefertafel.

Karas anfängliche Neugier war ganz und gar verflogen. Sie wollte nichts weiter, als von ihm wegzukommen, aber der Doppelgänger hockte zu dicht bei ihr. Sie konnte keine Bewegung machen, um den scharfen Zähnen und Klauen auszuweichen.

Die untertassengroßen Augen des Doppelgängers glotzten sie feindselig an, und als sich ihre Blicke begegneten, schauderte sie. In diesen Augen lag eine zügellose Wut – und das Versprechen, daß der Doppelgänger es genießen würde, ihr weh zu tun.

Kara hatte nicht vor, so lange abzuwarten.

Sie wühlte in ihrer Tasche nach der Puppe. Ihre zitternden Finger brauchten einen Moment, bis sie das Ding gepackt hatten, aber schließlich zog sie es heraus und hielt es dem kleinen Monster hin, das vor ihr saß.

Es riß ihr die Puppe aus der Hand, und seine Augen funkelten, als es sah, was es war. Das Quietschen schwoll zu einem hohen Crescendo an, das Karas Trommelfelle jeden Moment zu zerreißen drohte.

»M-mehr ha-hab ich n-nicht«, stammelte sie.

Ihre Kehle war ausgedörrt und wie zugeschnürt, und sie brachte nur ein Krächzen heraus.

Der Doppelgänger starrte sie an. Er öffnete weit den Mund, biß der Puppe den Kopf ab und kaute den Stoff und die Füllung. In seiner Kehle arbeitete es, als er alles schluckte.

Kara starrte bloß, von jeder seiner Bewegungen gleichzeitig fasziniert und abgestoßen.

Als er den Puppenkopf hinuntergeschluckt hatte, schleuderte er den Körper weg und beugte sich noch näher an Kara heran, während sein Grinsen breiter wurde. Er holte mit einer Klaue nach ihrem Gesicht aus, und die Panik löste die Verengung in ihrer Kehle und ließ einen neuerlichen Schrei heraus. Das Wesen kicherte, als sie bei ihrem Versuch wegzulaufen rückwärts in den Müll fiel, dann schwang es sich auf die Regenrinne und kletterte rasch aufs Dach. Im nächsten Moment war es verschwunden.

Kara blieb lange Zeit dort liegen, wo sie hingefallen war. Jeder einzelne Muskel tat ihr weh. Sie fühlte sich, als hätte sie am ganzen Körper blaue Flecke. Ihr wurde übel vom Müllgestank, und sie wollte sich übergeben.

Aber sie war am Leben.

Das Wesen hatte sie nicht getötet.

Langsam setzte sie sich auf, wobei sie bei jeder Bewegung vor Schmerz zusammenzuckte. Ein nervöser Blick zu den umliegenden Dächern sagte ihr, daß keine untertassengroße Augen mehr auf sie herunterschauten. Er war weg und jagte jetzt einen der anderen.

Aber das war ihr Problem, dachte sie, Sie war einfach nur froh, am Leben zu sein. Was sie anging, hatte der Spaß für heute aufgehört.

Doch dann fiel ihr Ethy ein. Die kleine Ethy, die ihre eigene Puppe unter dem Hemd versteckt hatte. Wenn der Doppelgänger hinter ihr her war …

Wir waren alle richtige Blödmänner, dachte Kara, als sie zu ihrem Fahrrad humpelte. Wir hätten uns ihnen gemeinsam stellen sollen, in großen Bottichen voller Meerwasser sitzend, bewaffnet mit salzwassergefüllten Luftballonbomben …

Ballonbomben. Wirklich eine tolle Idee.

Sie öffnete die am Gürtel befestigte kleine Geldbörse und zählte ihre Pennies. Es war nicht gerade viel – doch es reichte, um das Nötige zu kaufen.

Sie richtete das Fahrrad auf und stieg auf. Als sie über den Penzern Way Richtung Marktplatz fuhr, stöhnte sie bei jeder Unebenheit, über die sie fuhr und die ihren geschundenen Körper unwillkürlich an die erlittenen Torturen erinnerte. Der Schmerz trieb ihr Tränen in die Augen, aber sie fuhr weiter, den Mund zu einem Strich zusammengepreßt, und widerstand der Versuchung, sich in eine Ecke zu legen und sich wochenlang nicht vom Fleck zu rühren.

Sie war entschlossen, ihnen alles, was sie hatte eingestecken müssen, heimzuzahlen.

Und noch ein bißchen mehr.

4

Die Hexe war es, die Ratty Friggens fand.

Wie die anderen auch, war er mit dem Fahrrad von Henkies Lagerhaus weggefahren, doch als er den Marktplatz erreicht hatte, ging er zu Fuß weiter. Er versteckte das Rad hinter einem Kistenstapel, von dem er wußte, daß er erst in ein paar Tagen verschifft werden würde, dann durchquerte er ein Labyrinth von Lagerhäusern und Docks, bis er zu einem der langen Piers des Neuen Docks gelangte. Dort ließ er sich zum Auslaß der Regenspeicher hinunter. Er blickte rasch noch einmal über die Bucht, dann rutschte er in die Röhre hinein und machte sich auf den Rückweg zur Stadt – unter der Erde.

Find mich doch, dachte er mit einem zufriedenem Grinsen. Wenn du kannst.

Ratty kannte in, um und unterhalb von Bodbury jeden versteckten Winkel und jede geheime Ritze. Wie seine Namensvetter vermochte er sich durch die schmalsten Öffnungen zu zwängen und sich durch enge Entwässerungsrohre hindurchzuwinden, bei denen andere geschworen hätten, sie seien zu schmal für eine Katze, geschweige denn für einen Jungen aus dem Bruch, ganz gleich, wie klein er auch sein mochte. Aber wenn Ratty seinen Kopf hineinbekam, brauchte er bloß noch die Schultern so eng an den Körper zu legen, bis es so aussah, als habe er sie über der Brust zusammengefaltet. Dann schob er sich einfach hindurch.

Heute hielt er sich an die größeren Rohre. Als sich seine Augen erst einmal an die Dunkelheit gewöhnt hatten, konnte er mit gleichmäßiger Geschwindigkeit mühelos hindurchgehen. Das einzige Licht stammte aus den vereinzelten Gitterrosten, die zur Straße hin offen waren, doch das genügte ihm. Er kickte Kieselsteine und vereinzelten Abfall umher und blieb ab und zu stehen, um größere Hindernisse beiseite zu räumen, an denen sich der Regen sonst gestaut hätte.

Ratty hielt die unterirdischen Gänge zu seiner eigenen Bequemlichkeit frei, aber er leistete den Bewohnern der Häuser, die ansonsten bei einem großen Unwetter hätten überflutet werden können, auch einen Dienst, von dem diese nichts wußten. Sie wußten nichts davon, und ihm war es egal. Das hier war sein Reich.

Er hatte vor, den Entwässerungskanälen bis zum höchsten Punkt der Stadt zu folgen. Von dort wollte er solange querfeldein marschieren, bis es dunkel wurde. Als Taupin über die Hexe geredet hatte, war er anfangs nervös gewesen, doch dann hatte er sich seinen eigenen Plan zurechtgelegt, was er tun und wohin er gehen würde, und seine Nervosität hatte sich gelegt. Niemand würde ihm bis hier unten folgen.

Er ließ sich Zeit bis zum anderen Ende des letzten Kanals, dann kletterte er vorsichtig heraus, doch es war niemand in der Nähe. Aus dieser Höhe hatte er Ausblick über die Dächer der Stadt bis hinaus zur Bucht. Das war einer seiner Lieblingsplätze. Er konnte stundenlang hier oben sitzen und die Boote draußen auf dem Wasser und die über ihnen kreisenden Möwen beobachten.

Er setzte den Rost wieder ein und nahm auf einer an eine Hecke grenzenden niedrigen Mauer Platz, um sich ein wenig auszuruhen, bevor er weiterging.

Wenn man darüber nachdachte, war es wirklich erstaunlich. Er hatte die Geschichte, daß die Witwe Pender einen Kleinen eingefangen habe, bloß zum Spaß verbreitet, und er hätte sich nie träumen lassen, daß auch nur ein Körnchen Wahrheit darin sein könnte. Wie sollte es auch? Kleine und Hexen waren ein wesentlicher Bestandteil von Märchen und hatten mit der wirklichen Welt nichts zu tun. Wenn es Magie oder Wunder gab, dann waren sie gut versteckt. So gut, daß es ebensogut sein konnte, daß sie gar nicht existierten. Doch jetzt ... ja, jetzt ...

Schließlich hatte er die winzige Jodi Shepherd mit eigenen Augen gesehen. *Sie* war real. Das ließ sich nicht abstreiten. Und wenn sie real war, dann ...

»Ratty Richard Friggens.«

Als er die Stimme der Witwe hörte, stockte ihm das Herz in der Brust. Er drehte sich langsam um und stellte fest, daß sie sich wie aus dem Nichts an ihn herangeschlichen hatte – und gerade aus dem Schatten des Hauses Kember trat, das letzte Haus von Bodbury, bevor sich die heckenumsäumten Felder über die Hügel ausbreiteten. Sie war gerade noch eine halbe Straßenbreite von ihm entfernt.

Sie betrachtete ihn mit einem höhnischen Lächeln um die zusammengepreßten Lippen, und ihre Augen funkelten drohend.

Wie hatte sie ...? dachte er entsetzt, doch die Antwort fiel ihm ein, bevor er die Frage zu Ende gedacht hatte.

Schließlich war sie eine Hexe.

»Ratty Richard Friggens«, sagte sie erneut.

Bei der Wiederholung seines Namens schreckte er

zusammen. Als ihm einfiel, daß Taupin und Jodi ihm beide gesagt hatten, daß ein Name dreimal ausgesprochen werden mußte, damit ein Zauberspruch wirkte, holte er hastig die Puppe aus der Tasche und hielt sie ihr hin.

»H-hier«, sagte er.

Verwandele mich bloß nicht in eine Kröte, setzte er im stillen hinzu.

»Das will ich nicht«, sagte die Witwe.

»Aber ...«

»Ich will das Mädchen. Die Kleine.«

»Ich – ich hab sie nicht.«

»Wer hat sie dann? Wer hat sie rausgetragen?«

Ratty schluckte trocken. Er konnte es ihr nicht sagen, denn niemand wußte, was die Hexe Jodi antun würde, wenn sie sie wieder in ihrer Gewalt hatte. Aber er wußte auch nicht, was sie ihm antun würde, wenn er es nicht sagte.

Er wußte bloß, daß es etwas Schreckliches wäre.

»Na los, Junge. Ich habe schließlich nicht den ganzen Tag Zeit.«

»Ich – ich ...«

Der Name lag ihm auf der Zunge, brannte darauf, rausgelassen zu werden, doch das konnte er nicht machen. Er konnte ihr Vertrauen einfach nicht enttäuschen und hinterher weiterleben.

Er straffte die Schultern und erwiderte den Blick der Witwe, versuchte ruhig zu bleiben, obwohl seine Beine so stark zitterten, daß er umgefallen wäre, wenn er nicht gesessen hätte.

»Ich werde es Ihnen nicht sagen.«

»Ratty Richard Friggens«, wiederholte die Witwe zum drittenmal. »Bist du wirklich so tapfer, mein Junge?«

Tapfer? Er war außer sich vor Angst. Doch inzwischen war seine Kehle so zugeschnürt, daß er ihr den Namen nicht einmal dann hätte sagen können, wenn er es gewollt hätte.

Er schüttelte den Kopf.

»Bäh«, sagte die Witwe.

Sie fügte ein paar Worte in einer Sprache hinzu, die Ratty nicht verstand, und um ihn herum verschwamm alles.

Sie verwandelt *mich* in einen Kleinen, dachte er.

Seine Panik ließ ein wenig nach. Das wäre gar nicht so schlimm. Er könnte an Orten herumstöbern, die er sonst nie erreicht hätte. Er könnte ...

Das Denken fiel ihm zunehmend schwer. Ihm wurde schwindelig. Er schmeckte einen metallischen Geschmack auf der Zunge und bemerkte, daß er sich in die Wange gebissen hatte. Er schmeckte sein eigenes Blut.

Sein eigenes Blut.

Er dachte daran, wie sich Jodi in den Finger gestochen hatte und je einen Blutstropfen auf die Puppenköpfe hatte fallenlassen.

Jodi, die jetzt so groß war wie eine Maus.

Doch er schien nicht zu schrumpfen. Statt dessen schien er sich aufzulösen. Er ...

Er vermochte seine Gedanken nicht mehr festzuhalten. Sie flitzten wie Fliegen in seinem Kopf herum, summten und brummten, doch er vermochte keine einzige zu schnappen.

Was ...

Er blickte auf seine Hand hinunter. Sie war so zart geworden, daß er geradewegs hindurchsehen konnte.

... hatte sie ...

Die Puppe glitt ihm aus der Hand – nein, sie fiel *hindurch* und landete mit gespreizten Gliedmaßen auf der Straße.

... mit ...

Entsetzt starrte er seine Hand an. Sie löste sich auf wie Rauch. Ein Windhauch erfaßte ihn, nahm einen Finger als rosa Nebel mit sich fort.

... ihm ...

Er führte den Gedanken nicht mehr zu Ende.

5

Die Witwe lächelte freudlos, als sich der Rest von Ratty Friggens im Wind zerstreute. Nur ein kleiner beinerner Knopf blieb von ihm übrig auf der Mauer, wo er gesessen hatte. Der Knopf und ein ferner, verklingender Schrei, der seiner Stimme sehr ähnlich war, bis er vom Wind fortgetragen wurde.

Zuletzt war ihr klargeworden, daß er geglaubt hatte, sie wolle auch ihn in einen Kleinen verwandeln. Sie hatte es in seinen Augen gelesen.

Statt dessen hatte sie ihn einfach in Luft aufgelöst.

Denn davor hatte er am meisten Angst gehabt. Er war der Typ, der jeder Größe ihre guten Seiten abgewinnen konnte. Doch als ein Nichts ...

Sie lächelte und hob den Knopf auf. Nadel und Faden kamen aus ihrer Tasche zum Vorschein, und sie nähte ihn rasch in ihren Umhang ein, wo er sich zu dem übrigen runden Dutzend gesellte, die sie dort bereits festgenäht hatte. Als sie fertig war, steckte sie Nadel und Faden wieder in die Tasche. Sie bückte sich und hob die Puppe auf, die er fallengelassen hatte, und ihr Lächeln verschwand.

Ganz schön clever.

Wer sich das wohl ausgedacht hatte?

Sie hielt sich die Puppe an den Mund und leckte über die Stelle, wo Jodis Blut angetrocknet war.

Allzu clever.

Aber sie würde das Mädchen schon noch bekommen. Und sie hielt auch ein paar Geschenke bereit für die Narren, die versucht hatten, ihr zu helfen. Sie würde sie verwandeln und in Luft auflösen. Sie würde ...

Sie seufzte. Sie verschloß ihren Geist und suchte mit ihrem Hexensinn, bis sie den nächsten Träger ausgemacht hatte. Trug er eine weitere Puppe oder das Mädchen selbst? Es war lästig, daß es nur eine Möglichkeit gab, das herauszufinden. Es konnte gut sein, daß sie den ganzen Tag brauchen würde, um sie alle aufzuspüren.

Es sei denn …

Sie sah zum Himmel auf. Es wurde allmählich Abend, der Tag ging zur Neige. Bald würde es dunkel werden. Dann könnte sie ihre Helfer herbeirufen.

Aus den Sümpfen.

Aus den Hügelgräbern.

Aus den Gräbern des Meeres.

Den Umhang fester um sich schlingend, betastete sie ihre Neuerwerbung und machte sich auf den Weg zum nächsten Kind, dessen Position sie soeben bestimmt hatte.

Hinter ihrem Rücken, am Fuß der Mauer, dort, wo es dunkler war, lachten Schatten leise vor sich hin. Die Witwe hörte sie, wie sie wohl wußten, doch sie beachtete sie nicht.

6

Als Denzil am frühen Nachmittag endlich nach Hause kam, gebärdeten sich die Tiere wie toll.

Ollie sprang auf seine Schulter, sobald er die Tür geöffnet hatte, und umarmte ihn glücklich. Noz krächzte vorwurfsvoll auf seiner Sitzstange und plusterte sich auf, während der Rabe hinabstieß und Denzils Kopf umkreiste, bevor er wieder zum Bücherregal zurückflog. Die Mäuse huschten in ihren Käfigen umher, und Rum schmiegte sich an seine Beine und brachte ihn zum Stolpern, als er die Tür zu schließen, Ollie abzuwehren und ins Zimmer zu gelangen versuchte.

»Schluß jetzt!« schrie er und versetzte seiner Brille einen wütenden Stoß mit Daumen und Zeigefinger.

Schweigen senkte sich herab. Alle Bewegung erstarrte.

»Es tut mir leid, daß ich euch so lange alleingelassen habe, aber es gibt da ein paar wichtige Dinge, um die ich mich im Moment kümmern muß.«

»Schluß«, wiederholte Noz würdevoll.

Denzil mußte lachen.

Er setzte seine Jodi-Puppe neben den Flugapparat auf der Werkbank und verbrachte die nächste halbe Stunde damit, sie alle gutmütig grummelnd zu füttern, dann reinigte er die Käfige und den Sandkasten in der Ecke, wo sich die Vögel, Ollie und Rum erleichterten.

Rum kratzte an der Tür und wollte raus, sobald er gefressen hatte, aber die übrigen Tiere folgten ihm auf Schritt und Tritt – Noz und der Rabe mit ihrem starren Blick, Ollie an seinem Rockzipfel hängend wie ein kleines Kind, das bei seinem Versuch, Denzil beim Aufräumen zu helfen, die Unordnung nur noch schlimmer machte. Doch schließlich war die Ordnung wiederhergestellt, alles nahm wieder seinen gewohnten Gang, und Denzil konnte sich ans Fenster setzen und auf die Peter Street hinausblicken, um über die seltsamen Begebenheiten der vergangenen Nacht nachzudenken.

»Der helle Wahnsinn«, sagte er zu Ollie, der sich im Sessel an ihn kuschelte. »Genau das ist es. Die ganze Welt steht kopf.«

Sein Blick wanderte zur Jodi-Puppe hinüber, die auf seiner Werkbank saß.

Nichts war mehr so wie vorher. Neue Faktoren hatten sich in der schlüssigen, wenn auch komplizierten Gleichung ergeben, von der er gemeint hatte, sie inzwischen ein wenig zu verstehen. Wohlgemerkt, nur ein wenig. Den größten Teil seines Lebens hatte er mit dem Versuch ihrer Auflösung zugebracht, und war doch kaum bis unter die Oberfläche gedrungen. Doch er verfügte über die nötigen grundlegenden Werkzeuge und die wissenschaftliche Vorgehensweise, die ihm sagten, wie er seine Studien am besten betrieb, das Wissen um die allem zugrundeliegende Logik, die das Unbekannte mit dem Bekannten verknüpfte.

Und nun war alles anders geworden.

Kleine und Hexen und Tote, die sich noch bewegen und sprechen konnten …

Ti-ta-to. Der *helle* Wahnsinn.

Sein Blick wanderte von der Puppe zum Bücherregal, wo sich der Rabe die Federn putzte. Er besaß eine Unmenge wissenschaftlicher Bücher, Forschungsnotizen – sowohl eigene als auch solche seiner Kollegen – und alle möglichen nützlichen Abhandlungen über alle möglichen nützlichen Themen, von der Mechanik bis zur Astronomie, von der Philosophie bis zur Naturgeschichte. In seiner gegenwärtigen Lage konnte ihm jedoch nichts davon helfen. Er würde in die Bibliothek gehen und deren Bestände nach Folklore und Mythen durchstöbern müssen, um das Nötige zu erfahren. Um alles zu begreifen. Zu begreifen und mit dem in Beziehung zu setzen, was er bereits wußte, damit er sich für die Zeit nach seiner gegenwärtigen Krise eine Art Arbeitsplan zurechtlegen konnte.

Er seufzte.

Um den Wahnsinn mit dem in Beziehung zu setzen, was er bereits wußte.

Verflixt und zugenäht, wie Jodi sagen würde.

Woher sollte er wissen, woran er festhalten und was er verwerfen sollte? Kobolde waren real, aber schloß das auch Drachen ein? Die Toten konnten umhergehen und sprechen, aber bewies das auch die Existenz von Drachen? Hexen vermochten Menschen auf Mausgröße zu verkleinern, aber konnten sie auch auf Besenstielen durch die Luft fliegen?

Ihm tat es im Herzen weh, wenn er nur daran dachte.

Und dann war da noch Jodi.

Es war vernünftig gewesen, daß er sie nicht mit zu

sich nach Hause genommen hatte. Hier würde die Witwe vielleicht als erstes nach ihr suchen. Aber es gefiel ihm nicht, sie außer Reichweite zu wissen. Hier zu sitzen und zu warten und zu grübeln, bis der Mond aufging und sie zu dem durchlöcherten Stein hinausgehen konnten, in den Jodi, Henkie und Taupin so großes Vertrauen setzten.

Zuviel Vertrauen, wenn man ihn gefragt hätte.

Ja, dachte er, aber vor vierundzwanzig Stunden hast du auch nicht geglaubt, daß es so etwas wie einen Kleinen überhaupt gibt.

Abermals seufzte er, und Ollie streichelte seine Wange, versuchte ihn zu trösten.

»Ich weiß es einfach nicht«, sagte Denzil laut.

Was den Plan betraf, den sie in Henkie Whales Lagerhaus ausgeheckt hatten, hatte er so seine Zweifel. Obwohl er die Existenz des Magischen, die Realität der Mythen, nicht länger leugnen konnte, fiel es ihm immer noch schwer, sich damit abzufinden, daß jemand wie Henkie im Besitz des nötigen Wissens war. Die einzige vernünftige Person in dem ganzen Haufen – er selbst eingeschlossen, mußte er zugeben – war Lizzie Snell.

Sie war intelligent, realistisch, praktisch ein Juwel von Frau. Und bei einem wie Henkie völlig fehl am Platz. Was fand sie an ihm? Was er an ihr fand, war nur allzu offensichtlich …

Jetzt fang bloß nicht damit an, sagte er sich. Du bist zu alt, um den Damen den Hof zu machen.

Er war jedoch nicht immer so alt gewesen. Es gab einmal eine Zeit, wo er ein junger Mann gewesen war …

Er schüttelte den Kopf. Nein, damals hatte er eine Wahl getroffen, und jetzt war es viel zu spät, es sich anders zu überlegen. Er hatte seine Studien, und seit seiner Entscheidung hatte sich bis zum heutigen Tag nichts Grundlegendes verändert. Welche Frau würde sich auch schon mit einem wie ihm abfinden – mit seinen seltsamen Arbeitszeiten und seinen Tieren, den Studien, die seine Zeit auffraßen, und seiner sturen Art?

Eine Frau wie Lizzie Snell.

Oder die Frau, zu der Jodi heranwachsen würde.

Es war seine eigene Schuld, daß er alle Hoffnung aufgegeben hatte, eine Gefährtin zu finden.

Zu spät, zu spät, flüsterte die Vergangenheit.

Die Gegenwart pflichtete ihr bei.

Einverstanden. Er würde sich eben mit der Ersatztochter begnügen müssen, die Jodi für ihn geworden war. Das tat er schon seit Jahren, liebte sie wie seine eigene Tochter. Das verhinderte jedoch nicht, daß er bitteres Bedauern empfand.

Er schüttelte abermals den Kopf, versuchte die Gedanken loszuwerden. Denk an etwas anderes, sagte er sich. Doch nun meldeten sich Sorgen zu Wort – die Angst um Jodi; um die Kinder aus dem Bruch, die sie mit hineingezogen hatten. Wenn ihnen etwas zustieß ...

Der Nachmittag ging allmählich zur Neige, während er dasaß, auf die Peter Street hinausschaute, auf die Leute, die unter ihm ihren Geschäften nachgingen, ohne sich um die verborgene Welt zu scheren, die er um sich herum entdeckt hatte und die jeden einzelnen von ihnen umgab. Er streichelte Ollies Fell, lächelte abwesend, als der Affe in seinen Armen einschlief, und wartete, daß die Zeit verging.

7

Ethy Welet war eigentlich zu jung für die ihr gestellte Aufgabe, doch das hätte sie niemals zugegeben, und niemand wollte ihr die Möglichkeit streitig machen, an dem Streich teilzunehmen, den sie der Witwe spielen wollten. So etwas tat man im Bruch nicht. Die Kinder akzeptierten einander so, wie sie waren, aufgrund dessen, was sie zu können behaupteten und tun wollten, und beurteilten einander danach, ob sie ihr Wort hielten und wie gut sie ihre Versprechen einlösten.

Und so ging Ethy mit ihrer eigenen Jodi-Puppe unter dem Hemd nach draußen und radelte tapfer lächelnd auf ihrem kleinen Fahrrad davon, während sie den anderen aufmunternd zuwinkte. Doch sobald diese außer Sicht waren und sie auf sich allein gestellt war, kehrte ihre Nervosität zurück.

Sie dachte an die Witwe. Selbst ohne Magie war die alte Frau eine gewaltige, furchteinflößende Gestalt – mindestens viermal so groß wie Ethy und wahrscheinlich um ein Vielfaches kräftiger als das schmächtige Kind. Was sollte sie nur tun, wenn sie der Witwe begegnete? Und dann war da noch dieses Doppelgängerwesen, das Jodi beschrieben hatte. Es war offenbar noch schrecklicher.

Vielleicht würden sie ihr nicht folgen. Vielleicht jagten sie statt dessen jemand anders.

Sie konnte nur hoffen …

Doch das war kein angenehmer Gedanke.

Ethy lebte zusammen mit ihrem Vater in einem kleinen, schäbigen Zimmer tief im Bruch. Caswal Welet war ein hervorragender Dart- und Billardspieler. Leider waren dies neben Ethy seine einzigen Leidenschaften, so daß sie in ihrem Zimmer zwar eine Unmenge von säuberlich geordneten Trophäen verwahrten, es aber nur selten viel zu essen gab und sie jeder nur einen Satz Wäsche zum Wechseln hatten, weil Caswal keinen Job zu behalten vermochte, auch wenn sein Leben davon abhinge. Wenn Ethy aus ihren Sachen herauswuchs, mußten ihr die anderen Kinder dabei helfen, sich neue Kleider zu verschaffen. Ihr Vater vermochte für Jobs einfach nicht genug

Interesse aufzubringen, um sie länger als eine Woche zu behalten.

Aus diesem Grund hatte Ethys Mutter sie verlassen, und die Einwohner von Bodbury hielten ihn, wie so viele andere aus dem Bruch, für einen nichtsnutzigen Tagedieb. In Augenblicken der Aufrichtigkeit hätte Caswal ihnen sofort recht gegeben. Ethy sah ihn allerdings ganz anders.

Der Mann, den sie kannte, war freundlich und fürsorglich, wenn auch ein bißchen albern. Aber er sorgte dafür, daß sie immer ausreichend zu essen hatte, selbst wenn es für ihn nicht reichte, und sie hatten Zeit für gemeinsame Spaziergänge, und er brachte ihr das Dart- und Billardspiel bei – wobei er die Kiste, auf die sie sich stellen mußte, um den Tisch herumschob, wenn sie an der Reihe war. Am besten waren aber seine Geschichten.

Er kannte zahllose Geschichten. Weise und wunderbare. Komische und traurige. Und die Helden – sie waren stets tapfer und stark, das ja, aber sie waren auch nett.

»Freundlichkeit ist wichtig, kleines Fräulein«, sagte er ihr immer. »Ganz gleich, wie arm du bist, du kannst immer noch freundlich sein. Kostet keinen Pennie, und wenn dir vielleicht auch nicht jeder deine Freundlichkeit erwidert, bleibt dir doch immer noch die Genugtuung, daß du versucht hast, die Welt ein bißchen besser zu hinterlassen, als du sie vorgefunden hast, und sei es nur durch dein Lächeln.«

So stark war sie nicht, dachte Ethy beim Fahren, aber wenigstens konnte sie versuchen, tapfer und nett zu sein. Doch das erstere war leichter gesagt als getan. Als sie eine Abkürzung durch eine Gasse nahm, die hinter der Metzgerei auf der Weaver Street vorbeiführte, fiel der Doppelgänger der Hexe auf ihren Rücken hinunter und warf sie vom Rad.

Entsetzt starrte sie das Wesen an. Sie versuchte,

nicht zu weinen, und drückte die Jodi-Puppe unter ihrem Hemd fest an sich.

Der Doppelgänger war noch viel schlimmer, als Jodi ihn beschrieben hatte – nichts als Zähne und Klauen und riesige, bösartige Augen. Er gab ein Quietschen von sich, ein klickendes Geräusch, das tief aus seiner Kehle stieg und sich anhörte, als wiederhole er ständig die gleichen scharfen Worte. Ethy wußte, daß sie sie in Wirklichkeit nicht verstand, aber in ihren Ohren klangen sie wie ...

Bringdichumbringdichumbringdichum ...

Taupin hatte ihr geraten, sie solle die Puppe aushändigen, wenn sie sich in Gefahr befand, doch das wäre nicht sonderlich tapfer, so gern sie es in diesem Moment auch getan hätte. Denn wenn sie die Puppe herausgab, würde der Doppelgänger nur einem der anderen hinterherlaufen.

Und sie vielleicht trotzdem umbringen, einfach so.

Als er sich ihr näherte, erbebte sie und drückte die Puppe noch fester an sich.

Bringdichumbringdichum ...

»D-Daddy!« schrie sie.

Das Grinsen des Doppelgängers wurde breiter.

Ethy wollte nicht hinschauen, vermochte den Blick jedoch nicht von dem schrecklichen kleinen Wesen abzuwenden. Es duckte sich, spannte die Muskel an, um sie anzuspringen. Eine Stimme ließ ihn innehalten, bevor er angreifen konnte.

»He, du!«

Ethy sah erleichtert auf. Es war Kara.

Der Doppelgänger schaute sich ebenfalls um und zischte, als habe er das ältere Mädchen erkannt.

»Komm schon, du kleiner Mistkerl«, sagte Kara. »Wir beide haben noch ein Hühnchen miteinander zu rupfen.«

Ethy starrte ihre Freundin mit großen Augen an. Kara war voller Schrammen, ihr Strandkleid war zer-

rissen, aber sie stand so aufrecht da wie die Heldin aus einer der Geschichten ihres Vaters, mit leuchtenden Augen, fester Stimme, geradeso wie ein Ritter in voller Rüstung, der ein riesiges Schwert in Händen hielt. Abgesehen davon, daß Kara weder Rüstung noch Schwert hatte. Alles, was sie hatte, war ein Luftballon voller Wasser.

Der Doppelgänger schrie gellend auf und warf sich auf Kara, die prompt ihre Wasserbombe schleuderte. Keines der beiden Mädchen war vorbereitet auf das, was nun geschah.

Der Ballon zerplatzte, überschüttete den Doppelgänger mit Wasser.

Das hält ihn niemals auf, dachte Ethy.

Das Wasser stammte jedoch aus der Bucht und war salziges Meerwasser, das nicht nur den Ballon füllte, den Kara soeben geworfen hatte, sondern noch ein halbes Dutzend weitere, die sie in der Schultasche mitgeschleppt hatte.

Der Doppelgänger heulte auf. Dampf stieg zischend von seiner Haut auf, als wäre das Wasser auf ein heißes Backblech getropft. Das Wesen fiel heulend und jaulend zu Boden.

Ethy schlug sich die Hand vor den Mund. Eben noch hätte sie alles dafür gegeben, das Wesen abwehren zu können. Jetzt tat es ihr leid. Als ihr Blick zu Kara wanderte, sah sie in deren Gesicht ihr eigenes Entsetzen gespiegelt.

Der Doppelgänger hörte zu zappeln auf und lag still. Er wimmerte, aus seinen schmerzerfüllten Untertassenaugen war alle Feindseligkeit gewichen. Sein Fell war krebsrot, noch immer stieg zischend Dampf davon auf.

Kara umrundete ihn langsam, ohne ihn auch nur einen Moment aus den Augen zu lassen. Sie half Ethy auf die Beine.

»N-nimm dein Rad«, sagte sie.

Ethy blinzelte. »Aber er ist so schwer verletzt…«

»Er hat nur bekommen, was er verdient hat«, erwiderte Kara, schien sich dessen allerdings nicht allzu sicher zu sein. »Wir müssen los.«

»Wir können ihn nicht hierlassen«, sagte Ethy. »Das arme Ding.«

Sie näherte sich ihm behutsam, streckte unsicher die Hand aus. Der Doppelgänger schnappte kraftlos danach, schien sich ansonsten jedoch nicht bewegen zu können. Ethy blickte sich nach Kara um.

»Das können wir nicht machen.«

Kara zögerte. »Was sollen wir mit ihm anfangen?«

»Ihn zum Haus der Witwe bringen.«

»Während sie unseren Freunden nachstellt?« sagte Kara, die Dinge wieder ins richtige Licht rückend. Sie klopfte auf ihren Ranzen. »*Denen* müssen wir damit helfen.«

»Mach nur«, sagte Ethy. »Ich bringe ihn zu ihr.«

»Ich…«, begann Kara, dann seufzte sie. »Ach, Mist.«

Sie stöberte solange im Müll herum, der auf der Gasse herumlag, bis sie eine leidlich trockene Zeitung gefunden hatte. Sie wickelte den Doppelgänger behutsam darin ein und empfand nun auch selbst Mitleid mit dem kleinen Wesen, das bei jeder Berührung vor Schmerzen wimmerte. Der Doppelgänger versuchte sie zu beißen, hatte aber keine Kraft in den Kiefern. Sein Gejaule trieb Ethy die Tränen in die Augen.

»Paß bloß auf«, sagte sie, um Kara herumtänzelnd.

»Ich passe schon auf.«

Kara hob den Doppelgänger hoch. Das kleine Bündel ließ sich mühelos tragen. Ethy holte Karas Rad, dann machten sie sich auf den Weg zum Haus der Witwe, Kara mit der Kreatur der Witwe auf dem Arm und das Fahrrad neben sich herschiebend, Ethy mit ihrem eigenen Fahrrad nebenher.

8

In einer anderen Gegend von Bodbury hatte die Witwe Pender Peter Moyle mit dem Rücken an die Wand einer schmalen Gasse gedrückt. Sie hatte seinen Namen gerade zum erstenmal wiederholt, als sie sich plötzlich zusammenkrümmte und einen Schrei ausstieß. Ihr fehlender Zeh – der, mit dessen Knochen sie Windle gezüchtet hatte – erwachte mit fürchterlichen Schmerzen zum Leben.

Sie schnappte nach Luft und taumelte nach vorn. Peter duckte sich an ihr vorbei und rannte zu seinem Fahrrad. Er stieg auf und rollte bereits auf das Ende der Gasse zu, als er anhielt und zurückblickte. Die Witwe kauerte stöhnend an der Wand, während ihr Tränen aus den Augen strömten.

Zitternd radelte Peter rasch davon, die Jodi-Puppe steckte unbehelligt unter seinem Gürtel.

Die Witwe blieb in der Gasse zurück. Nachdem der Schmerz einmal eingesetzt hatte, war sie sich seiner Anwesenheit ebensowenig bewußt gewesen wie seines Verschwindens. Windles Schmerzen nahmen sie voll und ganz in Anspruch.

Ein Brennen, als würde er bei lebendigem Leib gekocht.

Seine Leiden waren ihre, der Schmerz so heftig, so qualvoll.

Verdammter…

Was hatten sie mit ihm *gemacht*?

Schwerfällig richtete sie sich auf. Ihr Bein vermochte ihr Gewicht kaum zu tragen, der Schmerz in ihrem fehlenden Zeh war zu stark. Ihre Haut fühlte sich verbrannt und wund an. Krämpfe drohten sie abermals zusammensacken zu lassen, aber sie hielt sich aufrecht. Sie schloß die Augen, nicht vor Schmerz – vor diesem Brennen gab es kein Entrinnen –, sondern um ihren Hexensinn dazu zu benutzen, den Aufenthaltsort ihres Doppelgängers ausfindig zu machen.

Der Schmerz spannte sich zwischen ihnen wie ein Draht, und es war ein Kinderspiel, ihn zu orten.

Es dauerte einen Moment, bis sie ihre eigene Position in Beziehung zu seiner gesetzt hatte, doch dann humpelte sie los, mit einem Feuer im Herzen, das ebensosehr brannte wie der Schmerz, der ihren Körper peinigte.

Dafür würden sie bezahlen, schwor sie. Jeder einzelne von diesen Ungeheuern würde bezahlen für das, was sie getan hatten.

Grenzerfahrung

Keine Magie vermag irgendein Ding in etwas zu verwandeln, das es nicht ist; die imaginative Transformation, die das Wesen der Magie ausmacht, bedeutet zu erkennen, nicht zu erschaffen …

SUSAN PALWICK, aus ›The Last Unicorn: Magic as Metaphor‹ in *The New York Review of Science Fiction*, Februar 1989

Janeys Reliant Robin war hervorragend geeignet für die schmalen Nebenstraßen der Halbinsel Penwith – Straßen, die größtenteils so eng waren, daß sie immer nur einen Wagen durchließen. Die winzige dreirädrige Karosserie des Reliant folgte ihnen jedoch wie ein Spürhund, flitzte geduckt und flink zwischen den hohen Hecken daher, die sich rechts und links erhoben, und schoß sogar dort an anderen Fahrzeugen vorbei, wo die Straße nicht verbreitert worden war.

Obwohl Clare schon zahllose Male mit Janey mitgefahren war, empfand sie auf einer Strecke wie dieser immer noch ein leichtes Unbehagen. Was sie anging, war der kleine Reliant einfach zu klein, die drei Räder viel zu gefährlich und Janeys Fahrstil viel zu ungestüm, zumal wenn sie in einer solchen Stimmung war. Jeden Moment erwartete sie, daß sie gegen einen Lastwagen knallen würden oder daß der Wagen an einer besonders scharfen Kurve, die Janey ihrer Meinung viel zu schnell durchfuhr, umkippen würde.

Dazu kam noch, daß sie kein Wort miteinander gesprochen hatten, seit sie vom Haus des Chefs losgefahren waren. Clare kam sich dadurch ein wenig ausnutzt vor. Schließlich war das alles nicht ihre Schuld.

Sie hatte kein seltenes Buch gefunden, das eine Betrügerbande zu stehlen versuchte. Genaugenommen wäre sie letzte Nacht niemals überfallen worden, wenn die Littles nicht gewesen wären. Sie traf keine Schuld. Sie hatte bloß zu helfen versucht.

Sie warf Janey einen Seitenblick zu und entdeckte zu ihrer Überraschung, daß in den Augen ihrer Freundin unvergossene Tränen glitzerten. Augenblicklich bereute sie die Richtung, die ihre Gedanken eingeschlagen hatten. Sie war wirklich ein bißchen ungerecht.

Janey traf ebenfalls keine Schuld.

»Janey«, begann sie, dann wußte sie nicht mehr weiter.

Janey verlangsamte das rasende Tempo des Reliant und sah Clare traurig an.

»Alles hat sich so furchtbar entwickelt«, sagte sie. »Jetzt, wo ich das Buch gefunden habe ... und da Felix wieder da ist ... Alles könnte so schön sein, aber das ist es nicht. Einfach nur furchtbar.«

Clare unterdrückte einen Seufzer. Das sah Janey ähnlich, daß sie sich nur selbst bemitleidete. Als Janey weiterredete, wurde ihr jedoch klar, daß sie sich wieder einmal in ihrer Freundin getäuscht hatte.

»Ich wollte das Buch nicht vor dir verstecken«, sagte Janey. »Ich hätte Opi gefragt, ob du es dir ausleihen kannst. Aber auf einmal sind alle diese merkwürdigen Dinge passiert, und ich hab einfach nicht mehr dran gedacht.« Abermals sah sie Clare rasch an. »Es tut mir wirklich leid, daß ich dir nichts davon gesagt habe, Clare. Ganz ehrlich.«

»Ist schon gut«, sagte Clare leicht verärgert.

»Ich hab's erst am Freitag entdeckt«, fuhr Janey fort, »und seitdem ist soviel passiert ...«

»Das verstehe ich«, sagte Clare.

Und das tat sie auch. Janey hatte ein Gedächtnis wie ein Sieb, was nicht etwa daran lag, daß es ihr egal gewesen wäre, ob sie Clare von Dunthorns Buch erzählte oder nicht. Sobald etwas Neues auftauchte, wurde das, was Janey eben noch beschäftigt hatte, vielmehr in eine kleine Schachtel gepackt, irgendwo in dem Durcheinander ihres Kopfes verstaut und planlos zusammen mit all den anderen Schachteln voller bunt zusammengewürfelten Plunders gestapelt, in denen Janey ihre Erinnerungen verwahrte.

»Ich wünschte, mein Verstand würde so funktionieren wie bei normalen Menschen«, sagte Janey, als hätte sie Clares Gedanken gelesen.

»Wer sagt denn, was normal ist?« entgegnete Clare.

»Du weißt, was ich meine.«

»Das tue ich. Aber wenn du auch nur ein bißchen anders wärst, dann wärst du nicht mehr du selbst.«

»Manchmal«, sagte Janey, »glaube ich, das wäre gar nicht so schlecht.«

Clare schüttelte den Kopf. »Fang bloß nicht wieder damit an.«

Hin und wieder kam Janey zu dem Schluß, daß alles in ihrem Leben falsch sei, und nach langen, tiefschürfenden Gesprächen mit Clare versuchte sie, es in Ordnung zu bringen. Es funktionierte nie. Sie meinte es gut, aber warum sollte man versuchen, jemand anders zu sein, wie Clare nicht müde wurde zu betonen?

Janeys Persönlichkeit war so stark, daß sie sich einfach nicht ändern ließ. Sie hatte über alles und jeden festgefügte – leider nicht immer auf Tatsachen beruhende – Ansichten, und schnell tat sie jemandem unrecht. Die andere Seite der Medaille war, daß gerade die Stärke ihrer Überzeugungen einen wesentlichen Bestandteil ihres Charmes ausmachte. Sie konnte sich über alle möglichen Themen ereifern, was wesentlich unterhaltsamer war als das übliche Geschwätz, wessen Schwester nun gerade mit wem ging oder daß die Hayles einen Kostgänger aufgenommen hatten.

Sie neidete Janey ihre mühelose Genialität, und

wenn auch nicht ihre Sprunghaftigkeit, so doch die Fähigkeit, ebenso rasch zu verzeihen. Womit sie am schwersten zurechtkam, war, daß Janey anscheinend aus jeder Situation das Beste zu machen verstand.

Manchmal wunderte sich Clare, warum sie Janey deswegen nicht haßte. Janey bekam stets, was sie wollte, und zwar vor allen anderen.

Zum Beispiel die Musik.

Zum Beispiel das neue Buch von Dunthorn.

Zum Beispiel Felix...

Am besten nicht dran denken, sagte sie sich. Wieder blickte sie Janey an und unterdrückte einen neuerlichen Seufzer. So oft Janey sie auch zum Wahnsinn getrieben hatte, hatte es doch auch unzählige Gelegenheiten gegeben, wo sie mit niemand anderem hätte zusammen sein mögen. Janey zu hassen, das hätte bedeutet, einen Teil von ihr selbst zu hassen.

»Wir biegen hier ab«, sagte sie.

Janey lenkte den Wagen durch eine Lücke in den Hecken auf einen schmalen Feldweg, der zu Peter Goninans Cottage hinunterführte. Früher war er einmal eine Straße gewesen, doch nun konnte er sich kaum gegen den vordringenden Wald auf der einen und die Felder auf der anderen Seite behaupten, von denen sich die meisten in Heideland verwandelt hatten, da sie nicht mehr bestellt wurden. Schon nach einer Viertelmeile endete der Feldweg vor einem Durcheinander von Steinen, das einmal eine Mauer gewesen war. Hinter einer Öffnung lag ein Bach, der sich ein paar Meter weiter den Hang hinunter zu einem Tümpel aufgestaut hatte, weil ihn das dichte Unkraut am Ablaufen hinderte.

Hinter dem Bach gab es zwei Wege. Der eine führte zu den Klippen hinunter, die zu einem Urwald von Weißdorn, Stechginster, Holunderbüschen und Quecken, die eine Reihe breiter Stufen bildeten, zu der kleinen Bucht hin abfielen. Der andere Weg führte über ein vernachlässigtes Gelände zum Haus. Um das Haus herum, das sich in gutem Zustand befand, waren ungedeckte Nebengebäude und zusammengebrochene, von Brombeersträuchern überwucherte Mauern verstreut. Überall wuchs Schlehdorn; das Gelände war bedeckt von Gebüsch und Stechginster.

»Scheint verlassen zu sein«, sagte Janey angesichts des wuchernden Unkrauts.

Clare deutete lediglich auf die dünne Rauchsäule, die aus dem gemauerten Schornstein des Hauses aufstieg.

Als sie, von einem Stein zum nächsten balancierend, den Bach überquerten, erhob sich unvermittelt eine orangefarbene- und schwarze Katze aus dem Gras. Clare, die sich aus Angst, ihr Spazierstock könnte von einem Stein abrutschen, langsamer bewegen mußte, bildete die Nachhut. Als die Katze auftauchte, hielt sie inne. Die Katze beobachtete sie lange mit starrem Blick, offenbar fasziniert von ihrer Überquerung, dann verschwand sie zwischen den Bäumen. Sie hatte keinen Schwanz.

Wieder einer der Cornwall-Tiger der Zennor-Frau, dachte Clare und lächelte, als sie ihren Weg über die Steine fortsetzte.

Erst als sie beide wieder trockenen Boden unter den Füßen hatten, erhob sich mehrstimmiges Gebell. Als ein Rudel von etwa fünf verwahrlosten Hunden aus den Nebengebäuden auf sie zugestürmt kam, wechselten sie nervöse Blicke.

»Stehenbleiben oder weglaufen?« fragte Janey.

»Ich kann nicht laufen«, sagte Clare überflüssigerweise.

»Die tun Ihnen nichts.«

Beide Frauen zuckten zusammen und wandten sich so rasch um, daß sie beinahe das Gleichgewicht verloren hätten. Die Fremde war ebenso lautlos aus dem Wald aufgetaucht, wie die Katze darin verschwunden war. So unvermittelt und leise war sie erschienen, daß Clare flüchtig dachte, die Katze habe sich lediglich in eine Frau verwandelt, nachdem sie aus ihrer Sicht verschwunden war.

Clare erholte sich vor Janey, denn sie kannte Helen Bay von ihren Besuchen in der Buchhandlung von Penzance her. Sie war eine schlaksige, übermütige Frau Mitte Zwanzig, mindestens einsachtzig groß und gertenschlank. Ihr rotes Haar war ebenso wirr wie das Stechginstergestrüpp um sie herum, ihre Wangen vom Wetter gerötet. Sie trug Männerkleidung, die häufig geflickt worden war – ein Tweedjackett, verwaschene Jeans, die am rechten Knie einen Riß hatten, und eine marineblaue Baskenmütze, die ihr ungebändigtes Haar jedoch kaum zu zähmen vermochte. Ihre Füße steckten in grünen verdreckten Gummistiefeln.

Als Janey und Clare die Frau ansahen, wurde ihnen klar, daß die Hunde sie beinahe erreicht hatten und keine Anstalten machten, ihren Ansturm zu unterbrechen. In dem Moment, als der Anführer, eine Mischung aus Terrier und Collie, sich auf Janey stürzen wollte, stieß Helen einen gellenden Pfiff aus. Die Hunde blieben unvermittelt stehen und setzten sich im Halbkreis nieder, mit heraushängenden Zungen, die Augen starr auf die beiden Neuankömmlinge gerichtet.

»Die Hunde tun Ihnen nichts«, wiederholte Helen. »Nicht, wenn Sie gleich wieder gehen.«

Clare räusperte sich. »Wir möchten Mr. Goninan sprechen.«

»Er macht sich nicht viel aus Besuchern.«

»Ja, aber«, begann Clare, doch Janey unterbrach sie.

»Warum lassen Sie ihn nicht selbst entscheiden?« fragte sie.

Helen hatte eigentümlich blasse Augen, die unterschiedlich gefärbt waren – das eine grau, das andere blau. Auf ihre Frage hin richtete sie ihren durchdringenden Blick auf Janey.

»Das ist nicht der springende Punkt«, sagte sie.

»Und was *ist* der springende Punkt?« fragte Janey. »Vorher anrufen konnten wir ja nicht – er hat kein Telefon.«

»Er mag es nicht, wenn man ihn belästigt.«

»Wir sind nicht gekommen, um ihn zu belästigen«, sagte Janey. »Wir wollen ihn in einer bestimmten Angelegenheit um Rat fragen.«

Helens Augen nahmen einen Ausdruck katzenhafter Neugier an.

»Weswegen?« fragte sie.

Janey lächelte. »Vergessen Sie's.« Sie wandte sich um und blickte die Hunde an. »Ich werde jetzt zum Haus gehen und anklopfen. Wenn mich einer dieser Hunde beißen sollte, wird Ihnen das sehr leid tun.«

Ach, Janey, dachte Clare. Mach nicht soviel Druck.

Als Janey jedoch entschlossen losmarschierte, stieß Helen einen weiteren scharfen Pfiff aus, und die Hunde trotteten zum Haus zurück und verschwanden hinter den Nebengebäuden. Als die drei Frauen am Eingang angelangt waren, war kein einziges Tier mehr zu sehen, abgesehen von einer großen alten, schwarzrückigen Möwe, die auf dem Dach neben dem Schornstein an irgend etwas pickte.

Während Janey Helen einen ihrer typischen grimmigen Blicke zuwarf, klopfte sie mit den Knöcheln vernehmlich an die Tür.

»Es ist offen«, rief jemand von drinnen.

2

Als Davie Rowe bei Clares Haus angelangt war, wußte er, was er tun würde. Er hatte die Hände in die Taschen gesteckt und betastete die zusammengerollten Zehn-Pfund-Noten, die Willie ihm gegeben hatte.

Er konnte Clare nicht gut einen Teil davon abgeben, auch wenn er sich dann besser gefühlt hätte. Sie würde ihn fragen, woher er es hatte, und er brächte es nicht über sich, sie anzulügen. Damit würde das ganze Unternehmen sinnlos. Damit sie ihren Anteil trotzdem bekam, wollte er ihr vorschlagen, abends gemeinsam essen zu gehen.

Nur sie beide.

Sie könnten ins Smuggler's-Restaurant drüben in Newlyn zum Sonntagabend-Schmaus gehen – ein Roastbeef-Dinner mit Yorkshire-Pudding und allem, was dazugehörte. Sie könnten sogar etwas Wein zum Essen trinken, genau wie die piekfeinen Leute im Kino.

Davie war stolz auf seinen Einfall und freute sich auf den Abend. Allerdings bestand immer noch die Möglichkeit, daß sie nicht ausgehen wollte. Vielleicht hatten sie und ihre Mutter am Sonntagabend etwas Besonderes vor. Dann würde er eben Clares Mutter und seine eigene ebenfalls einladen. Das würden sie doch bestimmt nicht abschlagen?

Was er nicht bedacht hatte, war, daß sie gar nicht zu Hause sein könnte, um ja oder nein zu sagen.

»Es tut mir leid«, sagte ihre Mutter, als sie öffnete, »aber Clare ist ausgegangen.«

Der Ausdruck ihrer Augen sprach Bände: Wie kommst du eigentlich dazu, zu glauben, sie wäre so dumm, mit einem wie dir auszugehen? Meine Tochter mag verkrüppelt sein, aber blöd ist sie nicht.

»Wissen Sie – äh – können Sie mir sagen, wann sie zurückkommt?«

»Das hat sie nicht gesagt. Soll ich ihr etwas ausrichten?«

»Nein. Ich … Sagen Sie ihr einfach, daß ich da war.«

»Ich werd's ihr sagen, wenn sie nach Hause kommt.«

Die Tür schloß sich vor ihm, bevor er noch etwas sagen konnte.

Verdammter Mist, dachte er, als er davonstapfte. Alle waren sie gleich – die Typen im King's Arms oder diese Frau aus dem Dorf. Sie gaben einem einfach keine Chance. Lilith Mabley würde sich mit Clare wahrscheinlich totlachen, wenn sie nach Hause kam.

Bei der Vorstellung, daß Clare über ihn lachte, ballte er die Fäuste.

Nein, das würde sie nicht tun. Sie würde ihn anrufen und fragen, was er gewollt hatte, und dann konnte er sie immer noch einladen.

Er eilte nach Hause, um auf den Anruf zu warten, doch als er dort ankam, saß ein Fremder draußen auf der Veranda. Bei Davies Erscheinen erhob er sich.

»Mein Name ist Bett«, sagte er, ohne ihm die Hand zu reichen. »Michael Bett.«

Der amerikanische Akzent war nicht zu überhören.

»Äh ...«

»Ich würde mich gern mit Ihnen unterhalten, Davie. Können wir irgendwo ungestört miteinander reden?«

Etwas an dem Mann kam ihm bekannt vor, aber Davie vermochte nicht zu sagen, was es war.

»Da ist der Pub«, sagte er und deutete unbestimmt in die allgemeine Richtung des Hafens von Mousehole.

»Ich dachte eher an einen Ort, wo wir unter uns sind«, sagte Bett. »Führt nicht ganz in der Nähe ein malerischer Spazierweg an der Küste entlang?«

Davie nickte.

»Wie wär's, wenn wir ein wenig die Landschaft genießen?« sagte Bett. »Ich hätte Lust auf einen kleinen Spaziergang, und ich glaube, Sie werden sich mir gerne anschließen, wenn Sie meinen Vorschlag gehört haben.«

»Ich kann wirklich nicht mitkommen«, sagte Davie. »Ich erwarte einen Anruf ...«

Bett holte eine Hundert-Dollar-Note aus der Tasche und steckte sie in die Brusttasche von Davies Hemd.

»Ich bitte Sie lediglich, eine Stunde Ihrer Zeit für mich zu erübrigen«, sagte er.

Davie blickte zum Haus. Sollte er seiner Mutter sagen, daß er einen Anruf von Clare erwartete? Nein. Das würde eine umständliche Erklärung erfordern. Außerdem war es möglich, daß Clare gar nicht anrief. Das war sogar *wahrscheinlich.* Aber falls doch, und er wäre nicht da, um den Anruf entgegenzunehmen ...

»Ich ...«

»Na los«, sagte Bett. »Was haben Sie schon zu verlieren?«

»Eine Stunde, sagten Sie?«

»Abgemacht.«

»Na schön«, stimmte Davie zu. »Aber mehr Zeit habe ich nicht.«

»Ich verstehe«, sagte Bett. »Zeit ist ein kostbares Gut – besonders für einen vielbeschäftigten Menschen wie Sie.«

Machte sich der Amerikaner etwa über ihn lustig? fragte sich Davie.

»Wohin gehen wir?« fuhrt Bett fort.

Davie deutete in die Richtung, aus der er gekommen war, und sie marschierten los, während der Amerikaner in einem fort schwatzte, wie schön das Dorf sei und ob Davie schon sein ganzes Leben hier verbracht habe, und welche Abwechslung es hier eigentlich gebe?

Noch bevor sie den Anfang des Küstenwegs erreicht hatten, tat es Davie leid, daß er sich darauf eingelassen hatte, sich das Angebot des Mannes anzuhören. Aber er war neugierig. Amerikaner hatten etwas mit dem Ärger zu tun, der die Littles plagte und der auf Clare übergegriffen hatte. So betrachtet, könnte er von diesem Bett vielleicht etwas Nützliches erfahren – falls er mit etwas herausrückte, das auch nur entfernt hörenswert war.

Als sie an der Beobachtungsstation der Küstenwache angelangt waren, blieb Davie stehen und wandte sich seinem Begleiter zu. Sie waren allein. Bett kratzte sich Dreck vom Schuh und blickte sich um.

»Ein schöner Ort«, sagte er.

Diesmal wußte Davie, daß er verspottet wurde. Der eigentliche Weg war wunderschön, selbst zu dieser Jahreszeit. Für die Station selbst galt dies jedoch nicht. An den verwitterten Wänden blätterte die Farbe ab. An manchen Stellen des Flachdachs beschwerten Steine lose Schindeln. Ein schäbiger Maschendrahtzaun umgab das Gebäude. Zur Bucht hin lag eine verrostete schmiedeeiserne Veranda. Im Regenfaß neben der Tür trieben Blätter. Verdorrter Farn duckte sich an die Seitenwand und suchte Schutz vor dem Seewind.

»Was wollen Sie von mir?« fragte er den Amerikaner.

»Also gut.«

Bett griff in die Tasche. Als er die Hand hervorholte, war eine kleine Selbstladepistole darin, deren Mündung auf Davie zeigte.

»Du und ich«, sagte er. »Wir haben von gestern nacht noch eine Rechnung zu begleichen ...«

Jetzt wurde Davie klar, warum ihm der Mann bekannt vorgekommen war.

Wie so oft im Leben, war ihm die Erkenntnis leider zu spät gekommen.

3

Peter Goninans Haus war überraschend hell, stellte Janey fest – das zusätzliche Licht kam von einem Oberlicht, das auf der Meerseite ins Dach eingebaut worden war. Das Innere bestand aus einem einzigen großen Raum, mit einer Kochnische auf der einen und einer Treppe, die zu einer kleinen Schlafempore hochführte, auf der anderen Seite. Ein rundlicher Holzofen aus Gußeisen stand neben einem der zahlreichen Stützpfeiler, die das Erdgeschoß durchsetzten. Dicht daneben standen ein altes Sofa und zwei Clubsessel mit zerschlissenem Polster.

In einem dieser Sessel saß Goninan. Bei ihrem Eintreten erhob er sich, ein hochgewachsener, schlanker Mann mit einer Glatze, auf der sich die Sonne spiegelte. Wenn Helen Bay Janey und Clare an eine Katze erinnerte, so glich Goninan mehr einem Vogel. Seine kleinen Augen standen über einer schmalen Nase eng beieinander. Seine Wangen waren eingefallen. Sein Alter war undefinierbar – Janey hätte ihn irgendwo zwischen Ende Vierzig und Anfang Siebzig eingeordnet. Er hatte etwas Zeitloses an sich.

Seine Vogelhaftigkeit wurde noch betont von den Vogelmotiven, mit denen das Haus vollgestopft war. Da waren Gemälde und Skulpturen von Bussarden und Turmfalken. Und mehr als ein Dutzend Masken, von roh geschnitzten aus Holz bis zu solchen, die mit Hunderten winziger Federn geschmückt waren. Auf einem Bücherregal stand eine ausgestopfte Eule, auf einem anderen ein Rabe, zwei Schwarzkehlchen auf einem dritten. In einer Ecke stand ein Reiher. Am Fenster befanden sich ein Silberreiher und zwei Seemöwen. Von den Deckenbalken hingen wie schamanistische Fetische Dutzende von Bündeln aus Federn und Vogelfüßen herunter, die mit Lederriemen zusammengebunden waren.

Überall waren Bücher – in Regalen, in Schachteln und Kisten, zu unordentlichen Haufen gestapelt, wo immer Platz dafür war. Was Janey jedoch am meisten faszinierte, waren die Vitrinen aus Eiche und Glas, die mit seltsamen alten Münzen, Fossilien, uralten, wie Vögel geformten Tonpfeifen und Artefakten aus Feuerstein, Knochenstücken und winzigen Holzpuppen mit Federröcken, Tonscherben und anderen Dingen, die sie nicht zu identifizieren vermochte, vollgestopft waren. Jeder einzelne Gegenstand war peinlich genau mit einem kleinen quadratischen Pappschild gekennzeichnet, das mit winzigen, ordentlichen Buchstaben beschriftet war.

Er hat wirklich etwas von einem Vogel, entschied Janey, hockt hier in seinem Nest, mit allem, was er im Lauf der Jahre wie eine Elster zusammengetragen hat.

»Sie wollten nicht weggehen«, sagte Helen.

Goninan lächelte. »Das macht nichts. Ich habe einen Besuch von Janey Little erwartet.«

Janey blinzelte überrascht. »Ach, wirklich?«

»Ich habe Sie unzählige Male an den Klippen an der Bucht gesehen – wie Sie ihre Stücke geübt, Dudelsack gespielt und gepfiffen haben. Ihre Musik gefällt mir. Ich glaube, ich habe sogar Schallplatten von Ihnen ... irgendwo hier drinnen.«

Er machte eine lässige Handbewegung in den vollgestopften Raum. Von den Vitrinen mit ihrem säuberlich geordneten Inhalt einmal abgesehen, konnte Janey sich gut vorstellen, daß in diesem Zimmer etwas abhanden kommen konnte. Für immer und ewig.

»Ich habe gewußt, daß Sie mich früher oder später einmal besuchen würden.«

Janey vermochte seiner Logik nicht zu folgen.

»Möchten Sie Tee?« fügte Goninan hinzu.

»Äh ...«

»Helen, wärst du so nett, Wasser aufzusetzen?«

Die hochgewachsene Frau nickte und bewegte sich anmutig durch das Durcheinander zur Kochecke, wo sie einen Wasserkessel füllte.

»Nehmen Sie doch Platz«, sagte Goninan und geleitete sie zum Sofa, das seinem Sessel gegenüberstand.

Die Dinge entwickelten sich nicht so, wie Janey erwartet hatte, andererseits hatte sie auch gar nicht gewußt, was sie hätte erwarten sollen.

»Und wer sind Sie?« fragte Goninan Clare.

Wenigstens ist er nicht allwissend, dachte Janey, als Clare sich vorstellte.

Sie bahnten sich behutsam einen Weg zum Sofa und setzten sich. Janey saß an der Sofakante und konnte nicht anders, als sich im Zimmer umzuschauen. Wohin sie auch sah, überall fiel ihr irgend etwas Merkwürdiges oder Wundervolles ins Auge.

Sie könnte Wochen hier verbringen, dachte sie.

Goninan lächelte sie an, als er wieder in seinem Sessel Platz nahm.

»Wir haben uns gefragt, ob Sie uns helfen könnten«, sagte Clare. »Sie gelten als Experte für ... Ich glaube, ›Geheimwissenschaften‹ wäre der passende Ausdruck ...«

»Ich ziehe die Bezeichnung ›Theurge‹ vor.«

»Was ist das?« fragte Janey.

»Ein Magier«, sagte Clare.

Goninan lächelte. »Könnte man so sagen.«

Janey widerstand dem Bedürfnis, die Augen zu verdrehen.

»Theurgie«, sagte Helen, im anderen Clubsessel Platz nehmend. Sie beugte sich leicht vor und richtete ihren verwirrenden Blick auf Janey. »Vom lateinischen *theurgia,* was Wundertäter bedeutet. Ein Theurge ist jemand, der mit den Geistern vertraut ist, die über unsere Welt wachen.«

»Und Sie sind seine Schülerin, nehme ich an?« sagte Janey, die sich von der anderen Frau nicht einschüchtern lassen wollte.

Clare stieß Janey mit dem Ellbogen an, was soviel bedeutete wie ›Benimm dich!‹.

»Wir interessieren uns mehr für Ihr Wissen über Geheimbünde«, sagte Clare.

Goninan hob fragend die Brauen, sagte jedoch

nichts, darum fuhr sie fort: »Wir haben überlegt, ob Sie wohl ein Symbol identifizieren könnten, ob Sie uns vielleicht sagen könnten, ob es etwas mit einem speziellen Geheimbund zu tun hat.«

Janey dachte an die grobe Skizze, die Felix von der Taube angefertigt hatte, dann schaute sie auf all das Vogelmaterial im Haus und fragte sich, ob es wirklich eine gute Idee gewesen war, hierherzukommen. Das alte Sprichwort ›Der Apfel fällt nicht weit vom Stamm …‹ fiel ihr ein, doch inzwischen war es zu spät, denn Clare hatte die Zeichnung bereits hervorgeholt und reichte sie ihrem Gastgeber.

»Ah«, machte er.

»Haben Sie etwas in Ihrer Bibliothek, das uns Aufschluß geben könnte über die Leute, die dieses Symbol benutzen?« fragte Clare. »Sie tragen es auf dem Handgelenk – es ist dort eintätowiert.«

»Ja. Ich weiß. Und ich brauche nicht erst nachzuschauen. Diese Leute sind mir recht gut bekannt.«

Verdammter Mist, dachte Janey. Wir sind verloren.

»Sie nennen sich Orden der Grauen Taube und haben sich hermetischen Prinzipien verschrieben, in der Art des Golden Dawn und ähnlicher Gruppen. Ich verfolge ihre Entwicklung seit Jahren mit erheblichem Interesse.« Er lächelte. »Nicht zuletzt wegen des Symbols, das sie als Erkennungszeichen ausgewählt haben.«

»Ihr Vogel und Ihre Vögel?« fragte Clare.

Goninan nickte. »Meine Vögel – wenn man hier überhaupt von Mein und Dein sprechen darf – sind mein persönlicher Schlüssel zur unsichtbaren Welt der Geister, die uns umgibt. Mein Totem, wenn Sie so wollen.«

»Also damit beschäftigt sich dieser Orden?« fragte Janey. »Sie … äh … sprechen mittels einer Taube mit den Geistern?«

»Sie suchen nach Erkenntnis, wie wir alle, allerdings ist bekannt, daß ihre Methodik manchmal Aktivitäten einschließt, die man als fragwürdig bezeichnen könnte.«

»Welche Art von Erkenntnis?«

Goninan lächelte abermals. »Ach, das übliche. Langlebigkeit. Macht. Sogar Wissen, obwohl das bei den Mitgliedern dieses Ordens eher im Hintergrund steht.«

»Das ist nicht alles, wonach sie suchen«, murmelte Janey unbesonnen.

»Wie das?« fragte Goninan.

Janey warf Clare einen Blick zu, doch Clare zuckte nur die Schultern, als wolle sie sagen: Wir sind hier, um Informationen zu bekommen.

»Anscheinend glauben sie, wir hätten etwas, das für sie wichtig ist«, sagte Janey schließlich, »aber es ist gar nicht besonders wichtig. Es könnte einem kein längeres Leben oder Macht verschaffen. Zumindest wirkt es nicht so.«

Es sei denn, wenn sie daran dachte, was ihr Großvater ihr von den seltsamen Begebenheiten erzählt hatte, die sich zugetragen hatten, als das Buch das letzte Mal gelesen worden war. Und dann gab es da auch noch die Musik.

Und ihren Traum.

»In den simpelsten Dingen kann eine gewaltige Macht verborgen sein«, sagte Goninan. »Für diejenigen, die wissen, wie man damit umgeht.«

»Was meinen Sie damit?« fragte Janey.

»Das hat alles mit Magie zu tun«, erklärte Goninan.

»Magie?«

Abermals widerstand Janey dem Impuls, die Augen zu verdrehen.

»Oh, ich meine keine Zaubersprüche oder Beschwörungen und derartige Dinge. Eher Anschauungen wie beispielsweise die von George Gurdjeff – dem russischen Philosophen.«

Clare nickte. »Den kenne ich«, sagte sie. »Natürlich nicht persönlich«, fügte sie hinzu, als Janey sie neugierig ansah, »aber ich kenne sein Werk. Wir führen seine Bücher im Laden – *Beelzebubs Erzählungen für seinen Enkel* und solche Sachen.«

Nun wunderte sich Goninan.

»Laden?« fragte er.

»Ich arbeite in der Buchhandlung *The Penzance* in der Chapel Street.«

»Ah, ja. In der neuen. Sie haben mir ein paar Bücher besorgt.«

Clare sah zu Helen hinüber, die gerade den Tee zubereitete.

»Ich habe Helen dort schon einmal gesehen«, erklärte sie.

Goninan nickte. »Ja, meistens ist sie so freundlich, die Bücher für mich abzuholen. Ich komme nicht mehr oft in die Stadt.«

»Sie sprachen gerade von Magie«, sagte Janey.

»Nein, ich sprach von Gurdjeff. Ihm zufolge gibt es drei Bewußtseinsebenen. Und zwar den Schlaf« – er zählte sie an den Fingern ab –, »dann den gewöhnlichen Wachzustand und schließlich noch die Bewußtheit. Der Schlaf ist klar. Gewöhnlicher Wachzustand bedeutet, daß man umhergeht ...« Unvermittelt deutete er auf Janeys Hand, die gegen ihr Knie trommelte. »Es war Ihnen überhaupt nicht bewußt, daß Sie das taten, nicht wahr?«

Janey blickte auf ihre Hand hinunter, die jetzt stilllag, und schüttelte den Kopf.

»Das bedeutet gewöhnlicher Wachzustand. Wir gehen durch die Welt und nehmen unseren Körper oder der Vorgänge um uns herum kaum wahr. Bewußtheit bedeutet, daß man geistig wach ist, alle Dinge vollkommen bewußt wahrnimmt. Sich selbst und seine Umgebung. Bewußtheit ist der Erleuchtung verwandt – die gleiche Art Bewußtsein wie bei Christus oder Buddha.

Für die meisten von uns sind die Momente wirklicher Bewußtheit sehr selten. Die meisten erleben Höhepunkte in ihrem Leben, zum Beispiel in dem Moment, bevor sie das Ehegelöbnis leisten, oder kurz vor dem Tod – kurze Augenblicke vollständiger Bewußtheit, die alles umfassen, was sie sind in Beziehung zu dem, was ist. Verstehen Sie, was ich meine?«

Janey und Clare nickten langsam.

»Nun stellen Sie sich vor, Sie befänden sich andauernd in einem solchen Zustand. Sie könnten ständig alles als das erkennen, was es in Wirklichkeit ist, und hätten auch noch die völlige Kontrolle über Ihren Willen, nicht in dem Sinn, daß Sie Ihre Umgebung oder den Willen anderer verändern könnten, aber Sie können *Einfluß* darauf nehmen in einem Maße, den man durchaus als Magie bezeichnen könnte.

Wir Menschen verfügen über ein so großes ungenutztes Potential, daß man wirklich nur staunen kann. Denken Sie nur an die erstaunlichen Dinge, zu denen wir in Augenblicken der Gefahr oder unter Druck fähig sind. Wie beispielsweise eine Frau, deren Kind von einem Auto überfahren wurde, und sie geht hin und hebt dieses gewaltige Gewicht an, damit sich das Kind befreien kann.

Im allgemeinen führt man dies auf die Wirkung von Adrenalin, psychische Phänomene oder dergleichen zurück. Was dabei verschwiegen wird, ist die jedem dieser Vorfälle zugrundeliegende Wahrheit, daß wir in Momenten vollständiger Bewußtheit zu Dingen fähig sind, die unser Verständnis dessen, wozu wir normalerweise in der Lage sind, weit übersteigen.

Wir sind tatsächlich zu allem fähig.«

»Und …«, begann Janey. »Und so sind die Mitglieder dieses Ordens?«

»Nein – aber danach streben sie; das ist ihre Magie. Und wenn sich die meisten von ihnen auch nicht ständig im Zustand der Bewußtheit befinden, so doch auf einer weit höheren Bewußtseinsebene als der Rest der Menschheit. Sie haben eine Menge Fähigkeiten erworben – zum Leben erwachte Gaben, die in jedem von uns vorhanden sind –, aber sie haben sie für dunkle Zwecke mißbraucht. Für eigennützige Zwecke.«

»Und … das, wonach sie suchen?« fragte Janey. »Das sie bei uns vermuten?«

»Wahrscheinlich ist es eine Art Talisman. Ein Katalysator. Schauen Sie: Obwohl wir alle fähig sind, aus dem Schlafzustand zu erwachen, in dem wir unser Leben zubringen – durch Beharrlichkeit und ständiges Lernen und viel Übung und Arbeit –, gab es doch immer schon machtvolle Gegenstände, die das Erwachen erleichtern können. Im Mittelpunkt der westlichen Überlieferung stehen Reliquien wie der Speer, der Christi Seite durchbohrt hat, oder der Gral des Königs der Fischer; andere sind weniger bekannt und mächtig, ohne allerdings weniger wirksam zu sein. Wenn man einen solchen Weg einschlägt, eignet man sich zwar die ›Magie‹ an, jedoch nicht die Weisheit, um diese in moralisch einwandfreiem Sinn einzusetzen – das ist das Problem dabei. Wenn man derartige Praktiken befolgt – den fragwürdigen Weg beschreitet, wenn Sie so wollen –, ist Amoralität die Folge.«

»Und das gilt auch für den Gegenstand, den wir besitzen?«

»Um das zu entscheiden, müßte ich ihn sehen.«

»Oh …«

Natürlich, dachte Janey. Seit Jahren hatten es alle möglichen seltsamen Leute auf Dunthorns Buch abgesehen, und sie sollten es einfach herbringen und Goninan zeigen, als wäre es ein alter Ring, den sie schätzen lassen wollten. Das hatte sie einmal mit einem Diamantring getan, und die alte Dame im Laden hatte mehrmals Ts-ts-ts gemacht und ihr gesagt: »Gold ist es leider nicht, meine Liebe. Scheint mir eher nachgemacht zu sein – aus dem Zeug, das arme Leute zu Zeiten Königin Viktorias anstelle von Gold benutzt haben. Es wurde von einem Mr. Pinchbeck erfunden, aber das Geheimnis ist ihm ins Grab gefolgt.«

Und wenn sie mit dem Buch auftauchten, würde Goninan die Nase rümpfen und anbieten, es ihnen für eine geringe Summe abzunehmen – wie es auch die alte Dame getan hatte –, und später würden sie herausfinden, daß es ein Vermögen wert gewesen war – genauso wie sein nachgemachtes Gegenstück.

Ein zweites Mal würde sie jedenfalls nicht darauf hereinfallen.

Goninan überraschte sie jedoch abermals.

»Ich glaube allerdings nicht, daß ich es unbedingt sehen muß«, sagte er. »Ich kann mir auch so denken, was es ist.«

Janey starrte ihn bloß an. Auf einmal fühlte sie sich wieder vollkommen verunsichert.

»Was meinen Sie damit?« fragte Clare.

»Ich kannte Bill Dunthorn ebensogut, wie Tom Little ihn gekannt hat – in mancher Hinsicht sogar besser, da wir gemeinsame Interessen hatten, was bei Ihrem Großvater« – er blickte Janey an – »nicht der Fall war.«

»Opi meinte immer, Billy sei praktisch veranlagt«, sagte Janey. »Er gehörte keinem mystischen Orden an.«

»Das nicht. Aber er suchte nach geheimem Wissen. Und er hat es gefunden.«

Janey fiel eine Zeile aus dem Brief ein, den sie in Dunthorns *Das kleine Land* gefunden hatte.

Die berühmte Hellseherei des Verrückten Bill Dunthorn schlägt wieder zu …

»Magie?« fragte Janey bedächtig. »Wollen Sie behaupten, er habe Magie gefunden?«

Goninan nickte. »Obwohl ich glaube, daß er es wohl eher als einer Art ›Zauber‹ bezeichnet hätte. Er hat ihn entdeckt und in ein Buch getan. Nicht in die

Bücher, die er veröffentlicht hat, sondern in ein besonderes Buch, von dem es nur ein Exemplar gibt. Und ich glaube, das sucht der Orden der Grauen Taube bei Ihnen.«

»Sie wissen von dem Buch?«

»Selbstverständlich. Bill und ich haben uns oft darüber unterhalten.«

»Warum wollten Sie es dann nicht für sich haben?« fragte sie.

»Es gibt ebenso viele Wege zur Erleuchtung, wie es Menschen auf der Welt gibt. Bills Weg war nicht mein Weg. Ich kannte meinen Weg bereits. Ich hatte und habe kein Interesse daran, einen anderen einzuschlagen.«

»Und Ihr Weg besteht darin … mit den Vogelgeistern zu sprechen?«

»So kann man es ausdrücken, ja.«

»Was bewirkt das Buch?« fragte Clare.

»Man könnte es als einen Schlüssel zur Erkenntnis bezeichnen. Zum Wissen. Zur unsichtbaren Welt der Geister.«

»Und wie funktioniert es?« fragte Janey.

»Und wohin führt es einen?« fragte Clare.

»Auf beide Fragen muß ich antworten: Ich weiß es nicht. Es war Bills Weg, nicht meiner, und obwohl wir miteinander über unsere Studien geredet haben, gibt es doch immer irgendwelche Dinge, die man nur dann begreift, wenn man sie selbst erfahren hat. Ich wollte mich nicht durch Erfahrungen anderer von meiner eigenen Arbeit ablenken lassen, und Bill war der gleichen Meinung, was meine Studien betraf. Wir haben die Ergebnisse miteinander verglichen – keine greifbaren, sondern spirituelle Ergebnisse.«

»Davon bekomme ich Kopfschmerzen«, seufzte Janey.

In diesem Moment kam Helen mit einem Tablett herüber, das beladen war mit Teetassen, einer Schale Gebäck und kleinen Tonschüsseln mit dicker Sahne und Marmelade. Als sie alles auf einer Bücherkiste abstellte, die zwischen dem Sofa und den Klubsesseln stand, deutete Goninan aufs Tablett.

»Trinken wir erst mal Tee«, sagte er, »und lassen Sie Ihrem Unterbewußtsein Zeit, das zu verarbeiten, was ich Ihnen erzählt habe. Anschließend werde ich Ihnen von John Madden erzählen.«

»Wer ist das?«

»Der Anführer des Ordens der Grauen Taube und ein sehr gefährlicher Mann.«

Janey nickte bei dem Gedanken an den Überfall auf Clare und daran, wie man Felix unter Drogen gesetzt hatte.

»Das glaube ich Ihnen gern.«

Goninans Miene verdüsterte sich.

»Auf die Gefahr hin, Ihnen den Appetit zu verderben«, sagte er, »muß ich Sie trotzdem warnen. Es steht leider zu befürchten, daß alles nur noch schlimmer wird, gleichgültig, was Ihnen bisher an Unannehmlichkeiten schon widerfahren ist.«

»Sagen Sie das nicht!« stöhnte Janey.

»Warum?« fragte Clare.

»Weil Sie das Buch aufgeschlagen haben. Ich habe in den letzten Tagen das Wirken seines Zaubers gespürt. Und wenn ich es spüre, dann spürt Madden es auch. Er hat den größten Teil seines Lebens mit der Suche nach diesem Buch zugebracht.«

»Aber es steht nichts Magische *drin*«, widersprach Janey. »Es ist bloß eine Geschichte. Es kommt kein Geheimwissen darin vor – wenigstens bis jetzt noch nicht. Ich bin noch nicht ganz durch.«

Goninan deutete abermals aufs Tablett. »Trinken Sie«, sagte er. »Greifen Sie zu. Wir unterhalten uns später. Aber dann reden wir draußen weiter.«

»Warum draußen?« wollte Janey wissen.

Doch Goninan lächelte nur und nahm sich ein Plätzchen.

4

Als an Jim Gazos Tür geklopft wurde, wollte sich Lena erheben, doch Gazo bedeutete ihr, sitzenzubleiben. Er holte einen kleinen Revolver aus der Tasche und stellte sich neben die Tür, die Waffe verdeckt an der Seite haltend.

»Kommen Sie rein«, sagte er.

Die Tür schwang auf, und Willie Keel trat ein.

»Miss Grant«, begann er, als er Lena sah. »Ich wollte bloß mal vorbeischauen, um ...«

Gazo trat hinter der Tür hervor. Er schloß sie mit dem Fuß und hob den Revolver, bis die Mündung Willies Nacken berührte. Der kleine Mann erstarrte.

»D-d-das ist unnötig«, sagte er.

»Woher wußten Sie, daß Sie Miss Grant hier antreffen?« fragte Gazo.

»Schon gut, Jim«, sagte Lena. »Sie können die Kanone wieder einstecken.«

Willie entspannte sich merklich, als der Druck der Mündung verschwand. Gazo steckte den Revolver in die Tasche und lehnte sich an die Wand.

»Ich möchte trotzdem wissen, woher Sie es wußten«, beharrte Gazo.

»Darf ich mich setzen?«

Willie leitete die Frage mit einem zustimmenden Nicken an Lena weiter.

»Ich wüßte es auch gern, Willie«, sagte sie.

»Tja, also«, sagte Willie, als er Platz genommen hatte, »die beiden Fremden, die Sie mir heute morgen vorgespielt haben, habe ich Ihnen nicht abgenommen, und als Sie sich in Ihrem Zimmer nicht gemeldet haben, bin ich einfach zu dem Zimmer gegangen, in dem Ihr Freund am Morgen verschwunden war.«

Lena nickte. Das klang hinreichend plausibel.

»Was wollen Sie von mir, Willie?« fragte sie.

»Es geht um das Geld ...«

»Ich sagte Ihnen doch, daß wir es morgen holen werden. Vertrauen Sie mir nicht?«

Lena wußte allerdings nicht, warum er das hätte tun sollen.

»Das ist es nicht«, versicherte ihr Willie. »Aber es hat sich einiges geändert.« Er blickte Gazo an, der noch immer an der Tür stand und die Arme vor der Brust verschränkt hatte. »Ihr anderer, äh, Bekannter – der, den ich für Sie am Bahnhof abgeholt habe …«

Lena nickte.

»Also, er war heute morgen bei mir. Hat damit gedroht, mich umzubringen, wenn ich ihm nicht sagen würde, wer letzte Nacht verhindert hat, daß er der Mabley was tut.«

Willie zog das Hemd aus der Hose und hob es hoch, damit beide die blauschwarzen Blutergüsse auf der Brust und an den Seiten sahen. Lenas Augen weiteten sich.

»Sehen Sie sich das ruhig an, Kumpel«, sagte Willie zu Gazo. »Ihr Freund fackelt nicht lange, und ich hab nicht genug Geld gekriegt, um mein Leben zu riskieren, das muß ich Ihnen einfach mal sagen. Der Mann hätte mich sonst umgebracht.« Er sah Lena wieder an. »Das las ich in seinen Augen.«

Er stopfte das Hemd wieder in die Hose und zuckte zusammen, als er gegen einen der Blutergüsse stieß. Lena verzog mitfühlend das Gesicht.

»Sie haben sich richtig verhalten«, sagte sie. »Haben Sie Ihren Freund gewarnt?«

Willie schüttelte den Kopf. »Bei Davie meldete sich niemand – er und seine Mutter waren beide ausgegangen.«

Lena deutete aufs Telefon. »Möchten Sie es noch mal versuchen?«

»Keine Zeit. Draußen wartet ein Wagen auf mich. Morgen um diese Zeit bin ich so weit weg, daß Ihr

Freund mich nie findet. Und dort werde ich so lange bleiben, bis er weg ist.«

»Dann wollen Sie also das restliche Geld«, sagte Lena.

»Sobald Sie was haben, können Sie's mir geben.«

Er wollte in die Tasche greifen, hielt jedoch mitten in der Bewegung inne, als Gazo vortrat.

»Ich wollte bloß einen Zettel mit einer Adresse rausholen«, sagte er. Sein Blick wanderte zu Lena. »Geht das in Ordnung?«

Als sie nickte, holte er einen gefalteten Zettel hervor und gab ihn ihr.

»Dorthin können Sie das Geld schicken, das Sie mir noch schulden«, sagte er. »Ich werde nicht da sein, und der Typ, dessen Adresse das ist, weiß ebenfalls nicht, wo ich bin, aber Sie können das Geld oder eine Nachricht bei ihm hinterlegen; ich bekomm's mit Sicherheit.«

»Ich bedaure das alles«, sagte Lena. »Jim, haben Sie Geld bei sich?«

»Nur Reiseschecks.«

»Würden Sie Willie ein paar ausstellen?«

Gazo nickte. Offenbar war er nicht glücklich mit der Situation, wollte mit seiner Arbeitgeberin aber auch nicht streiten – vor allem nicht in Gegenwart einer dritten Partei.

»Da … da ist noch was«, sagte Willie, als Gazo die Schecks unterschrieben hatte.

Willie stellte sich an die Tür.

»Und das wäre?« fragte Lena.

»Er zwang mich auch, ihm zu verraten, wer uns angeheuert hat, um Clare Mabley zu schützen – ›bestätigen‹ war das Wort, das er gebraucht hat. Er wollte seinen Verdacht bestätigt haben. Tut mir leid, Miss Grant.«

Ehe sie oder Gazo sich rühren konnten, schlüpfte er aus der Tür.

»Dieser kleine Halunke«, murmelte Gazo.

Er sprang zur Tür, verharrte jedoch, als Lena ihn anrief.

»Wenigstens ist er hergekommen und hat uns gewarnt«, sagte sie. »Das hätte er nicht zu tun brauchen.«

»Er wollte bloß das Geld.«

»Schon möglich.«

Warum hatte sie daran nicht gedacht? wunderte sich Lena. Zynisch, wie sie war, wäre dies normalerweise ihr erster Gedanke gewesen.

»Irgendwann wäre Bett sowieso dahintergekommen«, fügte sie hinzu. »Auf die eine oder andere Art.«

»Das läßt sich nicht von der Hand weisen.«

Lena sah auf die Uhr. Der Nachmittag ging zur Neige.

»Daddy wird bald hier sein. Er wird Madden veranlassen, Bett zurückzurufen.«

Gazo trat ans Fenster und blickte hinaus, sah zu, wie Willie Keels Auto vom Hotel wegfuhr. Als der Wagen verschwunden war, wanderte sein Blick zur Bucht, wo die Nachmittagssonne auf dem Wasser funkelte.

»Ich hätte nichts dagegen, mich um Bett zu kümmern, bevor sie hier eintreffen«, sagte er.

Lena schüttelte den Kopf. »Nur, wenn er hierherkommt.«

»Ich weiß. Ich hab bloß laut gedacht.«

Wir beide, dachte Lena, aber sie war klug genug, es nicht mit Bett aufzunehmen – nicht einmal mit Gazos Unterstützung. Das war das letzte Mittel, denn Bett war wahnsinnig. Das war ihr inzwischen klargeworden. Und wie wurde man mit einem Wahnsinnigen fertig?

»Wirkliche Sorgen«, sagte sie, »mache ich mir um diesen Freund von Willie, hinter dem Bett her ist.«

Gazo starrte sie überrascht an, bemerkte es und sah rasch wieder weg. Lena wußte jedoch, was er dachte.

Die Eisprinzessin zeigt Herz.

Und das stimmte. Felix hatte die Bresche in ihren Mauern geöffnet, und nun schien sie diese nicht wieder schließen zu können. Sie stellte fest, daß sie sich Sorgen um Willies Freund machte, um Jim, falls Bett hier auftauchte, um alle Leute, die sich in Betts Bösartigkeit verstrickt hatten.

Sie konnte nicht damit aufhören, so sehr sie sich auch anstrengte. Seltsamerweise war sie sich nicht einmal sicher, ob sie damit überhaupt aufhören wollte.

Es tat weh. Und sie mochte den Schmerz nicht. Dennoch ertappte sie sich dabei, daß sie überlegte, warum sie die Mauern eigentlich wieder aufrichten sollte. Sie konnte den tiefen Schmerz, den sie im Moment empfand, nicht leugnen. Er tat so weh, daß sie meinte, er werde nie wieder aufhören. Aber da war noch etwas anderes. Etwas Unbekanntes.

Man nannte es Mitgefühl.

Und sie stellte fest, daß es ihr Hoffnung gab. Hoffnung darauf, daß sie sich tatsächlich besser fühlen würde, wenn sie Mitgefühl mit dem Schicksal anderer empfände. Es widersprach den Lehren des Ordens, es mochte sich als trügerisches Versprechen erweisen, als eine vorübergehende Charakterschwäche, aber ihre Entschlossenheit wuchs, nicht wieder zu derjenigen zu werden, die sie vorher gewesen war.

Es würde ihr bei Felix nichts nützen.

Aber es könnte ihr Frieden bringen – sie hatte nicht einmal gewußt, daß sie sich danach sehnte, bis sie es in Felix' Gesellschaft erfahren hatte.

»Können sich Menschen ändern?« fragte sie Gazo.

Er wandte sich verdutzt nach ihr um.

»Ich meine, können sie sich wirklich ändern?« fragte sie. »Nicht bloß äußerlich, in ihrem Erscheinungsbild, sonder hier drinnen«, sie faßte sich an die Brust, »wo es wirklich zählt.«

Gazo wirkte verlegen. »Ich bin mir nicht sicher, ob ich Sie richtig verstanden habe …«

»Seien Sie einfach aufrichtig«, sagte Lena. »Vergessen Sie für ein paar Minuten unser Arbeitgeber-Arbeitnehmer-Verhältnis und sagen Sie mir, was Sie denken.«

Gazo schwieg lange, doch schließlich nickte er.

»Das hängt davon ab, wie groß die fragliche Veränderung ist«, begann er. Er drückte sich ungenau aus, aber sie wußten, daß er von ihr sprach. »Wenn es sich um eine große Veränderung handelt – einen tiefgreifenden Persönlichkeitswandel –, nun, ich glaube nicht, daß das so einfach vonstatten geht, man braucht dazu Zeit und Geduld, aber ich glaube, daß einem so ziemlich alles möglich ist – wenn man es nur wirklich will.«

Was eine freie Wiedergabe der Ordensregeln war, erkannte Lena.

Und dann machte es *Klick* in ihrem Kopf.

So muß es sein, wenn man eine Erleuchtung hat, dachte sie. Wenn alles an seinen richtigen Platz rückt und rein gar nichts mehr ungeordnet oder unverstanden zurückbleibt.

Nicht die Lehren des Ordens waren falsch. Sondern das, wozu sie benutzt wurden.

»Danke, Jim«, sagte sie.

5

»John Madden ist ein sehr mächtiger Mann«, sagte Goninan.

Als sie Tee getrunken hatten, nahm er Janey und Clare mit auf die Wiesen hinaus, von denen man auf die kleine Bucht unterhalb seines Anwesens hinunterblickte. Sie waren weit vom Haus und dessen Nebengebäuden entfernt – weit entfernt von jedem Gegenstand, den Menschenhand erschaffen hatte. Hier hatte sich die ungebärdige Natur ungestört entfalten können und war zu ihrem ursprünglichen Zustand zurückgekehrt. Alle drei saßen sie auf nacktem Fels, der verwittert und grau war wie alte Knochen.

»Abgesehen von seinen magischen Fähigkeiten, verfügt Madden über enormen wirtschaftlichen Einfluß. Sein Privatvermögen ist so groß, daß es sich kaum mehr berechnen läßt. Auch andere Mitglieder des Inneren Zirkels seines Ordens nehmen einflußreiche und mächtige Stellungen ein – gemeinsam haben sie ein globales Netz gebildet, das die gesamte Sphäre des internationalen Handels und der Politik umfaßt.«

»Wie kommt es eigentlich«, unterbrach ihn Janey, »daß die Schurken heutzutage immer Geschäftsleute oder Politiker sind?«

Goninan lächelte. »Das war niemals anders. Was sollen sie sonst auch tun, um Macht zu erlangen? Und die Macht lag immer auf den Gebieten der Politik und des Handels.«

»Und der Religion«, sagte Clare.

»Und der Religion«, stimmte Goninan zu. »Daher Maddens Orden der Grauen Taube.«

»Was verehren sie?« wollte Janey wissen. »Die graue Taube? Madden?«

»Religion schließt Verehrung ein«, sagte Goninan, »aber wie bei allen anderen spirituellen Dingen auch beruht die konkrete Ausprägung auf der individuellen Erwartung ihrer Anhänger. Manche suchen Trost, andere wollen auf ein Jenseits hoffen; manche schließen sich ihr an, um Erleuchtung zu finden, wiederum andere betrachten sie als eine Möglichkeit zur Erringung von Macht. Das schließt nicht unbedingt Verehrung ein. Ein besseres Wort wäre vielleicht Weg. Und die Wege unserer Welt unterscheiden sich voneinander ebenso sehr, wie sich der von den Taoisten eingeschlagene Weg beispielsweise von dem eines Aleister Crowley unterscheidet.«

»Wer ist das?« fragte Janey.

»Er stammt aus Cornwall, genaugenommen aus Plymouth, und wird entweder geschmäht oder gepriesen, je nach Betrachtungsweise.«

»Er war ein böser Mensch«, sagte Clare. »Bestimmt war jeder, der seinen Lehren folgte, ebenso böse wie er.«

Goninan schüttelte den Kopf. »Das ist dasselbe, als wollte man sämtliche Christen wegen der Inquisition oder der Kreuzfahrer verurteilen – oder wegen des heutigen Fundamentalismus. Crowley selbst war sicherlich ziemlich verderbt, aber seine Lehren enthalten Wahrheiten und Einsichten, die für alle Menschen von Bedeutung sind. L. Ron Hubbard ist ein hervorragendes Beispiel dafür.«

»Und wer ist das?« fragte Janey.

»Der Begründer der Scientology Church.«

Janey hatte von Scientology schon gehört. In London war sie einige Male von Mitgliedern angesprochen und gefragt worden, ob sie sich einem Persönlichkeitstest unterziehen wolle – was immer das war.

»Ich habe noch nie gehört, daß Hubbard verderbt gewesen sei«, sagte Clare.

»Das wollte ich damit auch nicht sagen«, meinte Goninan. »Ich führe seine Lehren als Beispiel dafür an, wie ein Werk verunglimpft werden kann, und zwar meistens von Leuten, die eigentlich keine Ahnung davon haben, während gleichzeitig gewisse Elemente bewahrt werden, die man nur als ewige Wahrheiten bezeichnen kann. Hubbard hat sie lediglich in ein moderneres Gewand gekleidet – keine sonderlich innovative Methode, möchte ich hinzufügen. Die Entstehung jeder Religion beruht teilweise auf der Modernisierung alter Binsenwahrheiten.«

»Dann wollen Sie also sagen«, meinte Janey, »daß es

nicht das Werk des Religionsgründers ist, worauf es ankommt, sondern darauf, was seine Anhänger mit dem Gelernten anfangen?«

»Genau. Was uns wieder zu John Madden und seinem Orden der Grauen Taube zurückführt. Den Lehren des Ordens liegen die gleichen universellen Wahrheiten zugrunde wie anderen Orden und Religionen auch, allerdings macht ihn die Persönlichkeit seiner Anhänger, in diesem Fall vor allem die seines Begründers Madden, zu einer äußerst gefährlichen Sekte.«

»Woran liegt es, daß diese Leute böse werden?« fragte Janey. »Nicht bloß bei diesem Orden, sondern die Leute im allgemeinen, von denen wir sprechen?«

»An der menschlichen Natur, fürchte ich. Anscheinend sind wir mit dem Bedürfnis geschlagen, Macht über andere und unsere Umgebung zu erlangen. Zu herrschen. Alles zu verändern, was uns unter die Finger kommt.«

»Ja«, sagte Clare, »aber wenn wir das nicht täten, säßen wir noch immer in Höhlen und würden an Knochen nagen.«

Goninan lachte. »Ich bin kein Luddit«, sagte er. »Ich stimme Ihnen vollkommen zu. Die Fortschritte, die wir auf den Gebieten der Technik und Wissenschaft machen, sind sehr wichtig für unsere Fortentwicklung als Rasse. Wenn wir bloß nach Heilmitteln für Krebs und den Hunger in der Welt und dergleichen suchten, hätte ich auch nichts dagegen. Aber ich verurteile die engstirnige Suche nach der furchtbarsten Waffe oder die jahrelange Forschung, die man in die Entwicklung eines besseren Deodorants oder Haarshampoos steckt. Das ist Wahnsinn. Es ist herzlos – gegenüber uns selbst, gegenüber der Erde. Tagtäglich werden Tausende von Hektar Regenwald vernichtet, die Ozonschicht wird abgebaut, aber unsere politischen Führer streiten lieber darüber, wie viele Waffen sie horten dürfen.

Sie erinnern mich an Grundschulrüpel, die auf dem Schulhof um Vorherrschaft wetteifern, während gleich hinter dem Zaun eine ganze Welt liegt, eine reale Welt. Eine Welt, deren viel umfassendere Bedeutung sie in ihrer Blindheit nicht zu erkennen vermögen.«

Beim Sprechen hatte sich sein Gesicht gerötet, sein Tonfall war ärgerlich geworden, seine Augen blitzten. Unvermittelt hielt er inne und sah weg, hinaus über die Bucht, beobachtete schweigend das Auf und Ab der Seevögel über dem Wasser, bis ihn der zeitlose Anblick so weit beruhigt hatte, daß er fortfahren konnte.

»Entschuldigen Sie«, sagte er, als er schließlich wieder Janey und Clare ansah. »Ich habe einen Weltkrieg überlebt und mußte mitansehen, wie sich die Welt zum Schlechteren anstatt zum Besseren entwickelt hat, nachdem wir das Reich dieses Wahnsinnigen endlich besiegt hatten.«

Er berührte den Stein, auf dem er saß, und streichelte über dessen glatte Oberfläche.

»Ich liebe die Welt«, sagte er. »Das bestimmt mein Leben. Wenn ich sterbe, möchte ich alles getan haben, was in meiner Macht steht, sie in einem besseren Zustand zurückzulassen, als ich sie vorgefunden habe. Gleichzeitig weiß ich, daß das unmöglich ist. Die Welt ist so komplex geworden, daß eine Stimme allein wenig ausrichten kann. Das hält mich nicht davon ab, es trotzdem zu versuchen, aber es macht alles schwerer. Die Erfolge sind so klein, die Versäumnisse so groß und zahlreich. Es ist, als wolle man ein Unwetter mit den bloßen Händen aufhalten.«

Janey war es ein wenig peinlich, ihm zuzuhören. Nicht deswegen, weil sie Goninans Worten nicht zugestimmt hätte; der Grund war eher, daß sie ihm zustimmte, aber abgesehen von ihrem komischen Benefizkonzert nichts dagegen unternommen hatte.

»Ich werfe Madden vor«, fuhr Goninan fort, »daß er

die Möglichkeit hat, etwas zu verändern, jedoch nichts daraus macht. Er hat sein ganzes Leben dem Eigennutz gewidmet.«

»Ich habe den Eindruck, daß Sie ebenso viel wissen wie er«, sagte Janey. »Warum haben Sie keinen eigenen Orden gegründet?«

»Ich habe daran gedacht«, sagte Goninan. »In meiner Jugend. Aber um eine Machtposition zu erlangen, wie sie Madden gegenwärtig einnimmt, hätte ich genauso skrupellos werden müssen wie er. Und dann wäre ich auch nicht besser als er.«

»Aber wenn Sie etwas verändern könnten ...?«

Goninan schüttelte den Kopf. »Wäre ich in einer ähnlich einflußreichen Position wie Madden, dann würde ich mich wohl ebensowenig um die Welt scheren wie er. Es klingt vielleicht abgedroschen, aber wenn man die Waffen des Feindes benutzt, wird man wie er, ganz egal, wie gut die eigenen Vorsätze auch sein mögen.«

Anschließend ließ er sich über Maddens Aufstieg und die Gründung des Ordens aus, wobei er ein ausführlicheres, wenn auch immer noch unvollständiges Bild seiner Persönlichkeit zeichnete.

»Dann ist seine Magie also ein Schwindel?« fragte Janey. »Dann manipuliert er bloß andere Leute und weiß, wie er das Beste für sich herausholen kann?«

»Nein. Die Magie ist real.«

»Aber ...?«

»Denken Sie nur an die Legenden und Mythen«, sagte Goninan.

»Sie meinen, daß sie alle ein Fünkchen Wahrheit enthalten, ganz gleich, wie phantastisch sie auch sein mögen?«

»So ungefähr. Mittels Legenden und Mythen beschreiben wir das Unbegreifliche. Durch sie versuchen wir, das Unmögliche möglich zu machen – zumindest insofern, als unser Geist mit dem Geist der Welt in

Wechselwirkung tritt, oder wenn Ihnen das zu animistisch klingt, dann benutzen wir eben Jungs Terminologie und nennen es das kollektive Unbewußte. Der Semantik ungeachtet ist beidesmal dasselbe gemeint, und die Legenden und Mythen sind es, die uns alle miteinander verbinden.

Durch sie, dadurch, daß wir sie ständig nacherzählen, sowie mittels der neuen Spielarten, die man Religionen nennt, obwohl es eigentlich Strömungen sind, erfahren wir, was Wahrheit ist, und versuchen wir, das Mysterium zu begreifen. Wie viele mutige Taten tapferer Männer gehen wohl auf die Faszination zurück, mit der sie in ihrer Jugend die Erzählungen von König Artus und den Rittern der Tafelrunde verschlangen? Oder wie viele Ungerechtigkeiten wurden durch jene bekämpft, die dank der Geschichten über Robin Hood Gut und Böse zu unterscheiden lernten?

Einem Kind die richtigen Moralbegriffe beizubringen, mag einfach sein, hat aber nicht immer Erfolg. Die Jungen lehnen sich auf – nicht, weil sie amoralisch wären, sondern weil es in ihrer Natur liegt. Die Worte eines Älteren sind ihnen stets verdächtig, besonders in der sogenannten westlichen Gesellschaft. Mittels der Legenden und Mythen, durch die Verbindung des jungen Geistes mit dem alten Geist, der in ihnen verborgen liegt, lernt dieser junge Geist, ohne vorsätzlich unterrichtet zu werden.

Die Lektionen stehen sozusagen zwischen den Zeilen.

Heutzutage verehren die Kinder Spielzeuge als Helden. Rockmusiker und Filmstars bilden ihren Pantheon – einen amoralischen Pantheon, in dem es vorkommt, daß ein Musiker, der sich vehement gegen Drogen ausspricht, zwei Wochen später wegen Heroinbesitzes verhaftet wird. In dem der tapfere Leinwandheld als jemand entlarvt wird, der seine Frau verprügelt.

Was hier zwischen den Zeilen steht, ist folgendes: Tu, was du willst, aber laß dich bloß nicht erwischen.«

»Und die Magie?« fragte Janey, als Goninan verstummte.

Sie hatte Mühe, eine Verbindung zwischen seinen Worten und dem angeblichen Gesprächsthema herzustellen.

»Ist real«, sagte er. »Unsere Wahrnehmung ist es, die sie wahr macht – wenn wir erkennen, was das Wesen eines Dinges ausmacht. Aber ebenso wie die Legenden und Mythen verflüchtigt sich die Magie, wenn sie nicht gebraucht wird – weshalb uns die alten Erzählungen von Elfenkönigreichen mit der Zeit immer ferner erscheinen und magische Dinge unseres Glaubens bedürfen, unseres Glaubens an ihre Existenz, damit sie überleben.

Das ist eine Lüge. Alles, wessen sie bedürfen, ist die Anerkennung ihre Existenz.«

»Und das Buch?« fragte Clare. »Wie steht es damit?«

»Bevor wir Tee getrunken haben, sprach ich von Totems – erinnern Sie sich?«

Janey und Clare nickten.

»Ihre Vögel«, sagte Clare.

»Ja, sie sind ein Symbol – ein Talisman, wenn Sie so wollen, aber ein persönlicher Talisman, was ein Totem im Grunde ja auch ist. Ein Symbol, das einen in die Lage versetzt, die eigene Magie auszuüben. Was derartige Totems von Bills Buch unterscheidet, ist die Tatsache, daß große Opfer und intensives Studium nötig sind, bis man sich die jeweilige Symbolik angeeignet hat.

Bill hat diese Studien absolviert, er hat die Opfer an Zeit und gesellschaftlicher Isolation erbracht, die ein solches Vorhaben erfordert – darum hat die Magie des Buches bei ihm funktioniert. Es war sein Totem. Aber unwissentlich hat er auch einen Talisman hergestellt, als er es schuf – ein universelles Symbol, das jetzt genauso als Katalysator fungiert, wie es ihm als persönliches Totem diente.

Das Objekt, das er geschaffen hat, besitzt eine doppelte Existenz.«

»Ich bin mir nicht sicher, ob ich Sie richtig verstanden habe«, sagte Janey.

»Jedes Buch erzählt dem, der es liest, eine andere Geschichte«, erläuterte Goninan. »Wie man das Buch wahrnimmt, hängt davon ab, wer man ist. Ein gutes Buch spiegelt ebensosehr den Leser wider, wie es den Text des Autors erhellt.«

Clare nickte zustimmend.

»Und nun«, sagte Goninan, »stellen Sie sich ein Buch vor, das für jeden, der es liest, buchstäblich anders ist.«

Janey runzelte die Stirn. »Wollen Sie damit sagen, daß die Geschichte, die ich in *Das kleine Land* lese – daß ich die einzige bin, die diese spezielle Geschichte liest?«

»Genau.«

»Aber das ist nicht möglich.«

Goninan lächelte. »Nein, natürlich nicht. Es ist Magie.«

»Aber Opi hat es gelesen, und er hat nie gesagt ...«

Janey brach ab, als ihr klar wurde, daß sie eigentlich mit niemandem über die Geschichte des Buches geredet hatte – weder mit ihrem Großvater noch mit Felix – und daß Clare es noch gar nicht gelesen hatte.

»Also ist der eigentliche Zweck des Buchs«, sagte Goninan, »den Geist des Lesers widerzuspiegeln – in der Art eines Orakels.«

»Wäre sie beim Lesen jedesmal die gleiche?« fragte Janey.

»Das kann ich nicht genau sagen. Es ist allerdings unwahrscheinlich. So, wie Sie sich verändern, wird sich auch die Geschichte, die Ihren Geist widerspiegelt, mit Ihnen wandeln.«

»Aber im Moment entwickelt sie sich logisch«, sagte Janey. »Die Handlung ist logisch aufgebaut.«

»Das gilt für diese Geschichte«, sagte Goninan.

»Lesen wir denn Dunthorns Worte?« fragte Clare.

»Wohl kaum – obwohl jede Geschichte bestimmt auch etwas von Bill enthält, denn schließlich war es ja seine Schöpfung.«

Das war ein harter Brocken für Janey. Andererseits schien alles, was sie heute zu hören bekam, weit hergeholt. Das alles war doch nicht möglich.

Natürlich nicht, hörte sie Goninan abermals sagen. *Es ist Magie.*

Magie.

Legenden und Mythen.

Ihr Herz wollte daran glauben. Der Verstand sagte ihr, daß es dummes Zeug war.

Die Dinge, von denen Goninan sprach, paßten einfach nicht in die reale Welt – in die Welt, die sie kannte. Gleichzeitig brachten seine Worte etwas in ihr zum Klingen, das ihr durchaus vertraut war, so als erinnerte sie sich, wenn er sprach, statt daß sie hörte.

»Und der uneigentliche Zweck?« fragte Clare.

»Es ist ein Talisman«, sagte Goninan. »Ein Artefakt. Und ich möchte Sie warnen. Wenn man einen solchen Gegenstand benutzt, muß man sehr, sehr vorsichtig sein. Es bedeutet eine große Verantwortung. Jedesmal wenn man ihn benutzt, verändert sich die Welt. Man kann ein Artefakt verstecken, aber man kann sich nicht vor der Verantwortung drücken. Es sei denn, daß man es willentlich an jemand anderen weitergibt.«

»Die Welt… verändert sich?« sagte Janey.

»Je häufiger ein solcher Talisman angewandt wird, desto ausgeprägter wird seine Wirkung. Wenn er lange genug gebraucht wurde, formt er die Welt schließlich zu etwas Neuem um.«

»Wie?« fragte Clare.

»Wozu?« fügte Clare hinzu.

»Was immer möglich ist.«

Janey dachte an das wenige, das ihr Großvater ihr über die Geschehnisse erzählt hatte, die sich zugetragen hatten, nachdem er das Buch erhalten und bevor er es versteckt hatte – an die Schatten und seltsamen Geräusche und wie sich Menschen verändert hatten ... Sie dachte an ihren Traum von letzter Nacht. An die Musik, die aus dem Buch erklungen war. Daran, wie sie sich verändert hatte.

Sie dachte an die Melodie, die sie nachzuspielen versucht hatte, und ihr wurde klar, daß sie sie nur so lange gehört hatte, wie das Buch aufgeschlagen auf ihrem Schoß gelegen hatte ...

»Sind die Veränderungen, die es bewirkt, rückgängig zu machen?« fragte Clare.

»Das hängt davon ab, wie lange es benutzt wird. Und von wem. In den Händen seines rechtmäßigen Hüters vermag es nur Gutes zu bewirken. Zum persönlichen Vorteil angewandt – wie Madden es vorhat –, könnte es letztendlich die Welt vernichten.«

»Woher wissen wir, wer sein rechtmäßiger Hüter ist?« fragte Janey. »Ist es mein Großvater? Bin ich es?«

»Ich weiß es nicht«, sagte Goninan. »Aber das ist unwahrscheinlich. Sie folgen beide keinem Weg. Sie haben weder den nötigen Hintergrund noch das Wissen.«

»*Sie* denn?« fragte Janey, wieder mißtrauisch geworden.

Goninan lachte nur. »Ich habe beides«, stimmte er zu, »aber für mich ist es zu spät, einen neuen Weg einzuschlagen. Meine Vögel haben mich so weit gebracht, wie ich zu gehen vermag, und nun stehe ich im Niemandsland – mit einem Fuß in dieser Welt, mit einem Fuß im Jenseits. Früher oder später werde ich die Grenze überschreiten.«

»Was meinen Sie damit?« fragte Clare.

Aber Janey wußte es. So, als hätte sie es schon vorher gewußt.

»Sie werden sterben«, sagte sie.

Goninan nickte.

»Es tut mir leid. Ich...« Sie wußte nicht, was sie sagen sollte.

»Das sollte Ihnen nicht leid tun«, sagte Goninan. »Ich hatte ein erfülltes Leben, und ich habe gesehen, wohin ich gehen werde. Ich bedaure bloß das, was ich Ihnen bereits gesagt habe – daß ich die Welt nicht in einem besseren Zustand zurückgelassen werde, als ich sie vorgefunden habe.«

Eine Zeitlang schwiegen sie, bis Janey sich rührte. Sie wandte den Blick von dem kleinen Schwarzkehlchen ab, dem sie dabei zugeschaut hatte, wie es über ihnen von Dornenast zu Dornenast hüpfte, und wandte sich Goninan zu.

»Und Helen ist Ihre... Krankenschwester?« fragte sie.

»Großnichte. Ein guter Geist. Sie hatte schon immer ähnliche Neigungen wie ich, darum unterrichte ich sie, während sie sich um mich kümmert.«

»Und darum können Sie das Buch nicht hüten.«

»Stimmt genau.«

Janey runzelte die Stirn und dachte nach.

»Was ich nicht verstehe... Wir haben überhaupt nichts mit dem Buch gemacht. Wir haben« – sie wirkte leicht verlegen –, »Sie wissen schon: keine Kerzen drum herum angezündet und so. Wir haben bloß darin gelesen.«

»Mehr ist nicht nötig, um es aufzuwecken – man braucht es bloß aufzuschlagen.«

»Also, dann werde ich's verstecken«, sagte Janey. »An einem sicheren Ort, wo niemand es finden kann.«

»Wenn Sie einen solchen Ort finden.«

»Und ich werde kein einziges Wort mehr darin lesen.«

Goninan schüttelte den Kopf. »Sie müssen die Geschichte zu Ende lesen«, sagte er. »Wenn Sie vorher aufhören, bleibt das Buch aufgeschlagen – nicht weit, aber doch weit genug, daß jemand wie Madden es aufspüren und finden kann.«

»Warum hat Bill Großvater nicht *gewarnt*?«

»Ich glaube nicht, daß er es wußte.«

»Warum haben Sie es ihm nicht erzählt? Anscheinend wissen Sie bedeutend mehr, als Sie eben im Cottage verraten wollten.«

»Darüber habe ich in den letzten Tagen nachgedacht«, sagte Goninan. »Seit ich sein Erwachen gespürt habe. Und ich habe eben deshalb nicht mehr gesagt, weil ich damit bis jetzt warten wollte.«

»Oh!«

Janey zupfte sich einen Fussel von den Jeans und seufzte.

»Was soll ich tun?« fragte sie schließlich.

»Das Buch zu Ende lesen«, sagte Goninan. »Ihr Unterbewußtsein weiß bereits, was Sie zu tun haben. Vielleicht finden Sie die Antwort beim Lesen.«

»Warum sagen Sie sie mir nicht einfach?«

»Weil ich die Antwort nicht kenne.«

Goninan erhob sich steif.

»Ich muß zurück«, sagte er. »Es ist Zeit für meine Medizin, und Helen macht mir die Hölle heiß, wenn ich mich noch mehr verspäte.«

Janey und Clare erhoben sich ebenfalls.

»Warum wollten Sie, daß wir uns im Freien unterhalten?« fragte Clare auf dem Rückweg zum Haus.

»So wie meine Totems die Vögel sind«, erwiderte Goninan, »so sind Maddens Totems die Schatten – die Schatten, die von Menschenhand erschaffene Gegenstände werfen. Er vermag durch sie zu sehen, zu hören, zu sprechen... Vielleicht kann er sich sogar hindurchbewegen. Ihnen verdankt er seine Gesundheit; sie weiden sich an seiner Magie.«

»Können Ihnen die Vögel nicht helfen?« fragte Janey.

»Inwiefern?«

»Sie wissen schon – Sie heilen.«

Goninan lächelte. »Warum sollte ich sie darum bitten? Der Tod ist Teil des Lebens – seine natürliche Weiterentwicklung. Sollte ich in meinen natürlichen Lebensablauf eingreifen, ihn nach *meinem* Gutdünken verändern und dadurch jemand werden, der ich nicht sein sollte?«

»Das klingt so fatalistisch...« In dem Moment, als sie es ausgesprochen hatte, schlug sie die Hand vor den Mund. »Verzeihen Sie«, fügte sie rasch hinzu. »Ich wollte Sie nicht...«

»Ich weiß, was Sie sagen wollten«, meinte Goninan. »Sie haben den Eindruck, daß es dieser Lebensweise an Willensfreiheit mangelt.«

Janey nickte.

»Sie vergessen dabei, daß ich mich *entschieden* habe, so zu leben.«

Mehr ließ sich zu dem Thema nicht hinzufügen. Helen erwartete sie bereits am Eingang, und in ihrem Gesicht wetteiferte Mißbilligung mit Sorge.

»Danke, daß Sie sich für uns Zeit genommen haben«, sagte Clare.

»Danke für alles«, fügte Janey hinzu.

Goninan nickte. »Ich freue mich, Sie kennengelernt zu haben.«

»Peter«, sagte Helen, »du mußt reinkommen.«

Sie bedeutete ihm, er solle eintreten. Goninan zwinkerte Janey und Clare zu.

»Sie ist immer so streng mit mir.«

»Wir möchten Ihre Zeit nicht länger in Anspruch nehmen«, sagte Janey.

Bevor sie sich abwenden konnte, ergriff Goninan ihren Arm.

»Noch eine Warnung mit auf den Weg«, sagte er. »Madden ist hier. Ich *spüre,* daß er seinen Fuß auf dieses Land gesetzt hat.«

»Wir werden vorsichtig sein«, versicherte ihm Janey.

»Das hoffe ich. Nehmen Sie sich besonders in acht, wenn Schatten in der Nähe sind, die Sie hören könnten. Viel Glück.«

Janey lächelte. Sie sah ihn an, sah die Vogelhaftigkeit seiner spindeldürren Gestalt und seiner leuchtenden Augen, aber auch die Krankheit.

»Sie hinterlassen die Welt tatsächlich in einem besseren Zustand«, sagte sie.

Bevor er etwas erwidern konnte, eilte sie davon, während Clare ihr etwas langsamer folgte.

6

»Du wunderst dich wohl, wie ich dich gefunden habe«, sagte Bett.

Ein dünnes Lächeln kräuselte seine Lippen, während er Davie Rowe beobachtete. Der große Mann stand ebenso reglos da wie die Felsen, mit denen die Klippen um sie herum übersät waren. Er sah Bett nicht an, sondern starrte auf die Mündung des Revolvers, den dieser auf ihn gerichtet hatte.

Gott, ist der häßlich, dachte Bett. Ihn umzubringen hieße, der Welt einen Gefallen tun.

»Ich...«, begann Rowe.

Jetzt, da er wieder auf dem Grat wandelte, meinte Bett, er könne dem großen Mann bis auf den Grund seiner Seele blicken und die Angst schmecken, die dort lauerte. Er wußte, daß sich in seinem Gesicht kein Erbarmen zeigte. Alles, was Rowe in Betts Augen sah, war sein Tod. Freund Hein, der sein Starren erwiderte, ein breit grinsender Totenschädel, der ihm ob seines Entsetzens ins Gesicht lachte.

Bett zuckte die Achseln.

»Ich schätze, diese Frage wirst du wohl mit ins Grab nehmen müssen«, sagte er.

Und drückte ab.

Der Schuß dröhnte in der Stille. Rowe taumelte zurück, als die Kugel in seine Brust einschlug. Er rollte vom Weg in die Quecken hinunter, die am Rand der Klippen wuchsen. Bett trat weiter vor und folgte dem Sturz des Mannes mit der Revolvermündung, um ein zweites Mal zu schießen. Sein Finger krümmte sich vor dem Abzug.

»He!«

Auf den Anruf hin wandte Bett sich so jäh um, als wäre er selbst angeschossen worden. Dort, wo der Küstenpfad leicht zu einem nackten Felsen hin abfiel, der an einen Sessel erinnerte, bog ein blondhaariger Mann um die Ecke, der mit Jeans und Windjacke bekleidet war und einen kleinen Rucksack trug.

Mist, dachte Bett. Das hat mir gerade noch gefehlt. Ein Wanderer.

Er duckte sich ins Unterholz, kroch auf dem Bauch tief ins Dickicht hinein, indem er sich mit den Ellbogen vorwärtszog.

»Was geht hier vor?« schrie der Fremde.

Bett erkannte am Akzent, daß es ein Deutscher war. Und auf den Kopf gefallen war er nicht.

Der Mann war in der Nähe des steinernen Sessels stehengeblieben. Sich vorsichtig fernhaltend, spähte er in die Richtung, wo Bett im Dickicht verschwunden war. Doch Bett hatte sich bereits parallel zum Weg vorgearbeitet, so daß er von der Stelle, wo er verschwunden war, ausreichend weit entfernt war.

Bett lächelte.

Der Mann war nicht auf den Kopf gefallen, aber er hatte keine Chance.

Er wandelte nicht auf dem Grat.

Der Wanderer machte ein paar zögernde Schritte nach vorn, dann blieb er stehen und ließ die Blicke abermals umherschweifen. Als der Mann in die Richtung seines Verstecks sah, duckte sich Bett. Er zählte bis fünf, dann kroch er in der eingeschlagenen Richtung weiter neben dem Weg her, jedoch oberhalb davon, da der Boden dort, wo nackter Fels zutage trat, steil anstieg.

Als er einen neuerlichen Blick riskierte, befand er sich hinter und über dem Wanderer, der sich jetzt behutsam der Stelle näherte, wo Davie Rowe abgestürzt war. Der Fremde legte noch eine Pause ein, bevor er den Ausguck der Küstenwache erreicht hatte und abermals rief.

Bett steckte den Revolver wieder in die Jackentasche und verließ sein Versteck so lautlos wie ein Gespenst. Er kroch weiter vor und wollte gerade auf den Fremden hinunterspringen, als sich der Mann umdrehte und ihn sah.

Zu spät.

Bett landete wie eine Katze neben ihm und versetzte ihm einen Stoß. Der Wanderer fiel schreiend über die Kante und ruderte mit den Armen, während er auf die Felsen in sechzig Meter Tiefe hinunterstürzte. Als Bett sich über den Rand der Klippen beugte, sah er bloß, daß der Wanderer reglos dalag und alle viere von sich gestreckt hatte – ein Farbklecks inmitten des Graus. Wellen klatschten gegen die Steine. Der Wanderer rührte sich nicht.

»Du hast dir den falschen Moment ausgesucht«, sagte Bett.

Wirklich eine Schande. Ganz allein über diesen tückischen Pfad zu wandern. Ein Fehltritt, und schon …

Nun ja, es war ein tiefer Fall.

Er klopfte sich den Staub von den Kleidern, holte den Revolver wieder hervor und ging zu der Stelle, wo Rowe hinuntergefallen war.

Die Leiche war verschwunden.

Bett blickte mit gerunzelter Stirn über den Rand der Klippen, doch es waren keine Felsen da, an denen sich der Körper hätte verfangen können. Nur das Meer, das gegen die Klippen anbrandete, zerklüftete Wellen, die sich in dem Augenblick, als sie auf die Felsen trafen, in weißen Schaum verwandelten. Bett war klar, daß er den Körper nicht mehr sehen konnte, wenn er bis ganz nach unten gefallen war.

Er hockte sich hin und betrachtete die Stelle, an der Rowe zusammengebrochen war. Bett war kein Spurenleser – jedenfalls nicht außerhalb der Stadt. Die Jagd auf Menschen war ein Spiel, das er gern in einem Dschungel aus Stahl und Beton spielte. Das Spurenlesen beschränkte sich auf ein wenig Detektivarbeit, bis er ein Opfer ausgewählt hatte. Dann hieß es nur noch, sich anzupirschen und mit dem Messer herauszufinden, was den Trottel am Laufen hielt. Reichte die Zeit nicht aus, dann taugte das Tranchiermesser ebensogut zum Töten.

Rowe hatte ihm sein Messer letzte Nacht abgenommen, aber Bett hatte in seinem Koffer noch ein paar Ersatzmesser verstaut. Heute hatte er das Messer allerdings nicht benutzen wollen. Rowe war einfach zu groß, und Betts Schulter schmerzte noch immer von ihrem Zusammentreffen gestern nacht. Darum hatte er den Revolver benutzt, obwohl er ihn nicht mochte.

Er war nicht persönlich genug. Wenn man eine Schußwaffe benutzte, kam man nicht dicht genug heran, um zu sehen, wie das Lebenslicht erlosch.

Aber sie erfüllte ihren Zweck.

Unter Zeitdruck nahm man das, was gerade zur Hand war. Allerdings trat man anschließend gern einen Schritt zurück und bewunderte sein Werk.

Man überzeugte sich gern selbst davon, daß der Trottel tot war.

Darum versuchte er herauszufinden, was mit Davie Rowe passiert war. Er hatte nicht genügend Erfahrung und auch keine Lust, Davy Crockett zu spielen. Aber er entdeckte Blutflecken auf der Erde und im Gras. Und er hatte gesehen, wie der große Mann einen Treffer eingesteckt hatte, direkt in der Brust.

Er durchkämmte noch eine Weile das umliegende Gebüsch, dann steckte er den Revolver wieder in die Tasche und machte sich auf den Rückweg zum Dorf.

Rowe war über den Rand gefallen, und das Meer hatte ihn verschluckt. So einfach war das.

Und wenn sich sein Versagen von gestern nacht auch nicht mehr ungeschehen machen ließ, so war Bett doch wenigstens dafür entschädigt worden.

Jetzt wurde es Zeit, daß er seine übrigen Vorhaben für den Tag in Angriff nahm. Als nächstes mußte er einen netten, abgelegenen Ort ausfindig machen, einen mit vier Wänden darauf, einsam zwar, jedoch nicht so einsam, daß er nicht leicht von dort wegkommen konnte. Und als er sich auf dem Rückweg von Mousehole an den Ort erinnerte, wo er Lenas schleimigen Freund Willie Keel aufgestöbert hatte, meinte er ihn bereits zu kennen.

Er würde gleich hingehen und nachsehen.

Und auf dem Grat bleiben.

Alles sich fügen lassen.

Die Dinge selbst in die Hand nehmen, denn wenn das, was die Littles versteckt hielten, Madden so viel bedeutete, daß er sich heute selbst herbemühte, dann lohnte es sich auch, daß Bett es für sich behielt. Wenn er nicht dahinterkam, wenn er das Mädchen oder ihren Großvater nicht in seine Gewalt bekam, damit sie ihm zeigten, wie es funktionierte … nun, er hatte Rätsel immer schon gemocht.

Er nahm Dinge gern auseinander, um zu sehen, wie sie funktionierten.

Das konnte er am besten.

7

Janey wartete am ersten Torpfosten auf Clare. Sie lehnte sich an die zusammengebrochene Mauer daneben und blickte nach links in den Wald.

»Warum bist du so schnell vorgerannt …?« fragte Clare.

Als sie die Tränen in Janeys Augen sah, brach sie ab.

»Das ist einfach traurig«, sagte Janey. »Er ist ein so netter alter Mann, und es ist so traurig, daß er bald sterben wird.«

Clare nickte. »Ich weiß.«

»Und am schlimmsten ist«, sagte Janey, »daß ich ihn jedesmal, wenn ich ihn auf den Klippen gesehen habe, wegen seines Aussehens entweder ausgelacht habe oder verängstigt weggelaufen bin. Ich hätte ihn einfach schon früher *kennen* müssen …«

Sie suchte in ihren Taschen nach einem Taschentuch, dann wischte sie sich die Augen mit dem Ärmel trocken. Clare wühlte in ihren Taschen und brachte ein Papiertaschentuch zum Vorschein, das Janey mit einem Kopfnicken annahm. Sie putzte sich die Nase.

»Er hat so … merkwürdige Dinge gesagt«, meinte sie schließlich, immer noch ein wenig schniefend.

»Sehr merkwürdige Dinge.«

»Hast du ihm geglaubt?«

Clare seufzte. »Ich weiß nicht. Vernunftmäßig weiß ich, daß einiges davon unmöglich wahr sein kann – nicht das, was er über Gurdjeff gesagt hat oder wie man seinen Willen einsetzt und diese Sachen. Davon habe ich schon vorher gehört. Aber das andere …«

»Die *wirkliche* Magie«, sagte Janey.

Clare nickte.

»Es gibt nur eine Möglichkeit, es herauszufinden«, meinte Janey.

»Indem du das, was du in dem Buch gelesen hast, mit dem vergleichst, was Felix und dein Großvater gelesen haben.«

»Denn wenn das stimmt«, sagte Janey, »dann stimmt der Rest auch.«

Sie gingen langsam zum Wagen zurück. Die schwanzlose Katze war nirgendwo zu sehen, als sie den Bach überquerten. Die ganze Umgebung, Felder und Wald, wirkte wie erstarrt, so als hielte das Leben den Atem an. Sogar das Plätschern des Bachs schien gedämpft.

»Weißt du, worüber Mr. Goninan nicht gesprochen hat?« sagte Janey.

»Was meinst du?«

»Musik. Die ist auch ein Teil der alten Legenden, aber erst im letzten Jahrhundert hat man angefangen, sie niederzuschreiben. Und wahrscheinlich wurde sie nie so aufgezeichnet, wie sie *wirklich* war. Jeder Transkribent, von dem man so hört, hat sie aufpoliert und Dur in Moll umgeschrieben, solche Sachen eben.«

»Aber Musik vermittelt etwas anderes als die Dinge, von denen uns Mr. Goninan erzählt hat«, sagte Clare.

»Musik spricht bloß nicht in Worten«, erwiderte Janey. »Aber in alten Maskenspielen und dem Moriskentanz zum Beispiel findet man noch immer Spuren davon. Der Narr mit der Pferdemaske – er ist der wahre Gauner. Der Mann mit dem Geweih – er ist Robin Hood. Nicht der Robin Hood aus dem Märchenbuch, sondern Robin aus der Wäldern. Der Grüne Mann.«

»Kann sein.«

»Nein, wirklich«, sagte Janey. »Denk mal drüber nach. Beim Mummenschanz und beim Tanzen erinnern wir uns an uralte Rituale. Genau wie Mr. Goninan sagte: Wir vergessen nichts.«

Clare nickte bedächtig. »Wir vergessen bloß das Warum.«

»Ich glaube, das stimmt wirklich. Wir vollziehen die Bewegungen, und sie rufen irgend etwas in uns wach, und wir haben ein gutes Gefühl, aber wir wissen nicht, warum. Ich glaube, das ist wirklich eine Art von Magie – daß im Grunde nichts verlorengeht. Es wird nur verhüllt.«

Sie lächelte. »Das zieht uns an den alten Weisen an, glaube ich. Darum wollen wir möglichst viele davon spielen lernen, und darum haben sie bis heute überdauert. Nicht die aufgezeichneten Melodien, sondern die Melodien, die wir im Gedächtnis vorfinden, die wir der lebendigen Tradition entnehmen. Wir spielen hier neue Stücke und arrangieren sie mit zahllosen modernen Instrumenten, aber das Wesentliche der Melodien, den Kern der Musik – *den* behalten wir bei.«

Als sie am Wagen angelangt waren, lehnte sie sich an die Motorhaube und blickte in die Richtung zurück, aus der sie gekommen waren. Die Traurigkeit holte sie wieder ein, getragen von einem immateriellen Windhauch, der durch sie hindurchströmte, ohne daß er auch nur ein Härchen auf ihrem Kopf gekrümmt hätte. Es war etwas anderes als der Schmerz, den sie letzte Nacht empfunden hatte, als sie geglaubt hatte, Felix habe sie betrogen. Eher eine sanfte Traurigkeit, wie der Hauch aus dem Mundstück einer Flöte, der die bittersüßen Noten einer langsamen Weise wachrief.

Ihre Finger zuckten nach einem Instrument, doch es war keines da. Und dies war auch weder der richtige Zeitpunkt noch der passende Ort. Sie hatten noch soviel vor. Trotzdem hätte sie jetzt am liebsten etwas gespielt, das über die Felder bis zum Haus gedrungen wäre, wo Peter Goninan mit seinen Vogeltotems und seiner Nichte hauste, etwas, das er gehört hätte, damit er wüßte, daß sie verstanden hatte, was er ihnen zu sagen versucht hatte. Nicht mit dem Verstand, sondern mit dem Herzen. Sie wollte ihm ihre Dankbarkeit bezeugen und wußte, daß der schönste Dank für ihn das Wissen wäre, verstanden worden zu sein.

Sie hoffte, daß sie ihn irgendwann einmal wieder besuchen konnte.

Sie blickte Clare an, wollte die Empfindung mit ihr teilen, doch so sehr Clare sich auch für alte Weisen interessierte, sie betrachtete sie mit anderen Augen, *empfand* sie nicht auf die gleiche Weise wie Janey.

Aber Felix würde sie verstehen. Sie beschloß, ihn zu Peter Goninan mitzunehmen. Die beiden würden wunderbar miteinander auskommen. Wenn sie alle lange genug lebten...

Seufzend stieg sie in den Wagen ein, wo Clare sie bereits erwartete.

»Felix würde den alten Mann mögen«, sagte sie, als sie den Reliant anließ.

Clare nickte. »In gewisser Weise ähneln sie sich.«

Vielleicht habe ich mich getäuscht, dachte Janey. Vielleicht verstand Clare sie doch.

»Wie meinst du das?« fragte sie.

»Beide folgen dem Weg, den ihr Herz ihnen eingibt, und was der Rest der Welt dazu sagt, ist ihnen egal.«

»So habe ich das noch gar nicht betrachtet.«

Der Feldweg war zu schmal, um darauf zu wenden, darum setzte Janey vorsichtig auf die Straße zurück. Dann schaltete sie in den ersten Gang und fuhr in gemächlicherem Tempo als auf dem Hinweg nach Hause zurück.

»Ich würde gern mit dir über Felix sprechen«, sagte Clare.

»Ich glaube, das wird schon wieder«, sagte Janey. »Ich werde mich wirklich anstrengen, daß es klappt.«

»Das weiß ich. Es ist bloß …«

Sie brach ab und blickte durchs Beifahrerfenster zu den vorbeihuschenden Hecken hinaus.

»Was?« half Janey nach.

»Vielleicht sollte er dir das selber sagen, aber wie ich ihn kenne, wird er's niemals fertigbringen. Und es ist wichtig.«

Janey verließ der Mut. Was würde sie jetzt wieder erfahren?

»Es geht um deinen Wunsch, daß Felix mit dir zusammen auftritt.«

Erleichterung trat an die Stelle der Angst.

»Ich werde ihn nicht drängen«, sagte sie. »Soviel habe ich inzwischen gelernt. Wenn er nicht will, dann braucht er auch nicht.«

»Das ist gut. Eigentlich geht es mich ja nichts an …«

Janey lachte. »Wir sind alle Freunde, Clare. Und wir waren dir immer dankbar dafür, daß du dich eingemischt hast.«

»Schön zu wissen«, sagte Clare.

Janey hörte Wehmut aus Clares Tonfall heraus, aber ehe ihr eingefallen war, wie sie Clare fragen sollte, was ihr Kummer bereitete, redete Clare bereits weiter.

»Aber ich glaube, es ist wichtig für dich, daß du weißt, *warum* er nicht will.«

»Ich weiß warum«, sagte Janey. »Es gefällt ihm einfach nicht.«

Clare schüttelte den Kopf. »Der Gedanke daran macht ihm eine Heidenangst.«

Die bloße Vorstellung brachte Janey zum Lachen.

»Angst?« rief sie. »Ein große Kerl wie er? Ich glaube nicht, daß er vor irgend etwas Angst hat. Außerdem habe ich ihn schon unzählige Male vor Leuten spielen sehen. Bei Sessions, an Straßenecken, auf Festivals hinter der Bühne …«

»Aber nicht *auf* der Bühne.«

»Nein«, gab Janey ihr recht, »nicht auf der Bühne. Aber wo liegt da der Unterschied?«

»Ich weiß es nicht. Aber seit er mir vor ein paar Tagen davon erzählt hat, habe ich über Phobien nachgelesen, und obwohl es für gewöhnlich eine verborgene Ursache für das Problem gibt, mit dem der Betreffende nicht fertig wird, gibt es sehr häufig einfach keinen vernünftigen Grund. Das, woran er leidet, nennt man Topophobie – Bühnenangst.«

»Aber ...«

»Ich weiß, was du jetzt sagen willst: Warum packt er das Problem nicht einfach an? Stellt sich ein paarmal auf die Bühne und setzte sich damit auseinander.«

Janey nickte. »So was macht man doch wohl in solchen Fällen, oder?«

»Leider scheint es so einfach nicht zu sein. Es kann nämlich ein Paniksyndrom ausgelöst werden, und wenn du schon mal einen Panikanfall hattest, dann weißt du ja, daß das kein Spaß ist.«

»Kann schon sein ...«

»Ich kann mich noch an das letzte Mal erinnern, als ich am Bein operiert wurde«, sagte Clare. »Ich hatte eine solche Panik – wirklich ein *furchtbares* Gefühl –, daß ich in Ohnmacht fiel, bevor man mir die Betäubung geben konnte.«

»Dann konntest du wenigstens keinen Widerstand mehr leisten.«

Clare schüttelte den Kopf. »Nein, das geht nicht. Das ist zu gefährlich. Der Puls und der Blutdruck kommen durcheinander, und dann können sie einen mit ihren Geräten nicht mehr richtig überwachen. Ich mußte erst wieder zu mir kommen, bevor sie mir die Injektion verpaßten.«

»Willst du damit sagen, daß Felix ohnmächtig werden könnte, wenn er eine Bühne beträte?«

»Ich habe mich über die Symptome schlau gemacht, und die sind wirklich merkwürdig. Zuerst wird einem übel, dann wird der Puls sehr schnell und unregelmäßig; die Brust verengt sich, und man atmet zu rasch. Das rasche Atmen bewirkt chemische Veränderungen im Körper, die Hände und Füße taub werden lassen – dieses furchtbare Kribbeln, wenn sie eingeschlafen sind, weißt du?«

Janey nickte.

»Die Übelkeit nimmt zu, gefolgt von Kopfschmerzen und Krämpfen. Und das sind nur die körperlichen Symptome. Auch das Gehirn dreht ein bißchen durch. Alles erscheint unwirklich. Offenbar kann es zu dem Gefühl kommen, man befinde sich außerhalb des eigenen Körpers, oder zu speziellen Veränderungen in der Wahrnehmung des Lichts, so daß das Gefühl für Tiefe und Perspektive verlorengeht…«

»Das hört sich ja schrecklich an«, sagte Janey. »Hast du das alles erlebt?«

»Nein, ich bin bloß ohnmächtig geworden.«

»Wunderbar.«

»Und als wäre das noch nicht genug«, fuhr Clare fort, »gibt es auch noch die sogenannte Erwartungsangst, die dann auftritt, wenn man nur an einen Panikanfall denkt. Offenbar löst sie teilweise die gleichen Symptome aus wie ein richtiger Anfall. Als er mir davon erzählte, habe ich etwas davon bei Felix gespürt.«

Lange Zeit schwieg Janey.

»Das hätte er mir sagen sollen, als wir uns darüber stritten, ob er mit mir auf Tournee geht«, sagte sie dann.

»Dazu hatte er zuviel Angst.«

»Angst? Vor mir?«

Clare nickte. »Daß du ihn auslachen könntest – so wie gerade eben, als ich anfing, dir davon zu erzählen.«

»Also, so hab ich das nicht gemeint. Es ist bloß ...«

»Ich weiß. Man kann sich nur schwer vorstellen, daß Felix vor irgend etwas Angst haben sollte. Aber er wollte nicht, daß du über ihn lachst, außerdem hat er geglaubt, er sänke in deiner Achtung, wenn du erst einmal über seine Angst Bescheid wüßtest. Eine männliche Ego-Geschichte, vermute ich, denn Bühnenangst wird von den meisten Menschen nicht sonderlich ernst genommen. Statt dessen heißt es dann: ›Na los, geh schon rauf, eh du dich versiehst, geht's dir wieder besser‹ und solche Sachen, hab ich recht?«

»Schon möglich.«

Janey dachte mit großem Bedauern an die zahlreichen Gelegenheiten, wo sie andere Leute gedrängt hatte, auf der Bühne zu spielen.

»Er hatte Angst, du könntest denken, er sei wie Ted Praed«, sagte Clare. »Erinnerst du dich noch an den?«

Beim Gedanken an Ted und dessen zittrige Stimme begann Janey zu kichern, dann wurde sie sich bewußt, was sie tat.

»Wir waren wohl nicht besonders nett zu ihm.«

»Wie ich Felix schon sagte, war Ted nicht gerade der Sympathischste.«

»Aber trotzdem ...«

»Aber trotzdem«, stimmte Clare ihr zu. »Denk nur mal an die ganzen Witze – und Felix hat sie alle mitbekommen.«

»Aber Felix hat selbst mitgelacht.«

Clare nickte. »Er hat mitgelacht, aber wenn du mal zurückdenkst, hat er nie mit den Witzen angefangen oder selber welche erzählt.«

»Ich käme nie auf den Gedanken, Felix mit Ted Praed zu vergleichen – Bühnenangst hin oder her.«

»Ich auch nicht«, sagte Clare. »Aber ich wollte, daß du über seine Gefühle Bescheid weißt, *bevor* du das Thema zur Sprache bringst.«

»Ich werde nicht drüber reden, wenn er es nicht

tut«, versprach Janey, »und ich werde ihn bestimmt nicht zu Auftritten drängen.«

»Das ist gut.«

Sie hatten das Dorf fast erreicht und befanden sich südlich des Raginnis Hill.

»Wie hast du ihn dazu gebracht, daß er *dir* das alles erzählt hat?« fragte Janey.

Clare lächelte. »Für mich steht weniger auf dem Spiel als für euch beide, darum habe ich ihn einfach ausgequetscht.«

Janey lachte.

»Sieht dir ähnlich«, sagte sie und brachte den Wagen vor Clares Haus zum Stehen. »Willst du hier aussteigen«, fügte sie hinzu, »oder kommst du mit runter?«

»Ich würde gern mal einen Blick auf das Buch werfen«, sagte Clare. »Bevor es ein für allemal versteckt wird.«

Janey lächelte. »Wir lesen es zusammen«, sagte sie.

Sie nahm den Fuß von der Bremse und fuhr hinunter ins eigentliche Dorf.

Es wird ernst

Macht ohne Mißbrauch verliert ihren Reiz

PAUL VALÉRY

Als der Zug bei Plymouth den Tamar überquerte, setzte Madden sich gerader hin. Dies war der Grund, warum er sich dafür entschieden hatte, mit der Bahn in sein Geburtsland zurückzukehren, anstatt ein bequemeres Transportmittel zu benutzen, das er sich problemlos hätte leisten können.

Das gleiche *Klackediklack* der Räder auf den Schienen, das ihn in einen Zustand zwischen Traum und Wachsein versetzt hatte, wurde nun für ihn zum Herzschlag des Landes und brachte seinen Puls nach uralten Rhythmen zum Pochen. In ihm erklang eine Musik. Eine urtümliche Musik – die der Crowdy Crawn und des Pibcorns. Er fühlte sich hellwach – wacher, als er es den ganzen Tag über gewesen war, und er wußte, daß dies auf den Zauber zurückzuführen war, der von der ehrwürdigen Landschaft ausging, durch die sie fuhren.

Dies war König Arthurs Land.

Tintagel lag schroff und majestätisch im Norden; Arthurs Geburtsort, der nun über den geheimnisvollen Tiefen von Merlins Höhle in Trümmern lag. Dozmary Pool im Bodmin Moor, wo die Herrin vom See Excalibur von Bedivere zurückverlangt hatte. Dort befand sich Arthurs Stuhl, wo der König angeblich gesessen und das Meer betrachtet hatte. Und Arthurs Höhle, in der er und seine Ritter noch immer schliefen... Der ehemalige und zukünftige König war ein Mann Cornwalls gewesen – das hatte Madden immer schon geglaubt, und die Archäologen hatten in den letzten Jahrzehnten diese Annahme belegt.

Lyonesse, das untergegangene Land, das einmal zwischen Land's End und den Isles of Scilly gelegen hatte. Die Scillies und St. Michael's Mount nahe Penzance waren alles, was von diesem Land übriggeblieben war, obwohl man seine Glocken am Grund des Meeres noch immer läuten hörte.

Und ältere noch …

Das Land war übersät von Steinkreisen aus der Bronzezeit, Megalithen und anderen prähistorischen Relikten.

Da waren die Glücklichen Jungfern bei St. Buryans.

Man erzählte sich, daß die Steine des Kreises und die beiden einzelnen Menhire in der Nähe Tänzer und Musiker wären, die zu Stein geworden waren, weil sie am Sonntag getanzt hatten. Einer älteren Überlieferung zufolge waren es Meerjungfrauen, die am Morgen von der Sonne überrascht worden waren und sich wie Trolle in Steine verwandelt hatten; ›Fröhliche Jungfern‹ war ein alter Seemannsausdruck für die Frauen des Meeres.

Und Gwennap Pit zwischen Redruth und St. Day.

Die Methodisten behaupteten, es sei eine irreguläre Bergbaugrube, die unter Mitwirkung von John Wesley 1806 ihre heutige Form erhalten habe, doch die Folklore erzählte eine andere Geschichte: Nachdem Mervin, der Harfenspieler von Tollvaddon, sich den Schädel eingeschlagen hatte, habe er so lange Harfe gespielt, bis die Finger wund bis auf die Knochen waren. Dann habe sich der Harfengott Larga seiner erbarmt, die Verletzung entfernt und sie auf die Erde übertragen. Darum wurde die Grube von denen, die lieber den alten Sagen glaubten, ›das Loch im Kopf des Harfenspielers‹ genannt.

Und das Men-an-Tol bei Morvah.

Die Archäologen hielten diesen größten Dolmen der Britischen Inseln für die Überreste eines Eingangs zu einem alten Hügelgrab. Der Überlieferung zufolge brachte der Durchtritt durch den durchlöcherten Stein den Kranken Heilung und markierte nicht den Eingang zu einem Hügel, sondern zur Hügelwelt, dem Land der *Muryan* oder der Kobolde.

Doch auch ohne die Legenden und Steinmale wußte Madden, daß das Land selbst verzaubert war.

Mit dieser Ansicht stand er nicht allein. Crowley, ebenfalls in Cornwall gebürtig, hatte es gewußt. Dylan Thomas hatte es in diese Landschaft gezogen, er hatte in Newlyn und Mousehole gelebt, eher ein Dichter als ein Magier, wenn es manchmal auch keinen Unterschied zwischen beiden zu geben schien. Auch Dennis Wheatley hatte in Südwestengland gelebt.

Und andere, Zeitgenossen ebenso wie die Alten:

Colin Wilson, dessen Karriere Madden verfolgt hatte, seit dessen bemerkenswerte Theorien zum erstenmal im *Outsider* erschienen waren, und der jetzt in Gorran Haven lebte, wo er weiterhin die Mysterien erforschte und mit der peniblen Genauigkeit eines Wissenschaftlers dokumentierte. Und Peter Goninan, der einsiedlerische Theurge, mit dem Madden schon gelegentlich die Klingen gekreuzt hatte.

Das Land brachte sie hervor oder zog sie an. Sein Einfluß reichte weit über seine landschaftlichen Schönheiten und die Großartigkeit der Küste hinaus. Er gründete so tief wie das uralte Rückgrat aus Granit, auf dem es ruhte, und war ebenso ursprünglich wie der unerklärliche Drang, der den ersten Menschen zu den Mysterien hingezogen hatte, so daß es keine Wahl mehr gegeben hatte, nur Unvermeidlichkeit.

Ein ungenutzter Reichtum überdauerte im Herz-

schlag dieses Landes, und jedesmal, wenn Madden dorthin zurückkehrte, fragte er sich von neuem, warum er überhaupt von hier weggegangen war. Wenn er seinen Fuß hierher setzte, erschienen die profanen Interessen unbedeutend, die ihn dazu zwangen, in anderen Teilen der Welt zu leben.

»Kernow«, flüsterte er.

Rollie Grant wandte sich ihm zu. »Was hast du gesagt?«

Madden lächelte. »Den alten Namen eines alten Landes – dieses Landes.«

»Was, Cornwall?«

Madden nickte.

»Ich dachte, es sei bloß eine Art Bundesstaat von Großbritannien – so wie Rhode Island oder Connecticut, weißt du.«

»Es ist eine Provinz des Geistes«, sagte Madden, absichtlich verschwommen bleibend.

Grant blickte lange an ihm vorbei aus dem Fenster, dann zuckte er die Achseln und wandte sich wieder den Geschäftspapieren zu, in denen er las. Sie sprachen erst wieder, als sie Penzance erreicht hatten, wo Grant ein Taxi rufen wollte, um vom Bahnhof zum Hotel zu fahren.

Madden lachte. »Wir sind hier nicht in New York«, sagte er. »Wir können laufen.«

»Laufen?«

»Ja, laufen«, sagte Madden, noch immer kichernd. »Es ist nicht weit.«

Er blickte zu einem Pärchen hinüber, das sich ein paar Waggons von ihnen entfernt stritt, dann nahm er seinen kleinen Reisekoffer und ging zur Strandpromenade hinaus. Grant sammelte sein eigenes Gepäck auf und eilte ihm nach.

In Maddens langsamen Schritten war es ein Fußweg von einer Viertelstunde bis zum Queen's Hotel, das an der Ecke Morrab Road und Western Promenade Road lag, aber sie brauchten länger, da Madden unterwegs ständig stehenblieb. Nahe Battery Rocks verharrte er neben einer alten Geschützstellung und blickte lange auf die Bucht hinaus, atmete den salzigen Tanggeruch der Meeresluft, beobachtete, wie die Wellen unter ihnen an den Felsen aufschäumten, lauschte auf den Ton von Glocken. Auf der anderen Straßenseite bewunderte er St. Anthony Gardens und trödelte vor den Schaufenstern herum, an denen sie vorbeikamen, obwohl die meisten Läden geschlossen hatten und auch nur Souvenirs für Touristen führten.

Als sie schließlich am Queen's Hotel angelangt waren, sah Grant zu ihm auf und seufzte.

»Das ist das beste Hotel der Stadt?« fragte er.

»Nein, aber es hat Charme, findest du nicht?«

Grant lächelte. »Hier bist du wirklich in deinem Element, stimmt's?«

»Ich bin wieder daheim.«

»Ich dachte, dein Vater – John Madden Senior – wurde in Cornwall geboren.«

»Das stimmt«, log Madden. »Und mein Großvater auch – um 1850 herum.« Eine weitere Lüge. »Aber mir ist trotzdem, als käme ich nach Hause.«

Grant nickte und musterte abermals das Hotel. »Also, ich habe Lena gesagt, sie solle Zurückhaltung üben. Sieht ganz danach aus, als hätte sie zur Abwechslung mal auf mich gehört.«

»Wenn man in ein anderes Land kommt«, sagte Madden, »selbst wenn es dem eigenen in vielerlei Hinsicht gleicht, welchen Sinn hat es dann, in einem Holiday Inn abzusteigen?«

»Komfort. Sicherheit. Man weiß, was einen erwartet.«

Madden schüttelte den Kopf. »Was du da sagst, klingt nach Selbstzufriedenheit, Rollie, und damit lullst du dich bloß ein.« Er betrat als erster den Eingang. »Melden wir uns an?«

Nach der Anmeldung gingen sie auf ihre Zimmer und trafen sich einige Minuten später bei Madden, nachdem sie sich frisch gemacht hatten. Es entstand eine gewisse Verwirrung, als sie Lena zu erreichen versuchten, denn als sie bei ihr anklopften, öffnete sie nicht, aber nach einem Anruf bei der Rezeption wurde das Gespräch zu ihr durchgestellt, und bald darauf waren sie bei ihr in Gazos Zimmer. Madden nahm in dem einen der beiden Sessel am Fenster Platz, Grant im anderen. Nachdem Lena ihren Vater zur Begrüßung umarmt hatte, setzte sie sich auf die Bettkante. Gazo stand neben der Tür.

»Möchten Sie, daß ich einen Spaziergang mache, Mr. Grant?« fragte er.

Grant blickte Madden an, und dieser schüttelte den Kopf. Als Gazo sich an den Türrahmen lehnen wollte, deutete Madden mit dem Kopf zum Bett.

»Sie können es sich ebensogut bequem machen, Jim«, sagte er. »Schließlich ist es *Ihr* Zimmer.«

Madden konnte Gazos Gedanken mühelos lesen. Gewiß, es war sein Zimmer, aber Grant zahlte dafür. Gazo war bloß sein Angestellter, und Maddens Anwesenheit machte ihn nervös, obwohl er nicht hätte sagen können, warum er so empfand, wenn man ihn danach gefragt hätte.

Und so soll es auch sein, dachte Madden. Die Nervosität der Schafe sollte man pflegen. Dadurch blieben sie wach – oder zumindest so wach, wie Schafe sein konnten – und machten sich nicht zu viele Gedanken über sich selbst, weil sie zusehr damit beschäftigt waren, sich Maddens Gunst zu bewahren.

»Erzähl uns doch mal, was so alles passiert ist«, forderte Madden Lena auf.

Lena sprach eine Zeitlang, wobei sie ihre Worte sorgfältig wählte, da sie wußte, daß Michael Bett von Madden protegiert wurde. Ihr Vortrag beeindruckte Madden. Er spürte, daß sie etwas verschwieg – und das mit Felix Gavin zu tun hatte –, doch anscheinend war es für seine unmittelbaren Belange ohne Bedeutung, darum fragte er nicht weiter nach. Während sie sich taktvoll über Bett äußerte und keine Urteile fällte, sondern Madden sich ein eigenes Urteil bilden ließ, hatte ihr Vater keine derartigen Bedenken.

»Er ist außer Kontrolle«, erklärte Grant, als Lena geendet hatte.

»Vielleicht«, sagte Madden.

»Es tut mir leid, John, aber wir müssen den Tatsachen ins Auge sehen. Er verfolgt eigene Pläne.«

Madden nickte bedächtig. »Das habe ich erwartet«, bestätigte er.

Allerdings noch nicht so bald. Er hatte die ganze Zeit über gewußt, daß sich der reinkarnierte Geist Crowleys irgendwann gegen ihn wenden würde. Crowley war immer ein Führer gewesen, wie seine Auseinandersetzungen mit MacGregor Mathers und anderen bewiesen, aber Madden hatte dennoch gehofft, es bleibe ihm mehr Zeit, bis es nötig würde, Bett härter anzupacken. Er hatte geglaubt, noch ein paar Jahre Dienst aus ihm herauspressen zu können, um ihn dann, je nach dem Grad seiner Ergebenheit, entweder zu beseitigen oder zu belohnen.

Michael war beinahe wie ein Sohn für ihn gewesen …

»Was fangen wir mit Michael an?« fragte Grant.

»Das erfordert einiges Nachdenken«, erwiderte Madden. »Als erstes müssen wir herausfinden, was er eigentlich vorhat.«

»Das ist nicht schwer«, sagte Grant. »Er will dasselbe wie du. Er will das, was dieser Dunthorn vor uns versteckt hat.«

Madden nickte. »Wenn das stimmt, dann müssen wir ihn uns vorknöpfen, bevor er es findet.«

Aber welche Verschwendung wäre das! Michael verfügte über ein so großes Potential.

Sein Fehler, erkannte Madden, war es gewesen, daß er Michael für eine Art Tabula rasa gehalten hatte – als könne er aus dem unbeschriebenen Blatt von Michaels Geist alles formen, was er nur wollte, da dieser Geist doch längst schon geformt und geprägt und von einem eisernen Willen beseelt war, nicht erst in diesem Leben, sondern schon in vielen anderen. Er vergaß leicht, daß er Michael nichts beibrachte; er half ihm dabei, sich zu erinnern.

Gefährlich war nur, daß er ihm erlaubt hatte, sich an zu vieles zu erinnern.

Madden machte sich trotzdem keine allzu großen Sorgen. Fehler waren zwar bedauerlich, aber wenn man rechtzeitig auf sie aufmerksam wurde, waren sie nur kurzzeitige Rückschläge. Man konnte sie korrigieren. Nicht immer leicht, nicht unbedingt ohne Bedauern, aber man konnte sie korrigieren.

Und Madden hatte keine Gewissensbisse, die notwendigen Schritte einzuleiten. Wie sie auch aussehen mochten.

Seine einzige Loyalität galt seit jeher sich selbst.

2

Sam Dennison hatte schlechte Laune.

Weil er zuwenig geschlafen hatte, fühlte er sich aufgedunsen und hatte rote Augen, und nicht zum erstenmal an diesem Tag wünschte er, er hätte vorher gewußt, daß Bett ihn heute anrufen würde. Dann hätte er am Abend zuvor nicht ganz soviel getrunken. Er wäre früh nach Haus gekommen und könnte jetzt seinem großen Auftritt quietschvergnügt entgegensehen. Statt dessen war er mit seiner Geduld am Ende und mußte sich zusammenreißen, damit er nicht jemanden verprügelte, bloß um die Spannung abzubauen.

Es lag nicht so sehr am Flug, auch nicht an der Warterei auf den Zug und der mehr als fünfstündigen Fahrt nach Cornwall oder an seinen Begleitern, die man mit ihm zusammen auf den Job angesetzt hatte. Die Frau reichte schon völlig aus.

Connie Hetherington war eine gutaussehende Frau – zumindest vermutete Dennison, daß sie dies unter dem vielen Make-up und dem toupierten wasserstoffblonden Haar war. Sie hatte eine Figur wie ein Stundenglas, auf die selbst eine halb so alte Collegeschülerin stolz gewesen wäre, und Beine, die einfach nicht aufhörten, aber sie gebärdete sich wie ein Flittchen. Von der zu ihrer Rolle passenden Kleidung ganz zu schweigen: knapper Rock und hochhackige Pumps, tief ausgeschnittene Bluse und billiges Pelzjäckchen.

Sie sah einfach klasse aus, dennoch war Dennison in ihrer Gesellschaft unbehaglich zumute. Nicht unbedingt wegen ihrer Kleidung oder weil sie sich auf alles stürzte, was nahe genug an sie herankam und Hosen trug. Sie kaute Kaugummi mit offenem Mund, rauchte Kette und hatte nicht aufgehört zu quengeln, seit sie am Morgen vom Kennedy Airport losgeflogen waren. Sie zu beaufsichtigen, das hieß, in den Eröffnungssequenzen eines Pornostreifens gefangen zu sein – endlose Stunden schwachsinniger Unterhaltungen und Zweideutigkeiten, bei denen er die Zähne zusammenbiß, bis sie schließlich auf dem Bahnhof von Penzance eintrafen.

Ted Grimes war das genaue Gegenteil.

Er trug einen dunklen Maßanzug und wirkte von der stundenlangen Fahrt nicht im mindesten angegriffen. Das schwarze Haar und der dunkle Teint siedelten den Ursprung seiner Gene im Mittelmeerraum an, doch Dennison hielt ihn für keinen besonders schlauen Burschen, auch wenn Grimes den eiskalten, lässigen Gang eines Vollstreckers der Familie Cerone noch so gut beherrschte. Er war nicht groß genug –

etwa einen halben Kopf kleiner als der einsfünfundachtzig große Dennison –, aber er hatte trotzdem etwas von einem Hai an sich, und Dennison hatte auf den ersten Blick erkannt, daß Grimes, selbst wenn er kein Killer sein sollte, für Geld zu allem fähig war.

Möglicherweise hatte es nichts zu bedeuten, doch er hatte die flachen, toten Augen eines Killers, und Dennison ging davon aus, daß es nicht zu seinen Aufpasserpflichten gehörte, sich auch um Grimes zu kümmern. Als Connie zu ihnen gestoßen war, hatte er sie kühl gemustert und ab sofort nicht mehr beachtet. Er hatte nicht einmal geblinzelt, als sie auf seine Handprothese gedeutet und ihn gefragt hatte: »Hey, kann man an das Ding vielleicht noch 'nen Vibrator anschließen?«

Dennison hatte sich über die Hand gewundert, jedoch nichts gesagt. Ging ihn nichts an. Das hatte er inzwischen gelernt. Seinetwegen konnten das Fernsehen und die Taschenbücher den Privatdetektiv gern zum edlen Ritter machen, aber die einzige Art, in diesem Geschäft weiterzukommen, bestand darin, sich strikt an seinen Auftrag zu halten. Kreuzzüge überließ man besser denen, die sich ihre Brötchen nicht zu verdienen brauchten.

Was ihn an Grimes störte, war die Tatsache, daß er als Komplize dastehen würde, wenn Grimes tatsächlich jemanden umlegen sollte. Vielleicht war er kein edler Ritter, aber Dennison zog dennoch eine Grenze zwischen dem, was koscher war und was nicht koscher war, und die Beteiligung an einem Mord ging eindeutig zu weit.

Sobald sie aus dem Zug ausgestiegen waren, verschwand Grimes.

»Wir besorgen uns besser gleich ein Hotelzimmer«, jammerte Connie. »Die Reiserei steht mir bis oben. Ich fühle mich beschissen, hören Sie? Ich muß mal unter die Dusche und mich hübsch machen, Kumpel.«

Dennison beachtete sie nicht, sondern kümmerte sich statt dessen darum, das Gepäck auf den Bahnsteig hinauszuschaffen.

»Hey, wo steckt denn Pokerface?« fuhr sie fort. »Ich dachte, wir wären eine große glückliche Familie.«

Das hätte Dennison auch gern gewußt. Er musterte den Bahnsteig, doch abgesehen von ein paar französischen Wanderern mit ihren Rucksäcken, einer vierköpfigen Familie, deren Gepäck für die doppelte Anzahl Personen ausgereicht hätte und die offenbar ebenfalls Touristen waren, sowie zwei älteren Herren, Geschäftsleuten vermutlich, hatten sie das Feld für sich allein.

»Ich hab die Schweigenummer, die ihr abzieht, allmählich satt«, sagte Connie. »Es wäre nett, wenn Sie meine Anwesenheit endlich mal zur Kenntnis nähmen. Ich meine, bloß weil Sie'n bißchen Geld auf der ...«

»Halt die Klappe«, fauchte Dennison.

Die wenigen Umstehenden starrten sie alle an. Er warf ihr seinen Regenmantel zu, den sie ungeschickt auffing.

»Und ziehen Sie das an«, fügte er hinzu.

Sie wollte den Regenmantel zurückwerfen. »He, spielen Sie sich bloß nicht als Gouvernante auf, Mr. Großkotz Privatdetek ...«

Das Funkeln in seinen Augen brachte sie zum Schweigen. Er sagte nichts, starrte sie bloß weiterhin an, bis sie den Mantel langsam anzog. Er war ihr viel zu groß und machte sie mit ihren hohen Absätzen, dem toupierten blonden Haar und dem angemalten Gesicht ein wenig zum Clown, aber trotzdem hatte sie noch nie so gut ausgesehen, seit er sie in dem Apartment in der Lower East Side abgeholt hatte, wo sie ihm die Tür in einem Babydoll geöffnet hatte, das geradewegs den Seiten eines Hollywood-Katalogs entsprungen zu sein schien.

Er näherte sich ihr und sprach ihr leise ins Ohr.

»Lassen Sie uns etwas klarstellen«, sagte er. »Wir werden beide bezahlt. Wenn Sie Scheiße bauen, dann fällt das auf mich zurück, und das hab ich nicht gern, verstanden?«

»Klar, ich …«

»Ich weiß nicht, was Mr. Bett mit Ihnen vorhat. Aber es bedeutet verdammt sicher nicht, daß Sie Ihren Arsch in der Stadt so spazierenführen, daß niemand, der Ihnen zufällig über den Weg läuft, Sie je wieder vergißt. Also beherrschen Sie sich gefälligst, und behalten den Mantel an, bis wir im Hotel sind, und dann ziehen Sie etwas anderes an, das – nun, seien wir höflich und sagen wir: etwas, das weniger schäbig ist.«

»Moment mal«, sagte Connie. »Jetzt machen Sie mal 'nen Punkt. Es ist ja nicht so, als …«

»Wenn Mr. Bett Ihnen so viel bezahlt wie mir, dann sind Sie ihm auch genausoviel schuldig.« Er hob drohend die Faust. »Ich habe Ihr Gejammer satt, und ich gehöre nicht zu den Schlappschwänzen, die ihre Hand nie gegen eine Frau erheben – jedenfalls dann nicht, wenn es nötig ist, um sie zum Schweigen zu bringen.«

Sie kräuselte die Lippen, aber ehe sie ein Wort herausbringen konnte, sprach Dennison weiter.

»Ich mein's ernst, Lady.«

Connie zuckte die Achseln. »Sie können mich ebenfalls«, sagte sie ohne Überzeugung.

Sie zündete sich eine Zigarette an und ignorierte ihn angestrengt.

Dennison seufzte. Er war nicht besonders stolz darauf, ihr zu drohen, aber er war mit seiner Geduld am Ende.

Was zum Teufel war eigentlich los mit ihr? Er konnte nachempfinden, daß Jugendliche ihre Haut zu Markte trugen, weil sie meinten, dies sei der schnelle Weg zum guten Leben, aber eine Frau ihres Alters hätte die Lüge doch inzwischen durchschaut haben sollen? Warum spielte sie dann immer noch die Partymieze?

Alter schützt vor Torheit nicht, beantwortete er sich die Frage selbst. Wahrscheinlich wußte sie es einfach nicht besser.

Glücklicherweise tauchte in diesem Moment Grimes wieder auf.

Der Kerl bewegt sich lautlos wie ein Gespenst, dachte Dennison, als Grimes den kleinen Reisekoffer hochhob, den Dennison auf den Bahnsteig gestellt hatte.

»Sie haben versäumt, wie unser Schnüffler den harten Mann markiert hat«, sagte Connie.

Grimes blickte Dennison kurz an. Einen Moment lang meinte Dennison, einen Anflug von Humor in den ausdruckslosen Augen des Mannes zu erkennen, dann war es schon wieder vorbei.

»Wo haben Sie gesteckt?« fragte ihn Dennison.

»Hab jemanden gesehn, für den's noch zu früh war«, erwiderte Grimes.

Also geht es um einen Mord, dachte Dennison. Er würde sich mit Bett darüber unterhalten müssen. An einer solchen Sache wollte er nicht beteiligt sein.

»Sind Sie bereit, ein Hotel zu suchen?« fragte er.

Grimes schüttelte den Kopf. »Bett weiß, wann der Zeitpunkt gekommen ist, um mit mir in Kontakt zu treten.«

»Müssen Sie wissen, wo wir absteigen?«

»Wüßte nicht warum.«

Vielleicht klärt sich noch alles, dachte Dennison. Wenn Grimes eigene Wege ging und wenn er es schaffte, Hetherington so lange hinzuhalten, bis Bett sie brauchte, konnte er vielleicht aus alledem noch etwas für sich herausschlagen. Seine letzte Reise hierher hatte er genossen, aber damals hatte er den Touristen bloß gespielt. Vielleicht konnte er diesmal wirklich etwas Zeit für Ausflüge abzwacken, ehe er wieder in die Staaten zurückflog.

»Dann viel Glück«, sagte er.

Grimes lächelte. »Ich habe lange darauf gewartet, eine angefangene Sache zu Ende zu führen, und ich muß Ihnen sagen, daß es mir eine wahre Freude sein wird, den Job abzuschließen, aber Glück braucht man dazu nicht. Bloß Geduld.«

Dennison sah die Handprothese nicht an, doch er wußte, daß sie etwas damit zu tun hatte, was immer Grimes meinte. Er nickte Grimes zu, dann reichte er Connie ihren Handkoffer und hob die anderen beiden Koffer hoch.

»Gehen wir, Schätzchen«, sagte er.

Connie drückte ihre Zigarette mit der Schuhkappe aus und folgte ihm mit ungekünsteltem Widerwillen.

Ganz meinerseits, Lady, dachte Dennison. Aber im Moment sitzen wir im selben Boot. Zu sagen, machen wir das Beste draus, würde er sich verkneifen. Er wollte nichts weiter, als diesen lausigen Job hinter sich bringen.

Dumdideldum

Der Mond steht hoch
feucht ist der Tau;
auf dem bemoosten Moor
tanzen sie noch.

Vers aus Cornwall

Jodi hatte schon genügend langweilige Nachmittage erlebt, doch sie konnte sich an keinen erinnern, der so öde gewesen wäre wie der, den sie größtenteils in der Tasche der Sekretärin des Bürgermeisters verbrachte.

Daß sie gerade mit Lizzie mitging, hatte natürlich seinen Sinn. Von allen Verschwörern, die sich am Morgen in Henkie Whales Lagerhaus versammelt hatten, war Lizzie die Kandidatin, von der man am wenigsten vermutet hätte, daß sie die Verantwortung auf sich nahm, die Kleine zu verstecken, zu der die Witwe Pender Jodi gemacht hatte. Es lag nahe, daß die Witwe Denzil, Taupin oder einem der Kinder gefolgt wäre, bevor sie daran gedacht hätte, Lizzie in ihrem winzigen Büro im rückwärtigen Teil des Rathauses aufzusuchen.

Diese Logik war tadellos, alle hatten zugestimmt – besonders Taupin, dessen Idee es gewesen war. Aber Logik ließ weder die Stunden schneller verstreichen, noch half sie gegen die Langeweile.

Als sie angekommen waren, hatte Jodi darauf bestanden, sich wenigstens auf der Schreibtischplatte frei bewegen zu können. Während Lizzie auf ihrer Schreibmaschine klapperte, war Jodi auf dem riesigen Schreibtisch umhergewandert und hatte die durch ihre Größe fremd gewordenen Gegenstände untersucht: gigantische Kugelschreiber, einen Brieföffner aus Holz von der Größe einer Eiche, gewaltige Stapel Papier, das die Ausmaße eines Bettlakens hatte, und dergleichen. Sie wanderte auf der Korrespondenz des Bürgermeisters auf und ab und las belustigt Worte, die aus Buchstaben zusammengesetzt waren, von denen jeder so groß war wie ihre Hand, und sie spielte Fußball mit einem Papierknäuel und zwei Bleistiftspitzern als Torpfosten, doch der Reiz des Neuen hatte sich bald erschöpft.

Schließlich setzte sie sich auf Lizzies Wörterbuch, schwang die Fersen gegen den ledernen Einband und wünschte, sie wäre ganz woanders – bis sie beinahe von einem Mitarbeiter Lizzies erwischt worden wäre und Lizzie darauf bestand, daß sie unsichtbar blieb. Daraufhin verbrachte Jodi eine halbe Stunde in einer Schublade, in der es noch langweiliger und zu dunkel war, obwohl ein wenig Licht durch den Spalt fiel, den Lizzie offen gelassen hatte.

Schließlich kehrte sie in Lizzies Tasche zurück, wo sie abwechselnd döste und über den Rand zur Wanduhr hinüberschaute, auf der sie ablas, wieviel Zeit vergangen war, seit sie das letztemal nachgesehen hatte. Stets waren es weniger als zehn Minuten.

»Verflixt und zugenäht«, murmelte sie. »Welchen Sinn hat es eigentlich, verzaubert zu sein, wenn das alles ist, was dabei herauskommt? Wo bleibt der Glanz, wo bleibt die Romantik? Wo bleibt das Abenteuer?«

Doch dann fiel ihr Edern wieder ein – ihr Kleiner, der sich bei seinem Tod als Automat erwiesen hatte und der im Traum aus dem Geist eines Seehunds zu ihr gesprochen hatte …

Ach, Edern. Warum mußtest du bloß sterben? Hast du überhaupt jemals existiert?

Dieser Gedanke machte sie noch deprimierter. Und er rief Erinnerungen an die Witwe und an die Wesen wach, die auf ihr Kommando hörten. Abenteuer? Ihr wurde klar, daß sie auf das Abenteuer sehr gut verzichten konnte, nein, vielen Dank.

Aber diese endlose Monotonie…

»Ich *täte* gern etwas«, sagte sie und schlug gereizt nach dem Jackenstoff aus.

»Was machst du?« flüsterte Lizzie.

Jodi streckte den Kopf aus der Tasche und starrte zu Lizzies gewaltigem Gesicht hinauf.

So sieht also die Welt für eine Maus aus, dachte sie. Ach, du grüne Neune! Und wenn sie nun für immer so klein blieb?

»Ich werde ganz kribbelig!« rief sie mit piepsender Stimme zurück. »Furchtbar kribbelig.«

»Dann versuch dich zu beherrschen«, erwiderte Lizzie, immer noch im Flüsterton. »Was ist, wenn dich jemand hört?«

»Sag ihnen, du hättest Magenknurren und müßtest früher nach Hause zum Abendessen.«

Lizzie schüttelte den Kopf, eine beunruhigende Geste. Es war, als bewege sich eine Bergspitze hin und her. Das blonde Haar fiel ihr wie ein Wasserfall in Kaskaden über die Schultern und schien sich nicht entscheiden zu können, welchen Weg es einschlagen sollte. Jodi bekam Kopfschmerzen beim Zusehen.

»Dann schon eher Magenquietschen«, sagte Lizzie.

»Es ist nicht meine Schuld, daß es sich so anhört. Und bist du nicht bald fertig?«

Abermals bewegte sich die Bergspitze hin und her. »Wir waren uns doch einig, daß es am besten ist, wenn wir hierbleiben, wo die Witwe keinen Krach schlagen kann – erinnerst du dich?«

Zum Teufel damit, dachte Jodi.

»Ich werde wirklich wahnsinnig«, erklärte sie Lizzie.

»Du wirst es überleben.«

»Ja, aber nicht mein Verstand. In ein paar Stunden

wird er Mus sein – ganz bestimmt. Wie hältst du es nur aus, hier tagein, tagaus zu arbeiten?«

»Mir gefällt's. Dadurch habe ich die Möglichkeit …«

»Mit wem reden Sie da eigentlich, Lizzie?«

Jodi ließ sich in die Tasche zurückfallen, als Lizzie nervös zusammenzuckte und zur Tür blickte, in der eine ihrer Kolleginnen stand.

»Hab bloß laut nachgedacht«, antwortete Lizzie.

Die Frau in der Tür lächelte und schüttelte den Kopf. »Es ist das erste Anzeichen von Wahnsinn«, sagte sie, »wenn man Selbstgespräche führt.«

»Ich dachte, wenn man sich selber antwortet«, sagte Lizzie.

»Das auch.«

Die Frau ging weiter zu ihrem Büro, und Lizzie schaute in ihre Tasche hinein.

»Begreifst du jetzt, warum du unsichtbar bleiben solltest?« zischte sie. »Beinahe hättest du dich verraten.«

Jodi lugte wieder aus Lizzies Tasche hervor.

»Ich habe mich ein bißchen erschreckt«, sagte sie schmollend.

»Sei schön brav«, sagte Lizzie, »dann gehe ich etwas früher. Wir kaufen uns ein Eis und gehen am Alten Kai spazieren, bevor wir uns mit den anderen treffen.«

»Behandle …«, begann Jodi, dann seufzte sie.

Behandle mich nicht, als wäre ich ein Kind, hatte sie sagen wollen, doch dann wurde ihr klar, daß Lizzie sie nur deshalb wie ein Kind behandelte, weil sie sich wie ein Kind benahm. Lizzie gebrauchte den gleichen Tonfall wie Jodi, wenn sie mit Denzils Affen sprach.

Verflixt und zugenäht.

Ich bin sogar noch kleiner als Ollie, dachte sie. Und nicht annähernd so brav.

»Ich glaube, ich mache noch ein Nickerchen«, sagte sie und ließ sich in die Tasche zurückfallen.

Lizzie machte sich wieder ans Tippen.

Nach zehn Minuten streckte Jodi den Kopf heraus, um abermals nach der Uhrzeit zu sehen. Nur sechs Minuten waren vergangen.

Verflixt und zugenäht, dachte sie, als sie sich in die Tasche zurücksinken ließ.

2

Das ist heller Wahnsinn, dachte Kara, als sie und Ethy sich dem Haus der Witwe näherten. Sie sollten die Witwe und ihre Kreaturen meiden, und statt dessen brachten sie ihr einen Verletzten heim, damit sie ihn versorgte. Die Witwe würde die kleine Bestie wahrscheinlich mit einem Fingerschnippen heilen, und dann hätten sie es wieder mit dem Doppelgänger zu tun.

Das hieß, wenn sie nicht der Witwe über den Weg liefen…

Als Kara ihre Begleiterin ansah, bemerkte sie, daß Ethy sich jetzt, da sie so nahe waren, ebenfalls Gedanken machte. Eigentlich hätten sie den Doppelgänger so verpackt, wie er war, irgendwo hier in Sichtweite des Hauses liegenlassen und wieder wegfahren sollen, solange es noch ging.

Das wäre vernünftig gewesen.

Windle bewegte sich in ihrem Arm und stieß einen mitleiderregenden Laut aus.

Kara seufzte. Unglücklicherweise war sie dazu nicht hartherzig genug. Nicht jetzt, nachdem es so weit gekommen war. Nicht bei einem so kleinen, hilflosen Wesen. Sie hatten in dem Moment darauf verzichtet, vernünftig zu sein, als sie mit dem verletzten Doppelgänger losgeradelt waren.

Als sie am letzten Haus vor dem der Witwe angelangt waren, lehnte Kara ihr Fahrrad an eine Gartenmauer und wandte sich an Ethy.

»Wart hier auf mich«, sagte sie.

»Was hast du vor?«

»Ihn auf die Türschwelle zu legen.«

»Ich kann dir helfen.«

»Das ist nicht nötig«, erklärte Kara.

Sie ließ ungesagt, daß sie sich nicht beide in Gefahr zu bringen brauchten, wenn eine die Aufgabe allein erledigen konnte.

»Aber ...«, begann Ethy.

»Du kannst auf die Räder aufpassen«, sagte Kara.

Den Doppelgänger in seiner Umhüllung aus Zeitungspapier vorsichtig haltend, überquerte sie die Straße und flitzte in den Garten der Witwe. Von dort waren es nur noch ein paar Schritte bis zur Veranda, wo sie sich hinkniete und den Doppelgänger ablegte.

Kam da ein Geräusch aus dem Haus? fragte sie sich nervös.

Nein. Irgendwo hatte bloß ein Fensterladen geklappert.

Sie täschelte Windle aufmunternd, und der Doppelgänger schnappte kraftlos nach ihrer Hand.

Ein richtig dankbares Wesen, dachte sie.

Sie richtete sich auf und machte Anstalten, sich zu entfernen, als sie Ethys Warnschrei vernahm.

»Kara!«

Als sie sich umwandte, sah sie die Witwe auf der Straße stehen, und Ethy kauerte an der Gartenmauer, an der ihre Fahrräder lehnten.

»Ungeheuer!« schrie die Witwe. »Mörder!«

»Hau ab!« rief Kara Ethy zu, aber das Mädchen war zu verängstigt, um sich zu bewegen.

»Ich werde euch beide braten«, versprach die Witwe, deren Stimme zu einem drohenden Knurren geworden war. »Ich mache Pastete aus euch und verfüttere euch an die Krähen. Ich reiß euch die Finger aus, einen nach dem anderen, und hänge sie mir als Kette um den Hals.«

»W-wir – wir haben ihn zurückgebracht«, stotterte Kara.

Die Witwe stand jetzt unmittelbar an ihrem Tor und blockierte Karas Fluchtweg. Kara blickte Ethy an, da sie wollte, daß ihre Freundin floh, dann sah sie sich im Garten nach einem anderen Tor um, doch es gab keins. Die Hecke war allerdings nicht besonders dicht. Vielleicht konnte sie sich hindurchzwängen und der Witwe entwischen. Dann bliebe aber immer noch Ethy, die erstarrt bei den Fahrrädern stand …

Die Witwe zählte weiterhin die schrecklichen Schicksale auf, die sie ihnen zugedacht hatte.

»Ich werde euch die Augen ausquetschen und Suppe draus machen. Ich werde Schuhe aus eurer Haut machen und lachen, wenn ich darin tanze.«

Kara war so verängstigt, daß sie beinahe die Schultasche vergessen hatte, die sie über der Schulter trug. Als sie jedoch einen nervösen Schritt auf die Hecke zu machte, schlug die Tasche gegen ihr Knie. Mit zitternden Fingern holte sie einen Ballon heraus und hielt ihn hoch.

»Bleiben – bleiben Sie mir vom Leib«, sagte sie, sich dem Tor nähernd.

Die Augen der Witwe wurden schmal. »Was hast du da, Mädchen?«

»Bleiben Sie mir vom Leib, oder ich werfe das«, erwiderte Kara.

»Was *hast* du da?«

Kara sah jedoch, daß die Witwe es bereits wußte. Als Kara sich weiter vorbewegte, wich sie zurück, unverwandt den mit Meereswasser gefüllten Ballon anstarrend, den Kara in der Hand hielt.

Als sie die Straße erreicht hatte, drückte Kara sich so um die Ecke, daß sie der Witwe immer noch das Gesicht zuwandte, aber mit jedem Schritt kam sie Ethy, die bei ihren Fahrrädern stand, ein Stück näher.

»Kara Faull«, sagte die Witwe.

Kara schauderte. Dreimal mußte die Witwe einen beim Namen nennen, damit ihr Zauber wirkte – das hatte Taupin ihnen am Morgen erzählt. Somit hatte die Witwe gerade das erste Drittel eines Zauberspruchs ausgesprochen.

»Halten Sie bloß die Schnauze«, schrie Kara und hob den Ballon höher, »oder ich werfe tatsächlich!«

»Dich hab ich mir vorgemerkt«, sagte die Witwe. »Dich und Ethy Welet und deine ganzen niederträchtigen Freunde. Daß du's ja nicht vergißt.«

Kara hatte die Fahrräder inzwischen erreicht. Sie stieß Ethy mit dem Fuß an, bekam jedoch keine Reaktion, darum trat sie dem kleineren Mädchen mit der Fußspitze leicht gegen das Schienbein.

Ethy blinzelte und zitterte.

»Steig auf dein Rad!« befahl Kara.

»Ich werde euch im Ofen backen, bis eure Köpfe aufplatzen und euer Gehirn hervorquillt«, fuhr die Witwe fort. »Ich breche euch die Knochen und sauge das Mark heraus.«

Kara setzte sich auf ihr Rad.

»Los«, sagte sie zu Ethy. »Ich bleibe dicht hinter dir. Sie wird dir nichts tun.«

»Ihr etwas tun?« schrie die Witwe. »Ich werde ihr die Arme ausreißen. Ich werde ihr die Beine ausreißen und sie als Kochlöffel benutzen.«

»Los!« wiederholte Kara.

Sie hielt ihr Fahrrad mit den Knien aufrecht und versetzte Ethy mit der freien Hand einen Stoß. Ethys Rad schwankte, als sie den Berg hinunterzurollen begann, gewann jedoch rasch an Geschwindigkeit. Den Ballon noch immer in der einen Hand und mit der anderen den Lenker umklammernd, schob Kara ihr Fahrrad zurück und drehte es von der Witwe weg.

»Ich krieg euch noch!« rief die Witwe. »Ihr könnt mir nicht entwischen.«

Zitternd wendete Kara ihr Rad und flitzte ihrerseits den Hügel hinunter. Sie ließ den Ballon wieder in die Schultasche fallen, beugte sich tief auf den Lenker hinab und versuchte Ethy einzuholen, die immer noch einen großen Vorsprung hatte. Hinter sich hörte sie die leiser werdenden Verwünschungen der Witwe. Sie hörte ihren Namen zum zweitenmal, doch bevor sie ihn zum drittenmal hören und der Zauber wirksam werden konnte, war sie außer Hörweite und in Sicherheit.

In Sicherheit.

Ihr Puls trommelte vor Angst. Wie konnte sie sich je wieder sicher fühlen, da sie doch wußte, daß die Feindschaft einer Hexe sie auf Schritt und Tritt begleitete? Sie und Ethy mochten für den Augenblick entkommen sein, aber früher oder später würde die Witwe sie aufspüren, jeden einzelnen von ihnen, genau wie sie es angekündigt hatte, und was würden sie dann tun?

Was *konnten* sie tun?

Sie würden sie ins Meer werfen müssen, wurde Kara klar. Sie würden zu Mördern werden müssen.

Am Morgen hatte alles ausgesehen wie ein großer Spaß. Jetzt war ihr so schwer ums Herz, daß Kara sich fragte, ob sie je wieder lachen könnte.

Schließlich hatte sie Ethy eingeholt, und gemeinsam radelten sie durch die Stadt bis zur Peter Street. Dort ließen sie ihre Räder neben der Tür stehen, die zu Denzils Dachboden führte, und stürmten die Treppe hoch, um ihm zu berichten, was geschehen war.

3

Die Witwe blieb mitten auf der Straße stehen, bis die beiden Mädchen außer Sicht waren. Als sich im Fenster eines Nachbarhauses eine Gardine bewegte, wandte sie sich in die Richtung. Wer sie vom Fenster auch beobachtet haben mochte, jetzt hatte er sich versteckt.

»Ihr auch«, sagte die Witwe. »Ich mache euch alle fertig. Ich werde die Stadt mit einem solchen Unwetter heimsuchen, daß hinterher keiner mehr da sein wird, der sich an sein Wüten erinnert.«

Aber zuerst mußte sie sich mit diesem Gesindel ungezogener Gören und dergleichen befassen, die meinten, sie könnten es mit ihr aufnehmen.

Als sie den Garten betrat, erscholl aus den Schatten an der Hecke leises Gelächter, doch sie beachtete es nicht. Sie kniete an der Veranda nieder und wickelte ihren Doppelgänger aus den Zeitungen. Die Augen tränten ihr, als sie die Verletzungen sah, die das kleine Wesen erlitten hatte.

»Na, na«, murmelte sie, als sie Windle sanft hochhob. »Mutti macht dich wieder heil, mein Süßer.«

Das jämmerliche Wimmern, mit dem der Doppelgänger selbst auf ihre sanften Berührungen reagierte, brach ihr das Herz.

Dafür würde sie sich rächen, schwor sie sich.

»Bei den Gräbern meiner Mutter und meiner Großmutter«, sagte sie und blickte zu den Schatten hinüber, die sich an der Hauswand sammelten. »Hört ihr mich? Sagt ihnen, daß ich niemals ruhen werde, bis ich meinen Schwur erfüllt habe.«

Wir hören dich, flüsterten die Schatten.

»Werdet ihr mir geben, was ich brauche?«

Was immer du brauchst.

Und dann erscholl abermals das hohle, spöttische Gelächter, das sie inzwischen nur allzugut kannte.

Die Witwe starrte die Schatten lange Zeit an, dann öffnete sie die Tür und trug Windle ins Haus.

4

Hoch oben auf dem Mabe Hill, über der Stadt Bodbury, standen die Überreste einer alten Kirche, die nach dem alten Hügelgrab, auf dem sie erbaut worden war, Creak-a-vose genannt wurde. Der Glockenturm war in sich zusammengefallen, und eine der Wände war eingestürzt. Durchs Dach erblickte man den Himmel. Die verbliebenen drei Wände waren mit wildem Wein und Efeu überwachsen und beherbergten Vögel sowie eine Eule. Dort trafen sich die Verschwörer gegen Abend und drangen einzeln und zu zweien in die Ruinen ein, bis schließlich alle außer Ratty Friggens versammelt waren.

»Ich fürchte das Schlimmste«, sagte Denzil, als eine weitere halbe Stunde verstrichen und der Junge noch immer nicht aufgetaucht war. »Nach allem, was mir die Mädchen berichtet haben …«

Henkie nickte düster. »Die verdammte Witwe muß ihn erwischt haben.«

Jodis Freude darüber, endlich aus Lizzies Büro befreit zu sein, hatte sich in ihr Gegenteil verwandelt, als sie erfahren hatte, wie knapp Kara und Ethy der Hexe entkommen waren. Rattys Fehlen verdüsterte ihre Stimmung noch mehr.

Bis zu der Stelle, wo das Men-an-Tol mit seinen beiden flankierenden Menhiren stand, je einer beiderseits des Lochs, war es noch ein Fußweg von einer Stunde, der über Weiden und Heideland führte. Taupin hatte ausgerechnet, daß sie den Dolmen bei Mondaufgang erreichen würden, wenn sie bei Einbruch der Dunkelheit von Creak-a-vose aufbrachen. Jetzt mußte entschieden werden, wer von ihnen gehen sollte.

»Die Kinder müssen wieder in die Stadt zurück«, sagte Denzil. »Wir können die Verantwortung dafür, daß noch jemand zu Schaden kommt, nicht übernehmen, wißt ihr.«

Die anderen Erwachsenen nickten zustimmend, doch Kara schüttelte den Kopf.

»Wir kommen mit«, erklärte sie.

»Kommt gar nicht in Frage«, widersprach Henkie.

Kara blieb jedoch standhaft.

»Es ist zu gefährlich«, sagte Lizzie. »Ihr habt euren Beitrag schon geleistet – mehr als genug.«

Taupin hatte sich auch überlegt, daß sie am Spätnachmittag deshalb so leichtes Spiel gehabt hatten, weil sich die Witwe zurückgezogen hatte, um die Wunden ihres Doppelgängers zu versorgen.

»Wir haben keine Angst«, sagte Ethy, obwohl im Halbdunkel alle sehen konnten, daß sie zitterte.

»Ihr versteht nicht«, fügte Kara hinzu. »Es ist ja nicht so, daß wir unbedingt mitkommen *wollen*; uns bleibt einfach keine andere Wahl.«

Ethy nickte.

»Wir müssen zusammenbleiben«, sagte Peter.

»Keiner von uns will allein sein, wenn die Witwe ihre Wesen auf uns hetzt«, sagte Kara.

»Daran habe ich noch gar nicht gedacht«, meinte Taupin.

Denzil war jedoch immer noch dagegen. »Sie wird zusehr mit uns beschäftigt sein, um heute nacht jemand anderen zu belästigen«, sagte er.

»Wissen Sie das genau?« fragte Kara.

»Ich ...« Denzil blickte die anderen hilfesuchend an, doch niemand sprang ihm bei. »Ich weiß es nicht«, endete er lahm.

»Da habt ihr's«, sagte Kara entschlossen. »Wir gehen alle.«

»Wenn wir gehen«, warf Taupin ein, »dann muß es bald sein. Das heißt, wenn wir's bis Mondaufgang zum Stein schaffen wollen.«

Denzil blickte noch einmal die übrigen Erwachsenen an, in der Hoffnung, einem werde eine bessere Lösung einfallen, als die Kinder mitzunehmen, doch keiner kam ihm zu Hilfe. Lizzie seufzte und schüttelte den Kopf. Taupin zuckte die Achseln. Henkie brummte etwas in seinen Bart.

»Ich sehe keine andere Möglichkeit«, erklärte der große Mann.

»Vielleicht sollten wir überhaupt nicht gehen«, piepste Jodi. »Keiner von uns. Wir könnten die Nacht in einem Boot verbringen, draußen in der Bucht, wo sie nicht an uns herankommen kann.«

»Wasserleichen«, murmelte Peter.

»Gestern hat sie auch keine Wasserleichen heraufbeschworen«, meinte Jodi.

»Dafür war es wahrscheinlich schon zu spät«, sagte Kara, »oder es ging alles zu schnell für sie. Vielleicht braucht man Zeit, um sie zu beschwören.«

»Vielleicht gibt es so etwas auch gar nicht«, schlug Denzil vor.

Taupin lächelte. »Willst du immer noch abstreiten, was direkt vor deiner Nasenspitze liegt?«

»Bloß weil eine verrückte Sache wahr ist, bedeutet das nicht, daß alle wahr sind«, erwiderte Denzil.

»Wie kannst du Jodi ansehen und nicht zugeben …«

»Ich gebe zu, daß sie eine Kleine ist«, stimmte Denzil zu. »Aber das Geheimnis der Wissenschaft besteht darin, daß man mit einem bestimmten Experiment oder ein und denselben Versuchsbedingungen jeweils die gleichen Resultate erzielt. Das Experiment muß reproduzierbar sein – da führt kein Weg dran vorbei. Ich sehe, daß Jodi eine Kleine ist, und sie bleibt eine Kleine, darum ist so etwas möglich.«

»Und die Zauberei der Hexe?«

»Ich gebe zu, daß sie in der Lage ist, ein normalgroßes Wesen in einen Kleinen zu verwandeln, und aus Sicherheitsgründen hüte ich mich vor ihren übrigen Fähigkeiten, aber daraus folgert nicht notwendigerweise, daß sie über alle Fähigkeiten einer Hexe aus einem Märchen verfügt.«

»Wie beispielsweise der Fähigkeit, die Toten zum Leben zu erwecken?« fragte Henkie.

»Genau.«

»Ist nicht möglich?«

Denzil nickte nachdrücklich.

»Und was sagst du dann zu meinem Kumpel Briello, der dich letzte Nacht gepackt hat?«

»Ich …«

»Es wird allmählich Zeit«, unterbrach Lizzie.

Denzil blinzelte sie kurz an, dann nickte er. »Wir sollten aufbrechen.«

Sie marschierten ins Freie und bildeten eine lockere Gruppe.

»Meerwasser wirkt gegen die Hexe und die Wesen, die sie erschafft«, sagte Henkie, »aber wie steht es mit den Ertrunkenen? Was machen wir, wenn wir ihnen begegnen?«

Jeder trug eine Umhängetasche mit Ballons oder Wasserbeuteln, die mit Meerwasser gefüllt waren. Sie waren schwer, doch niemand beklagte sich.

»Hoffen wir, daß sie nicht so weit landeinwärts kommen«, sagte Taupin. »Los jetzt, und paßt auf, wo ihr hintretet.«

Da der Mond noch hinter dem Horizont stand, war es dunkel auf den Feldern. Henkie beklagte sich über das fehlende Licht. Er hatte sich einen großen Hammer hinter den Gürtel gesteckt und hatte auch eine Petroleumlampe dabei.

»Sie wird uns sowieso finden«, sagte er.

»Müssen wir es ihr denn unbedingt leichter machen?« fragte ihn Lizzie.

Die Antwort des großen Mannes war ein unartikuliertes Grollen tief in der Brust.

»Sollen wir nicht einen Treffpunkt vereinbaren«, schlug Denzil vor, der stets derjenige war, der sich Sorgen machte, »für den Fall, daß wir getrennt werden sollten – zum Beispiel hier an der Kirche?«

Nachdem sie sich darauf verständigt hatten, brachen sie endlich auf.

Taupin führte sie querfeldein, über Trampelpfade, die er allein kannte, da er ständig in der Umgebung der Stadt unterwegs war. Er wußte, auf welchen Feldern es Schlammlöcher gab, denen man ausweichen mußte, durch welche Hecken man sich am leichtesten hindurchzwängen konnte, wo Brennesseln wuchsen und wo nicht.

Als sie sich dem Men-an-Tol näherten, machten die Felder einer verwilderten Heidelandschaft Platz. Erika, verdorrter Farn und dorniger Stechginster breiteten sich nach allen Seiten aus, wurden jedoch bald vom Nebel verdeckt, der in der abkühlenden Nachtluft vom Boden aufstieg.

»Das richtige Wetter für Nebelgeister«, flüsterte Peter.

»Erwähn bloß nichts, was mit Gespenstern zu tun hat!« warnte ihn Denzil.

Er hielt Ethy bei der Hand und spürte, wie sie allein schon bei dem Gedanken, daß sich ein ätherischer Nebelgeist aus dem Ginster erheben und an ihrer Kleidung zupfen könnte, zu zittern begann.

Sie erreichten den durchlöcherten Stein gerade in dem Augenblick, als der Mond über den Horizont lugte, was den Nebel noch unheimlicher machte. Die Fotos und Radierungen verliehen dem Dolmen eine Größe und Majestät, die er in Wirklichkeit nicht besaß. Der runde Stein reichte Henkie gerade bis zur Hüfte, doch das Loch war groß genug, daß sogar Peter hindurchkriechen konnte, und trotz seiner Kleinheit haftete ihm etwas vom Mysterium uralter Rätsel an. Der aufsteigende Nebel verstärkte den unwirklichen Reiz noch.

Zitternd versammelten sie sich um den Stein und blickten sich an.

»Was tun wir jetzt?« fragte Kara.

»Ich muß neunmal durchs Loch gehen«, piepste Jodi.

Weil sie andauernd schreien mußte, um gehört zu werden, tat ihr wieder der Hals weh.

»Und was tun wir?« fragte Peter, als Lizzie mit Jodi in der hohlen Hand auf den Stein zutrat.

»Zusehen, vermute ich«, sagte Jodi.

»Sollen wir einen Kreis aus Meerwasser um den Stein ziehen, um uns vor den Hexenwesen zu schützen?« fragte Henkie.

»Das würde die Vegetation beschädigen«, sagte Taupin.

»Wen stört's?«

»Vielleicht das, was wir im Stein anrufen?«

»Da könnte was dran sein«, stimmte Henkie zu.

Er stellte seine Petroleumlampe vor sich auf den Boden und betastete den Stiel seines Hammers.

»Bist du bereit?« wollte Lizzie von Jodi wissen.

»Was ist zu tun?« erwiderte diese, wobei sie, wie Denzil wußte, forscher klang, als sie sich innerlich fühlte.

Lizzie reichte sie durch das Loch im Stein.

»Das wäre einmal«, sagte Henkie.

Nichts geschah, nur der Nebel verdichtete sich weiter, hing in niedrigen Schwaden über der Heide, während der Mond stetig am Himmel emporkletterte. Während Lizzie fortfuhr, Jodi durch das Loch im Men-an-Tol zu reichen, fiel erst eine Stimme in Henkies Zählen ein, dann eine zweite, bis schließlich alle mit ihm zusammen zählten.

»Sieben.«

Denzil spitzte die Ohren, denn er meinte, er habe etwas gehört. Er spürte etwas näher kommen, *fühlte* es tief in seinen Knochen. Es war nicht die Witwe oder eine ihrer Kreaturen. Es war ein Geräusch. Eine seltsame Musik, fern und unheimlich. Fremd, doch es war ihm, als kenne er sie schon ein Leben lang.

»Acht.«

Die Musik wurde lauter, bis er einzelne Instrumente unterscheiden konnte. Er hörte eine Harfe und eine Geige heraus, den hohlen Trommelschlag einer Crowdy Crawn und eine hauchige Flöte. Doch es gab keine Musiker, bloß das Heidemoor.

Er merkte, daß die anderen es jetzt ebenfalls hörten, denn sie hoben die Köpfe und versuchten durch den Nebel hindurchzuspähen, der sie umgab. Denzil nahm aus den Augenwinkeln ein schwaches Leuchten wahr. Er wandte sich wieder dem Dolmen zu, wo im Zentrum des Lochs etwas schimmerte wie die letzte Glut eines Feuers.

Lizzie reichte Jodi durch das Loch und abermals außen um den Stein herum. Als sie sie erneut hindurchstecken wollte, schwoll die Musik um sie herum an.

»Neun«, flüsterte Henkie allein, die anderen waren verstummt.

Ein blendendhelles Licht flammte im Loch auf. Gleichzeitig erreichte die Musik ihren Höhepunkt, dann wurde sie zu einem verklingenden Echo, während das Licht schwächer wurde, erlosch und verschwand.

Henkie hantierte mit einem Streichholz herum und murmelte vor sich, bis er seine Petroleumlampe endlich entzündet hatte. Die Lampe warf ein trübes Licht über den Stein, neben dem Lizzie stand und ihre leeren Handflächen anstarrte.

»Sie ist weg«, sagte Lizzie. »Sie ist einfach verschwunden …«

Zusammen mit dem Licht, dachte Denzil. Zusammen mit der Musik.

Tief in seiner Brust war ein stechender Schmerz.

»Jodi …«, flüsterte er.

Würde er sie je wiedersehen?

»Verdammter Mist!« fluchte Henkie.

Denzil hob den Kopf und sah, was den Künstler in Aufregung versetzt hatte. Ihn verließ der Mut. Von allen Seiten tauchten schwankende Gestalten aus dem Nebel hervor. Ein widerlicher Geruch lag in der Luft. Ihm war der scharfe Duft des Meeres beigemischt: Salz und Sole; der Geruch nach nassem Tang und verfaulendem Fisch.

Warum hatte er sich nur schon wieder irren müssen? fragte sich Denzil.

Denn es waren Ertrunkene, die den Stein umstellten, ertrunkene Männer, die man aus ihrem feuchten Grab heraufbeschworen hatte und die über Moore und Felder marschiert waren, um ihnen hier gegenüberzutreten.

Die Witwe konnte tatsächlich Wasserleichen zum Leben erwecken.

5

Aus der dunklen Nacht in der Heide vor Bodbury hatte der neunte Durchgang Jodi in eine hellerleuchtete Welt versetzt.

Es war Tag, erkannte sie, als sich ihre Augen an die blendende Helle gewöhnt hatten.

Ein sonniger Tag.

In einer anderen Welt.

Ach du grüne Neune…

Sie stellte fest, daß sie immer noch genauso winzig war wie in der anderen Welt. Sie saß auf einem Lager aus verdorrtem Farn und blickte auf das Men-an-Tol, das sie entweder in diese Welt begleitet hatte oder dort ebenfalls existierte. Der Stein funkelte im Sonnenschein.

Wie war das bloß möglich?

Und dieser Gedanke brachte sie zum Lachen – vielleicht lachte sie ein wenig hysterisch, aber dennoch lachte sie. Hatte sie doch schon fast zwei Tage in

Mausgröße verbracht und glaubte immer noch, andere magische Welten gebe es nicht.

»Jodi.«

Beim Klang der vertrauten Stimme wandte sie sich um und sah sich einem Fremden gegenüber – einem Fremden, dessen Augen sie jedoch kannte, der trotz aller körperlichen Unterschiede die gleiche Haltung einnahm, wie es jemand anders so häufig getan hatte, der auf sie zutrat mit einem Gang, der ihr ebenfalls vertraut war.

Und sie war ihm noch nie im Leben begegnet.

Er war klein, genau wie sie, wodurch er genau die richtige Größe hatte. Seine Ohren verjüngten sich nach oben, in jedem Ohrläppchen steckte ein kleiner goldener Ring; sein Haar war gelockt und blond und bildete ebenfalls eine Art Spitze auf dem Kopf. Seine Augen waren vertraut, sein Gesicht heiter, sein schlanker Körper mit Hemd, Jacke und gesprenkelter moorfarbener Hose bekleidet. Er trug keine Schuhe.

Sie kannte ihn. Sie kannte ihn nicht.

»Edern …?« fragte sie.

Der Fremde nickte.

»Ich bin froh, daß du gekommen bist«, sagte er.

Anhänglicher Billy

Die Geschichten warten ständig, horchen ständig auf Namen; wenn sie die Namen hören, auf die sie gewartet haben, verschlucken sie die Leute.

Russell Hoban aus *The Medusa Frequency*

Janey war auf weitere schlechte Nachrichten nicht vorbereitet, doch genau die warteten auf sie, als sie und Clare schließlich am Haus in der Duck Street eintrafen.

»Es tut mir leid, meine Prinzessin«, sagte der Chef. »Ich habe Kit angerufen, wie du verlangt hast, und sie meinte, du solltest sie selbst anrufen. Es geht um deine Amerikatournee.«

Janey wurde schwach ums Herz.

»Was ist damit?« fragte sie.

»Sie wurde abgesagt.«

»Abgesagt? Aber …?«

Sie blickte Felix hilfesuchend an, fand bei ihm aber nur Mitgefühl.

»Ach, Janey«, sagte Clare und legte ihr eine Hand auf den Arm, »das ist ja schrecklich!«

»Wieso wird die Tournee abgesagt?« fragte Janey. »Hat sie gesagt, warum?«

Der Chef schüttelte den Kopf. »Sie hat keine blasse Ahnung. Sie meint, sie wird sich erkundigen, doch es ist nicht damit zu rechnen, daß sie vor morgen etwas erfährt, schließlich ist es ja Sonntag. Es tut mir leid, meine Liebe. Ich weiß, daß du dich darauf gefreut hast.«

»Es ist nicht nur das. Es …«

Zuerst am Morgen die seltsame Nachricht vom *Rolling Stone*-Reporter, daß sein Redakteur ihre Teilnahme an dem Artikel abgesagt habe, und jetzt das. Das war kein Zufall. Jemand hatte es darauf abgesehen, ihr das Leben möglichst schwer zu machen. Und jetzt, nach der Unterhaltung mit Peter Goninan, glaubte sie auch zu wissen, wer dieser Jemand war.

»Es ist John Madden«, sagte sie. »Dahinter steckt dieser John Madden.«

Clare nickte. »Wenn es stimmt, was Mr. Goninan uns über ihn erzählt hat, dann hast du recht. Er hat es auf dein Buch abgesehen, und solange du es ihm nicht gibst, ist er hinter dir her, bis du keinen anderen Ausweg mehr siehst, als es ihm zu geben.«

»Ich glaube, wir übersehen etwas«, sagte Felix.

Janey blickte in die verwirrten Gesichter. Seufzend ließ sie sich neben Felix auf das Sofa plumpsen.

»Wir haben eine Menge von Peter Goninan in Erfahrung gebracht«, sagte sie.

Der Chef räusperte sich. »Ich hoffe, ihr habt ihm mit einem gewissen Vorbehalt zugehört. Der Mann ist ein halber Verrückter.«

»Aber die andere Hälfte«, sagte Clare lächelnd, als sie sich setzte, »ist faszinierend.«

»Ich mag ihn«, fügte Janey hinzu. »Ich mag ihn sogar sehr.«

Der Chef schüttelte den Kopf. »Jetzt hör sich das einer an«, sagte er. »Peter Goninan und charmant, von dir ganz zu schweigen.«

»Mit mir ist leicht auszukommen«, protestierte Janey. Als diese Bemerkung bei allen Anwesenden auf Verwunderung stieß, fügte sie hinzu: »Nun ja, in gewisser Weise.«

»Ich habe dabei weniger an dich gedacht«, sagte der Chef, »als an Peter. Er ist schon ein komischer Vogel« – diese Bezeichnung brachte Janey zum Lächeln –, »so wie er sich auf seiner Farm vergräbt. Gibt dem Wort ›Einsiedler‹ eine ganz neue Bedeutung, findest du nicht? Ich wundere mich, daß er überhaupt mit euch geredet hat.«

»Er wird sterben«, sagte Janey.

Der Chef verstummte und dachte darüber nach.

»Vielleicht lebt er deshalb so zurückgezogen, weil sich nie jemand für die Sachen interessiert hat, mit denen er sich beschäftigt«, fügte Janey hinzu. »Das macht keinen schlechten Menschen aus ihm – bloß einen Exzentriker. Wahrscheinlich hat er sich das Alleinsein angewöhnt, als er noch jünger war, und inzwischen ist es ihm lieber so.«

»Ich habe mir bisher noch keine Gedanken darüber gemacht«, räumte der Chef ein. »Er war schon immer … unnahbar. Schien sich für was Besseres zu halten. Machte sich nichts aus Spielen oder Angeln wie der Rest von uns, kümmerte sich nur um seine Bücher und seine Vögel. Die einzigen, die Zeit für ihn hatten, waren Billy und Morley Jenkin – aber die Jenkins zogen kurz vor der mittleren Reife in den Norden, und Billy schien auch nicht oft mit ihm zusammen zu sein; jedenfalls habe ich nichts davon bemerkt.«

»Vielleicht hat er bloß reserviert gewirkt«, sagte Clare. »Man schließt nicht so leicht Freundschaft, wenn man meint, man hätte keine Gemeinsamkeiten mit den anderen.«

Der Chef nickte.

»Diese Frau«, sagte Janey. »Ihr Name ist Helen Bray, und sie ist seine Nichte. Sie pflegt ihn.«

»Und er wird sterben, sagst du?«

Janey nickte.

»Ich komme mir ein bißchen vor wie ein Schweinehund.«

»Ich weiß genau, was du meinst, Opi. Wenn ich daran denke, wie ich diese finstere Gestalt auf den

Klippen immer ausgelacht habe, komme ich mir richtig mies vor.«

»Das konntest du nicht wissen«, sagte Felix.

Der Chef nickte. »Aber wir hätten mehr Nachsicht üben sollen.«

Janey seufzte, dann setzte sie sich gerader hin.

»Wie auch immer«, sagte sie, »wir wissen alles über die Tätowierung. Sie gehört zu einem hermetischen Orden, der sich Orden der Grauen Taube nennt, und ihr Anführer ist derselbe John Madden, der so scharf darauf ist, Billys Buch zu bekommen.«

Sie und Clare berichteten nun, was Goninan ihnen über Maddens Hintergrund erzählt hatte, erklärten die verschiedenen Bewußtseinszustände und warum ein Artefakt oder Talisman wie *Das kleine Land* eine Art Abkürzung war, um höhere Bewußtseinsebenen und die mit ihnen verbundene Macht zu erlangen.

»Die Jahre des Studiums bereiten einen Menschen auf die Verantwortung vor, wenn er diese höheren Ebenen schließlich erreicht«, schloß Clare. »Ohne sie hat man zwar die Macht, aber es fehlt die nötige Weisheit, um sie richtig einzusetzen. Das Verantwortungsgefühl.«

Weder Felix noch der Chef wußte darauf etwas zu sagen, und Janey kannte auch den Grund dafür. Es klang alles ein bißchen verrückt. So, wie sie es eben dargelegt hatten, war sie sich selbst nicht mehr sicher, was sie davon halten sollte. Es klang irgendwie vernünftig – doch zunächst mußte man den entscheidenden Schritt getan und die Tatsache akzeptiert haben, daß übernatürliche Fähigkeiten überhaupt möglich waren.

»Er hat uns auch von Lena erzählt«, sagte Janey. »Anscheinend ist ihr Vater, Roland Grant, ein bedeutender amerikanischer Geschäftsmann, der zufällig ebenfalls dem Inneren Zirkel des Ordens angehört.«

Sie nannte die Namen der restlichen drei Mitglieder.

»Von Eva Diesel habe ich schon gehört«, sagte Felix. »Irgendwie paßt sie nicht zu dem, was ihr uns erzählt habt. Nach allem, was ich über sie gelesen habe, engagiert sie sich stark in Menschenrechtsfragen und im Umweltschutz.«

»Das ist als Fassade gedacht«, sagte Clare. »Mr. Goninan meint, wenn man sich die Zeit nähme, die verschiedenen Anliegen, die sie unterstützt hat, sowie das, was aus ihnen geworden ist, gründlich zu dokumentieren, dann würde man feststellen, daß ihre Hände genauso schmutzig sind wie die der anderen auch.«

Felix schüttelte den Kopf. »Weißt du, wie das klingt? Wie eine dieser verrückten Verschwörertheorien. Wie eine Räuberpistole. Das paßt nicht in die reale Welt.«

»Ich kann's nicht ändern«, sagte Janey.

Sie fühlte, wie ihr Widerstand erwachte, und bemühte sich, ruhig zu bleiben.

»Was ist mit der Affäre um Christine Keeler oder mit Watergate?« fragte Clare. »Als da die ersten Dinge zum Vorschein kamen, erschienen sie ebenso byzantinisch und unwahrscheinlich.«

Felix lächelte. »Aber es war keine Magie im Spiel.«

»Du bist bloß stur«, sagte Janey.

»Nein, das bin ich nicht. Ich versuche bloß, die Dinge im richtigen Verhältnis zu sehen. Ich meine, das ist doch so, als glaubte man ernsthaft, Elvis sei immer noch am Leben.«

»Das ist etwas völlig anderes«, sagte Clare, »und das weißt du.«

»Okay«, sagte Felix. »Ich nehme alles zurück. Aber woher will dieser Goninan das ganze Insiderwissen haben, wenn er so zurückgezogen lebt?«

Vielleicht erzählen's ihm seine Vögel, dachte Janey.

»Darum geht es nicht, mein Lieber«, sagte der Chef.

Felix wandte sich ihm zu. »Was willst du damit sagen?«

»Schließlich gibt es ja das Buch.«

Janey nickte. »Wir können es mit dem Buch beweisen. Du hast es gelesen, Opi. Wovon handelt es?«

»Ich habe erst diese Nacht wieder reingeschaut«, erwiderte er, »aber ich erinnere mich so gut an die Geschichte, daß ich sie gar nicht noch einmal lesen müßte. Sie spielt in einer imaginären Stadt, die eine große Ähnlichkeit mit Penzance aufweist, spielt jedoch um die Jahrhundertwende oder vielleicht ein bißchen früher.«

Janey und Felix nickten zustimmend, doch auf ihren Gesichtern zeigte sich immer mehr Verwunderung, als der Chef seine Version von *Das kleine Land* erzählte, vom Kapitän des Fischkutters *Der Talisman* und dem kleinen Waisenmädchen, das sich als Junge verkleidet hatte, um an Bord zu arbeiten.

Clare, die das Buch nicht selbst gelesen hatte, konnte keinen Kommentar dazu abgeben, doch Janey und Felix schüttelten beide den Kopf, als der Chef mit seiner Version der Geschichte fertig war.

»Das ist nicht die Geschichte, die ich gelesen habe«, sagte Janey schließlich.

»Und auch nicht die, die ich lese«, sagte Felix. »Meine handelt von einem Seemann, sicher, aber er arbeitet auf einem Frachter. Er kommt in dieselbe Stadt und begegnet einem Mädchen gleichen Namens, aber es ist älter als deine Waise, Tom, und mir scheint, daß das Buch eher eine Romanze als eine Abenteuergeschichte wird.«

Janey verspürte ein eigenartiges Kribbeln im Nacken, das den Rücken hinunterwanderte.

Clare blickte von einem zum anderen. »Das ist seltsam«, sagte sie.

»Sehr seltsam«, stimmte Felix zu. »Ich glaube, ich

bin bereit, mir anzuhören, was Peter Goninan zu dem Thema zu sagen hatte.«

»Kann ich das Buch mal sehen?« fragte Clare.

Janey holte *Das kleine Land* und reichte es Clare. Sie setzte sich auf die Sessellehne, während Clare die erste Seite aufschlug und zu lesen begann.

»Wie lautet die erste Zeile?« fragte Janey.

»Sie war nicht immer behindert gewesen, auch wenn es ihr so schien«, las Clare.

Janey schüttelte den Kopf. »Das ist nicht das, was ich sehe.«

Sie las die Anfangszeile vor, die für sie dort stand, dann blickte sie auf. Es war nicht im entferntesten dasselbe. Ihre Version begann mit einer Dialogzeile.

Das Kribbeln in ihrem Rückgrat wurde stärker.

»Das ist doch nicht möglich – oder doch?« fragte sie.

Der Chef zuckte hilflos die Achseln. Felix kam zu den beiden Frauen herüber, blickte Janey über die Schulter und las die Anfangszeile seiner eigenen Version laut vor.

»Es stimmt wirklich«, sagte Clare. »Da steht tatsächlich für jeden etwas anderes ...«

»Wartet mal!« sagte Janey. »Hört ihr das?«

So wie Schatten sich manchmal zu bewegen scheinen, wenn man sie aus den Augenwinkeln betrachtet, so hörte sie – gewissermaßen aus den Ohrenwinkeln – einen Hauch von Musik. Sie vermochte weder eine Melodie noch einzelne Instrumente zu unterscheiden. Dafür war sie zu undeutlich. Aber sie hörte sie. Sie wußte, daß sie da war.

Und sie hatte sie schon einmal gehört. Es war die gleiche Musik, die sie gestern nachmittag vernommen hatte, als der Reporter von *Rolling Stone* erschienen war und sie gestört hatte.

»Musik«, sagte der Chef. »Es klingt wie Musik ...«

Janey beugte sich vor und klappte das Buch sanft zu.

Sobald sich der Deckel geschlossen hatte, hörte das Klingen auf, als hätte man den Arm eines Plattenspielers von den Rillen abgehoben. Bloß das Prickeln hielt an.

»Magie«, sagte sie.

Die anderen bekundeten nickend ihre Zustimmung. Lange Zeit vermochte keiner von ihnen zu sprechen, und jeder war vom Wunder des Augenblicks gefangen.

Janey klammerte sich an die Realität der vom Buch ausgehenden Verzauberung.

Magie gab es wirklich.

Kleine und ... diese Musik ... die vergessene Musik, der Titel von Billys zweitem Buch ... die Musik, die sie immer hatte hören wollen. Die sie hatte spielen wollen ...

Alles war real.

Und dann drängte sich die andere Wirklichkeit in den Vordergrund. Wenn Magie etwas Reales war, dann war es auch John Maddens Orden der Grauen Taube. Und die Gefahr, die von ihm ausging, erstreckte sich auf Ebenen, die jenseits der physischen Welt lagen.

»Mr. Goninan meinte, das Buch sei ein Talisman«, sagte sie. »Ein Talisman, der nur von seinem angestammten Hüter benutzt werden sollte. Und wenn keiner von uns dieser Hüter wäre, sollten wir es verstecken – es für den Hüter verwahren, der irgendwann erscheinen werde.«

»Dieser Hüter ist bestimmt nicht John Madden«, sagte Clare.

Janey schüttelte den Kopf. »Und ich glaube auch nicht, daß es einer von uns ist, es sei denn ...« Sie brach ab.

»Es sei denn, was, meine Blume?« fragte der Chef.

»Ich fühle mich der Musik so nahe ...«

»Wo können wir das Buch verstecken?« fragte Clare ganz praktisch.

»Ich weiß nicht. Ich...« Janey blickte sich im Zimmer um. »Es fällt mir einfach kein Ort ein, an dem es sicher wäre.«

»Mr. Goninan meinte, das Buch werde es uns sagen«, erinnerte sie Clare.

Janey nickte. »Das stimmt. Das hat er gesagt. Aber wenn es das tut, dann bin ich noch nicht bis zu der Stelle gekommen.«

»Wir sollten es bald verstecken«, sagte der Chef.

»Wir müssen es erst zu Ende lesen«, sagte Janey.

»Wäre das wirklich klug, mein Spatz?«

»Das hat Mr. Goninan gesagt. Solange wir nicht damit fertig sind, bleibt seine Magie einen Spaltweit offen, und Madden kann mit ihrer Hilfe das Buch aufspüren.«

»Tom hat es bereits gelesen«, sagte Felix. »Dann bleiben noch wir drei. Wir könnten uns zusammen aufs Sofa setzen.«

»Danke«, sagte Clare.

Felix hob fragend die Brauen. »Wieso?«

»Weil du mich einbezogen hast.«

»Das stand gar nicht zur Diskussion«, sagte Janey. »Es ist bloß...« Sie schüttelte den Kopf über das Gesicht, das ihre Freundin machte. »O nein«, fügte sie hinzu. »Ich habe meine Meinung darüber, daß du's lesen sollst, nicht geändert. Ich habe bloß überlegt, ob wir nicht zuerst Billys übrige Manuskripte durchsehen sollten. Vielleicht hat er sich Notizen über das Buch gemacht, hat irgend etwas aufgeschrieben, das uns einiges klarer machen würde.«

»Soll ich sie holen?« fragte Felix.

Janey nickte. »In der Küche steht die Schachtel, die uns der Einbrecher beinahe abgenommen hätte, und in der offenen Truhe auf dem Speicher ist noch mehr.«

Sie half ihm, die Truhe nach unten zu bringen. Der Chef machte sich daran, Tee zu brühen, während Clare einen Teller Sandwiches vorbereitete. Als alle soweit waren, sah das Wohnzimmer mit den Manuskripten, Papieren und Zeitschriften, die sich überall stapelten, so aus, als hätte eine Bombe eingeschlagen.

Clare war es, die das zweite magische Objekt in Dunthorns Truhe entdeckte.

»Seht euch das mal an!« rief sie und hielt ein altes Foto hoch.

Es war sepiafarben getönt und an den Rändern verblaßt. Die Oberfläche des Fotos war zerknittert, weil es in der Vergangenheit einmal geknickt worden war, aber das Bild war noch deutlich zu erkennen.

»Das ist meine Addie, als sie noch ein Mädchen war«, erklärte der Chef.

»Kann ich mal sehen?« fragte Janey und streckte die Hand aus.

Das Foto zeigte ein Mädchen von etwa elf Jahren, das in einem dickgepolsterten alten Sessel saß. Es trug ein altmodisches Kleid und braune Schnürstiefel, und das Haar hing ihm in Locken herab. Die Kleine lächelte vergnügt und fixierte einen Punkt unmittelbar über der Schulter des Fotografen – wahrscheinlich ihren Vater, der eine Grimasse schnitt, um sie zum Lachen zu bringen, dachte Janey.

Der überwiegende Rest des Fotos war verschwommen, doch sie konnte Gardinen erkennen und ein Bild an der Wand hinter dem Sessel, rechts daneben eine Tür, während links davon –

Janey stockte der Atem.

Auf der linken Armlehne des Sessels war undeutlich ein kleiner Mann zu erkennen. Er trug ein weißes Hemd und eine dunkle Hose. Sein Kopf war kahl, aber er hatte einen vollen, gestutzten Bart. Und er spielte Geige, neigte sich über das Instrument, das er in der Schultergrube hielt.

Ein Kleiner.

Janeys Prickeln verstärkte sich, als sie den kleinen

Mann betrachtete. Sie konnte die Musik, die er spielte, beinahe hören.

»Was ist das?« fragte Felix.

»Da«, sagte Janey. »Auf der linken Armlehne.«

»Sieht aus wie ein Lichtfleck – wahrscheinlich war hinter dem Sessel ein offenes Fenster, und das hindurchfallende Licht wurde von der Kameralinse reflektiert. Damals hatte man nicht gerade die beste Ausrüstung.«

Janey schüttelte den Kopf. »*Sieh's* dir an!« sagte sie. »Schau ganz genau hin.«

Das tat Felix, während ihm Clare und der Chef über die Schulter blickten.

»Was soll ich denn sehen?« fragte Felix.

Janey zeigte darauf. »Wenn das eine Armlehne ist...«

»Es ist ein kleiner Mann!« schrie Clare. »O mein Gott. Da sitzt ein kleiner Mann und spielt Geige!«

Felix wollte lachen, doch dann sahen er und der Chef den Kleinen ebenfalls.

»Scheibenkleister«, sagte der Chef. »Das hätte ich nie gedacht.«

»Das ist unglaublich«, fügte Felix hinzu. »Selbst wenn es sich nur um einen Lichtreflex handelt, ist es phantastisch.«

»Es ist ein Kleiner«, sagte Janey. »Daher kommen ›Die Kleinen‹ und *Das Verborgene Volk*. Von *diesem* Bild.«

»Oder vielleicht«, sagte Clare mit einem spitzbübischen Funkeln in den Augen, »hat es auch bloß etwas bestätigt, was er bereits wußte.«

»Darauf möchte ich wetten«, sagte Janey.

»Ich habe das Foto schon hundertmal gesehen«, sagte der Chef, »aber der kleine Mann ist mir noch nie aufgefallen.«

»Gibt es noch einen anderen Abzug?« fragte Felix.

Der Chef nickte.

»Können wir den mal sehen?« fragte Janey.

»Ich schaue mal, ob ich ihn finden kann, mein Schatz.«

Er blätterte einige Fotoalben aus dem Regal neben dem Kamin durch, bis er das Gesuchte schließlich gefunden hatte.

»Hier ist es«, sagte er und hielt das Album auf, damit sie es alle sehen konnten.

»Und der Kleine ist auch drauf«, sagte Janey. »Ob er wohl auch noch auf anderen Fotos zu sehen ist?«

Sie wollte nach dem Album greifen, aber Felix berührte sie an der Schulter.

»Es wird allmählich spät«, sagte er. »Vielleicht sollten wir mit dem Buch anfangen. Wenn Madden schon in der Stadt ist, wie euer Freund Goninan behauptet, dann bleibt uns nicht mehr viel Zeit.«

Clare nickte. »Ich bin eine schnelle Leserin, also habe ich euch bald eingeholt.«

»Und in der Zwischenzeit«, sagte der Chef, »sehe ich das hier weiter durch.«

Er deutete auf Dunthorns Notizen und Manuskripte, die im Raum verstreut waren. Gesagt, getan; er setzte sich in seinen Lesesessel und nahm einen weiteren Stapel Papier zur Hand. Die anderen machten es sich auf dem Sofa bequem, Felix in der Mitte, Janey und Clare rechts und links neben ihm, und begannen zu lesen.

»Das ist nicht sein normaler Stil«, erklärte Clare, als sie zum zweiten Kapitel umblätterte. »Es ist nicht so gut geschrieben wie seine übrigen Bücher.«

»Den Eindruck hatte ich auch«, sagte Janey. »Vielleicht kommt das daher, daß wir uns die Geschichte selbst erzählen.«

Felix tippte auf das Buch.

»Lesen wir einfach und heben wir uns die Kritik für später auf«, sagte er.

»Spielverderber«, meinte Clare.

»Tyrann«, fügte Janey hinzu.

Felix lächelte sie an und schüttelte den Kopf.

»Lest einfach«, schlug er vor.

2

John Madden saß beschaulich im Sessel am Fenster von Gazos Hotelzimmer und beobachtete die Wellen in der Mount's Bay, mit den Gedanken weit entfernt davon, was seine Augen aufnahmen. Hinter ihm saß Gazo noch immer auf dem Bett und las in einer Zeitschrift. Grant saß im anderen Sessel, seine Tochter neben sich auf dem Boden. Eine Zeitlang hatten sie sich in gedämpftem Ton unterhalten, doch nun hörte man nur noch, wie Gazo die Seiten seiner Zeitschrift umblätterte.

Madden war dankbar für die Stille. Sie half ihm dabei, Klarheit in seine Gedanken zu bringen. Sie brachte das stumme Zwiegespräch zum Verstummen, mit dem sich der Verstand stets unterhält, wenn man ihm seinen Willen läßt, und erlaubte es ihm, die erhabene Landschaft auf sich wirken zu lassen.

Vom äußersten westlichen Zipfel von Land's End bis dorthin, wo der Tamar der Grenze zwischen Devon und Cornwall folgte und aus Cornwall beinahe eine Insel machte, sprach zu ihm der vertraute Geist des Landes. Sein ruhiges Murmeln erfüllte ihn mit seiner Gegenwart, wisperte ihm uralte Geschichten und Geheimnisse zu, füllte seinen Vorrat an geheimer Weisheit auf, der langsam zur Neige gegangen war, seit er das letzte Mal an dieser Küste geweilt hatte.

Unaufhörlich verrann die Zeit – selbst für jemanden wie Madden, der diesen geheimen Rohstoff hortete wie ein Geizhals seine Goldstücke. Darum füllte er nun die Lücken in seinem Gedächtnis auf, erneuerte seinen Bund mit der Vergangenheit und den alterslosen Mysterien, welche die Geschichte in die Gegenwart trug. Dies war die wirkliche Magie, deren Erbe er war: das Wissen darum, daß weder Vernunft noch Gefühl allein ausreichten, die Unschuld der menschlichen Seele zu bewahren und sie somit auf der Höhe ihrer Macht zu halten. Der Geist verengte sich und zerlegte die Welt in verständliche Brocken, doch die Seele verlangte nach einer weiteren Sichtweise, die sowohl den Mikrokosmos der geistigen Wahrnehmungen als auch den Makrokosmos der Welt als Ganzes umfaßten, mit der sie in Wechselwirkung treten mußte. Wenn beide nicht in vollkommener Harmonie miteinander waren, wurde man zum Krüppel.

Darum saugte Madden das süße Geheimnis in sich auf, das der eigentliche Pulsschlag des Landes war. Sein eigener Puls fiel in diesen uralten Rhythmus ein, bis beide Herzen wie ein einziges schlugen.

Die einzige Dissonanz war die Spur seines Schützlings, der achtlos die Mysterien des Landes durchstreifte und mit seinen unbedachten Intrigen und Ränken dessen Harmonie störte und auflöste.

Schwere, gedankenlose Schritte.

Aus seiner gegenwärtigen Position heraus vermochte Madden jede einzelne verantwortungslose Maßnahme zu erkennen, die Michael ergriffen hatte, jeden einzelnen Verstoß gegen die Ordensregeln.

Denn nun wurde Madden klar, daß Michael die erste Regel für den Umgang mit Schafen mißachtet hatte. Der Trick dabei, sie zu beherrschen, bestand darin, sie nicht merken zu lassen, daß sie beherrscht wurden. Behandelte man sie gut, waren sie so genügsam wie ihre wollhaarigen Verwandten auf dem Felde und mit ihrem Los zufrieden. Den gelegentlich auftretenden Abweichler mußte man ausmerzen oder aber den Wolf im Schafspelz, der sich zwischen die Unschuldslämmer mischte, mit fester Hand und dennoch einfühlsam in die Schranken weisen.

Das war nichts weiter als praktizierter gesunder Menschenverstand. Glückliche Schafe waren Schafe, die taten, was man ihnen sagte, und die weder Unfrieden bewirkten, noch Unannehmlichkeiten bereiteten. Dann konnten sich die Zahnräder, die die Welt antrieben, ungehindert drehen und brauchten nicht repariert zu werden. Manchmal war Geduld vonnöten, denn die subtile Kontrolle erforderte ebenso subtile Maßnahmen zur Lösung der entstehenden Probleme, aber der Lohn war die Mühe wert.

Michaels gegenwärtige Methoden führten zwar zu sofortigen Ergebnissen, erforderten allerdings auch hinterher einen viel zu großen Aufwand an Zeit und Mitteln, um die losen Ende wieder zusammenzufügen. Michael übersah, daß er ein Hindernis wie die Mabley durchaus entfernen konnte, daß er anschließend jedoch mit den indirekten Folgen dieser Handlung konfrontiert war und gleichzeitig seine ursprünglichen Absichten weiterverfolgen mußte. Zu viele solche Abweichungen vom eigentlichen Vorhaben, und man verlor die Kontrolle über die Situation.

Wie die jetzige Lage bewies.

Madden seufzte.

Eine Menge Arbeit würde nötig sein, um wieder so etwas wie Ordnung in die Dinge zu bringen, die Michael durcheinandergebracht hatte. Denn im Zentrum all dessen lag das Geheimnis verborgen, das Dunthorn versteckt hatte: der Schlüssel.

Madden war sich noch nicht sicher, ob es ein Artefakt war, ein gegenständlicher Talisman, der ihm Zugang zu dem Mysterium verschaffen würde, das er immer noch nicht ganz begriff, doch er wußte, daß er es haben mußte. Außerdem war er zu der Erkenntnis gelangt, daß der Schlüssel unter Einsatz von möglichst wenig Gewalt erworben werden mußte. Man konnte ihn stehlen, doch es durfte kein Blut dabei fließen.

Als er das erste Mal mit Dunthorn zu tun gehabt hatte, hatte er den gleichen Fehler begangen; und er hatte dafür bezahlt. Mit Jahrzehnten vergeudeter Zeit. Jahre, in denen er mit seinen Ambitionen viel weiter hätte kommen können, wenn er nur den Schlüssel besessen hätte.

Die verlorene Zeit nagte an ihm, wie ein Herzstechen, das kam und wieder ging und für das es kein Gegenmittel gab. Doch er hatte dadurch Geduld gelernt, und er würde den gleichen Fehler nicht noch einmal machen.

Er bezweifelte, daß ihm der Schlüssel jemals freiwillig überreicht werden würde – was die optimale Lösung gewesen wäre. Aber er konnte dafür sorgen, daß seinem gegenwärtigen Hüter dabei möglichst wenig Schaden zugefügt wurde, wenn er endlich in seinen Besitz überging.

Darum mußte er sich zunächst mit Michael befassen.

In seinem Gesicht gab es keinen Hinweis darauf, was in ihm vorging. Eigentlich schien er nur die Aussicht zu genießen. Doch das war nur ein anderer Aspekt von Maddens Magie: Selbstbeherrschung. Er war sich jeder noch so winzigen Bewegung um ihn herum bewußt, ließ davon jedoch nichts nach außen dringen. Darum spürte er die kaum wahrnehmbare Bewegung, als Lena ihre Haltung leicht veränderte, und wußte, daß sie etwas sagen würde, noch bevor sie den Mund geöffnet hatte.

»Ich habe über die Littles nachgedacht, Daddy«, sagte sie.

Madden sah zu ihr hin.

»Was denn?« fragte er, ehe ihr Vater antworten konnte.

»Nun ja, sollten wir sie nicht warnen, vor Bett, meine ich?«

»Und wie erklären wir ihnen, *warum* wir darüber Bescheid wissen?« Madden schüttelte den Kopf. »Nein. So sehr ich es auch bedauern würde, wenn ihnen etwas zustoßen sollte, wir müssen damit fertig werden, ohne sie zu warnen.«

Er betrachtete Lena jedoch eingehender und wunderte sich. Es war eigenartig, daß ihre Frage so kurz auf die Wendung gefolgt war, die seine Gedanken genommen hatten, doch dann wurde ihm klar, daß ihre Bedenken aus einer anderen Quelle stammten als seine. Er fürchtete, den Schlüssel durch Gewaltanwendung unbrauchbar zu machen. Sie fürchtete um das Leben der Littles; und um das ihrer Freunde. Wahrscheinlich galt ihre Sorge vor allem Felix Gavin.

Und das ist ebenfalls merkwürdig, dachte er. In all den Jahren, in denen er sie vom Kind zu der Frau hatte heranwachsen sehen, die sie heute war, hatte ihr ganzes Interesse der Erfüllung ihrer Wünsche gegolten. Die Reise hierher hatte sie mürbe gemacht, hatte sie dazu gebracht, sich um andere zu sorgen – und es war nicht bloß ihre Libido, die sie antrieb; ihr Mitgefühl war selbstlos.

Hatte das Land sie berührt?

Doch wenn es so war, warum hatte es dann nicht auch bei Michael seine Spuren hinterlassen? Die reinkarnierte Seele, die sein Körper beherbergte, hatte aus einem früheren Leben ihre Wurzeln in dieser Landschaft. Dann hatten die uralten Mysterien des Landes, der Pulsschlag, der noch immer mit dem Maddens verbunden war, doch bestimmt auch zu Michael gesprochen.

Vielleicht hatten sie das getan.

Und Michael hatte nur die dunkleren Töne der Musik gehört.

»Wir könnten sagen, wir und Bett seien rivalisierende Verleger«, sagte Lena. »Sie wissen schon. Wir haben von einem wertvollen Manuskript reden hören, und beide Verlage möchten es unbedingt als erste erwerben ...« Sie brach ab, als sie Maddens plötzliches Interesse an ihrem Vorschlag bemerkte.

»Ein Manuskript«, sagte Madden. »Natürlich.«

Dort lag das Geheimnis versteckt – in einem unveröffentlichten Manuskript. Wo ließe es sich auch besser verstecken als zwischen Dunthorns Notizen und Manuskripten? Und er hatte das Material bloß wegen der Hinweise haben wollen, die er darin zu finden hoffte.

Jahrelang hatte er versucht, das Geheimnis zu erraten – seine faßbare Gestalt, falls es überhaupt eine solche besaß. Er hatte geglaubt, es sei klein und lasse sich mühelos tragen – eine Münze, ein Ohrring, eine Krawattennadel. Und es mußte etwas vom Land in sich tragen – Zinn, vermutete er, denn die Zinnminen hatten einmal zu Cornwalls Wirtschaft gehört. Es konnte aber auch der Knochen eines einheimischen Tieres sein; eine einfache Fischgräte. Oder selbst ein Kieselstein. Ein Granitsplitter. Ein Stück blauer Alveolit.

Die jahrelange Enttäuschung hatte ihn schließlich auf seine Lieblingstheorie gebracht: daß es überhaupt nichts Greifbares sei. Es konnte ein Satz sein. Oder ein Musikfetzen.

Und jetzt wußte er – mit absoluter Gewißheit –, daß er teilweise recht gehabt hatte. Der Schlüssel war in einem Manuskript versteckt. Doch nur durch lautes Vorlesen ließ sich der Schlüssel aktivieren, die Tür aufschließen ...

»Warum habe ich nicht schon früher daran gedacht?« murmelte er.

Wahrscheinlich hatte er sogar schon früher daran gedacht. Aber die Vorstellung, die Idee, hatte sich einfach wieder verflüchtigt. War das ein anderer Aspekt seines Zaubers? Daß sich die eigentliche *Idee* vor einem verbarg, so daß man vor lauter Nachdenken über die Form des Talismans oder seinen Aufenthaltsort nicht zum Kern vordrang?

»Woran denkst du?« fragte Grant.

Während Madden noch überlegte, wieviel er seinem Freund verraten sollte, antwortete Lena bereits.

»Es ist in einem Buch versteckt«, sagte sie und blickte Madden an. »Das stimmt doch, oder?«

»Es scheint so zu sein«, gab Madden zu. »Alles zusammengenommen.«

Lena seufzte. »Und ich hatte fast schon eine ganze Schachtel davon in Händen ...«

»Vielleicht stehen in einem Manuskript auch bloß die Anweisungen, wie man an das Ding herankommt«, sagte Grant.

»Wie auch immer, wir müssen sie haben«, sagte Madden.

Doch er wußte bereits, daß irgendwo in Dunthorns Papieren der Schlüssel selbst verborgen lag, denn wie hätten ihn die Littles, absichtlich oder unwissentlich, sonst wecken können? Wie hätte er seinen Ruf sonst spüren können?

»Wie gehen wir also vor?« fragte Grant. »Warten wir noch, bis Bett auftaucht, oder kümmern wir uns selbst um die Papiere?«

Madden wünschte, es wäre so einfach gewesen.

»Laß mich drüber nachdenken«, sagte er.

3

Obwohl sie noch ein paar Kapitel zu lesen hatten, beschlossen sie gegen fünf, eine Pause einzulegen. Felix stand auf und streckte sich, während sich Janey neben dem Chef auf den Boden setzte und die Fotos betrachtete, die er in Manuskripten und Zeitschriften entdeckt hatte. Sie studierte sie sorgfältig, doch auf keinem von ihnen war ein kleiner Mann zu sehen. Und auch sonst nichts Bemerkenswertes. Es waren einfach nur alte Sepiafotos, faszinierend allein schon deshalb, weil sie ein Fenster in die Vergangenheit Mouseholes öffneten, jedoch nicht hilfreicher als irgendeines der Manuskripte, die der Chef durchgesehen hatte.

Clare blieb mit *Das kleine Land* in der Hand auf der Couch sitzen und rieb mit dem Daumen über den ledernen Einband.

»Habt ihr in der Handlung, die ihr lest, irgend etwas Nützliches entdeckt?« fragte sie.

Felix schüttelte den Kopf. »Eigentlich nicht. Meine hat sich in eine Mordgeschichte verwandelt. Da ist nichts Magisches drin.«

»Das kommt bestimmt daher, daß du dir aus solchen Sachen nichts machst«, sagte Clare.

»Ich habe seine anderen Bücher gelesen – und beide haben mir gefallen.«

»Aber normalerweise stehst du nicht auf solche Bücher, oder?«

»Eigentlich nicht.«

Clare wandte sich an Janey. »Und was ist mit dir?«

»Ich bin mir nicht sicher«, sagte Janey. »Kommt das Men-an-Tol auch bei euch vor?«

Clare und Felix nickten.

»Aber ich glaube, es befindet sich nicht am gleichen Ort wie in unserer Welt«, sagte Felix. »Zumindest nicht im Hinblick auf Penzance, wenn die Stadt im Buch überhaupt Penzance sein soll.«

»Liegt der Stein näher?« fragte Janey.

»Nur eine Stunde Fußweg entfernt.«

»Und gibt es hinter der Stadt einen Hügel mit einer verfallenen Kirche?«

Clare und Felix nickten wieder.

»Auch in der Geschichte, die ich lese, kommen sie vor, mein Schatz«, sagte der Chef.

»Wie hat er das gemacht?« fragte Clare. »Wie kommt es, daß alle Geschichten die gleichen Elemente, die gleichen Charaktere und Schauplätze enthalten und doch so verschieden sind?«

»Interaktive Literatur«, erwiderte Clare angewidert.

»Vielleicht ist das Buch in Wirklichkeit ein magischer Computer«, sagte Janey. »Wir öffnen alle dasselbe Programm, wenden es jedoch unterschiedlich an.«

»Warum hast du dich nach dem Men-an-Tol erkundigt?« wollte Felix wissen.

»Weil ich eine Idee habe«, sagte Janey. »Eine verrückte Idee, aber das könnte man ja auch von der ganzen Situation sagen, nicht wahr?«

»Allmählich wundere ich mich über gar nichts mehr«, sagte der Chef.

Janey nickte. »Habt ihr schon mal davon gehört, daß das Men-an-Tol der Eingang zu einem prähistorischen Hügelgrab sei?«

»Natürlich«, erwiderte der Großvater.

Clare nickte zustimmend.

»Und wenn es etwas ganz anderes wäre?« fragte Janey. »Wenn es nun der Eingang zur Hügel*welt* ist?«

»Du meinst, zu einer ganz anderen Welt?«

»Wo die Kobolde leben«, sagte Janey und lächelte.

»Das ist doch bloß ein Märchen...«, begann der Chef, dann schüttelte er bedächtig den Kopf. »Was rede ich da eigentlich?«

»Man muß neunmal durchs Loch«, sagte Janey. »Der Volksmund behauptet, dadurch werde man seine Krankheiten los. In meiner Version heißt es, daß sich ein Tor zur Hügelwelt öffnen würde, wenn man es bei Mondaufgang tut.«

»Und was dann?« fragte Felix.

»Wir legen das Buch hinein und schließen das Tor.«

Clare lachte. »Du hast recht. Das ist eine verrückte Idee.«

»Vielleicht auch nicht«, sagte Felix. »Jetzt gelten andere Spielregeln. Magie funktioniert.«

Clare nickte. »Ja, aber...« Sie sah von einem zum anderen, dann seufzte sie. »Ich glaube, das ist mir zu hoch.«

»Man hat sich schon immer seltsame Dinge über das Heidemoor erzählt«, meinte der Chef. »Von Nebelgeistern, Kobolden und alten Hügelgräbern. Wenn es Magie wirklich gibt, dann steht zu erwarten, daß eine ganze unbekannte Welt nur darauf wartet, entdeckt zu werden.«

»Manchmal habe ich das Gefühl, wir hätten schon viel früher von dem Buch gehört«, sagte Felix.

»Ich weiß genau, was du meinst«, sagte Janey. »Wenn ich draußen bei den Klippen irgendwelche Melodien dudelte, hatte ich manchmal das unheimliche Gefühl, mir hörte noch etwas anderes zu als nur die Felsen und das Gras, bloß war niemand da, nichts war zu sehen.«

Felix nickte. »Das Gefühl hatte ich auch schon mal. Besonders, wenn ich nahe am Wasser gespielt habe.«

»Musik ist sowieso Magie«, sagte Janey. »Ist es immer schon gewesen. Warum sollte sie keine Kleinen anlocken, wenn es sie wirklich gibt?«

In diesem Moment unterbrach ein Klopfen an der Tür ihre Unterhaltung.

»Heut abend«, sagte Janey, während sie zur Tür ging. »Wenn wir das Buch zu Ende gelesen haben, gehen wir zum Men-an-Tol und schauen nach. Ach, hallo, Dinny«, fügte sie hinzu, als sie die Tür öffnete.

Dinny Boyd erwiderte verlegen ihr Lächeln. »Hab nicht gewußt, daß du Besuch hast, Janey. Soll ich ein andermal wiederkommen?«

Janey zog ihn jedoch bereits ins Haus. Sie hatte gleich erkannt, daß etwas nicht stimmte, und sie zweifelte keinen Moment daran, daß es etwas mit all den anderen verrückten Vorkommnissen zu tun hatte, die ihr Leben bereits aus der Bahn geworfen hatten.

»Hallo«, sagte Dinny und nickte den anderen zu, während Janey die Tür schloß. »Schöner Tag heute, nicht wahr?«

Er sah aus, als hätte er alles andere als einen schönen Tag erlebt. Janey hatte ihn noch nie in einem so jämmerlichen Zustand gesehen.

Sie hakte sich bei ihm ein und geleitete ihn zu einem freien Sessel. Dinny setzte sich.

»Was ist passiert, Dinny?« fragte sie.

»Ich …« Er wich ihrem Blick aus, sah sie wieder an. »Sieht man's mir so deutlich an?«

»Ich fürchte, ja.«

»Es ist bloß … Ich weiß gar nicht, wo ich anfangen soll.«

»Ich gehe mal Tee aufsetzen«, sagte der Chef.

Janey setzte sich auf die Armlehne des Sessels und ergriff Dinnys Hand. Er sah zu ihr auf und schenkte ihr ein schwaches Lächeln, das nie ganz bei seinen Augen ankam.

»Wir sind die Farm los«, sagte er.

»O nein!« schrie Clare.

Dinny nickte. »Dad bekam einen höchst merkwürdigen Anruf von einem Mann, der meinte, er habe unseren Pachtbesitz gekauft und wolle uns rausschmeißen.«

»Aber kann man das denn machen?« fragte Janey.

»Ich weiß nicht. Dad rief unseren Anwalt an, und der meinte, daß er bis Montag früh nichts unternehmen könne. Er wird uns so schnell wie möglich zurückrufen.«

Janey verließ der Mut. Das alles kam ihr schrecklich bekannt vor. Zuerst ihre Beteiligung an dem Artikel in *Rolling Stone*, dann die Tournee …

»Aber wenn euer Anwalt vor Montag nichts unternehmen kann«, sagte Clare, »dann gilt das auch für diesen Mann, würde ich meinen.«

Dinny seufzte. »Das meinte Mam auch. Aber dieser Mann – er hat uns nicht mal seinen Namen genannt – schien sich gut auszukennen und seiner Sache sicher zu sein. Er kannte sämtliche Einzelheiten unseres Pachtvertrags und …«

Er blickte Janey an.

Jetzt kommt es, dachte sie.

»Er sagte, es sei wegen dir, Janey. Er sagte, du könntest verhindern, daß die Sache rechtskräftig wird. Was hat er damit gemeint?«

Das ist ja furchtbar, dachte Janey. Wie sollte sie ihm das bloß erklären?

»Ich habe mir jemanden zum Feind gemacht«, sagte sie schließlich. »Anscheinend einen sehr mächtigen Mann.«

»Ich verstehe nicht.«

»Das verstehe ich auch nicht ... wirklich. Ich ...« Sie blickte Clare an. »Ich glaube, du solltest deine Mam anrufen«, sagte sie. »Und du, Opi«, wandte sie sich an den Chef, der gerade von der Küche zurückkam, wo er den Wasserkessel aufgesetzt hatte, »solltest vielleicht Chalkie und ein paar von deinen Kumpeln anrufen, wenn Clare fertig ist.«

Als Clare nickte, gab Janey Dinny eine stark bearbeitete Zusammenfassung der Geschehnisse der letzten paar Tage. Sie verzichtete auf jeden Hinweis auf Übernatürliches und konzentrierte sich statt dessen auf Madden und dessen offenbar weitreichende Einflußsphäre.

»Das ergibt überhaupt keinen Sinn«, sagte Dinny. »Was will dieser Mann mit einem alten Buch?«

»Ich glaube, er meint, er könnte eine Menge Geld damit machen«, erwiderte Janey.

Das war nicht ganz gelogen. Denn Geld war Macht – eine unangenehme Wahrheit, deren Folgen sie nun am eigenen Leib zu spüren bekamen. Sie wußte einfach nichts anderes zu sagen; sonst meinte Dinny noch, sie seien alle verrückt geworden. Jedenfalls würde sie niemandem das Buch zu lesen geben – nicht jetzt, da sich die Dinge schon so weit entwickelt hatten.

»Davon könnten wir weiß Gott mehr gebrauchen«,

sagte sie. »War sie da?« fügte sie hinzu, als ihre Freundin den Hörer auflegte.

Clare schüttelte den Kopf. »Mam geht es gut. Aber sie hatte zwei Nachrichten für mich. Davie Rowe war da, und Owen von der Buchhandlung hat eine Nachricht hinterlassen: Ich solle ihn anrufen. Ich rufe gleich bei ihnen an.«

Die anderen fuhren mit ihrer Unterhaltung fort, während sie erneut den Hörer abnahm. Der erste Anruf war kurz, der zweite etwas länger.

»Na?« fragte Janey.

Clare überließ dem Chef ihren Platz beim Telefon und kehrte zum Sofa zurück.

»Davies Mutter hat ihn nicht mehr gesehen, seit er gestern abend das Haus verlassen hat«, sagte sie. »Und das läßt nichts Gutes ahnen.«

»Ich wußte gar nicht, daß ihr befreundet seid«, wunderte sich Dinny.

»Zieh sie bloß nicht mit ihm auf«, warnte Janey.

Dinny zuckte die Achseln. »Wie käme ich dazu.«

»Was ist mit Owen?« fragte Janey.

»Tja, Owen«, sagte Clare. »Ein Mann rief ihn an und meinte, wenn er mich nicht feuert, werde er dafür sorgen, daß ihn so lange kein Verlag mehr beliefert, bis er es tut.«

»Wie können sie das bloß tun?« schrie Janey. »Wo bleibt da die Gerechtigkeit? Wenn wir Montag morgen die Bank anrufen, werden wir zweifellos als erstes erfahren, daß diese verdammten Schweinehunde irgendwas mit unseren Konten angestellt haben.«

Sie wanderte im Zimmer umher und warf mit dem Fuß einen Stapel Manuskriptseiten um, ehe Felix sie dazu bekam, daß sie sich setzte. Inzwischen kam der Chef mit grimmigem Gesicht vom Telefon zurück.

»Ich will's gar nicht wissen«, sagte sie mit erstickter Stimme.

»Das war Chalkie«, sagte der Chef. »Jemand hat

Sara umgebracht, seine Katze«, fügte er zu Felix' Information hinzu, »und sie an den Baum hinter seinem Haus genagelt.«

»O nein!« schrie Janey. »Und wenn sie auch Jabez haben?«

Sie sprang auf und rannte zur Tür, riß sie auf und rief den Kater des Chefs, der nach wenigen Momenten der Angst angezockelt kam und Janey einen verständnislosen Blick zuwarf, als sie ihn in die Arme schloß und an sich drückte. Janey warf die Tür mit dem Fuß zu und nahm wieder ihren Platz auf dem Sofa ein, den Kater immer noch im Arm.

»Was sollen wir jetzt *tun*?« fragte sie.

Felix übernahm die Initiative. »Vor Montagmorgen läßt sich nicht viel tun«, sagte er. »Ich finde, wir sollten unseren Plan weiterverfolgen. Wir lesen das Buch zu Ende, dann verstecken wir es.«

»Aber welchen Sinn hat das?« fragte Janey. »Selbst wenn wir es so gut verstecken, daß niemand es findet, wird sie das trotzdem nicht davon abhalten, unser Leben und das aller unserer Freunde zu zerstören.«

»Wir wehren uns«, sagte Felix.

Der Chef schüttelte den Kopf. »Das kostet Geld, mein Lieber. Sie werden vor Gericht gehen, und Anwälte kosten Geld – Geld, das keiner von uns übrig hat. Wir sind keine reichen Leute wie dieser John Madden.«

»Wenn das Buch … nicht mehr existieren würde«, sagte Felix, »dann gäbe es auch keinen Grund mehr, darum zu kämpfen, nicht wahr?«

»Es sei denn, sie wollen sich rächen«, murrte Janey.

»Ich begreife das alles nicht«, sagte Dinny. »Was ist so besonders an diesem Buch? Warum will jemand für ein läppisches Buch das Leben von Menschen ruinieren, die er gar nicht kennt?«

»Aus Habgier«, sagte Clare.

»Aus Bosheit«, fügte Janey hinzu.

»Wir werden ihm Paroli bieten«, erklärte Dinny. »Sämtliche Boyds. Und unsere Freunde werden uns beistehen, ebenso wie wir euch beistehen werden.«

»Das Angebot wissen wir zu schätzen«, sagte der Chef.

Dinny nickte und machte ein noch grimmigeres Gesicht. »Außerdem sollten wir zur Polizei gehen. Schließlich gibt es Gesetze, die uns schützen.«

»Aber wir können diesen Leuten nichts beweisen«, sagte Clare. »Wir wissen nicht einmal, wie sie aussehen – abgesehen von dieser Grant in Penzance.«

Janey funkelte sie an. »Laß mich bloß mit der in Ruhe!« fauchte sie.

»Dann müssen wir sie in eine Lage hineinmanövrieren, in der wir ihnen etwas beweisen können«, sagte Felix.

»Was meinst du damit?« fragte Dinny.

Felix setzte zu einer Erklärung an, doch Janey schüttelte den Kopf.

»Sprich nicht weiter!« bat sie.

»Warum nicht?«

Sie deutete auf die Schatten, die in den Ecken des Raums größer wurden, während der Tag zur Neige ging.

»Weißt du noch, was Mr. Goninan über Madden und die Schatten sagte, die von künstlich hergestellten Gegenständen geworfen werden?« Sie schüttelte den Kopf. »Wir sind wirklich bescheuert. Bestimmt hat er alles mit angehört, worüber wir geredet haben.«

»Was hat denn der alte Peter damit zu tun?« fragte Dinny.

»Das zu erklären, würde zu lange dauern«, sagte Janey. Sie wandte sich an Felix. »Vielleicht stimmt das mit Madden und den Schatten gar nicht; vielleicht aber doch, schließlich ist die Magie des Buches real, nicht wahr?«

Dinny blickte verwirrt von einem zum anderen. »Magie?« fragte er.

»Das ist eine verrückte Geschichte«, erklärte Janey.

Dinny erhob sich; offenbar war ihm unbehaglich zumute.

»Vielleicht sollte ich jetzt gehen«, sagte er.

Janey nickte und begleitete ihn zur Tür. »Es tut mir leid, daß du mit deiner Familie in Mitleidenschaft gezogen wurdest.«

»Es war nicht deine Schuld.«

»Wir werden uns bemühen, die Dinge wieder ins Lot zu bringen«, versicherte sie ihm. »Mach dir wegen der Farm keine Sorgen. Wir werden uns rechtzeitig etwas ausdenken, um den Mann aufzuhalten.«

»Wenn ihr Hilfe braucht ...«

»Dann rufen wir dich sofort an«, sagte Janey.

Als sie ins Wohnzimmer zurückkehrte, sprachen die anderen immer noch über Magie, Schatten und dergleichen.

»Wenn Mr. Goninan nicht in seinem Haus reden wollte«, sagte Clare, »und wenn dieser Madden es nicht einmal auf ihn abgesehen hat ...«

Der Chef deutete zu einer Stelle unmittelbar über der Vordertür, wo die Messingfigur eines Kobolds auf dem Türrahmen stand – als Glücksbringer.

»Jan Penalurick wird uns davor schützen, daß wir mittels Magie ausspioniert werden oder durch Magie zu Schaden kommen«, sagte er. »Jedenfalls solange wir uns im Haus aufhalten.«

»Das ist nicht unbedingt dasselbe«, sagte Clare, doch der Chef brachte sie zum Schweigen.

»Wenn man schwarze Magie anerkennt, meine Liebe«, sagte er, »dann muß man auch die weiße anerkennen.«

Felix blickte Janey an, die einfach bloß nickte.

»Schon möglich«, sagte sie.

Sie nahm ein ramponiertes Foto von Dunthorn und betrachtete die vertrauten Züge, die sie nur von Fotos her kannte.

Um ihn drehte sich alles.

Ach, Billy, dachte sie. Hast du eigentlich gewußt, was du tatest, als du dein Buch verzaubertest?

Der Mann, der starb und wieder auferstand

Das Christusbild ist einfach das ideale Symbol für unsere Zivilisation. Es ist für uns das idealeVorbild – man muß sterben, um zu überleben. Weil die Persönlichkeit in unserer Gesellschaft gekreuzigt wird. Darum brechen so viele Leute zusammen, darum sind die psychiatrischen Kliniken überfüllt. Niemand kann die Persönlichkeit ausleben, die er gerne möchte, das heißt, der Held seines eigenen Dramas sein. Dieser Held stirbt, wird massakriert, und das Selbst, das wiedergeboren wird, behält diese Kreuzigung in Erinnerung.

LEONARD COHEN
aus einem Interview in *Musician*, July 1988

Als Bett den Abzug seiner Automatik drückte, verlor der normale Ablauf der Zeit für Davie Rowe seine Bedeutung. Er sah die Kugel beinahe aus der Mündung austreten, den Lichtfunken tief im Innern des Laufs, der den Rückstoß ausgelöst hatte, die Flugbahn der Kugel, die einen Strudel von Nachbildern in ihrem Kielwasser zurückließ. Die Detonation war wie ein Donnerschlag.

Und dann traf ihn die Kugel, direkt in die Brust.

Der Schmerz setzte ein – scharf und zentral, zuerst unmittelbar über dem Herzen, wo die Kugel eingedrungen war, dann in der Schulter, dann als Welle, die durch seinen übrigen Körper schwemmte.

Er wußte, daß er tot war.

Es dauerte eine Ewigkeit, bis der Sturz abgeschlossen war – Zeit genug, um tausend Dinge zu bedauern.

Daß er nie einen richtigen Freund gehabt hatte.

Daß er nie eine Freundin gehabt hatte.

Daß er nie in einen Spiegel geschaut hatte, ohne Gott oder sein Schicksal oder wen auch immer wegen des verwüsteten Gesichts zu verfluchen, das ihn daraus ansah.

Daß er nie die Willensstärke besessen hatte, etwas aus sich zu machen, ganz gleich, wie übel ihm das Schicksal mitgespielt hatte.

Daß er nie der Held gewesen war, der er hätte sein können, wenn er nur eine winzige Chance gehabt hätte; ein Held, wie seine überlebensgroßen Celluloididole, die im Kino unten in Penzance über die Leinwand stolzierten.

Daß er sterben und daß niemand ihn vermissen und um ihn trauern würde.

Abgesehen von seiner Mutter. Und würde sie wirklich *ihn* vermissen oder bloß den Körper, der sie nach Kräften mit Geld unterstützt hatte, der ihre gedankenlosen Vorwürfe über sich hatte ergehen lassen?

»Wenn du kein so schlechter Kerl wärst, Davie«, sagte sie immer, »hätte Gott dich nicht mit diesem Gesicht gestraft.«

Davie Rowe glaubte nicht an Gott.

Trotzdem fragte er sich, ob sie nicht recht gehabt hatte. Denn er hatte böse Gedanken. Häßliche Gedanken, wie zum Beispiel denen, die ihn verspotteten, weh zu tun. Oder sich einfach zu nehmen, was er wollte, weil es ihm die Welt verdammt noch mal *schuldig* war. Oder jemanden wie Clare zu zwingen, ihm zu Willen zu sein …

Das waren nicht die Gedanken eines Helden.

Sie zeugten weder von Tapferkeit noch von Anstand.

Er hatte in einem Zustand ständiger Wut gelebt. Das einzige, was ihn daran hinderte, seinen schlimmsten Impulsen freien Lauf zu lassen, war die Gewißheit, daß er dann wieder im Gefängnis landen würde. Daß man ihn wie das Tier, das er in der Augen der Welt war, in einen Käfig sperren würde.

Nicht Mitgefühl hatte seine Hand im Zaum gehalten, sondern die Angst, in den Käfig zurückkehren zu müssen.

Und jetzt starb er.

Er lag da und starb einen Tod, der ebenso sinnlos war wie sein Leben, ohne die Möglichkeit, es je wiedergutmachen zu können. Über den Haufen geschossen wie ein Hund, lag er in seinem eigenen Blut, das sich zu einer Pfütze sammelte. Bewegungsunfähig, ohne etwas anderes zu empfinden als den Schmerz und die Woge des Bedauerns, die ihn überschwemmte.

Wie ein Hund; kein Held.

Jeder Hund hat irgendwann einmal seinen großen Tag ...

Schon früh war ihm klargeworden, daß dieses Sprichwort wie so vieles auf der Welt eine Lüge war, denn sein großer Tag war nie gekommen.

Letzte Nacht hatte er die einzige gute und wichtige Tat seines Lebens vollbracht – indem er Clare vor Michael Bett gerettet hatte –, und das war nun der Lohn: hier zu liegen, Betts Kugel in der Brust, und hilflos zuzusehen, wie Bett sich näherte, um ihm den Rest zu geben.

Aufgrund seiner eigentümlich veränderten Wahrnehmung, wirkte Bett beim Näherkommen beinahe komisch. Es war, als hätte sich die Luft in Honig verwandelt und Bett könne sich nur mit Mühe einen Weg durch die klebrige Masse bahnen, die ihn am Fortkommen hinderte.

Die Waffe in Betts Hand hatte jedoch nichts Komisches an sich.

Und zu sterben war kein Witz – obwohl Gott vielleicht oben in seinem großen Himmel saß, herunterschaute und herzlich lachte.

Bett legte die Waffe an, langsam, ganz langsam, und Davie verschränkte in Erwartung der zweiten Kugel die Arme vor der Brust.

Doch die Kugel kam nicht.

Bett wandte sich ab, irgend etwas hatte ihn abgelenkt, und dann verschwand er wie in einer Zeitlupensequenz im Kino aus Davies Gesichtsfeld.

Erleichterung schwemmte das Bedauern und den Schmerz mit sich fort. Davie hatte das Gefühl zu schweben. Das Blau des Himmels war ihm noch nie so klar vorgekommen. Seine Ohren waren noch nie so fein auf die Geräusche abgestimmt gewesen – auf das Geräusch der weiter unten an die Felsen schlagenden Wellen, das Rascheln des Farns und des Grases im Wind, den Schrei eines Vogels ... Alles nahm er mit niegekannter Klarheit wahr.

Er betrachtete einen verdorrten Farn und wußte, daß er Teil des Hochmoors war, das wiederum Teil des Landes war, das seinerseits Teil von Großbritannien war, das von Meer umgeben war, ein Teil der Erde, die Teil des Himmels war, und jenseits davon ... die Sterne, die Galaxien, die Universen ... alles miteinander verbunden ... jedes ein integraler Bestandteil alles anderen ...

Und er war auch ein Teil davon. Nicht besser oder schlechter als dieser ein verdorrter Farnwedel. Genauso wichtig wie die Königin im Buckingham Palast, so wichtig wie eine Wühlmaus, die am Fuß einer Hecke ihre Gänge grub.

Jetzt, da er starb, fühlte er sich lebendiger als je zuvor.

Er hob eine Hand an die Brust und zuckte vor Schmerz zusammen. Seine suchenden Finger fanden jedoch keine offene Wunde. Statt dessen trafen sie auf die kleine silberne Flasche, die er in der Innentasche bei sich trug. Er hatte sie diesen Sommer einem Touristen auf Land's End geklaut, und wenn er es sich leisten konnte, füllte er sie mit dem dunklen Rum, den er so mochte.

Er war weder ein Quartalssäufer noch ein Trinker, doch von Zeit zu Zeit saß er draußen bei den Klippen, blickte auf die Bucht hinaus, trank ein paar Schluck und stellte sich vor, er sei einer dieser alten Schmuggler, die einmal die Küste unsicher gemacht hatten, und kostete seine Beute. Heute war die Flasche leer gewesen – wie so häufig –, aber er trug sie dennoch gern mit sich herum. Und nun hatte sie ihm das Leben gerettet.

Er spürte die Delle, wo die Kugel abgeprallt war, die seine Brust zwar gequetscht, die Haut jedoch unversehrt gelassen hatte.

Aber woher kam dann das Blut…?

Abermals zuckte er zusammen, als er zu der Stelle gelangte, wo ihm der Querschläger durch die Schulter gedrungen war.

Als seine tastenden Finger die Wunde berührten, hätte er vor Schmerz fast aufgeschrien – doch es war ein süßer Schmerz, denn er enthielt eine Botschaft, die sein Herz jubilieren ließ.

Er würde weiterleben.

Aber Bett… wo waren Bett und sein Revolver? Er ließe ihn doch bestimmt nicht einfach so liegen, solange noch die Möglichkeit bestand, daß er überlebte und den Vorfall weitererzählte.

Er hielt Ausschau nach Bett – er meinte, er höbe den Kopf –, doch dann passierte etwas höchst Merkwürdiges, denn er stellte fest, daß sein Geist nach Bett ausgriff, nicht seine Sinne. Ebenso wie er sich mit der ganzen Welt und den Sternen ringsum verbunden gefühlt hatte, in einer Verbundenheit, die er nicht aufrechtzuerhalten vermochte, weil sie einfach zu gewaltig war, als daß ein einzelner Geist sie hätte erfassen können, spürte er nun eine Verbindung zu dem Mann, der ihn ermorden wollte. Er lag bewegungslos auf der

Erde, wußte jedoch genau, was Bett gerade tat. Es war, als säße er auf der Schulter des Mannes oder begleitete ihn in dessen Hinterkopf.

Er folgte Bett, kroch durch dichtes Unterholz, pirschte sich an jemanden an … an einen Wanderer.

Er wollte dem ahnungslosen Mann eine Warnung zurufen, brachte jedoch kein Wort heraus. Und dann schaltete sich sein Selbsterhaltungstrieb ein.

Lauf weg! sagte er ihm. Lauf weg, solange du kannst!

Und so kroch er in das Unterholz auf seiner Seite des Weges, vergrub sich tief im Dickicht, geistig noch immer mit Bett verbunden. Wenn er sich bewegte, war der Schmerz so stark, daß er mehrmals für kurze Zeit das Bewußtsein verlor. Die seltsame Zeitdehnung hielt jedoch an, so daß ihm wenige Sekunden wie lange Minuten vorkamen. Mit einem steifen Zweig, denn er aus einem abgestorbenen Dornbusch zu ziehen vermochte, wischte er kraftlos über die Spur, die er hinter sich zurückließ.

Und er kroch weiter in den üppigen Pflanzendschungel hinein, der sich am Rand der Klippen entlangzog. Als Bett den Wanderer hinunterstieß, legte er eine Pause ein. Seine Verbindung mit Bett weitete sich plötzlich und bezog nun auch den Wanderer ein, so daß er dem Mann bei dessen Sturz auf die tiefergelegenen Felsen folgte. Als der Wanderer aufschlug, hätte er beinahe geschrien; anschließend blieb er zitternd liegen.

Es dauerte lange, bis der Geist in den Kopf zurückgekehrt war. Die Kräfte ließen nach. Was ihm davon noch geblieben war, setzte er ein, um mit der unverletzten Hand und den Zähnen einen Streifen vom Hemd abzureißen und damit unbeholfen die Wunde zu verbinden.

Die Verletzung war ein glatter Durchschuß. Wenn er die Wunde sauber hielt und richtig versorgen ließ …

Er spürte, daß Bett nach ihm suchte, und lag ganz still. Aufgrund seiner Verbindung mit dem Mann spürte er Betts Verwirrung. Bett suchte eine Weile nach ihm, doch er schien nicht ganz bei der Sache zu sein. Davie spürte die anderen Dinge, die ihn beschäftigten, die in dem Durcheinander von Betts Geist brodelten, obwohl er sie nicht ganz zu erfassen vermochte. Die Verbindung blieb jedoch bestehen, selbst dann noch, als Bett über den Küstenpfad nach Mousehole zurückkehrte.

Die Verbindung blieb bestehen.

Er folgte Bett durchs Dorf und wieder hinaus auf die Straße nach Newlyn.

Ich kann dich finden, dachte Davie, während er den Kopf ermattet ins Gras legte, zu erschöpft, um sich noch weiterzubewegen. Wo du auch hingehst, ich kann dich finden.

Und wenn er ihn fand …

Jeder Hund hat irgendwann einmal seinen großen Tag.

Willie unterhielt ein geheimes Lager in einem Stall, der zu einer Farm am Dorfrand gehörte. Davie war so oft mit Willie dort gewesen, daß er genau wußte, unter welchem Bodenbrett Willie seinen Ersatzrevolver versteckt hatte, eingewickelt in Plastik und Ölzeug, um ihn vor dem Wetter zu schützen.

Davie würde dort hingehen, und dann würde er seine zweite gute Tat in ebensoviel Tagen vollbringen. Er würde die Welt von Michael Bett erlösen und die Konsequenzen auf sich nehmen.

Bewußtlosigkeit überschwemmte ihn und zog ihn in ihre dunklen Tiefen hinab. Davie ließ sich fallen, doch als er sich endgültig von der Dunkelheit verschlucken ließ, lag ein Lächeln auf seinen Lippen.

Da stand ich nun

Unter die Erde geh ich nun,
Bekränzt mit Eichenlaub,
Ich reite auf der nie gedeckten Stute
Und trag den Toten in der Hand.

Schottisches Lied
gesammelt von HAMISH HENDERSON

»Wir können unser Land nur noch im Traum verlassen«, sagte Edern, »in unseren Träumen, deinen Träumen …«

»In Seehundträumen?« fragte Jodi.

Edern lächelte und nickte. »Auch in Seehundträumen.« Dann seufzte er. »Aber Träume sind nicht genug.«

Sein Lächeln, seine Körpersprache, seine Stimme waren Jodi nach wie vor vertraut. Doch es war ein merkwürdiges Gefühl, Ederns Eigenheiten bei einem Fremden wahrzunehmen. Ein vertrauter Fremder zwar, aber dennoch ein Fremder.

Sie nahmen im Schatten des Dolmens Platz, in der Welt, in die sie durch das Loch im Men-an-Tol geraten war. Edern lehnte sich an den Stein, die Beine vor sich ausgestreckt und an den Knöcheln übereinandergeschlagen. Jodi saß ihm gegenüber auf einem anderen Stein, schwang leicht die Beine und schlug mit den Fersen gegen den rauhen Granit.

Edern hatte einen altmodischen Lederrucksack mitgebracht, aus dem er Brot, süße Brötchen und Käse hervorholte. Zum Nachtisch gab es kandierte Früchte und etwas, das stark nach Schokolade schmeckte, obwohl Edern ihr sagte, es sei aus einer anderen Nuß gemacht. Die Mahlzeit vervollständigte ein Trinkschlauch mit kaltem Tee, mit dem sie alles hinunterspülten.

»Früher einmal hatten unsere Welten regen Umgang miteinander«, fuhr Edern fort, als sie gespeist hatten. »Es gab einen Austausch von Poesie und Liedern, von Kunstwerken und Gedanken. Wir waren beinahe eine einzige Welt, getrennt nur durch eine dünne Membran, ähnlich einem Zwiebelhäutchen. Wenn man hindurchtrat, war es, als durchdränge man einen dichten Nebel – ein klammes Gefühl, jedoch nicht unangenehm.

Aber das ist lange her.«

»Was ist passiert?« fragte Jodi.

»Kaltes Eisen.«

Sie schüttelte den Kopf. »Ich verstehe nicht.«

»Eure Welt beschäftigte sich eingehend mit der Metallverarbeitung. Die weichen Metalle genügten nicht mehr – Gold und Silber, Kupfer, Bronze und Zinn. Ihr brauchtet Eisen, wegen seiner Festigkeit. Eisen war uns jedoch verhaßt, und das ist es noch immer, bis zum heutigen Tag.«

»Die zwiebelartige weiche Grenze wurde dicker. Schicht um Schicht kam hinzu, so daß sie jetzt nur noch die Träume eines Dichters zu durchdringen vermögen.«

»Bist du ein Dichter?« fragte Jodi. »Ich habe mal einen kennengelernt – im Bruch. Er machte schöne Verse, obwohl der Rhythmus nicht immer ganz stimmte. Aber es waren lustige Gedichte. Und was schreibst du?«

»Ich gebrauche das Wort in seiner alten Bedeutung«, sagte Edern. »Worte enthalten Macht, und Macht ist das Reich der Magie.«

»Ich dachte immer, Namen enthielten Magie.«

»Das tun sie auch«, sagte Edern. »Und was sind Namen, wenn nicht Worte? Es sind die ersten Worte –

die, die wir als Kleinkinder lernen, damit die Welt um uns herum einen Sinn bekommt. Bei den meisten von uns büßen sie mit dem Älterwerden ihre Wirkung ein; nur für Dichter behalten sie ihre Kraft.«

»Bist du ein Dichter? Ich meine, *diese* Art von Dichter. Bist du ein … Magier?«

»In gewisser Weise, ja.«

»Wie kommt es dann, daß du dich nicht mit Zauberkraft befreit hast, als die Witwe dich gefangenhielt?«

»Weil sie mich in einem Körper aus Metall eingesperrt hatte.«

»Und in der Legierung war Eisen?«

Edern nickte.

»Sie hat meinen träumenden Geist eingefangen«, sagte er. »Ihn eingefangen und aus meiner Welt in eure hinübergezogen und dann in diesem Körper mit Metallbeschlägen eingesperrt, so daß ich nicht mehr nach Hause zurückkehren konnte, wo mein eigener Körper schlafend dalag.«

»Dann hast du also nie zum fahrenden Volk gehört? Sie hat dich nie in einen Kleinen verwandelt – wie mich?«

»Nein.«

»Warum hast du mich dann angelogen?«

»Ich wußte nicht, ob ich dir trauen konnte.«

»Aber jetzt vertraust du mir?«

»Ich würde dir mein Leben anvertrauen.«

Jodi schüttelte den Kopf. »Das verstehe ich nicht. Was hat sich verändert?«

»Inzwischen *kenne* ich dich«, erwiderte er einfach. »Hätten wir in deiner Welt mehr Zeit miteinander verbracht, hätte ich dir alles erzählt.«

Das sagt sich so leicht, dachte Jodi. Aber dann wurde ihr klar, daß sie ihm glaubte. Sie konnte nicht erklären, warum sie es tat. Vielleicht *kannte* sie ihn nun ebenfalls, was immer das bedeuten mochte.

Oder vielleicht wollte sie ihm auch einfach nur vertrauen.

»Warum wolltest du, daß ich hierherkomme?« fragte sie schließlich.

»Unsere Welten brauchen einander«, sagte Edern. »Sie haben sich inzwischen zu weit voneinander entfernt, und darunter haben wir zu leiden – in beiden Welten. Die Trennung ist verantwortlich für eine Disharmonie, die sich in beiden Welten widerspiegelt. Deine Welt wird immer reglementierter und geordneter; schon bald werden die Menschen die Fähigkeit verloren haben, Phantasie zu entwickeln, Magie wahrzunehmen oder sich einfach an den Wundern der Welt zu erfreuen, in der sie leben dürfen. Alles wird in Schubladen gesteckt und eingeteilt, und über den Köpfen der Leute hängt ein graues Leichentuch. Deine Welt wird schließlich so trist und langweilig werden, daß die Menschen sie irgendwann aus purer Blindheit und Unwissenheit zerstören werden.«

»Und deine Welt?«

»Wird zu übermütig. Es gibt Magie im Überfluß. Alles, was man sich vorstellen kann, geschieht auch, und wenn sie sich selbst überlassen bleibt, wird meine Welt im Chaos untergehen.«

»Das klingt nach Denzils Theorie von den zwei Persönlichkeiten«, stellte Jodi mit einem Lächeln fest.

»Wie das?«

»Nun, er sagt, jede Gehirnhälfte weise eine andere« – sie hielt inne und suchte nach dem passenden Wort – »Physiologie auf. Die linke Hälfte ist sozusagen der Kapitän eines Kutters. Sie kümmert sich um die Erfordernisse des Alltags.« Ihre Stimme nahm Denzils Tonfall beim Theoretisieren an. »Sie betrachtet alles aus der Nähe, wie durch ein Mikroskop. Die rechte Hälfte beherbergt das verborgene Selbst. Sie ist nicht dominant, und aus ihr stammen unsere Gefühle und Instinkte. Sie vermittelt eine umfassende Sicht der Welt, verknüpft unverzüglich alles miteinander, anstatt daß man sich durch Versuch und Irrtum erst langsam herantasten müßte; und sie tut es intuitiv. Das Problem dabei ist, daß man sie nicht einfach einschalten kann wie die linke Hälfte – darum nennt Denzil sie die verborgene Hälfte. Aber wenn man sie *nicht* gebraucht, dann verkümmert sie.

Wir müssen beide Hälften gebrauchen, meint Denzil, weil beide für eine voll entwickelte Persönlichkeit nötig sind.«

»Genau das ist es«, stimmte Edern zu. »Eure Welt wird zu einem lichtlosen Ort – einem dunklen und freudlosen Ort, der beinahe nicht mehr real ist –, während es in meiner Welt zuviel Licht gibt, so viel, daß es uns schließlich verzehren wird. Wir beide – die Menschen deiner wie auch meiner Welt – haben Knoten im Gehirn, die gelockert werden müssen, und die einzige Möglichkeit, das zu erreichen, besteht darin, beide Welten wieder näher zusammenzubringen.«

»Aber was du da sagst, stimmt nicht«, sagte Jodi. »In meiner Welt gibt es Menschen, die wundervolle Dinge tun – Maler und Bildhauer und Künstler und Musiker… Wie ist das möglich, wenn sie an eurem Licht nicht teilhaben?«

»Sind es viele – ich meine, im Verhältnis zur übrigen Bevölkerung?«

Jodi schüttelte den Kopf.

»In meiner Welt ist es das gleiche. Es gibt Logiker und Theoretiker bei uns, aber es sind wenige, und obwohl sie bei der gewöhnlichen Bevölkerung durchaus respektiert werden, versteht sie eigentlich niemand. Weder das, was sie antreibt, noch das, was sie uns eigentlich zu sagen haben.«

Jodi nickte langsam. »Ich glaube, mit den Künstlern in meiner Welt ist es das gleiche«, sagte sie. »Manchmal meine ich, nicht einmal *sie* wissen, was sie da tun, sie werden bloß dazu getrieben.«

»Sie versuchen, mit der Hügelwelt in Kontakt zu treten«, erläuterte Edern, »genauso, wie meine Leute mit der Eisenwelt in Kontakt zu treten versuchen – mit deiner Welt.«

Das schien Jodi der geeignete Moment, eine Frage zu stellen, die sie beschäftigte, seit sie in der Hügelwelt angekommen war.

»Wo stecken deine Leute eigentlich?« fragte sie.

»Sie wußten, daß du bald einträfest, darum haben sie sich ferngehalten«, erklärte Edern. »Sie wollten dir nicht begegnen.«

Jodi machte ein finsteres Gesicht. »Das ist nicht besonders nett.«

»Nein, nein«, beschwichtigte Edern, »du darfst nicht schlecht von ihnen denken. Ihr Fernbleiben hat einen guten Grund, der nichts mit dir persönlich zu tun hat. Wenn wir einem Eisenweltler begegnen, besteht die Gefahr, daß wir die Begegnung nie wieder vergessen können. Ständig sehnen wir uns nach unserer anderen Hälfte. Der Wunsch, mehr zu wollen – eure Welt zu erreichen –, ist stets in uns lebendig, aber er wird unerträglich, wenn wir erst einmal eine konkrete Erfahrung gemacht haben. Er kann uns zum Wahnsinn treiben.«

»Wie wenn Sterbliche ins Feenland überwechseln«, sagte Jodi.

Edern nickte.

»Unsere Märchen behaupten das gleiche«, fügte sie hinzu. »Nämlich daß ein Mensch durch die Erfahrung verrückt werden kann … oder ein Dichter.« Sie betrachtete Edern eingehender. »Ist dir das passiert?«

Abermals nickte Edern. »Ich habe zu lange in eurer Welt geträumt.«

»Ach du grüne Neune. Steht mir dasselbe bevor?«

»Ich weiß es nicht. Ich hoffe, wir können etwas dagegen unternehmen – du und ich.«

»Aber ich habe nichts Magisches an mir«, protestierte Jodi. »Ich bin nur ein unbedeutender Mensch.«

»Man muß dazu weder bedeutend sein noch über Magie verfügen«, erklärte Edern. »Man braucht bloß Einfühlungsvermögen ... und Musikalität.«

Jodi lachte. »Dann hast du dir die Falsche ausgesucht. Ich kann kein einziges Instrument spielen, und jedesmal, wenn ich zu singen anfange, klatschen die Leute hinterher – aber nur, weil ich aufgehört habe.«

»Du mußt weder ein Instrument spielen noch singen können«, sagte Edern. »Du mußt bloß fähig sein, die Musik in dich aufzunehmen und sie in deine Welt mit zurückzunehmen.«

»Aber wie?«

»Wir tragen alle Musik in uns«, meinte Edern. »Hier« – er tippte sich auf die Brust – »in unserem Herzen. Das Herz schlägt nach ihrem Takt.«

»Wenn sie schon da ist, warum soll ich sie dann mit zurücknehmen?«

»Weil du lernen mußt, sie zu erkennen, und anschließend den anderen Menschen das gleiche beibringen mußt. Es ist nicht schwer. Das ist die wahre Magie der Welt – ihre Wahrheiten sind viel einfacher, als wir vermuten.«

»Ja, aber ...«

»Laß es mich dir erklären. Was weißt du über Musik?«

»Ich erkenne, wann sie gut ist.«

Edern lächelte. »Menschen, die Musik komponieren – und ich spreche jetzt von wirklichen Künstlern –, versuchen lediglich, die Klänge einer ursprünglichen Musik einzufangen, einer Musik, welche die Welt geformt und ihr ihre Magie verliehen hat. Das ist es, was sie antreibt. Je näher sie ihr kommen, desto größer wird ihr Drang, weiterzusuchen. Dann ist da noch die alte Musik – die Tänze und Weisen, die immer schon da waren. Bist du mit ihnen vertraut?«

Jodi nickte. »Die gefallen mir am besten.«

»Den meisten Leuten geht es so; das kommt daher, daß sie beim Zuhörer eine Resonanz auslösen – ein Echo längst vergangener Dinge. Der Grund, warum die alten Weisen diesen Nachhall bewahrt haben, liegt darin, daß man nicht soviel daran herumgepfuscht hat, daß sie sich nicht wirklich verändert haben. Die Musiker, die sie spielen, bewahren den Kern der Musik, schichten eine neue Instrumentierung oder neue Arrangements darüber, aber das Wesentliche bleibt bestehen.

Diese Weisen werden heute genauso gespielt wie vor hundert Jahren. Wie vor hundertmal hundert Jahren. Sie kommen jener ursprünglichen Musik sehr nahe, stimmen aber noch immer nicht ganz. Sie sind nur das Echo des ersten Liedes, das die Schlange Adam und Eva beibrachte – ein alter Tanz, der älteste von allen.

Was ich euch lehren möchte, ist jene ursprüngliche Musik. Ich möchte euch beibringen, sie in euch selbst wahrzunehmen, in eurer eigenen Welt. Weckt sie auf, und die Grenze wird wieder durchlässig.«

Jodi schüttelte den Kopf. »Das verstehe ich nicht. Wenn du sie kennst, warum tust du das alles dann nicht einfach selbst?«

»In dieser Welt wissen das alle«, sagte Edern. »Wir wissen es nur allzugut. Das ist der Grund, warum die Magie in der Hügelwelt außer Kontrolle gerät. In *deiner* Welt weiß man nichts mehr davon. Die Musik muß in beiden Welten erklingen.«

»Aber ich habe dir doch gesagt, daß ich keine Melodie behalten kann.«

»Wenn du willst«, sagte er, »bringe ich's dir bei.«

»Ist es schwer oder … tut es weh?«

Jodi wußte nicht, warum sie das gefragt hatte. Vielleicht deshalb, weil sie meinte, so einfach könne es nicht sein – auch wenn Edern noch so sehr behauptete, dies sei die Magie der Welt.

Ihre Wahrheiten sind viel einfacher, als wir vermuten.

»Es wird ein bißchen weh tun«, sagte Edern. »Es ist ein alter Zauber. Die Erinnerung weckt beide Seiten der Medaille auf – den Sturm und den Sonnenschein.«

»Und bekomme ich dadurch meine alte Größe wieder?«

Edern schüttelte den Kopf. »Das mußt du so bewerkstelligen, wie ich es dir gesagt habe. Die Witwe hat etwas von dir, das du ihr abnehmen mußt. Aber wenn du erst einmal soweit bist, wird dir die Musik helfen.«

»Wie kommt es, daß ihre Magie in meiner Welt immer noch wirkt? Du hast doch behauptet, sie sei daraus verschwunden.«

»Ich habe nicht behauptet, sie sei verschwunden«, erwiderte Edern. »Nur daß sie dabei sei, zu verschwinden. Aber der größte Teil ist tatsächlich verschwunden. Willst du mir helfen, Jodi?«

»Ich ...«

Auf einmal hatte sie Angst. Wiederum hätte sie den Grund dafür nicht nennen können. Tief in ihrem Innern verspürte sie jedoch eine Beklemmung. Ihre Kehle war ausgedörrt und fühlte sich an wie Sandpapier. Es war ihr eng in der Brust; ein riesiger Stein hatte sich in ihrer Magengrube niedergelassen.

Verflixt und zugenäht, dachte sie. Hatte sie sich nicht immerzu nach so etwas gesehnt? Hatte sie sich nicht vor zwei Tagen bei Denzil deswegen beklagt? Weil sie etwas Wichtiges tun wollte. Etwas, das etwas bedeutete.

Sie schluckte trocken.

»Ich ... ich werd's versuchen«, murmelte sie.

Sie hatte geglaubt, sie werde sich besser fühlen, sobald die Entscheidung gefallen war, das dumpfe Gefühl wurde jedoch nur noch schlimmer.

»Aber ich habe Angst«, fügte sie hinzu.

»Ich bin ja bei dir«, versicherte ihr Edern.

Und das tröstete sie ein wenig.

Sie fragte sich, ob ihre Empfindungen – diese instinktiven Hoffnungen und Zweifel, ihre plötzlichen Gefühlschwankungen – etwas mit der Hügelwelt selbst zu tun hatten. Wenn es sich so verhielt wie bei Denzils Theorie der zwei Persönlichkeiten, und diese Welt war ihr Unbewußtes, dann müßte ihre Intuition doch eigentlich auf vollen Touren arbeiten. Aber warum *kannte* sie dann diese ursprüngliche Musik nicht schon, von der Edern redete? So wie sie ihn kannte …?

Je mehr sie darüber nachzudenken versuchte, desto schlimmer wurden ihre Kopfschmerzen.

»Wann fangen wir an?« fragte sie.

»Sobald du bereit bist.«

Jodi holte tief Luft. Sie blickte sich in der sonnenbeschienenen Heidelandschaft um, betrachtete das Heidekraut und die verdorrten Farnbüschel, den immer noch blühenden Stechginster, die gelben Blüten auf ihren stachligen Stengeln.

Sie war aus der Nacht ihrer Welt hierhergekommen.

Aus der Eisenwelt ins Hügelland.

Mittels Magie.

Und war nicht eine Musik erklungen, kurz bevor das Licht sie ergriffen und hierhergebracht hatte? Eine wundervolle, herzzerreißende Musik, die ihr Schauder über den Rücken sandte, wenn sie nur daran dachte? Eine Musik, bei der einem klarwurde, daß man sein Leben lang geschlafen hatte, weil sie einen nämlich aufweckte. Plötzlich und vollständig.

Wenn das die Musik war, die er ihr beibringen wollte …

Wenn er ihr zeigen wollte, wie man sie ständig hören konnte …

Sie lächelte Edern an. Er lächelte zurück. Je länger sie hier bei ihm saß, desto vertrauter wurden ihr seine Züge. Nicht deshalb, weil sie sich an sie gewöhnt hätte, erkannte sie, sondern weil sie ihn *kennenlernte*.

»Ich bin bereit«, sagte sie.

2

Denzils erster Gedanke galt den Kindern. Er hätte es niemals zulassen dürfen, daß die Kinder sie hierher begleiteten. Sie waren verrückt gewesen, das zuzulassen.

Aber schließlich war ja die ganze Angelegenheit verrückt, oder etwa nicht?

Hexen und Kobolde und lebende Tote.

Jodi, die in einer Woge von Musik und Licht verschwunden war …

Er wurde von Verzweiflung erfaßt und wandte sich seinen Begleitern zu, doch diese waren mit praktischeren Dingen beschäftigt.

»Zum Teufel mit ihnen!« grummelte Henkie. »Das Salzwasser wird uns bei diesen Mistkerlen wohl nicht weiterhelfen, oder?«

»Wohl kaum«, antwortete Taupin. »Sie bestehen ja selbst zum größten Teil aus Meerwasser – aus Leichenfleisch und Knochen, Salzwasser und Tang.«

»Ich dachte, die Witwe könne das Zeug nicht ausstehen«, sagte Henkie.

»Sie vielleicht nicht«, meinte Kara. »Diese Wesen schon.«

Ethy kuschelte sich an Denzil und schob die kleine Hand in seine große.

»Jetzt fürchte ich mich«, sagte sie leise.

Denzil nickte. »Ich mich auch.«

Denn die Wasserleichen waren entsetzliche Gestalten. Ihre Augen waren stumpf und verschluckten das Licht aus Henkies Petroleumlampe eher, als daß sie es reflektierten. Ihr blasses Fleisch glänzte feucht, von ihren zerrissenen Kleidern hing Tang in nassen langen Strähnen herunter. Hinter ihnen bewegten sich weitere Gestalten in der Dunkelheit, die jenseits des Lichtkreises der Lampe lag – lange dünne Schatten, die ausgelassen herumzutänzeln schienen.

Sie bewegten sich nicht wie normale Schatten, die von einem flackernden Licht geworfen wurden, sondern völlig selbständig. Ihr Tanzen hypnotisierte Denzil und jagte ihm zusätzlich zu der Angst, die ihm bereits die Brust verengte, Schauer über den Rücken.

Ein fauliger Geruch lag in der Luft – der gleiche Gestank, den Denzil letzte Nacht gerochen hatte, als die Spione der Witwe in der Nähe gewesen waren. Diese jedoch waren bloß winzige Dinger gewesen. Das hatte Jodi ihnen jedenfalls erzählt. Die Moorgespenster, denen sie und Edern gegenübergestanden hatten, waren ganz klein gewesen und nicht flinker als die schwerfälligen Ertrunkenen mit ihrem schlurfenden Gang.

Aber diese Schattenwesen ...

Welche neue Teufelei hatte die Witwe mit ihrer Hexerei heraufbeschworen?

Denzil vermochte die Witwe nirgendwo auszumachen, aber warum hätte sie die Mühe des beschwerlichen Wegs auch auf sich nehmen sollen? Sie wollte sie alle töten, wenn auch nicht unbedingt eigenhändig. Ihre Wasserleichen und die Riesenmoorgespenster würden für diesen Zweck vollkommen ausreichen, und das Resultat wäre das gleiche.

Wenigstens war Jodi in Sicherheit.

Es war nur ein kleiner Trost, doch damit mußte er sich eben abfinden.

»Was sollen wir jetzt machen?« fragte Lizzie.

Die Kinder hatten sich um den Dolmen versammelt, nur Peter und Kara wichen den Erwachsenen nicht von der Seite.

»Tja, nun«, meinte Henkie. »Sie bestehen also größtenteils aus Salzwasser?« Er wandte sich grinsend an Taupin, seine weißen Zähne blitzten. »Was macht man, wenn man eine Dusche verpaßt bekommen hat?«

Die Toten schlurften langsam näher. Denzil hielt Ausschau nach einer Waffe, doch es war nichts zur Hand. Ihre einzigen Waffen waren der Hammer in Henkies Gürtel und das kleine Taschenmesser, das Peter aus seiner Tasche hervorgeholt hatte und nun mit ausgeklappter Klinge zitternd umklammert hielt.

»Na, man trocknet sich ab«, beantwortete Henkie seine eigene Frage. »Man setzt sich nahe an den Kamin und wartet, bis die Feuchtigkeit verdunstet ist, stimmt's?«

Er trat unvermittelt vor, öffnete den Oberteil der Lampe und schwenkte diese vor sich im Halbkreis. Das herauslaufende Öl fing Feuer und spritzte auf die Gestalten, die ihnen am nächsten standen. Im Nu hatten die Kleider Feuer gefangen, und Ölspritzer brannten auf weißem Fleisch, setzten schlaffe Haarsträhnen in Brand. Die bereits vom fauligen Moorgeruch der Gespenster, die hinter den Wasserleichen herumhüpften, verdorbene Nachtluft füllte sich nun mit dem Gestank nach brennendem Haar und verkohltem Fleisch.

Die brennenden Ertrunkenen stießen ein dumpfes, feuchtes Gebrüll aus, gurgelten und spuckten. Henkie heulte auf und schleuderte seine Laterne auf zwei weitere Gestalten. Das einzige Licht kam von dem Öl, das auf dem Fleisch der Wasserleichen brannte.

»Gebt's ihnen!« schrie Henkie.

Er stürmte vor und schwang seinen Hammer. Der erste Hieb traf eine der Wasserleichen direkt an der Brust, und unter der Wucht des Schlags explodierte das Fleisch des Ertrunkenen förmlich. Salzwasser spritzte aus der Wunde, und das Monster fiel als formloser schlaffer Haufen aufs Moor.

Denzil starrte es angewidert an. Er drückte Ethys

Kopf an sich, damit sie es nicht sah. Von dem Ertrunkenen war nichts übriggeblieben als Knochen und weiße faltige Haut, die die Gestalt zusammengehalten hatte.

»Sie können sterben!« schrie Henkie und griff den nächsten an.

Ein zweiter fiel, dann ein dritter.

In den Reihen klaffte nun eine Lücke.

»Kommt mit!« schrie Denzil und zog Ethy und ein weiteres Kind in Henkies Kielwasser hinter sich her.

»Macht eure Ballons fertig!« rief Taupin.

Er und Lizzie ließen die übrigen Kinder an sich vorbeigehen und bildeten dann die Nachhut. Kara holte eine Meerwasserbombe aus der Tasche.

»Wofür sollen die gut sein?« fragte sie. »Sie *kommen* doch aus dem Meer.«

»Die sind nicht für die Wasserleichen«, sagte Lizzie. »Sondern für *sie*.«

Sie deutete auf die dünnen Schattengestalten der Moorgespenster, die sich vor ihnen sammelten, um Henkie anzugreifen.

Kara nickte und warf ihren Ballon. Sie hatte gut gezielt und fest geworfen. Die Salzwasserbombe flog über Henkies Kopf und zerplatzte an der Brust des ersten Moorgespensts. Dieses und seine nächsten Kameraden wurden von Salzwasser bespritzt. Es wurde gejammert und geschrien. Als Kara nach dem nächsten Ballon griff, warfen die anderen Kinder ihre Ballons ebenfalls.

»Das ist es!« schrie Henkie. »Macht die Mistkerle fertig!«

Der Gestank war kaum noch erträglich. Stöhnen und Schreie und ein furchtbares jaulendes Geräusch vermischten sich zu einer ohrenbetäubenden Kakophonie. Wasserleichen und Moorgespenster wichen vor der kleinen Gruppe zurück, als diese allmählich vorrückte.

»Ich glaube, wir könnten es tatsächlich schaffen«, murmelte Denzil.

Er blickte auf die Überreste des Moorgespensts hinunter, das Kara mit ihrer ersten Bombe getroffen hatte. Der Gestank war hier noch schlimmer als bisher. Das Wesen war ein wenig größer als Ethy, fast einen Meter zwanzig hoch. Offenbar bestand es zu gleichen Teilen aus Schlamm, verfaulten Pflanzen, dünnen, miteinander verflochtenen Ästen und Schatten. Als Denzil drum herumging, blickten leuchtende Augen zu ihm auf, deren Licht allmählich erlosch.

»Sieh nicht hin«, sagte er zu Ethy.

»Los, kommt schon!« rief Henkie von vorn. »Abteilung marsch, wenn ihr nicht wollt, daß euch die verdammten Biester zum Abendessen verspeisen.«

Sie eilten ihm nach und hielten ihre Wasserbomben bereit. Einstweilen blieben ihnen die Moorgespenster noch auf den Fersen, so daß sie auf zwei Seiten von ihnen umzingelt waren. Und obwohl die Wasserleichen aufgrund ihres raschen Schrittempos zurückblieben, folgten sie ihnen doch weiter.

»Wo die Witwe wohl steckt?« fragte Lizzie besorgt.

»Das wüßte ich auch gern«, murmelte Taupin.

Denzil wollte lieber gar nicht erst an sie denken.

»Hedrik Henkie Whale!« rief vor ihnen eine schneidende Stimme.

Den Mond im Rücken, stand die Witwe mit erhobenen Armen im Heidemoor, als wolle sie den Himmel umfassen.

»Stopft ihr das Maul!« schrie Taupin.

Denzil nickte. Dreimal beim Namen genannt, und die Witwe konnte selbst den stärksten ihrer kleinen Gruppe verzaubern. Und was sollten sie dann tun? Aber wie konnten sie die Hexe aufhalten?

Sie verfügte über die Magie – eine mächtige Magie, wie sich gezeigt hatte. Und die Gespenster, die sie aus dem Sumpf und dem Meer heraufbeschworen hatte, waren ihnen zahlenmäßig überlegen. Um sie herum erhoben sich die Moorgespenster wie eine Welle aus der Heide, mehr, als sie mit ihrem schwindenden Vorrat an Salzwasserbomben jemals würden bekämpfen können.

»Hört nicht auf sie«, sagte Lizzie. »Haltet euch die Ohren zu.«

Denzil erkannte, daß ihnen der Rückzug versperrt war, denn die Wasserleichen schlossen rasch zu ihnen auf. Vorwärts konnten sie nicht. Und wie sollten sie es anstellen, daß sie die Witwe nicht hörten? Wie sollten sie *nicht* hören, was sie schrie?

Doch dann fiel Denzil Jodis Geschichte ein – wie der Kleine die Witwe mittels Gesang daran gehindert hatte, sie zu verzaubern.

Er begann zu singen, so laut er konnte – dasselbe alte Lied, das Edern mit Jodi gesungen hatte.

»Juchheissassa, juchhe!
In aller Morgenfrüh,
Da war'n wir schon dabei
Den Sommer zu begrüßen,
Begrüßen auch den Mai,
Denn der Sommer naht,
Der Winter ist vorbei ...«

Er hatte keine besonders gute Stimme, doch sie trug, und was ihm an Kunstfertigkeit fehlte, machte er durch Lautstärke wett. Die anderen fielen ein, ein holpriger Chor, aber doch wohl laut genug, um die Stimme der Witwe zu übertönen?

Die Witwe lachte bloß – ein krächzender Laut, der von einem Donnern am Himmel gefolgt wurde. Die Sänger stolperten über die Worte, und die Witwe rief zum zweiten Mal Henkies Namen.

Und wieder lachte sie. Wolken rollten im Kielwasser des Gelächters heran, die den Mond und die

Sterne rasch verbargen. Die Dunkelheit im Moor vertiefte sich. Blitze zuckten über den Himmel, gefolgt von Donnerschlägen. Durch sie und ihren dünnen Gesang hindurch vernahmen sie immer noch die Stimme der Witwe, als diese Henkies Namen zum dritten und letzten Mal herausschrie.

Der Gesang geriet abermals ins Stocken, und diesmal konnte Denzil nicht verhindern, daß er vollständig erstarb.

»Werde zu Stein!« sagte die Witwe zu Henkie.

Und er wurde zu Stein.

Denzil sah, wie Henkie sich versteifte. Seine Hände sanken seitlich herab, der Hammer fiel aus den taub gewordenen Fingern. Er bog den Hals zurück, wandte den Kopf gen Himmel, und dann war er verschwunden. Alles, was übrigblieb, war ein großer dicker Stein, der dort stand, wo Henkie einmal gestanden hatte.

»Nein!« schrie Lizzie.

Peter schleuderte einen Ballon auf die Witwe, aber die Entfernung war zu groß, und er fiel vorzeitig zu Boden. Der Ballon zerbarst nutzlos auf dem Moor. Lizzie wollte zum Stein laufen, doch Taupin packte sie beim Arm. Eines der Kinder begann vor Angst zu wimmern. Denzil schloß Ethy in die Arme.

»Lauft!« rief er den Kindern zu. »Lauft, so schnell ihr könnt!«

Doch es war bereits zu spät.

Es war von dem Moment an zu spät gewesen, als die Ertrunkenen der Witwe sie beim Men-an-Tol umzingelt hatten. Denn während die Witwe Henkie verwandelt hatte, hatten sich die Wasserleichen leise von hinten genähert. Ehe sich die kleine Gruppe zerstreuen konnte, waren sie mitten unter ihnen – die Ertrunkenen, die nach Tang und Meerwasser stanken, packten sie mit ihren bleichen Leichenhänden, umklammerten sie so fest, daß sie sich nicht zu befreien vermochten, sosehr sie sich auch bemühten.

Nur Kara entging dem ersten Angriff. Sie duckte sich zwischen ihnen hindurch, hob den Hammer auf, den Henkie fallengelassen hatte, und schwang ihn gegen das Knie eines Ertrunkenen. Seine Haut zerriß, und Meerwasser strömte heraus, dann brach er zusammen und wurde zu einem unordentlichen Haufen aus Haut, Knochen und verfaulten Kleidern. Ehe Kara den Hammer ein zweites Mal schwingen konnte, riß eine andere Wasserleiche ihn ihr aus der Hand und umklammerte sie so fest, daß sie sich nicht befreien konnte.

Die Witwe nannte sie dreimal beim Namen und verwandelte sie in einen Stein – in einen kleinen Menhir, der neben dem größeren Stein stand, der einmal Henkie gewesen war.

»Nein!« schrie Denzil. »Verschonen Sie die Kinder. Sie haben Ihnen nichts getan.«

»Nichts getan?« sagte die Witwe. »Frag Windle, was sie getan haben.«

Ethy wimmerte, als eine der Wasserleichen sie Denzil entriß. Er wehrte sich mit verzweifelter Wut gegen seinen eigenen Angreifer, während die Witwe den Namen des Kindes dreimal aussprach und es ebenfalls in einen kleinen Menhir verwandelte.

Denzil erschlaffte in der Umklammerung seines Angreifers und gab auf. Er erinnerte sich an die kleine Hand, die er gehalten hatte, an das Gesicht, das vertrauensvoll zu ihm aufgeblickt hatte. Nun war alles sprühende Leben aus ihr gewichen, ohne daß er die Verwandlung hätte verhindern können.

Die Witwe trat dicht an Denzil heran. Er blickte von ihr zu dem teuflischen kleinen Doppelgänger, der sich an ihre Schulter klammerte. Es gab keinen Unterschied zwischen ihnen. In den Augen von beiden lag der gleiche Haß. Hinter ihnen rückten die Moorgespenster näher – Dutzende von Wesen, die die Luft mit ihrem Faulgestank und zwitschernden Stimmen füllten.

»Ich kann dich immer noch verschonen«, sagte die Witwe. »Wer weiß, vielleicht fällt dir ja ein Heilmittel für deine versteinerten Freunde ein. Ich verlange bloß das Mädchen. Gib mir die Kleine, und du kannst leben.«

Denzil wußte, daß sie log. Und selbst wenn sie es ernst gemeint hätte, hätte er ihr Jodi niemals überlassen.

»Narr«, sagte sie und sagte seinen Namen.

Einmal, zweimal.

»Tapferkeit steht dir nicht, Denzil«, sagte sie und vollendete den Zauber, indem sie seinen Namen zum drittenmal aussprach. »Willst du's dir noch mal überlegen?«

Er spuckte ihr ins Gesicht.

Sie zuckte nicht einmal zurück, verriet ihre Wut mit keiner Regung, nur das Funkeln in ihren Augen wurde eine Spur heller. Der Speichel rann ihr an der Wange hinunter und berührte ihren Mundwinkel, als sie lächelte.

»Werde zu Stein«, sagte sie.

Und Denzils Glieder verwandelten sich in grauen Granit.

3

Über dem Heidemoor verdichteten sich die Wolken noch weiter. Donner grollte, Blitze zuckten. Doch die Witwe Pender blieb ruhig. Sie begutachtete ihr Werk, die neue Ansammlung von Menhiren, die im Moor verstreut waren. Wäre Jodi Shepherd darunter gewesen, der Augenblick wäre vollkommen gewesen, doch auch so konnte sie durchaus zufrieden sein.

Sie suchte die fehlende Kleine mit ihrem Hexensinn,

doch es war, als sei das verkleinerte Mädchen aus dieser Welt verschwunden. Als sie das Men-an-Tol ansah, fragte sie sich unwillkürlich, was die Freunde des Mädchens hier draußen im Moor gewollt hatten. Wäre sie nur etwas früher gekommen, dann wüßte sie es jetzt.

Nun mußte sie ihre Suche wieder aufnehmen.

Die Schatten würden ihr helfen. So wie sie ihr die Kraft für die großen Moorgespenster verliehen hatten, die sie aus dem Sumpf heraufbeschworen hatte, für die Ertrunkenen, die aus ihrem Meeresgrab herausmarschiert waren, für den Sturm, der aus der roten Glut ihrer Wut entstanden war und den Himmel mit ihrem Zorn verdunkelt hatte, so daß sie selbst einen kühlen Kopf hatte bewahren können.

Sie würde das Mädchen finden.

Aber zunächst mußte sie sich mit Bodbury befassen.

Ihr blieb nur diese eine Nacht der geliehenen Macht, und sie würde sie nutzen. Die Schatten waren großzügig, doch der Preis war hoch. Wenn sie sie enttäuschte, war er sehr hoch.

Aber sie würde sie nicht enttäuschen.

Sie würde ihnen Bodbury überlassen, so wie sie ihnen die elenden Freunde des Mädchens überlassen hatte.

Dunkelheit regte sich zu Füßen der neuerschaffenen Menhire.

Wir wollen mehr, flüsterten sie ihr zu.

»Ich werde euch die Hügelwelt geben«, sagte die Witwe. »Aber Bodbury zuerst.«

Gib uns mehr.

»Oh, ihr werdet heute noch genug bekommen, keine Angst.«

Öffne uns das Tor zwischen den Welten.

Die Witwe blickte sich noch einmal nach dem Men-an-Tol um und fragte sich, welche Rolle es wohl beim Verschwinden des Mädchens gespielt hatte. Sie war

Tag und Nacht im Moor herumgewandert und hatte nach dem Eingang zur Hügelwelt gesucht. Sie hatte jede einzelne Höhle und Mulde untersucht, hatte zu Füßen der Steinmale gegraben, hatte ein paar Steine umgeworfen, doch alles vergeblich. Sie hatte nicht den geringsten Hinweis auf das Tor zu jener anderen Welt entdeckt.

Wieder blickte sie zum Men-an-Tol. Sie hatte lange und gründlich gesucht, hatte immer wieder den durchlöcherten Stein aufgesucht, denn in seinem Umkreis schien das Mysterium am dichtesten zu sein. Die Luft vibrierte davon.

Doch der Stein hatte seine Geheimnisse niemals preisgegeben. Jedenfalls …

Der Dolmen verspottete sie mit seiner schweigenden Rätselhaftigkeit.

… bis jetzt noch nicht.

Was hatten die Freunde des Mädchens hier gewollt?

Wir wollen, wir wollen, wir wollen! riefen die Schatten im Chor.

Die Witwe nickte. »Ich weiß, was ihr wollt.«

Sie meinte, in ihren Tiefen flackernde Augen wahrzunehmen, ein körperloses schwaches Lächeln.

Wir wollen alles …

Die Witwe verspürte erstmals ein leichtes Unbehagen. Sie wollten alles?

»Zuerst Bodbury«, sagte sie.

Sie wandte sich dem Meer zu, das hinter dem Moor und dem Hügel verborgen lag. Indem sie das Geheimnis des Men-an-Tol zurückstellte, machte sie sich auf den Heimweg zur Stadt, gefolgt von den schlurfenden Wasserleichen, an beiden Seiten flankiert von den Moorgespenstern.

Was meinen sie wohl mit *alles*? überlegte sie.

Als hätten sie ihre Gedanken gelesen, gaben die Schatten um sie herum lachend Antwort.

4

»Was tun wir jetzt?« fragte Jodi.

Edern deutete auf das Loch im Men-an-Tol. »Das wäre ein guter Platz zum Sitzen.«

Jodi sah nach oben. Wenn sie ihre normale Größe gehabt hätte, wäre sie mühelos hinaufgekommen. Sie hätte sich bloß vorbeugen und hineinsetzen müssen. Aber jetzt, da sie mausgroß war…

»Hier«, sagte Edern.

Er erhob sich, stellte sich an den Stein und verschränkte die Hände, damit sie hineintreten konnte. Jodi sah ihn zweifelnd an.

»Ich weiß nicht«, murmelte sie.

»Da sind Stellen, wo du hintreten kannst.«

Es gab tatsächlich welche, bemerkte sie bei genauerem Hinsehen. Nur das erste Stück sah schwierig aus.

»Also gut«, erklärte sie.

Sie trat in seine verschränkten Hände und schnappte nach Luft, als er sie hoch über die Schultern hob. Sie hielt sich am Stein fest, um das Gleichgewicht zu bewahren, und wunderte sich über seine Kraft.

Schon wieder Magie, vermutete sie.

»Ich kann dich nicht den ganzen Tag lang halten«, sagte er.

Sie entdeckte einen Halt, dann einen zweiten. Bald darauf war sie das restliche Stück hochgeklettert und konnte sich in das Loch des Men-an-Tol hineinsetzen. Mit bewundernswerter Geschicklichkeit, die Ollie vor Neid hätte erblassen lassen, folgte Edern ihr rasch nach. Er setzte sich neben sie und lächelte ihr aufmunternd zu.

»Was nun?« fragte sie.

»Mach deinen Kopf leer.«

Jodi lachte. »Meinst du, da stecken so viele kluge Gedanken drin? Ich fürchte, die meiste Zeit ist er leer.«

Edern schüttelte den Kopf. »Ich meine, du sollst aufhören zu denken. Laß deinen Geist klar werden, bis du nur noch Ruhe verspürst, bis du gedankenlos dahintreibst, ohne das unaufhörliche Gedankengesumm, das Tag und Nacht in deinem Kopf murmelt.«

»Willst du mich hypnotisieren?«

Wieder schüttelte er den Kopf. »Versuch's einfach.«

Das tat Jodi auch.

Sie saß da, schaute aufs Moor hinaus, genoß die Sonne und den Anblick des Himmels, der von einer seltenen Klarheit war. Sie fragte sich, wie es wohl wäre, diese geheime Musik zu entdecken – die ursprüngliche Musik. Wie würde sie sich anhören? Sie dachte an sämtliche alten Weisen, die ihr einfallen wollten, und überlegte, welche ihr wohl am nächsten käme.

»Woran denkst du?« fragte Edern.

»An Musik«, erwiderte Jodi.

»Tu das nicht. Denk an nichts. Denk überhaupt nicht. Sei einfach.«

Jodi stellte fest, daß das gar nicht so leicht war. Je mehr sie sich bemühte, desto rascher tauchte dieser oder jener Gedanke auf. Der eine führte zum nächsten, dieser wiederum zu einem anderen und so weiter, bis ihr Kopf mit einer langen Parade von Beobachtungen, Erinnerungen und kleinen Kommentaren angefüllt war, die ein einziges lärmendes Durcheinander bildeten.

Und plötzlich wurde sie sich ihrer bewußt und erinnerte sich daran, was sie *eigentlich* tun sollte, und alles fing von vorn an.

Die Parade begann von neuem.

»Ich schaffe es nicht«, sagte sie schließlich.

Edern lächelte. »Du hast es ja noch kaum versucht.«

»Ich versuche es schon seit einer Ewigkeit.«

»Erst seit zehn Minuten.«

»Wirklich?«

Er nickte.

»Verflixt und zugenäht. Ich glaube, ich schaff's nie.«

»Versuch auf deinen Herzschlag zu hören. Denk nicht über das Zuhören nach, konzentrier dich einfach auf den Rhythmus, wie er das Blut durch die Arterien und Venen befördert. Wenn ein fremder Gedanke auftaucht, mach dir keine Sorgen, sondern hab Geduld mit ihm; schieb ihn einfach sanft beiseite und konzentrier dich wieder auf den regelmäßigen Rhythmus deines Herzschlags.«

Nachdem sie seinen Rat eine Zeitlang befolgt hatte, stellte Jodi fest, daß es so etwas leichter wurde.

O je! dachte sie. Ein Gedanke.

Und sie konzentrierte sich wieder.

Dumm-dum. Dumm-dum.

Seltsame Bruchstücke von Erinnerungen stiegen aus ihrem geistigen Vorrat auf, es fiel ihr jedoch immer leichter, sie beiseite zu drängen. Sie tat es sanft – wie Edern es ihr geraten hatte. Sie ließ es nicht zu, daß sie sich darüber ärgerte. Machte sich keine Sorgen, ob sie ihre Sache gut machte oder schlecht.

Sie hörte einfach zu.

Dumm-dum.

Und ließ sich ziellos treiben.

Dumm-dum.

Bis sie das Gefühl hatte, sie schwebe davon, verlasse den Körper.

Dumm-dum.

Weiter und weiter weg – oder nur immer tiefer in sich hinein? Das war gleichgültig. Sie folgte einfach diesem gleichmäßigen Rhythmus …

Dumm-dum. Dumm-dum.

… weiter und tiefer …

Dumm-dum.

… tiefer und weiter …

Dumm-dum.

Irgendwann überschritt sie die Grenze zwischen bewußtem Tun und dem Tun an sich. In diesem Augenblick, an diesem Ort, entdeckte sie die ursprüngliche Musik.

Sie wurde erzeugt von Harfen und Flöten, von Geigen und Trommeln.

Dumm-dum.

Und war dennoch lautlos.

Es war ein Ort, wo Leben endet, wo Leben beginnt. Wo verlorene Dinge wiederzufinden waren, wo gefundene Dinge verlorengehen konnten. Ein verbotener Ort, dessen Grundlage jene vergessene Musik war. Ein Ort der Schatten und Echos. Ein Ort, der sämtliche Landschaften in sich einschloß, die sie jemals gesehen oder sich vorgestellt hatte.

Er war jedoch ungegenständlich.

Dumm-dum.

Er bestand aus reiner Logik. Er zeigte ihr, daß alles auf der Welt, ganz gleich, wie groß, ganz gleich, wie klein es auch sein mochte, miteinander verbunden war und nicht aus sich heraus zu existieren vermochte.

Dennoch war keinerlei Sinn damit verbunden.

Dumm-dum.

Das Einzelwesen verschwand in dieser unermeßlichen Weite, es ging im größeren Ganzen auf und verband sich mit ihm, so daß sich nicht mehr sagen ließ, wo das eine anfing und wo das andere aufhörte.

Das Ganze bestand aus Individuen, von denen jedes so sehr vom anderen verschieden war, daß sich ihre Einheit dem Begreifen entzog.

Das alles war unmöglich.

Und paßte dennoch vollendet zusammen.

Es war ein Geheimnis, und um so verehrungswürdiger.

Ein alter Zauber.

Diese Entdeckung löste eine so unglaubliche Freude in ihr aus, daß sie meinte, das Herz müsse ihr zerspringen. Nein. Nicht die Tatsache, daß sie es entdeckt hatte, sondern daß sie es *wiederentdeckt* hatte, denn jetzt wußte sie, daß es schon immer dagewesen war. In der Welt um sie herum. In ihrem Innern ...

Und dann erinnerte sich der Teil von ihr, der noch sie selbst war, an Ederns Worte über die Musik. Daß die Erinnerung daran sowohl den Sturm wie den Sonnenschein heraufbeschwor.

Und sie weinte.

Um alle die Dinge, die aufgrund der Vereinzelung in der Welt verlorengegangen waren, aufgrund der Trennung, die eine Eisenwelt und eine Hügelwelt hatte entstehen lassen. Um ausgerottete Arten. Um verlorene Hoffnungen. Um verwüstete Länder. Um die Ödnis in der Welt und in den Herzen ihrer Bewohner.

Ein Teil davon konnte wiedergefunden werden – so wie sie die Musik gefunden hatte. Ein Teil davon würde wiedergefunden werden.

Doch es gab so vieles, das sich nicht mehr zurückgewinnen ließ.

Das für immer verloren war ...

Als sie an Ederns Seite im Loch des Men-an-Tol zurückkehrte, weinte sie noch immer. Er schüttelte sie – nicht schmerzhaft, aber kräftig.

»Hör auf«, sagte er. »Laß die Musik verklingen.«

Sie betrachtete ihn aus tränennassen Augen.

»Aber alles, was verloren ist ...«

»Willst du auch noch den Rest verlieren?«

Und er deutete ins Land hinaus. Sie sah, daß die Heide auf und ab wogte wie ein aufgewühltes Meer. Mit Erika bewachsene Hügel wurden zu Wellenkämmen, die in Kaskaden niederstürzten. Ein Brüllen erfüllte die Luft, das schrille Geräusch mahlenden Steins, das Donnern berstender Erde.

Das friedliche Reich der Hügelwelt hatte sich in ein wildes Chaos verwandelt.

»Ich – ich ...«

Sie begriff, daß sie dafür verantwortlich war. Hier in der Hügelwelt, wo es Magie im Überfluß gab. Weil sie die ursprüngliche Musik geweckt hatte, war diese außer Kontrolle geraten und stürzte nun die Welt ins Chaos.

Sie wußte jedoch nicht, wie sie dies alles rückgängig machen sollte.

Der Dolmen schüttelte sich, und um das Gleichgewicht nicht zu verlieren, hielt sie sich an Edern fest. Er stützte sich ab, damit sie nicht auf die brodelnden Erdmassen hinunterstürzten, doch mit jedem Erdstoß, der den Stein erzittern ließ, fiel es ihm schwerer.

Sie war von Schläfrigkeit erfüllt – von einem tiefen Bedauern, gegen das nicht einmal die Erinnerung an die Freude half, welche die Musik ebenfalls begleitet hatte.

»H-hilf mir!« flehte sie Edern an.

Sich am Stein festhaltend, sie fest umklammernd, blickte er sie ernst und forschend an, ohne seine Angst verbergen zu können.

»Bitte. Ich – ich kann nicht aufhören.«

Und er kitzelte sie.

Zuerst meinte sie, er sei verrückt geworden. Sie würden in die aufgewühlten Erdfluten hinabfallen, die gegen den Dolmen anstürmten.

»Hör auf!« schrie sie.

Doch dann ließ sie ihr Körper im Stich, und sie begann sich zu winden. Und zu kichern. Sie versuchte seine Hände wegzustoßen, doch er wollte erst dann aufhören, als sie beinahe von ihrem Ausguck heruntergefallen wäre. Dann endlich lag sie still. Erschöpft. Und wurde sich der Stille bewußt.

Sie hob mühsam den Kopf und sah, daß die Welt wieder zur Ruhe gekommen war. Es gab keine Erdwellen mehr, die über die Heide schwemmten. Kein Donnern in der Erde. Kein Kreischen von Stein.

Nur Stille.

Ruhe. Und …

Dumm-dum.

… das Geräusch ihres Herzschlags, der in ihr widerhallte.

Sie erinnerte sich an ihre Erfahrung, doch sie verblaßte bereits zu einer Reihe verschwommener, unverbundener Bilder und Gefühle, die sie kaum in einen zusammenhängenden Gedanken, geschweige denn in Worte zu fassen vermochte. Doch sie erinnerte sich noch an die Freude. Und an den Schmerz.

Beide waren jetzt erträglich.

»Was – was ist passiert?« fragte sie.

»Es war meine Schuld«, sagte Edern. »Ich habe nicht daran gedacht, daß dein Eisenweltlerblut in Wallung gerät, wenn du dich an die Musik erinnerst.«

»Ich hätte die Welt beinahe zerstört, nicht wahr?«

Edern schüttelte den Kopf. »Ich habe dir ja gesagt, daß die Magie hier zu dicht ist. Mit dem Schmerz, den die Musik in dir wachgerufen hat, hast du sie lediglich gebündelt.«

»Ich kann sie nicht noch einmal wachrufen«, erklärte sie ihm. »Das Risiko wäre zu groß.«

»In deiner Welt wird es nicht das gleiche sein«, sagte er. »Dort wird es ein leise murmelndes Geheimnis sein, das die Herzen im Rhythmus eines alten, wiedererinnerten Tanzes schlagen läßt – aber sachte.«

»Soviel ist verloren«, sagte sie. »So vieles ist für immer verschwunden.«

»Aber wir können immer noch eine Menge zurückgewinnen«, sagte Edern. »So vieles, das jetzt gefährdet ist, das wir aber retten können.«

»Und … das ist alles, was ich tun muß?« fragte Jodi. »Ich muß bloß meinen Herzschlag bis zu der Musik zurückverfolgen, wenn ich wieder in meiner Welt bin?«

Edern nickte.

»Das klingt zu einfach.«

»Die Magie der Welt …«, setzte er an.

»Ist viel einfacher, als wir glauben«, schloß Jodi für ihn. »Ich weiß.« Einen Moment lang schwieg sie, dann fragte sie: »Warum nennst du es Musik?«

»Wie würdest du es denn nennen?«

Jodi dachte darüber nach, und ihr wurde klar, daß die Bezeichnung Musik gar nicht so schlecht war. Abgesehen vielleicht von …

»Wie wäre es mit Geheimnis?«

»Oder Magie. Es gibt tausend Namen dafür und hunderttausend Wege, um danach zu suchen, doch es läßt sich nicht benennen. Das macht seine Magie aus. Manche Menschen haben sich Bruchstücke davon nutzbar gemacht, aber sie können *es* nicht zähmen, nur diese Bruchstücke, die sie rauben, und der Preis dafür ist hoch. Am traurigsten dabei ist, daß sie überhaupt nichts zu rauben bräuchten – weil sie das eigene Echo der Musik seit jeher in sich tragen.«

»Könnte man die Musik auf einem Instrument spielen?« fragte Jodi.

Edern schüttelte den Kopf. »Aber man kann ihr beinahe beliebig nahe kommen. So nahe, daß die Resonanzen, die sie auslöst, die ursprüngliche Musik wachrufen.«

Lange Zeit schwieg Jodi. Sie saß einfach nur da und dachte nach. Erinnerte sich. Bis Edern schließlich das Wort ergriff.

»Wir sollten gehen«, sagte er.

Jodi nickte. »Wie komme ich zurück?«

Edern erhob sich und rief etwas durch das Loch im Stein, rief etwas in einer Sprache, die Jodi nicht kannte, obwohl sie mitbekam, daß ein Satz dreimal wiederholt wurde. Als sie ein kühler Lufthauch traf und sie von ihrem Standort aus die Nacht ihrer eigenen Welt sah, zuckte sie leicht zusammen.

Es war eine beunruhigende Erfahrung. Wenn sie in die eine Richtung blickte, sah sie die sonnenbeschienene Heide der Hügelwelt; blickte sie in die andere, sah sie die finstere Heide ihrer eigenen Welt.

Edern drückte ihre Schulter, doch so wollte Jodi ihn nicht verlassen. Sie trat an ihn heran und umarmte ihn lange und fest.

»Ich danke dir«, murmelte er in ihr Haar.

»Nein. Ich danke dir.«

Sie löste sich aus seiner Umarmung und trat über die seltsame Grenze, dann verharrte mit einem Fuß in ihrer, mit dem anderen in seiner Welt.

»Werde ich dich wiedersehen?« fragte sie.

»Wenn wir es schaffen, die Grenze durchlässig zu machen, werden wir uns so oft sehen, wie wir wollen.«

»Und wenn nicht? Wenn es lange dauert – länger, als wir leben oder als ich lebe? Ich glaube nämlich, du lebst ewig.«

»Eine lange Zeit«, stimmte Edern zu.

»Nun?«

»Dann werden wir uns im Traum sehen.«

Jodi seufzte. Träume würden bei weitem nicht ausreichen.

Sie wollte abermals vortreten, zögerte jedoch ein zweites Mal.

»Edern?« fragte sie. »Wird die Hexe durch die Musik ihre magischen Kräfte verlieren? Kann ich sie benutzen, um meine ursprüngliche Größe wiederzuerlangen?«

Er schüttelte den Kopf.

»Nur Salzwasser kann etwas gegen sie ausrichten«, sagte er.

»Und Meerwasser?« fragte Jodi, die sich an Karas Salzwasserbomben erinnerte.

Edern nickte. »Aber am besten wirken Tränen.«

Sie wollte ihn noch mehr fragen. Unzählige Dinge.

Sie wußte, daß sie für immer hierbleiben und mit ihm reden wollte, doch sie wußte auch, daß sie das nicht durfte. Ihre Freunde warteten auf sie, drüben in ihrer eigenen Welt. Vielleicht waren sie in Gefahr. Und sie hatte auch eine Botschaft für sie – ein geheimes Lied, zu singen an stillen Orten, das hoffentlich Eingang finden würde in die Welt und sie ihrem Gegenstück hier auf der anderen Seite des Men-an-Tol ein Stück näherbringen würde.

Darum lächelte sie, winkte Edern viel unbekümmerter zu, als ihr zumute war, und trat ganz hindurch.

Die kühle Nachtluft ihrer eigenen Welt ließ sie erschauern, und sie blinzelte, während sich ihre Augen an die Dunkelheit gewöhnten. Als sie sich umdrehte, waren Edern und die Hügelwelt verschwunden. Wo sie eben noch gewesen waren, sah sie durch das Loch im Stein nur noch das Heidemoor ihrer eigenen Welt.

Ach du grüne Neune, dachte sie. Denen kann ich aber was erzählen.

Doch als sie sich nach ihren Freunden umschaute, stellte sie fest, daß sie allein war. Die Umgebung des Men-an-Tol war verlassen.

Plötzlich empfand sie Angst. Geschichten von Sterblichen fielen ihr ein, die sich ins Feenland verirrt hatten, die sich eine Stunde oder einen Tag oder eine Woche lang dort aufgehalten hatten und schließlich feststellen mußten, daß in ihrer eigenen Welt während ihrer Abwesenheit Jahre vergangen waren.

War ihr das gleiche passiert?

Zitternd schlang sie die Arme um die Brust. Und dann bemerkte sie den Modergeruch in der Luft, und eine andere Art von Furcht drängte die erste in den Hintergrund.

Die Hexenwesen waren hiergewesen.

Hatten sie Denzil und den anderen etwas angetan?

Donner grollte, und sie wandte sich zur Stadt hin

um. Der Himmel hier war bewölkt, doch über Bodbury hing ein richtiges Unwetter. In den dunklen Wolken am Himmel zuckten Blitze. Und dann bemerkte sie etwas, das zwischen der Stadt und dem Dolmen lag. Menhire.

Vorher waren die noch nicht da, dachte sie.

Waren tatsächlich Jahre vergangen, seit sie von einer Welt in die andere gewechselt war?

Ihre Zahl kam ihr jedoch vertraut vor. Und ihre Größe. Selbst aus dieser Entfernung wirkte die Oberfläche nicht verwittert. Sie zählte sie. Der eine große Stein. Drei beinahe ebenso große, jedoch weniger dicke. Die ganzen kleineren …

Und dann wußte sie Bescheid.

Klar und deutlich, mit intuitiver Gewißheit, dem Echo ihrer magischen Erfahrung in der Hügelwelt, als sie die verborgene Musik vernommen hatte.

Das hier waren ihre Freunde. Von der Witwe in Stein verwandelt.

Und das Unwetter, das über Bodbury hing … Sie erinnerte sich an die Geschichten über die Witwe und den Sturm, den diese vor zwanzig Jahren heraufbeschworen haben sollte.

Das Unwetter war ebenfalls ihr Werk.

Sie mußte in die Stadt. Sie mußte die Witwe aufhalten. Sie mußte ihre Freunde retten, ihre alte Größe wiedererlangen … Doch bis zur Stadt war es so weit, und sie war so klein. Mit ihrer jetzigen Größe würde sie *Tage* dorthin brauchen.

Was sollte sie *tun*?

Die Antwort wurde ihr abgenommen.

Finger schlossen sich um sie, fest und schmerzhaft.

Jodie schrie vor Entsetzen auf.

Sie wurde in die Luft gehoben und sah sich plötzlich Windle gegenüber, dem Doppelgänger der Hexe, der zurückgeblieben war, um den Stein zu bewachen. Schnatternd vor Stolz drückte das bösartige kleine

Wesen sie an die Brust und machte sich auf den Weg nach Bodbury, ohne die Schläge zu beachten, mit denen Jodis winzige Fäuste ihn eindeckten.

Schon bald wurde ihr klar, daß sie den Doppelgänger mit diesen Schlägen ebensowenig verletzen konnte, wie man ein Boot mit einem Netz ausschöpfen konnte.

Trotzdem schlug sie weiter auf ihn ein – den ganzen Weg über die Heide bis zur Stadt. Und in der Stadt angekommen, schrie sie um Hilfe, brachte jedoch bloß ein leises Piepsen heraus, das schon zu normalen Zeiten kaum hörbar gewesen wäre. Jetzt, da der Sturm durch die Straßen heulte und der Donner grollte, war es vollkommen nutzlos.

Wieder nach Haus

Man muß sich klarmachen, daß unser Leben
rohes, rotes, blutendes Fleisch war.

CAITLIN THOMAS
aus einem Interview in *People*, Juni 1987

»Na, wie sehe ich aus?«

Connie stand im Eingang zu Sam Dennisons Zimmer und lehnte sich lässig an den Türrahmen, als wolle sie den verschlossenen Zügen des Privatdetektivs irgendeine Reaktion entlocken. Er beachtete sie nicht, saß an seinem kleinen Schreibtisch und tippte sich mit einem Briefumschlag gegen das Knie.

Sie fragte sich, warum sie sich überhaupt um seine Anerkennung bemühte – sie mochte den Mann nicht einmal. Um Anerkennung zu buhlen, war jedoch eine Angewohnheit von ihr. Jedesmal, wenn sie in die Nähe eines Mannes kam, versuchte sie, eine Reaktion von ihm zu bekommen. Wenn es nicht auf Anhieb klappte, legte sie eben einen Zahn zu. Das war das Unglück ihres Lebens – daß sie ihren Wert nur insofern wahrnahm, als er sich in den Augen eines Mannes widerspiegelte.

Sie wollte die Männer nicht, aber sie brauchte sie. Brauchte die Bestätigung.

Und darum hatte sie sich Dennisons Forderung gefügt – hatte Make-up und Frisur zurückgenommen und den Körper in irgendwelche beschissenen Klamotten gezwängt, die sie auf Betts Bitte hin mitgenommen hatte: einen engen Tweedrock mit Saum, der ihr bis knapp übers Knie reichte, eine weiße Bluse, an der nur der oberste Knopf geöffnet war, und darunter, jawohl Herr Moralapostel, trug sie einen Büstenhalter, damit nur ja nichts ins Hüpfen kam. Was wollte er mehr?

Sie persönlich war der Ansicht, daß sie so, wie sie normalerweise herumlief, viel mehr Wirkung auf den Chef und ihre Tochter gemacht hätte. Aber was soll's, dachte sie. Wenn man Geld bekam, hatte man eben nach anderer Leute Pfeife zu tanzen. Aber Dennison hätte ihre Anstrengungen wenigstens würdigen können.

»Ach, kommen Sie«, sagte sie, ihren Charme verströmend. »Sie haben gewonnen. Alle Welt weiß, daß Sie ein harter Brocken sind, warum lächeln Sie dann nicht mal?«

Dennison nickte. »Okay. Sie sehen gut aus.«

»Klar, aber sehe ich auch toll aus? In diesem Aufzug komme ich mir echt behämmert vor.«

Der Anflug eines Lächelns huschte über seine Züge, und sie wußte, daß sie mehr nicht bekommen würde. Doch es reichte schon. Jetzt hatte sie ihn durchschaut. Es war nicht etwa so, daß er Frauen nicht mochte; er hatte einfach gern ein bißchen mehr Verpackung drumherum, das war alles. Er wollte sich etwas vorstellen, bevor er es zu sehen bekam.

Gucken ja, anfassen nein, so ein Typ war er.

Jetzt, da sie wußte, daß sie ihn anmachen konnte, verlor sie das Interesse an ihm und setzte sich auf die Bettkante. Er reichte ihr den Briefumschlag.

»Mr. Bett hat das für Sie abgegeben«, sagte er.

Der Umschlag war nicht verschlossen. Connie ließ den Inhalt auf den Schoß fallen und erblickte die Fotokopie eines amtlichen Dokuments, das Testament eines gewissen Paul Little.

»Ich begreife immer noch nicht, warum Bett mich bis hierher hat einfliegen lassen, nur damit ich denen das überreiche«, sagte sie. »Gibt's denn hier keine Anwälte?«

»Sagen Sie's mir – Sie sind die Einheimische.«

Connie schüttelte den Kopf. »Damals war ich ein ganz anderer Mensch, Mann. Ich bin nicht mehr von hier. Wenn man in einer Stadt wie New York lebt, dann ist es egal, woher man kommt, dann gehört man *dorthin*.«

»Ich kenne das Gefühl«

Daran zweifelte sie nicht einen Moment lang. Geboren und aufgewachsen in der Bronx, war dies wahrscheinlich das erste Mal in seinem Leben, daß er von zu Hause weg kam.

Sie tippte auf die Papiere. »Mir scheint, wenn ein Anwalt das überbrächte, säh's offizieller aus. Täte Bett auch 'ne Menge Geld sparen. Ich bin nicht billig, und dann noch die Spesen …« Sie blickte sich im Zimmer um. »Nicht daß Bett sich wegen uns verausgaben würde. Economyklasse und dieser ganze Mist. Ich hab in letzter Zeit schon spendablere Typen getroffen, das können Sie mir glauben.«

»Ich glaube, Mr. Bett ist es um die psychologische Wirkung zu tun.«

Connie überlegte, was ihr Erscheinen für ihren Schwiegervater und ihre Tochter bedeuten mochte. Wie lange war es eigentlich her, daß sie sich zum letzenmal gesehen hatten? Fünfzehn, zwanzig Jahre?

Sie hatte sich nie die Mühe gemacht, darüber nachzudenken, hatte längst aufgehört zu zählen.

»Ich bin nicht gerade scharf darauf«, sagte sie.

Sie hatte es ausgesprochen, ohne überhaupt nachgedacht zu haben, doch es stimmte. Diese Erkenntnis überraschte sie. Es würde unangenehm werden – das hatte sie von dem Moment an gewußt, als Bett ihr den Vorschlag unterbreitet hatte –, aber sie hatte geglaubt, damit fertigwerden zu können. Das glaubte sie immer noch. Wenn sie sich jedoch vorstellte, wie sehr es den alten Mann und Jane verletzen würde … Wenn sie das

Kind auch nicht mehr gesehen hatte, war es doch immer noch *ihr* Kind.

»Warum tun Sie's dann?« fragte Dennison.

Connie verdrängte ihr Unbehagen und setzte wieder ihre unbewegte Maske auf.

Zur Hölle mit den beiden. Sie hatten sich ja auch nicht um sie gekümmert.

»Wegen der zehn Riesen, die Bett mir bezahlt«, sagte sie. »Was haben Sie denn gedacht – daß ich's aus Nächstenliebe täte?«

Dennison schwieg, doch sie hörte Mißbilligung aus seinem Schweigen heraus.

»Sie sind ja auch nicht zur Kur hierhergekommen«, fügte sie hinzu.

»Das habe ich auch nicht behauptet.«

Nein, aber er glaubte, er sei besser als sie, weil es ihm nicht so naheging. Als hätte er noch nie im Leben etwas Schäbiges getan.

Arschloch.

Connie seufzte. Warum regte sie sich über Typen wie Dennison bloß immer so auf?

»Also, was meinen Sie?« fragte sie schließlich. Sie hielt das Testament hoch. »Ist das echt?«

Dennison zuckte die Achseln. »Keine Ahnung.«

»So wie ich es sehe, hätte Paul sein Testament geändert, sobald die Scheidung rechtskräftig wurde.«

»Ob es gültig ist oder nicht, darauf kommt es Mr. Bett nicht an«, meinte Dennison. »Wie ich schon sagte, er spielt Kopfspielchen mit ihnen, und darauf können Sie wetten, daß das nur ein weiterer Zug auf dem Spielfeld ist. Mr. Bett traue ich keine halben Sachen zu.«

Connie nickte. »Er kann sich's ja auch leisten.«

Sie schob das Testament in den Umschlag zurück, erhob sich und verkniff sich ein Lächeln, als Dennison ihre Beine anstarrte.

»Wie spät ist es?« fragte sie. »Zeit zum Abendessen?

Diese andauernden Zeitverschiebungen machen mich fix und fertig.«

Dennison sah auf die Uhr. »Kurz vor halb sieben, nach englischer Zeit.«

»Also, dann. Ich schätze, wir könnten es ebensogut hinter uns bringen.«

Wie hieß es gleich noch in dieser alten Schnulze? Daß man nie wieder nach Hause zurückkehren könne?

Nun, das stimmt nicht, dachte sie, als sie mit Dennison auf dem Rücksitz des Taxis saß.

Man konnte zurückkehren – es hatte bloß nicht viel Sinn. Wenn man aus den Gründen wegging, aus denen sie weggegangen war, nämlich weil man die beschissene Welt sehen wollte, anstatt in der Vergangenheit eingesperrt zu sein, war das Zurückkommen so, als würde man wieder in den Käfig gesperrt und die Tür hinter einem zugeschlagen.

Darauf hätte sie gern verzichtet.

Der Anblick der vertrauten Orte ihrer Kindheit überschwemmten sie mit Erinnerungen; manche waren gut, manche schlecht. Sie hatte selten an ihren Exehemann gedacht, weil es in ihrem Leben nichts gab, was sie an ihn hätte erinnern können. Doch hier, wo sie beide gelebt hatten, wo sie gemeinsam aufgewachsen waren, sich ineinander verliebt hatten, ein Kind bekommen hatten, war es schwer, nicht wieder an ihn zu denken.

Er hatte nie verstanden, was sie brauchte.

Sie hatten davon gesprochen, wegzugehen, und Paul war nicht minder wißbegierig gewesen als sie. Sie hatten mehr sehen wollen, als Penwith zu bieten hatte, doch dazu war es nie gekommen. Die Vergangenheit hielt Paul fest im Griff, so wie sie es seit Gott weiß wie vielen Generationen mit den Littles getan hatte. Jedesmal, wenn sie darauf zu sprechen kam, wegzuziehen, nach London zum Beispiel oder irgendwohin, wo das zwanzigste Jahrhundert lebendiger war, hatte er sie vertröstet. Wenn die weiteste Reise, die man je unternommen hatte, ein Tagesausflug nach Plymouth war, verlor man nach und nach die Geduld. Dann nahm man das Erstbeste, was sich einem bot – in ihrem Fall einen Produzenten von Pornofilmen – und machte, daß man wegkam.

Daß sie Eddie Booth einen Filmproduzenten nannte, brachte sie zum Lächeln. Das war dasselbe, wie wenn sie sich als Schauspielerin ausgab. Zum Teufel damit. Sie war da oben auf der Leinwand zu sehen, sie machte gutes Geld, und sie konnte sich wirklich nicht beklagen. Schon vom ersten Moment an, als Eddie sich im Pub an sie herangemacht hatte, war ihr klar gewesen, worauf sie sich einließ.

Er war ihr Ausweg aus dem Käfig – und das war's auch schon. Er richtete es so ein, daß sie problemlos an ihre Aufenthaltsbescheinigung kam, besorgte ihr ein paar Tanzauftritte und dann den Job beim Film. Natürlich hatte er Beziehungen zur Unterwelt, aber wer in diesem Geschäft hatte keine? Und eigentlich war es gar nicht so schlecht. Man kam ganz gut zurecht. Man mußte bloß sauber bleiben – keine Drogen, kein Alkohol –, dann konnte einem keiner was. Man konnte jederzeit abhauen.

Der Zeitpunkt war für sie bloß noch nicht gekommen.

Sie war jetzt Ende vierzig, aber solange ihr Körper durchhielt, würde sie weitermachen. Sie mochte den Betrieb. Ihr gefiel die Vorstellung, daß alle diese kleinen Männchen in dunklen Kinos saßen oder sich Videokassetten liehen und sich an ihr aufgeilten. Wenn sie bloß gewußt hätten, wie solche Filme gemacht wurden. Als ob das etwas anderes gewesen wäre als Knochenarbeit.

Sie mußte ein bißchen härter arbeiten als all die frischen jungen Talente, die Pornofilmer wie Eddie ›entdeckten‹, auf der anderen Seite hatte sie die Erfahrung. In fünf Minuten brachte sie mehr auf der Leinwand zustande als die meisten Kids in einem ganzen Streifen.

Vielleicht steckte eben doch eine Schauspielerin in ihr.

Sie beobachtete durch das Vorderfenster des Taxis, wie Mousehole näher rückte.

Kaum anzunehmen, daß sich irgend jemand hier die Mühe machen würde, sie zu verstehen.

Sie fragte sich, welches Spiel Bett wohl spielte. Was konnten die Littles aus Mousehole bloß so Wichtiges besitzen? So ziemlich das einzige, worauf sie sich etwas einbilden konnten, war ihre Fähigkeit, einen zu Tode langweilen zu können. Aber es mußte irgend etwas sein, etwas Großes, denn Bett gab einen Haufen Geld aus, um es zu bekommen.

Wenn sie und Dennison es bekämen, konnten sie mit einem Bonus rechnen. Was immer ›es‹ war. Nicht ganz leicht, sich vorzustellen, daß sie den Bonus kriegen würden, da sie nicht einmal wußten, wonach Bett überhaupt suchte. Ihr kam der Gedanke, daß er es vielleicht selbst nicht wußte, aber das machte es nur noch aufregender.

Das Taxi hielt vor dem Zeitungskiosk an der Nordklippe. Connie stieg aus, Dennison die Bezahlung überlassend, und blickte zum Hafen hinüber.

Rein gar nichts hatte sich verändert. Bei der Vorstellung, sie hätte ihr ganzes Leben in diesem gottverlassenen Nest zugebracht, lief es ihr kalt über den Rücken.

Eddie, ich danke dir, dachte sie. Vielleicht schulde ich dir mehr, als ich eigentlich dachte.

»Fertig?« fragte Dennison, als das Taxi abfuhr.

Connie nickte. »Je schneller wir es hinter uns bringen und je eher ich von hier wegkomme, desto besser.«

»Was haben Sie gegen die Stadt?«

»Gegen das Dorf«, verbesserte ihn Connie. »Hier unterscheidet man sehr genau zwischen Dorf und Stadt und ist eingeschnappt, wenn man das durcheinanderbringt.«

»Jetzt weiß ich aber immer noch nicht, was Sie dagegen haben.«

»Schauen Sie sich doch um. Ich wette, hier hat sich seit fünfhundert Jahren nichts mehr verändert. Es ist einfach nichts los.«

»Ich find's hübsch.«

»Oder vielleicht malerisch?« höhnte Connie.

»Klar, das auch.«

»Großer Gott. Sie sollten mal versuchen, hier zu leben.« Sie lachte. »Wär das nichts? Dann hätte Mousehole seinen eigenen Privatschnüffler. Ich wette, hier gibt's einiges zu tun.«

»Sie haben nicht viel übrig für den Ort, wie ich sehe.«

Connie starrte ihn durchdringend an. »Das könnten Sie doch nicht verstehen«, sagte sie.

»Probieren Sie's.«

Sie schüttelte den Kopf. »Bringen wir's einfach hinter uns, okay? Quatschen können wir später.«

Als er die Stirn runzelte, kehrte ihre gute Laune zurück. Das war eigentlich seine Masche. Sie befeuchtete einen Finger und malte ein Zeichen in die Luft.

»Eins zu null für mich«, sagte sie.

2

Bis jetzt hatte Ted Grimes keinen Grund, sich über Bett zu beklagen. Er hatte bewiesen, daß er es ernst meinte, und diese Eigenschaft wußte Grimes zu schätzen.

Bett hatte ihn in dem freundlichen Zimmer einquartiert, das er sich gewünscht hatte, weitab von der Touristengegend – obwohl das um diese Jahreszeit keine große Leistung war. War die Touristensaison erst einmal vorbei, lag so ziemlich jeder Ort abseits der Touristenzentren. Auf dem Schränkchen lag auch schon das Paket bereit. Nachdem er seine Reisetasche im Kleiderschrank verstaut hatte, durchtrennte Grimes die Schnur, wickelte das Paket aus dem braunen Packpapier und entdeckte darin einen hübschen stupsnasigen .38er Colt Detective Special und eine Schachtel Patronen.

Grimes war es egal, woher Bett das gute Stück hatte. Wichtig war nur, daß es da war. Mit einer Hand zerlegte er die Waffe, reinigte und ölte sie in Rekordzeit, dann lud er sie mit einer Patrone. Er ließ die Trommel einschnappen und drehte sie mit seiner Handprothese.

Der Colt lag gut in der Hand und wog gute siebzehn Unzen. Sechs Schuß. Mehr als genug für den Job.

Wenn es einen Job gab.

Bisher war alles so gekommen, wie Bett es vorausgesagt hatte, aber was den Job selbst betraf, war Grimes sich nicht so sicher. In Anbetracht seines Lebensstils wäre es völlig untypisch für Madden gewesen, ganz ohne Leibwächter herüberzukommen. Man sah es seinem Haus in Victoria vielleicht nicht an, doch es war eine verdammte Festung.

Grimes wußte Bescheid.

Seine fehlende Hand schmerzte, als er daran dachte.

Die Sache mit Madden war natürlich die, daß er nie irgendwelche Wächter brauchte. In jener Nacht hatte er auch keinen gebraucht.

Der Schmerz in der fehlenden Hand wurde heftiger.

War das nicht komisch? Jetzt war er die verdammte Hand schon seit fast zwei Jahren los, aber er spürte sie immer noch am Ende seines Stumpfs.

Grimes versetzte die Trommel abermals in Drehung.

Das Glücksrad, dachte er. Es dreht sich rund und rund, und niemand weiß, wo es anhält.

Wieder drehte er die Trommel, dann setzte er sich die Mündung an die Schläfe.

Okay, Madden, dachte er. Das ist deine Chance. Jetzt oder nie. Beende, was du mir angetan hast – wie du's schon längst hättest tun sollen.

Adrenalin jagte ihm durch den Körper, als er langsam den Abzug drückte. Alles wurde überdeutlich – jeder einzelne Gegenstand im Raum erschien schärfer als noch vor wenigen Momenten.

Der Hahn klickte gegen eine leere Kammer.

Das war's.

Grimes senkte die Waffe und ließ die Trommel aufschnappen. Während er die Waffe mit der Prothese gegen die Brust drückte, lud er die Kammern, bis alle sechs eine Patrone enthielten.

Du hast deine Chance gehabt, Madden. Jetzt bin ich an der Reihe.

Er legte den Revolver in Reichweite auf den Tisch und steckte die Schachtel mit den restlichen Patronen in die Jackentasche. Dann setzte er sich und wartete auf das Klingeln des Telefons, während sein Herz von dem Adrenalinstoß noch immer raste.

Russisches Roulette: das Spiel der Meister.

Er spielte dieses Spiel mit Madden seit dem Abend, da dieser mit seinen Hexeraugen in Grimes Kopf gekommen war und ihn gezwungen hatte, sich die Hand abzuschneiden.

Madden wußte nichts von dem Spiel, aber er würde es noch erfahren.

Und zwar bald.

Andernfalls würde eben Michael Bett dranglauben müssen, bevor die Nacht um war.

Das Glück, mein Feind

Das moderne Leben krankt vor allem an einem
Überfluß an Rationalität und einem Mangel
an spielerischer Wechselwirkung mit der Welt
des Unbewußten und Unsichtbaren.

ROBERTSON DAVIES
aus einem Interview in *Maclean's*, Oktober 1987

Als sie mit Lesen fertig war, erhob sich Janey vom Sofa und trat ans Fenster. Sie blickte auf den Chapel Square hinaus, auf dem das letzte Tageslicht versickerte. Schatten verdichteten sich in den Eingängen und klammerten sich an die Mauern. Ihr Anblick ließ sie erschauern, denn sie erinnerten sie an die Schatten aus der Geschichte, die sie soeben zu Ende gelesen hatte, und daran, was Peter Goninan ihr und Clare über die Schatten und John Madden erzählt hatten.

Er vermag durch sie zu sehen, zu hören, zu sprechen...

Vielleicht kann er sich sogar hindurchbewegen.

War er dort draußen in diesen Schatten? Beobachtete er sie? Wartete er?

»Bist du fertig?«

Als sie sich umwandte, sah sie ihren Großvater in der Küchentür stehen. Der Geruch nach frisch gebratenem Fisch erfüllte die Luft, und ihr knurrte der Magen. Auf einmal verspürte sie Heißhunger.

»Ich hab's zu Ende gelesen«, sagte sie.

Felix klappte das Buch soeben zu. Neben ihm auf dem Sofa saß Clare, mit zurückgelehntem Kopf und geschlossenen Augen. Sie hatte die letzte Seite als erste umgeblättert.

»Hat irgendwas ... nicht gestimmt damit?« fragte der Chef.

Janey zuckte die Achseln. Auf einmal fühlte sie sich unerklärlich gereizt, aber sie war fest entschlossen, es weder ihrem Großvater noch ihren Freunden zu zeigen.

Eine gute Übung für die neue und geläuterte Janey Little, dachte sie. Das hieß, wenn John Madden sie lange genug am Leben ließ.

»Bloß der Schluß war nicht so, wie ich ihn mir vorgestellt habe«, bemerkte sie.

Clare öffnete die Augen. »Wie ging es denn aus?«

»Ich bin mir nicht sicher. Ich meine, ich weiß, wie der Schluß war, ich bin mir bloß nicht sicher, was er bedeutet. Ich muß es mir erst ein bißchen durch den Kopf gehen lassen.«

»Ich weiß, was du meinst«, sagte Felix.

»Ich habe das Gefühl, daß sich etwas Schreckliches über unseren Köpfen zusammenbraut«, fuhr Janey fort. »Ganz gleich, was wir tun, es ist immer das Falsche.«

»Du hast Probleme mit deiner Einstellung«, sagte Clare.

Janey warf ihr einen bösen Blick zu und konnte sich eine scharfzüngige Erwiderung gerade noch verkneifen.

»Was meinst du eigentlich damit?« fragte sie.

Ihren guten Absichten zum Trotz lag dennoch eine Spur von Schärfe in ihrer Stimme.

Clare lächelte, um ihren Worten die Spitze zu nehmen. »Wenn du erwartest, daß etwas schiefgeht, dann geht es normalerweise auch schief.«

»Mich trifft schließlich keine Schuld«, protestierte Janey. »Meinetwegen kannst du Bill Dunthorn die Schuld geben. Ich habe das Buch bloß entdeckt, nachdem er es geschrieben hatte.« Sie stutzte. »Oder was immer er auch damit angestellt hat.«

»Das habe ich nicht gemeint.«

Janey ließ sich Zeit mit der Antwort, dann seufzte sie.

»Ich weiß«, sagte sie. »Aber es ist schwer, optimistisch zu sein, wenn alles so düster ist. Ich erwarte jeden Moment, daß dieser Madden mit einem Haufen Schläger hereingeplatzt kommt.«

»Du hast zu viele amerikanische Filme gesehen«, mutmaßte Clare.

»Kann schon sein. Aber ich schwöre, wenn noch irgend etwas schiefgeht, dann fange ich an zu schreien. Dann verprügele ich jemanden. Ganz bestimmt.«

Soviel zur neuen und geläuterten Janey Little, dachte sie.

»Erinnere mich daran, daß ich ihr aus dem Weg gehe«, flüsterte Felix Clare weithin hörbar zu.

»Ist sie nicht eine furchtbare Tyrannin?« erwiderte Clare im gleichen Ton.

Janey schüttelte den Kopf und lächelte unwillkürlich. Es tat ihr gut.

»Schon gut, schon gut«, beschwichtigte sie. »Aber ich habe euch gewarnt.«

Felix und Clare taten so, als zitterten sie vor Angst, bis Janey in Gelächter ausbrach. Es hielt sie nicht mehr auf den Beinen, und sie ließ sich in den Lesesessel des Chefs fallen.

»Geht's dir jetzt besser?« fragte Clare, als Janeys Gelächter verstummt war.

Janey nickte. »Viel besser.«

»Das Abendessen ist fertig!« rief der Chef.

»Ich könnte ein ganzes Pferd verspeisen«, sagte Felix, als sie sich erhoben, um dem Chef in die Küche zu folgen.

»Du bist ein Pferd«, sagte Clare.

»Würde das dann einen Kannibalen aus mir machen?«

»Keine Ahnung. Sind Pferde nicht Vegetarier?«

Felix steckte sich rechts und links je zwei Finger in den Mund und produzierte eine klägliche Imitation von Boris Karloff.

»Nicht da, wo wir herkommen, meine Liebe.«

Clare überkreuzte ihre Finger und drohte ihm damit, woraufhin Felix zu jammern begann.

Wir sind albern, dachte Janey, und das tut gut. Ganz wie in den alten Zeiten. Sie hätte beinahe all die verrückten Dinge vergessen können, die in letzter Zeit passiert waren, vom verblüffenden Ende des Buches ganz zu schweigen... Bedauerlicherweise würden sich ihre Probleme nicht so leicht verflüchtigen wie ihre gereizte Stimmung.

»Dann willst du also immer noch zum Men-an-Tol?« fragte Felix kurze Zeit später, als sie noch beim Essen saßen.

»Jetzt erst recht«, erwiderte Janey.

Felix nickte. »Man sollte es auf den Versuch ankommen lassen. Aber ich hielte nicht den Atem darauf an, daß wir es wirklich schaffen, eine magische Welt voller Kobolde und so weiter anzurufen.«

»Ich weiß.«

Andernfalls wäre sie bald blau angelaufen und erstickt. Aber sie wußte, daß sie es versuchen mußte.

»Bevor wir aufbrechen«, fuhr Felix fort, »sollten wir das Buch in Plastik einwickeln. Dann können wir es irgendwo im Freien verstecken.«

»Fände Madden es nicht gleich?« fragte Clare.

»Wir haben's alle ausgelesen, oder nicht? Euer Freund hat doch behauptet, seine magische Wirkung sei damit erloschen, nicht wahr?«

Janey und Clare nickten.

»Beim letzten Mal, als es wegen des Buchs zu seltsamen Vorkommnissen kam«, sagte der Chef, »hielt die Wirkung anschließend noch eine Zeitlang an.«

»Das macht nichts«, erklärte Felix, »denn wir werden folgendermaßen verfahren. Wir verstecken das Buch, so gut wir können, dann kehren wir hierher zurück, rufen Lena Grant an und sagen ihr, daß wir es ihr gegen Bezahlung überlassen werden.«

Janey hob fragend die Brauen.

»Aber …«, begann Clare.

»Nein, laßt mich ausreden. Wir vereinbaren irgendwo ein Treffen mit ihr – du kannst dir aussuchen, wo, Janey, aber ein öffentlicher Ort wäre am besten …« Er brach ab.

»Und was dann, mein Freund?« fragte der Chef.

Felix blickte einen nach dem anderen an.

»Ich weiß nicht«, sagte er schließlich. »Ich habe den Plan noch nicht ganz durchdacht. Wir wollen, daß sie sich selbst belasten, aber ich weiß noch nicht, wie wir das anstellen sollen.«

»An einem öffentlichen Ort werden sie nichts unternehmen«, vermutete Clare. »Es hat sich schon gezeigt, daß sie zu schlau dazu sind.«

»Aber das Buch zu verstecken, ist für den Anfang schon ganz gut«, sagte Janey.

Sie hatte die Mahlzeit beendet und legte das Besteck weg. Sie war dermaßen hungrig gewesen, daß sie gar nicht gemerkt hatte, daß sie ihren Teller ratzeputz leergefuttert hatte. Sie sah schuldbewußt darauf hinunter.

»Tut mir leid, Opi«, sagte sie. »Ich hab gar nicht mitbekommen, wie's geschmeckt hat.«

»Nur verständlich, mein Schatz.«

»Wir sollten aufbrechen«, sagte Janey.

»Ich bin zu alt für eine solche Wanderung«, erklärte der Chef.

»Aber bist du denn hier sicher, wenn du allein bleibst?« fragte Janey.

»Solange jedermann wach ist, werden sie hier mitten im Dorf nichts unternehmen«, erwiderte ihr Großvater.

»Wir sind bald zurück«, versprach Felix.

»Sollen wir nicht Dinny anrufen?« fragte Janey. »Schließlich hat er uns seine Hilfe angeboten.«

Felix schüttelte den Kopf. »Und wenn er uns fragt, warum wir zum Men-an-Tol gehen? Wir rufen ihn an, wenn wir zurück sind.«

»Aber ich komme mit«, sagte Clare. »Ich verspreche, daß ich euch nicht aufhalten werde.«

»Ist gut«, sagte Janey. »Ich kenne den Farmer dort – wir können den Hauptteil der Strecke über seinen Weg fahren.«

Sie erhoben sich vom Tisch.

»Laß das Geschirr stehen«, sagte der Chef zu Felix, als dieser den Tisch abräumen wollte. »Dann habe ich was zu tun, während ich auf euch warte.«

»Wenn du meinst …«

Das Klingeln an der Tür unterband jede weitere Unterhaltung. Nach allem, was sie heute erlebt hatten, wollte niemand öffnen.

»Bestimmt wieder schlechte Nachrichten«, meinte Janey. »Ich spür's in den Knochen. Warum gehen wir nicht einfach hinten raus und melden uns nicht?«

»Das ist mutig«, sagte Clare mit dem Versuch, ihre Nervosität zu überspielen, unter der sie ebenso litt wie Janey.

»Also, dann gehst du aufmachen.«

»Ich gehe«, sagte Felix.

2

John Maddens Geist erkundete die Umgebung von Bodbury wie ein Vogelschwarm.

Er war ein scharfäugiger Falke und schwebte hoch oben in der unbewegten Luft, ihm entging nichts, was unten vorging. Ein krummschnabliger Sturmvogel, der am Strand entlangstolzierte. Ein langbeiniger

Brachvogel, der durchs sumpfige Heidemoor watete. Ein Schwarzkehlchen im Ginster, das näher an zwei alte Männer heranhüpfte, die mit ihren Schiebermützen und Gummistiefeln an einer Mauer saßen und miteinander tratschten. Eine Dohle, die sich eine launische Brise über einem Wasserspeicher zunutze machte.

Sein Geist schwebte hoch oben, schwebte tief unten, und das Flickenmuster der Landschaft lag ausgebreitet vor ihm. Er folgte Wiesenrändern, entdeckte geheime alte Orte wieder, merkte sich neue: Steinkreuze und Menhire; Hügelgräber und alte Schlachtfelder; Schmugglerhöhlen und stillgelegte Zinnminen; Becken, in denen der weise Salm träumte, und Gräber, in denen sich alte Geister regten, als er vorüberkam.

Und im Mittelpunkt all dessen, wie die Nabe eines Spinnennetzes, von dem das Netzmuster austrahlte, war er sich ständig William Dunthorns geheimen Schlüssels bewußt, der in seinem eigenen Rhythmus summte, einem Rhythmus, der sich mit dem Herzschlag des Landes verband und doch für sich blieb. Eine verborgene Weisheit, die flüsterte und Versprechungen machte und um die seine Gedanken schon länger kreisten, als er sich zu erinnern vermochte.

Die schon bald ihm gehören würde.

Die schon bald …

Er schreckte zusammen und öffnete die Augen.

»Was ist?« fragte Grant.

Madden bat ihn mit erhobener Hand zu schweigen, während er sich konzentrierte.

Das Tor, das Dunthorns Schlüssel geöffnet hatte, begann sich zu schließen, zurückzuziehen. Es rief seine Geheimnisse zurück – den ganzen ungenutzten Zauber, dessen Erbe er war – und sperrte sie erneut ein.

Das war unmöglich.

Die Littles hätten gar nicht wissen sollen, was sie besaßen. Sie konnten es öffnen – denn die Tür zu solchen Geheimnissen konnte leicht zufällig geöffnet werden. Sie hätten jedoch nicht wissen dürfen, wie es sich wieder schließen ließ.

Und dennoch schloß es sich.

Mit angespannten Sinnen spürte er bereits, wie seine Wirkung verblaßte.

Es war ein langsamer Prozeß. Noch wochenlang würden Spuren davon wirksam bleiben. Doch das Tor selbst, das der Schlüssel aufgesperrt hatte, schloß sich. Wenn es geschlossen war, würde er in den gleichen Zustand von Frustration verfallen wie vor fast fünfunddreißig Jahren.

Das würde er nicht zulassen. Ehe er sich Dunthorns Geheimnis wieder entgehen ließe, würde er Ströme von Blut riskieren, um es in seinen Besitz zu bringen.

Er wandte sich an Grant.

»Ich brauche einen Wagen«, sagte er.

Grant nickte und blickte Gazo an, der seine Zeitschrift weggelegt hatte und zu ihnen herübersah.

»Ich weiß nicht, ob ich jetzt am Sonntag einen auftreiben kann«, sagte er, »aber ich werde sehen, was sich machen läßt.«

Er erhob sich, ging zur Tür und blieb stehen, als Madden ihn anrief.

»Es ist mir egal, wie und von wem Sie ihn bekommen, aber ich werde gut dafür bezahlen. Vielleicht kann uns der Empfangschef weiterhelfen.«

Gazo nickte. »Ich klemme mich gleich dahinter.«

»Wo fahren wir hin?« fragte Grant, als sich die Tür hinter ihm geschlossen hatte.

»Nicht wir«, sagte Madden. »Nur ich.«

»Aber …«

»Ich weiß dein Angebot zu schätzen, aber darum muß ich mich selbst kümmern, Rollie. Ich fürchte, wir müssen einen Preis bezahlen für das, was nötig ist; hier drinnen« – er faßte sich mit der geballten Faust an die Brust, unmittelbar über dem Herzen –, »und du bist noch nicht weit genug auf dem Weg vorangeschritten, um mit den unvermeidlichen Folgen dessen fertigzuwerden, was heute nacht geschehen wird.«

Ich muß es haben, dachte Madden. Michaels Verrat war ihm eine Lehre gewesen. Zunächst einmal mußte es ihm allein gehören. Wenn es bestimmte Aspekte gab, die er mit anderen Ordensmitgliedern teilen konnte, Brocken, die er an seine Vertrauten weitergeben konnte, dann würde er dies tun. Doch erst einmal mußte es ihm gehören. Mit Leib und Seele.

»Was ist mit Bett?« fragte Lena. »Was tun wir, wenn er zurückkommt?«

»Wir haben keine Zeit, noch länger auf Michael zu warten.«

»Aber wenn er nun doch zurückkommt?« insistierte Lena.

»Dann soll sich Gazo um ihn kümmern. Ich glaube allerdings nicht, daß wir Michael heute noch sehen werden. Ich spüre, daß er seine Hand dabei im Spiel hat.«

Grant schüttelte den Kopf. »Ich verstehe nicht. Wobei?«

»Die Littles haben eine Möglichkeit entdeckt, den Zauber unwirksam zu machen, der Dunthorns Geheimnis geweckt hat. Er wird wieder schwächer.«

»Aber ...«

Genug, dachte Madden.

Obwohl er seinem Willen bei Ordensmitgliedern nur selten so unverhohlen Geltung verschaffte, war er mit seiner Geduld am Ende. Die Zeit verging wie im Flug, sie raste dahin – Zeit, die er nicht mit Erklärungen vergeuden durfte.

Er fixierte sie – zunächst Grant, dann seine Tochter. *Ihr werdet tun, was ich euch gesagt habe,* wies er sie an. *Es wird keine weiteren Diskussionen mehr geben.*

Als er sie losließ, preßte Grant die Augen zusammen und rieb sich die Schläfen.

»Vielleicht ist es besser, wenn du allein fährst«, sagte Grant. »Bei mir ist eine Migräne im Anmarsch.«

»Soll ich dir irgendwas besorgen?« fragte Lena ihren Vater besorgt.

Grant schüttelte den Kopf. »Ich glaube, ich gehe auf mein Zimmer und lege mich eine Weile hin.«

Madden und Grant arbeiteten nun schon so lange eng zusammen, wobei Grant ständig Maddens Einfluß ausgesetzt war, daß es aussichtslos für ihn war, sich gegen den Willen des Älteren zur Wehr zu setzen. Grant schöpfte nicht einmal Verdacht, daß er soeben manipuliert worden war. Maddens Kontrolle über ihn war total, wenngleich er meistens zu vorsichtig war, es auch zu zeigen.

Die Tochter war ein anderer Fall. Obwohl er sie nun schon so viele Jahre kannte, war sie immer noch eine unbekannte Größe, und Madden vermutete, daß sie eine erheblich größere Affinität zu den Ordenslehren hatte, als jedermann meinte. Sie konnte zu einem Problem werden.

Madden sah die Fragen in ihren Augen, doch entweder hielt seine Willenskraft sie einstweilen noch im Zaum, oder sie war klug genug, um zu schweigen. Für den Augenblick mußte das genügen. Wenn sie sich an diesen Vorfall erinnerte und später einen Wirbel darum machte, würde er sich mit ihr befassen.

Aber im Augenblick... Abermals fing er ihren Blick auf und verschmolz ihrer beider Willen. Da er ihre Vorliebe für körperliche Genüsse kannte, war es ein leichtes, erst sie zu beeinflussen und dann, als Gazo zurückkam und meldete, er habe einen Wagen gefunden, auch ihn, damit sie in seiner Abwesenheit beschäftigt waren.

Die Fragen verblaßten in ihren Augen, und er lächelte. Er hatte sie mit einem solchen Verlangen erfüllt, daß es gut sein konnte, daß sie übereinander herfielen, noch bevor ihr Vater den Raum verlassen hatte.

In seinem Zimmer zog Madden einen Mantel an. Als er wenige Minuten später auf die Straße trat, wartete der Wagen genau an der Stelle, die Gazo ihm genannt hatte. Es war ein kleiner roter Fiesta – kleiner, als es Madden recht war, aber Bittsteller durften nicht wählerisch sein, sagte er sich, und angesichts der schmalen Nebenstraßen und Gassen in dieser Gegend war es wahrscheinlich das am besten geeignete Gefährt, das Gazo ihm hatte besorgen können.

Er quetschte sich hinter das Steuer, das sich seinem Gefühl nach auf der falschen Seite befand, doch er paßte sich sofort an und hatte bald darauf die Küstenstraße von Penzance erreicht, die nach Mousehole führte.

3

Als Felix die Tür öffnete, sah er sich zwei Unbekannten gegenüber; einer gutgekleideten Frau und einem Koloß von einem Mann in einem billigen Anzug, der Felix aus irgendeinem Grund an einen Bodyguard erinnerte. Die Haltung des Mannes vermittelte einen Eindruck von Wachsamkeit. Er stand knapp hinter der Frau, etwas seitlich von ihr, und blickte Felix abschätzend an, während Felix seinerseits ihn musterte.

Die Frau hatte einen Umschlag in der Hand. Sie wirkte ruhig, betastete jedoch nervös den Umschlag.

»Kann ich Ihnen helfen?« fragte Felix.

Doch dann waren auch schon der Chef und die anderen da. Janey blickte ihrem Großvater über die Schulter. Die Frau kam ihr bestürzend vertraut vor.

»Hallo, Tom«, sagte die Frau zum Chef. »Es ist lange her, nicht wahr?« Sie wandte sich an Janey. »Und du bist bestimmt Janey. Du bist groß geworden.«

Ihr Akzent war amerikanisch. Die Kleidung und das frische Gesicht mit nur einem Hauch von Make-up hatten keinerlei Ähnlichkeit mit der Frau aus Janeys Traum, aber das war eben ein Traum gewesen. Und nicht die Wirklichkeit.

Das hier kam ihr jedoch nicht minder unwirklich vor.

»Mutter …?« sagte sie.

Der Chef stand stocksteif da und vermochte seinen aufflammenden Ärger kaum zu unterdrücken.

»Du …«, setzte er an. Er konnte kaum sprechen, so wütend war er. »Du wagst es …«

Felix trat zur Seite, damit die Littles freie Sicht auf ihre Besucher hatten. Er und Clare wechselten besorgte Blicke. Clare ergriff Janeys Hand und drückte sie so fest, daß es weh tat.

»Ich möchte mit euch reden«, sagte die Frau.

Der Chef zeigte auf die Straße jenseits des Gartentors.

»Scher dich weg!« rief er. »Nimm diesen Hurenbock und …«

»Jetzt warten Sie mal eine Minute«, begann der Begleiter der Frau.

Er trat einen Schritt vor und blieb stehen, als Felix sich vom Türrahmen löste, an den er sich angelehnt hatte. Der Fremde streckte die Hände vor, die Handflächen nach oben.

»Wir möchten keinen Ärger«, sagte er. »Wir möchten bloß eine Minute mit Ihnen sprechen, Mr. Little, und dann sind wir wieder weg.«

»Mit solchen wie der rede ich nicht«, sagte der Chef. »Und mit Ihnen auch nicht, wenn Sie ihr Freund sind.«

Janey starrte die Frau unverwandt an. Sie hatte sich oft gefragt, wie es wohl wäre, ihre Mutter wiederzusehen. Zahllose Szenarien waren ihr durch den Kopf gegangen – daß ihre Mutter in Penzance Ferien machte und sie sich auf der Market Jew Street zufällig über den Weg liefen oder daß sie sich bei einem ihrer Auftritte in Amerika begegneten, weil ihre Mutter ihre talentierte Tochter sehen wollte, deren Karriere sie aus der Ferne mitverfolgt hatte. Oder vielleicht in einem Flugzeug oder Bus. Auf irgendeiner belebten Straße. Jedesmal eine Zufallsbegegnung. Und jedesmal entdeckten sie so viele Gemeinsamkeiten ...

Im Gegensatz zu ihrem Traum von letzter Nacht.

Und jedesmal hatte sie das gleiche empfunden. Während sich die Augen ihrer Mutter mit Tränen füllten, flüsterte sie ihr leise ins Ohr: *Verzeih mir*.

Janey legte dem Chef eine Hand auf den Arm. »Warte einen Moment, Opi. Sollen wir uns nicht anhören, was sie von uns will?«

Sie saugte die Anwesenheit ihrer Mutter in sich auf, prägte sich ihr Gesicht ein. Sie hatten die gleiche Nase, die gleichen Wangenknochen. Ihre Haltung war anders – wahrscheinlich war sie schmächtiger gebaut –, aber sie hatte den gleichen Pfirsichteint. Die gleichen langen Finger.

»Danke, Jane«, sagte ihre Mutter. »Dürfen wir reinkommen?«

»Wir können dich auch so gut hören«, sagte der Chef steif. Seine Wut war fast greifbar.

»Es geht um Pauls letzten Willen«, erklärte ihre Mutter.

Janey dachte an den Mann, der Clare überfallen hatte. An ihre abgesagte Tournee. Daß man den Boyds die Farm wegnehmen wollte. An die Frau, die Felix unter Drogen gesetzt hatte ...

Verzeih mir.

Ihre Mutter war nicht gekommen, weil sie um Verzeihung bitten wollte. Sie war nicht gekommen, um in den Schoß der Familie zurückzukehren.

»Paul hat nach der Scheidung offenbar kein neues Testament gemacht«, sagte ihre Mutter. »Mein Anwalt meint ...«

Janey vermochte der Unterhaltung nicht zu folgen.

Sie wußte bloß, daß ihre Mutter hier war, weil John Madden sie geschickt hatte.

Sie spürte, wie der Ärger des Chefs verflog und sich in Verzweiflung verwandelte, als ihre Mutter über Paul Little sprach, als wäre sein einziges Vermächtnis bloß irgendein beliebiger Gegenstand. Da gab es keinen Platz für Erinnerungen, für die Wärme und Freundlichkeit, die ihren Vater ausgezeichnet hatten. Sah ihre Mutter denn nicht, wieviel er ihr und dem Chef bedeutet hatte?

»Für uns alle wäre es natürlich am einfachsten, wenn wir uns außergerichtlich einigen könnten, aber wir sind durchaus willens …«

Wie konnte ihre Mutter das bloß tun? Sah sie denn nicht, was sie dem Großvater antat? Welche Macht hatte Madden über sie? Hatte sie überhaupt ein Herz?

Hätte eine mitfühlende Frau sie verlassen, wie sie es getan hatte?

»Verschwinde!« hörte Janey sich sagen.

Ihre Mutter blickte vom Chef zu Janey. »Ich glaube, du weißt gar nicht …«

»Behandle mich nicht wie ein Kind!« fauchte Janey.

Die neue und geläuterte Janey löste sich unter einer Woge von Wut auf, die weitaus mächtiger war als beim Chef.

»Aber …«, begann ihre Mutter.

»Sag Madden einfach, daß er's nicht bekommt«, sagte sie. »Es ist mir egal, was er tut, lieber zerstöre ich es, als daß ich zulasse, daß es ihm in die Hände fällt.«

»Sie brauchen doch nicht gleich wütend zu werden«, sagte der Begleiter ihrer Mutter.

»Halten Sie den Mund«, erwiderte Janey.

»Wir kennen keinen Madden«, sagte ihre Mutter.

»Ach, wirklich? Du kennst John Madden nicht – den Scheißkerl, der in irgendeinem Büro herumsitzt und sich einen Spaß daraus macht, sich neue Methoden auszudenken, wie er das Leben anderer Leute ruinieren kann? Wirklich schade. Dann kannst du ihm wohl auch nicht sagen, daß wir sein Geheimnis kennen und wissen, wie man es zerstören kann. Warum haust du nicht endlich ab?«

Sie schob Felix aus dem Weg und wollte die Tür schließen.

»Also gut!« schrie ihre Mutter und hielt die Tür mit der Hand auf. »Ich gebe zu, daß wir uns holen wollen, was immer Dunthorn euch hinterlassen hat, aber wir arbeiten nicht für John Madden.«

»Das tut ihr nicht?« fragte Janey in liebenswürdigem Ton, der einen gefährlichen Unterton enthielt. »Für wen arbeitet ihr dann?«

»Das kann ich dir nicht sagen.«

»Schade.«

Wieder stemmte sie sich gegen die Tür. Sie wollte sie geschlossen haben. Sie wollte, daß die Frau wieder aus ihrem Leben verschwand. Sie wollte, daß sie nie wiederkam, denn sie fühlte sich schlechter als zuvor. Und der arme Großvater ...

Felix trat vor, um das Wettdrücken zu beenden, das sich zwischen Janey und ihrer Mutter entwickelt hatte, als Janey unvermittelt schrie: »Fahr zur Hölle!«

Ihr Ausbruch verblüffte ihre Mutter. Als deren Druck auf die Tür ein wenig nachließ, preßte Janey sich mit ihrem ganzen Gewicht dagegen und stieß sie zu. Sie schaffte es noch, sie abzuschließen, bevor sie sich umdrehte und dem Chef mit tränenüberströmten Wangen in die Arme fiel.

Felix wollte sie anfassen, dann wandte er sich zur Tür. Clare packte seine Hand, bevor er die Tür öffnen und hinausgehen konnte. Er versuchte sie abzuschütteln.

»Nicht«, sagte sie. »Dadurch wird es nur noch schlimmer.«

»Aber ...«

»Das ist es nicht wert, Felix.«

Felix drehte sich zum Chef um, der Janey zu trösten versuchte. Der alte Mann hatte feuchte Augen.

»Wie ... wie ist es bloß möglich, daß sie meine Mutter ist?« schluchzte Janey an der Schulter ihres Großvaters. »Wie kann sie nur so schrecklich sein? Ich will nie so werden wie sie.«

»Du wirst nicht so wie sie, meine Liebe«, flüsterte der Chef und streichelte ihr Haar. »Du bist die Tochter deines Vaters und die netteste junge Frau, die ich kenne. Dein Vater wäre stolz auf dich gewesen.«

»Aber sie ... sie ... Wie kann sie nur ...?«

»Daran ist dieser Mann schuld – euer John Madden. Ich bin sicher, er hat sie gut bezahlt.«

Endlich löste sich Janey von ihrem Großvater. Sie wischte sich die Tränen mit dem Handrücken ab. Felix holte eine Packung Papiertaschentücher aus der Küche und reichte ihr eines. Sie putzte sich die Nase und verschmierte sich die Wangen. Sie holte tief Luft, ließ sie langsam wieder entweichen.

Sie fühlte sich hundeelend.

»Warum hat er sie dafür bezahlt?« fragte sie. »Welchen Sinn hatte das?«

»Damit du dich mies fühlst«, meinte Clare.

Felix zog den Vorhang vom Türfenster zurück und blickte hinaus.

»Sie sind weg«, sagte er.

Janey schnüffelte und putzte sich noch einmal die Nase.

»Und wir müssen jetzt auch los«, sagte sie. »Bevor noch etwas passiert. Mehr kann ich nicht verkraften.«

Felix nickte und wandte sich an den Chef. »Du mußt jetzt mit uns kommen, Tom. Kein Mensch weiß, was sie als nächstes tun werden.«

»Aus meinem Haus werden sie mich nicht verjagen«, sagte der Chef.

»Willst du dann nicht wenigstens jemanden anrufen und bitten, bei dir zu bleiben, solange wir weg sind?«

»Ich brauche keinen Babysitter.«

»Bitte?« mischte Janey sich ein.

Der Chef seufzte. »Also gut. Ich werd Dinny anrufen. Aber wartet nicht, bis er kommt. Fahrt ihr nur los und kümmert euch um das Buch.«

»Aber …«

»Mein Entschluß steht fest, mein Spatz.«

Janey sah Felix hilfesuchend an, doch dieser schüttelte bloß den Kopf.

»Es bleibt nicht mehr viel Zeit«, sagte Clare. »Der Mond wird bald aufgehen.«

»Ach, Opi …«

Der Chef umarmte sie. »Macht, daß ihr wegkommt, mein Schatz. Niemand wird mir hier etwas tun.«

Noch während er sprach, ging er zum Telefon und wählte Boyds Nummer.

Von bösen Ahnungen erfüllt, nahm Janey Dunthorns Buch, das sie erst in Plastik eingewickelt und dann in eine wasserdichte Tasche aus Ölzeug gesteckt hatten. Sie wartete, bis der Chef sein Telefonat beendet hatte, und weigerte sich aufzubrechen, bevor sie sich nicht sicher war, daß Dinny ihm Gesellschaft leisten würde.

»Siehst du, mein Goldstück«, sagte der Chef, als er vom Telefon zurückkam. Er versuchte zu lächeln, schaffte es jedoch nicht ganz. »Es ist alles geregelt.«

Janey sah, daß ihrem Großvater ebensowenig nach Lächeln zumute war wie ihr, doch sie liebte ihn dafür, daß er es versucht hatte.

»Wir sollten jetzt aufbrechen«, sagte Clare.

Janey nickte. »Ich hab dich lieb, Opi«, sagte sie.

»Ich dich auch«, erwiderte er.

Gegen neue Tränen anblinzelnd, griff Janey abermals nach der Packung Taschentücher. Sie lag auf der Rückenlehne des Sofas, neben ihrer Handtasche. Sie putzte sich die Nase, dann stopfte sie sich weitere Taschentücher in die Handtasche. Ihre Adler-Blechflöte, die sich in zwei Teile zerlegen ließ, damit man sie leichter transportieren konnte, war ihr im Weg. Erst wollte sie sie herausnehmen, dann stopfte sie die Papiertaschentücher drum herum und hängte sich die Tasche über die Schulter.

Sie sah den Chef ein letztes Mal an. »Laß niemanden rein«, sagte sei, »es sei denn, es ist Dinny. Und wenn er es nicht ist, wenn irgend etwas passiert, versprich mir, daß du dann auf der Stelle bei der Polizei anrufst.«

»Das tue ich.«

Sichtlich unglücklich darüber, ihn zurückzulassen, ließ sie sich schließlich von Felix und Clare zum Wagen drängen. Der kleine Robin startete gleich beim ersten Versuch, und bald darauf tuckerten sie über den Hügel Richtung Paul.

4

»Das war's dann wohl«, sagte Connie nach kurzem verblüfften Schweigen.

Sie und Dennison starrten auf die Tür, die man ihnen vor der Nase zugeschlagen hatte. Connie schauderte, als sie sich an den Gesichtsausdruck ihrer Tochter erinnerte.

Fahr zur Hölle.

Connie war schon früher verflucht worden, jedoch noch nie mit solchem Nachdruck. Daß der Fluch von ihrem eigenen Fleisch und Blut stammte, schien ihm besonderes Gewicht zu verleihen. Sie unterdrückte einen weiteren Schauder.

»Ich schätze, ich hab's vermasselt«, sagte sie zu ihrem Begleiter.

Und sie kam sich vor wie ein Stück Dreck, weil sie es überhaupt versucht hatte.

Denk an die zehn Riesen, sagte sie sich. Bett muß trotzdem zahlen. Sie hatte bloß ihren Erfolgsbonus verloren.

Und ihre Selbstachtung.

»Das sehe ich anders«, sagte Dennison.

Connie schüttelte den Kopf. »Wo waren Sie eben? Haben Sie nicht ihr Gesicht gesehen?«

»Genau deswegen hat Mr. Bett Sie ja angestellt – um sie aufzuscheuchen. Um sie noch ein bißchen mehr aus der Bahn zu werfen.«

»Und warum habe ich dann ein so mieses Gefühl?«

Dennison blickte sie nachdenklich an, dann zuckte er die Achseln. »Ich habe nicht gesagt, Sie hätten sich richtig verhalten – ich habe bloß gesagt, Sie haben getan, wozu Mr. Bett Sie angestellt hat.«

»Nett, daß Sie so fürsorglich sind.«

Mein Gott, dachte sie, sobald sie es ausgesprochen hatte. Als ob er sich nach allem, was vorgefallen war, noch etwas aus ihr gemacht hätte.

Fahr zur Hölle.

Das würde sie wahrscheinlich auch tun. Und so, wie sie die meiste Zeit über gelebt hatte, würde sie dort unten auch ihre gewohnte Gesellschaft haben. Alle Versager und Nieten und Verlierer.

Dennison nahm sie beim Arm und führte sie aus dem winzigen Vorgarten der Littles hinaus.

»Lassen Sie uns eine Telefonzelle suchen und ein Taxi rufen«, schlug er vor.

Connie warf dem Haus der Chefs einen sehnsüchtigen Blick zu und unterdrückte den Wunsch, zurückzugehen und sich zu entschuldigen. Sie schüttelte den Kopf.

Als ob die sie auch nur angehört hätten.

Und wenn sie damals, als Bett sich an sie gewandt hatte, genau gewußt hätte, wie sie sich in diesem Moment fühlen würde, hätte sie dennoch das gleiche getan.

Sie kannte sich zu gut. Sie brauchte das Geld. Sie brauchte so viel, wie sie nur kriegen konnte.

»Connie?« sagte Dennison.

Sie wandte sich vom Haus ab und ließ sich von ihm zum Hafen zurückführen.

5

Lenas verstauchter Knöchel war es, der sie rettete.

Zwar brummte ihr ein wenig der Schädel, doch der Schmerz reichte nicht aus, um die animalische Begierde einzudämmen, die sie jedesmal, wenn sie Gazo ansah, erschauern ließ. Als Madden gegangen war, konnte sie kaum so lange warten, bis ihr Vater das Zimmer verlassen hatte, dann begann sie sich auch schon aus den Kleidern zu schälen.

Ihre Jacke fiel zu Boden, rasch gefolgt vom Rock. Ein kurzer Blick auf Gazo sagte ihr, daß er bereits die Unterhose ausgezogen hatte; sein Penis stand wartend in Habachtstellung, als er sich ihr näherte. Sie fingerte in ihrer Eile ungeschickt an den Knöpfen ihrer Bluse herum, doch dann hatte Gazo sie erreicht. Er riß die Bluse auf, und die abgerissenen Knöpfe verteilten sich im Raum.

Er schob den BH hoch, drückte sein Gesicht zwischen ihre Brüste und schob sie rückwärts zum Bett. Lena vernahm ein leises Stöhnen, das tief aus ihrer Kehle kam. Sie packte seinen Penis, wollte ihn in sich spüren, wollte …

Als Gazo sie nach hinten drückte, vertrat sie sich den Fuß, und der jähe Schmerz ließ sie vorübergehend wieder klar denken.

»Was …«

Gazo warf sie aufs Bett. Seine Hände waren überall.

Ihr Knöchel fühlte sich an, als stünde er in Flammen.

Sie versuchte Gazo wegzustoßen.

Er hielt seinen Penis in der Hand und stieß dessen Spitze grob gegen ihre Vagina.

Das tat ebenfalls weh. Ihr Verlangen war erloschen, und sie war nicht feucht genug. Es fühlte sich an, als versuche er, eine Rolle Schmirgelpapier in sie hineinzustecken.

»Hören Sie auf«, sagte sie, und versuchte sich unter ihm hervorzuwinden.

Doch er war zu groß für sie. Allein schon sein Gewicht reichte aus, um sie auf dem Bett festzunageln, von seiner überlegenen Kraft ganz zu schweigen.

Sie wurde von Panik erfaßt.

»Hören Sie auf!«

Sie trommelte mit den Fäusten gegen seinen Rücken, doch das schien ihn nur noch mehr zu erregen. Und dann war er in ihr, und sie schrie vor Schmerz. Sie schlug um sich. Eine Hand stieß gegen die Nachttischlampe neben dem Bett. Sie schloß die Finger darum und schmetterte ihm die Lampe auf den Kopf.

Er versteifte sich, zog sich halb zurück.

Wieder schlug sie ihn. Diesmal zerbrach die Lampe.

Er rollte sich von ihr herunter und faßte sich an den Kopf.

Lena setzte sich am Kopfteil auf, die Überreste der Lampe noch immer in der Hand. Sie atmete in abgehackten kurzen Stößen. Wellen von Schmerz gingen von der Öffnung zwischen ihren Beinen und ihrem Knöchel aus. Als Gazo sich aufrichtete und ihr das Gesicht zuwandte, hob sie den zerbrochenen Lampensockel.

»Rühren Sie mich nicht an!«

Der Ausdruck seiner Augen hatte sich jedoch verändert. Der Schlag auf den Kopf hatte auch ihn wieder klar zur Vernunft gebracht. Er setzte sich auf, geschockt und verwirrt, jedoch nicht mehr gefährlich.

»Was …«, setzte er an. Er schüttelte den Kopf und zuckte zusammen. »Was zum Teufel ist eigentlich … passiert?«

Lena schüttelte ebenfalls den Kopf. Woher sollte sie das wissen? Eben noch hatten sie alle im Zimmer gesessen, und alles war normal gewesen. Im nächsten Moment …

Maddens Augen fielen ihr ein.

Der leichte Druck in ihrem Hinterkopf verstärkte sich.

Und dann wußte sie es.

»Madden«, sagte sie.

»Was?«

»Madden – er war's.«

Gazo wirkte bloß noch verwirrter.

»Er hat einen starken Willen«, sagte Lena.

Dumpfe Wut baute sich in ihr auf. Er hatte sie und Gazo benutzt, als wären sie Schafe. Die plötzliche Migräne ihres Vaters fiel ihr ein. Das war ebenfalls Maddens Werk. Wenn es ihm gelegen kam, dann benutzte er seine engsten Vertrauten, als wären sie seine Bediensteten – weniger als Bedienstete. Die wurden wenigstens bezahlt. Für sie war es ein Job. Sie wußten, worauf sie sich einließen, bevor sie auch nur eingestellt wurden.

Aber das …

Als sie an die vielen Migräneanfälle ihres Vaters dachte, wurde ihr klar, daß sie aus ganz ähnlichen Situationen entstanden sein mußten. Madden zwang Daddy seinen Willen auf. Was glaubte Madden eigentlich, wer er war, daß er so mit ihren Köpfen spielte? Mit ihrem Kopf.

Lena wußte genau, was er war. Ein als alter Mann verkleidetes Monster. Aber ein sehr gefährlicher alter Mann.

»Was meinen Sie mit ›Willen‹?«« fragte Gazo.

Lena sah zu ihm auf.

Natürlich, dachte sie. Er konnte es ja nicht wissen. Er war kein Eingeweihter. Er gehörte zu Daddys Sicherheitstruppe. Er wußte alles über die halsabschneiderischen Praktiken der Geschäftswelt und sprang gelegentlich als Bodyguard ein, aber er wußte nicht, wofür der Orden eigentlich stand. Dieses Geheimnis vertraute man Außenseitern nicht an. Wenn Gazo überhaupt davon wußte, dann hielt er ihn für eine Art exklusiven Countryclub, wenngleich Lena nicht wußte, was er aus den Unterhaltungen, die Madden und Daddy über diese Dunthorn-Geschichte geführt hatten, alles aufgeschnappt hatte.

Vielleicht war es an der Zeit, daß er es erfuhr. Daß alle es erfuhren.

»Er hat uns beeinflußt«, sagte sie. »Er hat unsere Gedanken manipuliert, damit wir taten, was immer er von uns wollte.«

»Sie meinen ... das hier ...?«

Gazo deutete auf ihre Blößen.

Lena nickte.

»Er hat uns hypnotisiert?«

»So könnte man es ausdrücken.«

Gazo schüttelte langsam den Kopf.

»Ich weiß nicht«, sagte er. Er blickte sich im Zimmer nach den verstreuten Sachen um. »Mein Gott, Lena, es tut mir leid. Ich ...«

Er erhob sich und sammelte ihren Rock, ihre Jacke und die Überreste ihrer Bluse auf. Er reichte sie ihr, dann zog er sich die Unterhose an. Lena kleidete sich an, so gut es ging. Als sie den Rock überstreifte, flammte jäher Schmerz in ihrem Knöchel auf. Sie zog den BH herunter. Da die Knöpfe ihrer Bluse abgerissen waren, konnte sie sie bloß verknoten. Sie zog die Jacke darüber an und knöpfte sie zu.

Wieder bekleidet zu sein, half ein wenig – jedoch nicht viel. Wenn sie daran dachte, was Madden ihnen angetan hatte, wie er sie manipuliert hatte ...

Unvermittelt überkam sie ein Gefühl tiefen Abscheus.

Felix.

Mein Gott. Wenn Felix sich an sie erinnerte…

Ihren jetzigen Empfindungen Madden gegenüber nach zu urteilen, mußte Felix sie hassen. Und es gab keine Möglichkeit, es ungeschehen zu machen. Es gab nichts, was man verzeihen konnte, was sich wiedergutmachen ließ, denn die Erinnerung daran würde bleiben, würde sich wie der Schmerz in ihrem Hinterkopf im Schädel festsetzen.

Er würde ihr niemals verzeihen.

Sie verdiente es nicht, daß man ihr verzieh.

Aber sie konnte ihn warnen. Vor Madden und Bett und der Macht, die hinter ihnen stand und die über ihren Reichtum und ihren Einfluß weit hinausging. Vor ihrer Fähigkeit, in anderer Leute Köpfe zu kriechen und deren Gedanken zu manipulieren.

Sie hätte nie gedacht, daß die den Willen betreffenden Ordenslehren so wörtlich zu nehmen waren. Sie hatte immer geglaubt, damit sei eine Art von psychologischer Wirkung gemeint. Und nicht eine physikalische Realität.

Es war wie Magie.

»Vielleicht sollte ich jetzt besser gehen«, sagte Gazo.

Als sie aufsah, stellte sie fest, daß er sie beobachtete. Er schaute wachsam und verlegen drein.

»Sie konnten nichts dafür«, sagte sie. »Madden hat Sie dazu veranlaßt.«

»Vielleicht. Aber vielleicht… habe ich mich immer schon… für Sie interessiert. Auf diese Art. Ohne mich Ihnen aufdrängen zu wollen«, fügte er rasch hinzu. »Bloß, Sie wissen schon. Daß ich Sie anziehend fand.«

»Es steht nirgendwo geschrieben, daß es verboten wäre, sich zu jemandem hingezogen zu fühlen«, sagte Lena.

»Ja, aber ich soll für Sie arbeiten. Ihr Vater hat mich zu Ihrem Schutz angestellt. Statt dessen ...«

»Sie können mir wirklich glauben«, sagte Lena mit Nachdruck, »es war nicht Ihre Schuld.«

»Ja, aber ...«

»Vielleicht ging es mir ja genauso. Sollen wir uns jedesmal schlecht fühlen, wenn wir jemanden sehen, der uns ein bißchen anmacht?«

»Ich schätze, nein.«

Lena lächelte erschöpft. »Könnten Sie mal das Telefon herbringen? Ich möchte einen Anruf machen.«

Sie ließ sich mit dem Anschluß der Littles verbinden. Eine Männerstimme antwortete, doch es war nicht Felix. Es war ein alter Mann – wahrscheinlich Janey Littles Großvater.

»Könnte ich mit Felix sprechen?« fragte sie.

»Er ist gerade aus dem Haus.«

Tom Little klang ausgesprochen mißtrauisch. Muß der amerikanische Akzent sein, dachte Lena. Sie konnte ihm deswegen auch keinen Vorwurf machen. Nach allem, was in letzter Zeit passiert war, war er Amerikanern gegenüber im Moment bestimmt nicht allzugut aufgelegt.

»Können Sie mir sagen, wo er hingegangen ist?« fragte sie.

»Das hat er nicht gesagt.«

»Es ist sehr wichtig. Wann kommt er zurück?«

»Das hat er nicht gesagt.«

Wunderbar. Toms Stimme klang wie eine Schallplatte.

»Könnte ich ihm dann eine Nachricht hinterlassen? Würden Sie ihm bitte sagen, daß ...«

Ihm was sagen? Daß Lena Grant angerufen hatte? Das würde ihn bestimmt dazu veranlassen, zu ihr zurückzukommen.

»Ja?« half Tom Little nach.

»Schon gut. Entschuldigen Sie die Störung.«

Sie legte auf.

»Was hatten Sie vor?« fragte Gazo.

Sie stellte das Telefon ab und bedachte ihn mit einem abwägenden Blick. »Felix vor Madden zu warnen.«

»Er war nicht da?«

»Nein. Ich habe mit Tom Little gesprochen.«

»Warum haben Sie ihn dann nicht gewarnt?«

Lena seufzte. »Ich glaube nicht, daß er mich anhören würde. Felix schon eher. Ich bin mir sicher, daß er mich haßt, aber ich glaube, er würde mich dennoch anhören. Zumal wenn es sich um etwas handelt, das Janey weh tun könnte.«

»Möchten Sie rüberfahren und auf ihn warten?« fragte Gazo.

»Ich glaube nicht. Ich finde, wir sollten Daddy erzählen, was Madden mit ihm anstellt.«

»Ich bin mir da immer noch nicht so ganz sicher«, sagte Gazo. »Was die Sache mit der Hypnose betrifft ... Ich dachte immer, jemand müßte eine Uhr vor einem schwenken, bis man schläfrig wird, wissen Sie ... oder etwas in der Art. Ich habe noch nie gehört, daß das einfach so möglich sein soll.« Er schnippte mit den Fingern. »Das ist ... ich weiß nicht ... wie ...«

»Zauberei.«

Gazo lächelte. »Ja, genau.«

Lena nickte. »Wären Sie so nett, mir aufzuhelfen? Ich möchte zu Daddy rübergehen.«

»Er wird toben, wenn er das hört.«

»Das hoffe ich«, sagte Lena.

6

Bett erreichte seinen Beobachtungsposten hinter der Mauer der Methodistenkirche etwas später als geplant. Er hatte sich um eine Menge Dinge kümmern müssen, und alles hatte ein wenig länger gedauert, als er angenommen hatte. Das ganze verdammte Land schien sonntags geschlossen zu sein.

Er ließ sich an einer Stelle nieder, von wo aus er das Haus gut beobachten konnte, und schaltete seinen Funkempfänger gerade rechtzeitig ein, um zu hören, wie sich die Little und ihre Freunde von dem alten Mann verabschiedeten. Als sie ins Freie traten, nahm er seinen Ohrhörer ab, damit er verstehen konnte, was sie sagten.

»Wie weit ist es bis zum Men-an-Tol?« fragte Gavin gerade.

»Bis kurz hinter Madron«, antworte Clare Mabley. »Wir werden nicht lange brauchen.«

Gavin sagte etwas, das im Geräusch der sich öffnenden Wagentüren unterging.

»Ich glaube nicht, daß wir uns verlaufen werden«, sagte Mabley. »Vom Feldweg führt ein Trampelpfad bis zum Stein. Hat Janey dich nie dorthin mitgenommen?«

»Ja, aber nicht bei Nacht.«

Die Türen wurden geschlossen, und Janey Little ließ den Wagen an, der verhinderte, daß Bett noch mehr von der Unterhaltung mitbekam.

Vielleicht hätte er Dennison auch den Wagen anzapfen lassen sollen, dachte er.

Als die Wagenscheinwerfer über die niedrige Mauer der Kirche schwenkten und deren Wand in helles Licht tauchten, duckte er sich. Er wartete, bis der Wagen an ihm vorbeigefahren und über die Mousehole Lane nach Paul unterwegs war, dann hob er den Kopf. Er sah die Rücklichter des Reliant den Hügel hinauffahren, dann verschwanden sie, als der Wagen um eine Ecke bog.

Das Men-an-Tol, dachte Bett. Das war eines der Steinmale, auf die Madden so scharf war. Warum zum Teufel wollten sie bloß um diese Zeit dorthin?

Er blickte wieder zum Haus.

Egal. Er brauchte bloß einen von ihnen – den alten Mann oder dessen Enkelin. Wen er in die Hände bekam, darauf kam es nicht an. Die Frau hätte ihm Spaß gemacht, aber ein Mann konnte genauso schrill schreien wie eine Frau, wenn man wußte, wo man anzusetzen hatte.

Er verstaute die Ohrhörer und den Empfänger im Rucksack, den er an einem Riemen über der Schulter trug, und wollte sich gerade aufrichten, als er sich gleich wieder ducken mußte, weil abermals Scheinwerfer auf die Mauer trafen. Diesmal stammten sie von einem kleinen roten Fiesta, der vom Hafen herangerollt kam. Er hielt vor dem Haus der Littles. Der Motor lief im Leerlauf weiter, die Scheinwerfer leuchteten nicht mehr auf die Mauer. Im Schutz der Dunkelheit spähte Bett über die Mauer. Als er sich wieder hinter die Mauer zurückfallen ließ, fluchte er.

Im Wagen saß Madden.

Bett hatte gehofft, daß er sein nächtliches Werk ohne Maddens Einmischung würde vollenden können, doch er war darauf vorbereitet, sich nötigenfalls mit seinem Mentor zu befassen.

Als er über die Mauer blickte, saß Madden noch immer mit geschlossenen Augen im Wagen. Als Madden plötzlich den Kopf hob, glaubte Bett zunächst, er habe ihn entdeckt, doch Madden sah nicht in seine Richtung. Statt dessen blickte er zum Hügel hinauf, wo Janey Little und ihre Freunde verschwunden waren. Madden legte einen Gang ein und fuhr ihnen nach.

Bett wartete, bis die Rücklichter des Fiesta um die gleiche Ecke verschwunden waren wie die von Littles Wagen, dann erhob er sich und klopfte sich ab.

Sieht ganz danach aus, als befinde sich Madden heute nacht ebenfalls auf dem Grat, dachte Bett. Er hatte sich auf Janey Littles Wellenlänge eingestellt und würde sie nicht entwischen lassen.

Bett war nicht glücklich darüber, daß sich seine sorgfältig ausgearbeiteten Pläne nun komplizierten.

Er sprang auf die Straße hinunter und überquerte sie, zwängte sich durch die Hecke hinter dem Haus der Littles, so daß er sich dem Gebäude über den kleinen Hinterhof näherte. Er sah, daß Tom Little in der Küche mit Geschirrspülen beschäftigt war.

Das erleichterte ihm die Sache.

Er holte einen Revolver aus dem Rucksack, dann legte er sich den Riemen lose über die Schulter.

Er hätte das nicht selbst tun müssen. Er hätte jemanden anheuern können, der den Großvater oder seine Enkeltochter für ihn ergriff. Doch je mehr Leute man in so etwas verwickelte, desto mehr Probleme schaffte man sich. Außerdem mochte er den Ausdruck von Entsetzen auf dem Gesicht seines Opfers, wenn es erkannte, daß es geliefert war.

Es schärfte die Sinne und vergrößerte die Konzentration.

Er vergeudete keine Zeit damit, herumzuschleichen. Er trat einfach die Tür ein und zielte mit der Waffe auf den alten Mann. Tom Littles Gesichtsausdruck erfüllte seine höchsten Erwartungen.

»Hallo, Opa«, sagte er. »Was dagegen, wenn ich mal telefoniere?«

Der alte Mann hielt einen Topf in der Hand und sah aus, als wolle er ihn jeden Moment werfen.

Bett schüttelte den Kopf. »Na, na. Das wäre ein Fehler. Leg ihn hin.«

»Ich habe das nicht, wonach Sie suchen«, sagte der alte Mann.

»Vielleicht, vielleicht auch nicht. Aber du wirst mir sagen, wo ich es finden kann.«

Die Züge des alten Mannes verschlossen sich.

Bett lächelte. Als ob der alte Kauz ihm nicht alles

sagen würde, was er von ihm wissen wollte. Vielleicht nicht sofort. Bestimmt nicht hier. Bett würde sich den Spaß für später aufheben, wenn sie ein bißchen ungestörter wären. Wenn der alte Mann sich die Lunge aus dem Hals schreien konnte und niemand sie stören würde.

Und er würde schreien. Gar keine Frage.

»Das Telefon«, wiederholte er.

Er trat näher, ohne die Mündung des Revolvers auch nur einen Moment von Tom Little abzuwenden. Er versetzte dem alten Mann einen heftigen Stoß, stieß ihn herum und führte ihn ins Wohnzimmer, wo er das Telefon entdeckte. Er ließ den alten Mann in einem Sessel Platz nehmen.

»Es wird nicht lange dauern«, versicherte er Little, als er wählte.

Grimes nahm nach dem ersten Klingeln ab.

»Ja?«

»Es ist soweit«, sagte Bett. »Madden fährt einen roten Fiesta.« Er nannte ihm die Zulassungsnummer. »Als ich ihn das letzte Mal sah, war er unterwegs zum Men-an-Tol.«

»Was zum Teufel ist das?«

»Eine Art Stein, der irgendwo in einem Feld steckt.«

»Ich brauche nähere Informationen.«

»Es liegt nahe Madron«, sagte Bett, als ihm einfiel, was Clare Mabley zuvor zu Gavin gesagt hatte.

»Herrgott, Bett. Warum machen Sie's mir nicht ein bißchen leichter?«

»Ich würd ja gern. Im Handschuhfach des Leihwagens, den ich Ihnen besorgt habe, liegen ein paar topographische Karten. Sehen Sie darin nach. Ich bin im Moment beschäftigt.«

»Sie sind ein richtiger Schatz, Bett. Wenn ich's nicht selbst auf Madden abgesehen hätte, würde ich …«

Bett legte mitten im Satz auf. Er holte ein gefaltetes Blatt Papier aus der Tasche und legte es auf den Kaminsims, wo jeder, der den Raum betrat, es gleich sehen würde.

»Okay«, sagte er zu Little. »Es wird Zeit, daß wir in die Gänge kommen. Auf die Beine.«

Als Tom Little nicht aufstehen wollte, seufzte Bett bloß. Er näherte sich dem Sessel, zog den Mann, während er ihm die Mündung des Revolvers in den Magen drückte, auf die Beine und schob ihn wieder in die Küche.

»Wir beide werden uns jetzt ein bißchen amüsieren«, sagte Bett, als er ihn in den Hof bugsierte, durch die Hecke hindurch und dann zu Betts Leihwagen.

Er ging dicht hinter dem alten Mann, so daß die Waffe vor zufälligen Blicken geschützt war, falls jemand aus einem Fenster blicken sollte. Als sie am Wagen angelangt waren, öffnete er die Beifahrertür und schob Little hinein.

»Rutsch rüber«, sagte er. »Du fährst. Und bloß keine Mätzchen unterwegs. Du hältst dich vielleicht für besonders tapfer und meinst, du könntest uns in einem Unfall beide töten, aber wenn mir irgend etwas zustößt ... Nun, ich bin nicht allein. Wär doch schade, wenn sich meine Freunde an deiner Enkeltochter schadlos halten müßten ...«

»Ich werde keine Dummheiten machen«, versprach der alte Mann.

Bett lächelte. »So ist's brav.«

Die Möglichkeit hing jedoch noch immer zwischen ihnen in der Luft, und Bett genoß die Situation.

Es machte den Grat, auf dem er wandelte, um so schärfer.

7

»Und wenn nun wirklich zwei verschiedene Gruppen hinter dem Buch her sind?« fragte Clare vom Rücksitz des Reliant Robin.

Janey und Felix saßen vorn, und zur Abwechslung fuhr Janey einmal vorsichtig. Sie gelangten über eine Nebenstraße nach Newlyn, bogen nach links auf die A3077 ein und folgten ihr bis zur A3071, die sie in nordwestlicher Richtung bis nach Tremethick Cross brachte. Sie ließen den Nationalpark von Tregwaiton House zur Linken und das Boscathnoe-Staubecken zur Rechten liegen, dann gelangten sie zum Dorf, wo sie erneut nach links auf die B3312 abbogen.

»Dadurch ändert sich für uns nichts«, meinte Felix.

Clare nickte. »Ich wüßte es bloß gern.«

»Mr. Goninan hat keine zweite Gruppe erwähnt«, sagte Janey.

»Das heißt nicht, daß es keine gibt«, sagte Clare.

»Schon möglich.«

Die Straße, auf der sie nun fuhren, brächte sie bis zum Dorf Trevowhan. Dann noch ein Stückchen weiter, und sie befänden sich an den Morvah-Klippen, zu deren Füßen der Atlantik gegen die winzigen Inseln Manakas und Wolf Rocks anbrandete. In den Jahren vor Janeys und Felix' Trennung hatten sie dort häufig Picknick gemacht – manchmal nur sie drei, manchmal zusammen mit Dinny und seiner Schwester Bridget.

Bei diesen Picknicks hatte es gute Musik gegeben – kleine Sessions, bei denen das Geräusch des Windes und der Wellen die kontrapunktische Begleitung zu den Klängen der Geige und des Akkordeons, der Blech- und der Holzflöte und der beiden Dudelsäcke abgegeben hatte, dem northumbrischen und dem irischen, die Janey und Dinny stets dabeihatten. Janey wäre jetzt am liebsten dorthin gegangen, ungeachtet der verrückten Dinge, die ihr Leben auf den Kopf gestellt hatten. Doch als sie zum Men-an-Tol-Atelierstudio gelangten, das im alten Schulhaus von Bosullow untergebracht war, bog sie pflichtbewußt auf den Feldweg ab, der sie durch Boscow Common hindurchführen und fast bist zum Men-an-Tol bringen würde.

Der durchlöcherte Stein war nicht das einzige Steinmal in der Gegend, nur das berühmteste. Es war der größte Dolmen der Britischen Inseln, was Besucher, die etwas von den Ausmaßen von Stonehenge erwartet hatten, häufig überraschte. Statt dessen erwartete sie nach einem zwanzigminütigen Fußmarsch von der B3312 ein steinernes Rad mit einem großen Loch in der Mitte, zwei kleine Menhire zu beiden Seiten des Lochs und ein dritter Stein, der neben dem östlichsten Langstein flach auf dem Boden lag. Das Loch im Dolmen war groß genug, daß ein Erwachsener hindurchkriechen konnte, obwohl jemand mit so breiten Schultern wie Felix durchaus einige Mühe gehabt hätte.

Neben dem Men-an-Tol gab es in der Nähe nur zwei größere Steinmale: das Boskednan oder die Neun Jungfern, einen Steinkreis im Osten, und einen mit Zeichnungen versehenen Stein, der Men Scryfu genannt wurde, im Norden. Das Gebiet war jedoch mit kleineren Steinmalen übersät, sowohl mit vorzeitlichen wie mit solchen neueren Datums. Etwas nördlich vom Men Scryfu befand sich eines, das Vier Kirchen genannt wurde, eine große Steintafel mit einem eingeritzten Kreuz darauf, auf das man sich stellen konnte, so daß man mit Fersen und Zehen die Gemeinden Gulval, Madron, Morvah und Zennor berührte. Außerdem gab es zahllose Hügelgräber und Kreuze, Findlinge und Hüttenkreise, Tumuli und alle die Überreste der alten Zinnminen: Schächte, Gruben und die stillgelegten Minen selbst.

Als der Feldweg aufhörte und sie nicht weiterkonnten, hielt Janey an. Sie stiegen aus, und Felix wühlte im Handschuhfach nach der Taschenlampe, die Janey darin verwahrte. Es war windstill, und der Mond stand hinter dem Horizont, doch sein Schein war be-

reits sichtbar. Als sich ihre Augen an die Dunkelheit gewöhnt hatten, steckte Felix die Taschenlampe ein, für den Fall, daß sie später noch gebraucht wurde.

»Wir sollten jetzt los«, sagte er.

»Einen Moment noch«, bat Janey.

Sie blickte über den Feldweg zur Coronation House Farm zurück, die hinter der Ligusterhecke lag, an der sie vorbeigekommen waren.

»Wir haben nicht mehr viel Zeit«, ermahnte sie Felix.

»Das weiß sie«, sagte Clare. »Sie wartet noch auf Kempy.«

»Auf wen?«

»Das wirst du gleich sehen.«

Janey steckte zwei Finger in den Mund und stieß einen gellenden Pfiff aus. Kurze Zeit später antwortete ihr ein Bellen.

»Kempy?« fragte Felix.

Clare nickte.

Kempy war ein verrückter schottischer Collie, der unweigerlich jeden Besucher bis zum Men-an-Tol begleitete. Er hatte es gern, wenn man Steine warf, die er dann holte und einem mit einem wahnsinnigen Grinsen vor die Füße legte, bevor er bellte, damit das Spiel von neuem begann.

Janey hatte den Namen des hiesigen Heidemoors – Ding-Dong-Moor – seit jeher gemocht. Es war ein alter Name, und da er unmöglich auf Kempy zurückgehen konnte, glaubte sie, daß einer der Vorfahren des Collies dafür verantwortlich war, was sozusagen ›gehopst wie gesprungen‹ war, wie Chalkie gern sagte.

Tatsächlich stammte der Name von den Flaschen- oder Glockengruben, in denen die alten Römer ergiebige Vorkommen ausgebeutet hatten, vor allem in der sogenannten Ding-Dong-Mine am Ostrand der Heide, wo im letzten Jahrhundert eine laute Glocke geläutet hatte, um die Bergleute zur Arbeit zu rufen.

Endlich kam Kempy angelaufen. Janey beugte sich zu ihm hinunter und ließ sich das Gesicht ablecken.

»Lust auf einen Spaziergang, Kempy?« fragte sie.

Der Hund bellte glücklich. Er umsprang Felix und beschnüffelte ihn mit wedelndem Schwanz, dann versuchte er den Kopf unter Clares Rock zu stecken. Sie stieß ihn lachend weg.

»Ein Perverser«, murmelte sie.

Janey warf einen Stein, der vor ihnen rasselnd auf dem sich verengenden Pfad landete. Kempy stürmte ihm durch die Dunkelheit nach und ließ die anderen zurück, die ihm gemächlicheren Schritts folgten. Nach etwa fünfzig Metern kamen sie zu einem Zauntritt, hinter dem das Heidemoor begann. Von dort führte ein Pfad durch dichten Ginster, Erika und Glockenblumen zum durchlöcherten Stein.

8

Madden hatte keine Mühe, das Artefakt zu orten, das Dunthorns Geheimnis war – und es war ein Artefakt, dessen war er sich nun sicher. Irgendein Talisman. Er konnte ihn beinahe vor sich sehen. Er nahm Raum ein und besaß ein physikalisches Gewicht. Er mußte bloß noch wissen, wie er tatsächlich aussah.

Obwohl er das Artefakt verfolgen konnte, während Janey Little es über Land transportierte, machte ihn seine mangelnde Ortskenntnis doch langsamer. Zwar wußte er zu jedem Zeitpunkt, wo sich der Gegenstand befand, doch er fuhr in zu viele Sackgassen, wo er wieder zurücksetzen und neu anfangen mußte, oder folgte schmalen Feldwegen, die ihn eine Weile in die richtige Richtung führten, bis sie irgendwann unerklärlicherweise abbogen.

Als er schließlich zum Men-an-Tol-Atelier gelangte, ging der Mond bereits auf. Er bog auf den Feldweg ein und folgte ihm, bis er an einem Reliant Robin angelangt war, der vor ihm abgestellt war. Er hielt hinter dem Wagen, der vermutlich Janey Little gehörte, und stieg aus. Mit geschlossenen Augen drehte er sich langsam auf der Stelle, bis er die Position des Gegenstands neu bestimmt hatte.

Er wollte gerade losgehen, als er aus der Richtung der Coronation House Farm angerufen wurde. Als er sich umdrehte, sah er übers Feld den schwankenden Schein einer Taschenlampe näher kommen. Der dazugehörige Mann war klein und stämmig. Er hatte das runde Gesicht des typischen Einwohners von Cornwall, trug Gummistiefel und einen Regenmantel und die unvermeidliche Mütze auf dem Kopf.

»He, Sie!« rief der Farmer beim Näherkommen. »Was machen Sie da eigentlich?«

»Ich habe meinen Wagen geparkt.«

Der Farmer schüttelte den Kopf. »Nicht gestattet. Das ist ein Privatgrundstück. Sie müssen ihn woanders hinstellen.«

»Und der andere Wagen …?«

»Der gehört einer Bekannten. Sie kann hier so viel parken, wie sie möchte, aber Sie müssen Ihren auf der Straße abstellen.«

Madden hatte keine Zeit für solchen Unfug – nicht jetzt, da er so dicht dran war. Er fixierte den Farmer, und aufgrund seines Ärgers setzte er mehr Kraft ein als nötig. Der Mann taumelte zurück, faßte sich an den Kopf. Der Strahl seiner Taschenlampe wies gen Himmel und schwankte hin und her, während der Mann angesichts des brennenden, hämmernden Schmerzes hinter den Augen das Gleichgewicht zu wahren versuchte.

»Sie haben doch nichts dagegen, wenn ich meinen Wagen hier abstelle, nicht wahr?« fragte Madden.

Der Farmer schüttelte langsam den Kopf. Er sah Madden nicht an; in der vergeblichen Hoffnung, den

Schmerz zu mildern, preßte er sich nur die Hände gegen die Schläfen.

»Vielleicht sollten Sie sich hinlegen – früh zu Bett gehen«, schlug Madden vor. »Sie scheinen etwas Schlaf zu brauchen.«

»Ich glaube, das mach ich auch«, sagte der Farmer.

Vor lauter Schmerzen vermochte er nur schleppend zu sprechen.

Ein blödes Schaf, dachte Madden, als er beobachtete, wie der Farmer langsam den Weg zurückging, den er gekommen war. Mehr war der Mann nicht. Mehr waren sie alle nicht – die Welt wimmelte von ihnen.

Er seufzte, krümmte die Finger, dann wandte er sich um und blickte wieder ins dunkle Heidemoor hinaus.

Einen Moment lang konzentrierte er sich, bestimmte die Position von Dunthorns Artefakt, dann ging er den schmaler werdenden Feldweg entlang, den er hatte einschlagen wollen, als der Farmer ihn gestört hatte. In dieser Gegend kannte er sich aus. Als er zum Zauntritt gelangte, hinter dem das Heidemoor lag, ahnte er sogar, wohin Janey und ihre Freunde unterwegs waren.

Zum Men-an-Tol.

Bloß den Grund kannte er nicht.

Und das bereitete ihm größere Sorgen, als er irgend jemandem gegenüber einzugestehen gewagt hätte – sich selbst eingeschlossen.

9

Der Mond lugte gerade über den Horizont, als Janey und die anderen schließlich am Men-an-Tol eintrafen. Wie jedesmal, wenn sie sich an einem so alten Ort wie diesem befand, erschauerte sie angesichts des uralten

Mysteriums – ganz gleich, wie klein oder unbedeutend das Steinmal sein mochte, ob es nun draußen in der Heide lag wie hier oder in einem Feld steckte, wo die Kühe ringsum zufrieden wiederkäuten.

Die Heide rings um diesen Dolmen war ihr Lieblingsort – und das war sie offenbar auch für William Dunthorn gewesen, wenn man bedachte, wie oft sie in seinen Werken vorgekommen war, nicht nur in *Das kleine Land*, sondern auch in einer Reihe von Artikeln, die er für verschiedene Zeitschriften geschrieben hatte. Häufig hatte sie ihren Dudelsack hierher mitgenommen und die Stimmung genossen, welche die Musik in ihr weckte, wenn sie sich mit der Ausstrahlung des Ortes verband. Bei der Erinnerung an die Gesichter der Touristen, die der Musik zum Stein gefolgt waren, lächelte sie. Sie war sich nie ganz sicher, ob sie nun enttäuscht oder erleichtert waren, wenn sie entdeckten, daß sie die Melodien beim Dolmen spielte und nicht irgendein Feenmusiker.

»Da wären wir«, sagte sie.

Sie schaute Felix und Clare an, die beide darauf warteten, daß sie den ersten Schritt tat. Kempy lag am Rand der festgetrampelten Erde, die den Stein umgab, genau an der Stelle, wo der Weg von der Straße darauf stieß. Die Zunge hing ihm aus der Schnauze, und sie wurde das Gefühl nicht los, daß er sie angrinste.

Wenn ja, dann kannte sie den Grund.

Das prickelnde Gefühl, das sie jedesmal an solchen Orten verspürte, die intensive Ausstrahlung uralter Mysterien, die nur darauf warteten, geweckt zu werden, das war eine Sache. Was sie heute mitgebracht hatten, war eine andere …

»Ich komme mir blöd vor«, sagte sie.

»Du mußt es wenigstens versuchen«, sagte Felix.

»Ich weiß. Es ist bloß …«

Sie seufzte und nahm die Tasche mit dem Buch von der Schulter.

»Sollen wir irgend etwas tun?« fragte Clare.

Janey lächelte. »Ich weiß nicht einmal, was ich tun soll.«

Doch sie tat es. Hatte Dunthorn es ihr nicht gesagt, hatte sein Rat nicht mittels seines Buchs die Zeitschranke überwunden? Vielleicht war es ihre Geschichte, die sie in *Das kleine Land* gelesen hatte, vielleicht waren es ihre Worte gewesen, doch es war immer noch Bill Dunthorn, der zu ihr gesprochen hatte.

Neunmal bei Mondaufgang durchs Loch.

»Fang besser schon mal an«, sagte Felix.

Janey nickte und ging zum Stein hinüber. »Hilfst du mir?«

Er stellte sich an die andere Seite des Lochs. Sie blickte ihn durch die Öffnung hindurch an und kam sich immer noch albern vor. Er lächelte aufmunternd.

»Denn man los«, sagte sie.

Sie reichte ihm die Tasche. Er nahm sie und reichte sie ihr zurück. Sie steckte sie abermals durchs Loch.

Das war zweimal.

Und sie kam sich nicht nur albern vor, sondern regelrecht verrückt. Aber sie reichte weiter die Tasche hindurch, wobei sie jedesmal flüsternd mitzählte.

Sechs.

Und wenn es auf der anderen Seite des Steins wirklich eine andere Welt gab? Wer würde dann das Buch am Ende hüten? Irgendein spitzohriger Kobold?

Die ganze Situation war verrückt. Aber das Buch selbst – es hatte etwas Magisches an sich. Das hatten sie bewiesen, weil jeder eine andere Geschichte darin gelesen hatte.

Sieben.

Als sie die Tasche von Felix entgegennahm, hielt sie inne, da sie etwas gehört zu haben meinte. Sie neigte den Kopf und lauschte. Sie hatte das Gefühl, etwas komme näher. Sie spürte es, nicht im rationalen Teil des Gehirns, sondern auf der intuitiven Seite; ein seltsames, unerklärliches Gefühl, das bis ins Mark ihrer Knochen drang und dort widerhallte.

Ein Klang.

Sie erinnerte sich an die Geschichte in Dunthorns Buch, und dann, als wäre die Erinnerung ein Katalysator, erkannte sie wieder, was sie da hörte.

Es war ein Hauch von Musik, fern und unheimlich.

Und vertraut.

Es war die gleiche Musik, die sie aus dem Buch vernommen hatte …

Sie blickte Felix an, wollte ihn fragen, ob er es ebenfalls gehört hatte, doch sie konnte sich die Frage sparen. Sein Gesichtsausdruck sagte ihr, daß es keine Einbildung war. Ein Ausdruck von Erstaunen lag in seinen Augen, sein Mund hatte sich entspannt.

Es mußte wirklich sein, weil er es ebenfalls hörte.

Sie reichte ihm abermals die Tasche durch.

Acht, zählte sie lautlos.

Und nun vermochte sie einzelne Instrumente zu unterscheiden: Flöten und Dudelsäcke; den klaren Ton von Harfensaiten und die langgezogenen Klänge eines Bogens, der über Geigensaiten gezogen wurde; den sanften Rhythmus einer Trommel …

Dumm-dum. Dumm-dum.

… der mit ihrem eigenen Herzschlag zu verschmelzen schien.

Und da, im Zentrum der Öffnung des Men-an-Tol ein Lichtpünktchen. Ein schwacher Schimmer. Ein Glimmen.

Ihr stockte der Atem. Sie war vor Ehrfurcht erstarrt.

Es stimmt, dachte sie. Das ist wirklich Magie …

Um den Dolmen herum stieg Nebel aus der Heide auf. Langsam nahm Janey die Tasche mit Dunthorns Buch und reichte sie zum letztenmal durchs Loch.

Neun.

Licht flammte auf und blendete sie. Die Musik

schwoll mächtig an. Janey ließ die Tasche los. Das Leuchten erstarb, verblaßte zu den letzten Klängen der Musik, die zurückzuweichen schien, erst über einen Hügel, dann über den nächsten, bis sie verschwunden war. Eine verzauberte tiefe Stille hüllte sie ein.

Als Janey wieder sehen konnte, blickte Felix gerade durch das Loch im Men-an-Tol. Seine Hände waren leer.

»Das – das Buch ...?« stammelte er.

»Verschwunden«, sagte Janey.

Ihr Herz hüpfte vor Freude. Sie konnte die Musik – deren Nachhall – noch immer in sich hören, und ihr Herz schlug noch in ihrem Rhythmus. Sie tastete in ihrer Handtasche nach der Blechflöte, die sie mitgebracht hatte, steckte die beiden Teile mit zitternden Fingern zusammen und setzte das Mundstück an die Lippen.

»Das war unglaublich«, hörte sie Felix sagen.

Seine Stimme schien aus weiter Ferne zu kommen. Clare kniete neben ihr im Gras und streckte die Hand aus, um den Stein zu berühren. In diesem Moment wußte Janey alles und nichts. Sie begann Flöte zu spielen, wollte die Musik zumindest teilweise festhalten, bevor sich die Erinnerung daran ganz verflüchtigt hatte, doch dann bellte Kempy, und die Verzauberung wurde jählings unterbrochen.

Sie blickte den Weg entlang, der zum Stein hinführte. Kempy wich, immer noch bellend, auf die Freifläche zurück. Auf dem Wand stand eine hochgewachsene Gestalt; eine wütende Gestalt. Die Augen des Mannes schienen vor Wut zu glühen. Sie waren rotglühende Kohlen, die das Mondlicht auffingen und in sich aufnahmen, es verschluckten.

»Was habt ihr getan?« schrie er.

Die Stimme war wie Eis und kündete von Schmerzen. Eine knisternde Aura der Macht umgab den

Mann. Er warf dem Hund einen Blick zu, und Kempy hörte jäh zu bellen auf. Winselnd kroch der Hund auf dem Bauch vor der dunklen Gestalt fort.

Janey brauchte nicht erst lange zu überlegen, um sich klarzumachen, daß sie John Madden endlich leibhaftig gegenüberstanden.

10

Grimes war schlechter Stimmung, als er endlich auf der B3312 zum Men-an-Tol-Atelier gelangte. Er blickte erst auf das unbeleuchtete Gebäude, dann auf das Schild auf der anderen Straßenseite, das den Anfang des öffentlichen Wanderwegs zum Men-an-Tol markierte.

Er hatte länger gebraucht als erwartet. Die Karten, die Bett ihm ins Handschuhfach des Leihwagens gelegt hatte, waren mehr als ausreichend gewesen. Sie konnten es mit den häufig unbeschilderten Straßen durchaus aufnehmen. Zumal bei Nacht.

Er blickte am Schild vorbei aufs dunkle Heidemoor hinaus. Wie weit war es eigentlich bis zum Stein?

Er schaltete die Innenbeleuchtung an, nahm die Karte vom Beifahrersitz und faltete sie über dem Lenkrad auseinander.

Nicht sehr weit. So nahe, daß er den Wagen stehenlassen und zu Fuß gehen konnte. Dadurch würde er vermeiden, daß man das Motorengeräusch schon von weitem über die Heide hörte.

Er wollte Madden nicht unnötig warnen. Wenn er an dessen Augen dachte …

Die fehlende Hand begann wieder zu schmerzen.

Na warte, dachte er. Diesmal geht es anders aus.

Er stellte seinen Wagen auf dem kleinen Parkplatz beim Atelier ab und ging zum Feldweg hinüber, der zum Men-an-Tol führte. Er holte den .38er aus der Tasche, damit der Abzug nicht am Stoff hängenblieb, falls er die Waffe rasch ziehen mußte, und steckte sie hinter den Gürtel, unter die Jacke. Dann ging er los.

Er schritt zügig aus und gelangte nach einer knappen Viertelstunde zu zwei abgestellten Autos.

Bingo. Ein roter Fiesta.

Danke, Bett. Ich bin dir was schuldig.

Der andere Wagen war ein dreirädriger Reliant. Nicht einmal für Geld hätte er sich da reingesetzt. Das verdammte Ding sah aus, als werde es gleich bei der ersten scharfen Kurve umkippen.

Er musterte die umliegende Landschaft, versuchte herauszufinden, wohin Madden und der Besitzer des anderen Wagens gegangen sein mochten, dann entschloß er sich, an Ort und Stelle zu bleiben. Womöglich würde er sonstwo landen, wenn er jetzt aufs Moor hinauswanderte. Er wollte sich keinesfalls verlaufen – nicht so kurz vor dem Ziel. Früher oder später würde Madden zum Wagen zurückkommen. Er würde einfach hier auf ihn warten.

Grimes ging zur Hecke an der Westseite des Feldwegs hinüber, wo es dunkler war, und lehnte sich an einen Stein. Er verlangsamte seinen Atem und entspannte sich, bis ihn eine tiefe Ruhe überkam. Das war ein simpler Jägertrick. Man verschmolz einfach mit der Umgebung – man wurde ein Teil von ihr. Bis man zur Tat schritt.

Für so was brauchte man nichts weiter als Geduld.

Und davon hatte Grimes mehr als genug.

11

Als Dinny Boyd beim Haus des Chefs eintraf, war niemand da. Die Vordertür war verschlossen, und obwohl er mehrmals klingelte, machte ihm niemand auf. Sein Puls beschleunigte sich, als er durch das gardinenverhängte Türfenster zu spähen versuchte, aber er konnte nicht allzuviel erkennen.

Es paßte nicht zu Tom Little, daß er es sich in der Zwischenzeit wieder anders überlegt haben sollte. Wenn der Chef einen irgendwo treffen wollte, dann war er auch da.

Es sei denn, er steckte in der Klemme.

Es ging eindeutig irgend etwas Seltsames vor – daran hatte Dinny keinen Zweifel. Die Geschichte mit der Farm und dann die Sachen, die Janey ihm am Nachmittag erzählt hatte …

Er ging hinters Haus, und sein Puls beschleunigte sich noch mehr, als er sah, in welchem Zustand sich die Küchentür befand.

Jemand war eingebrochen.

Er unterdrückte den Impuls, laut zu rufen, und spähte nervös hinein.

War der, der das getan hatte, immer noch da?

Neben der Spüle war schmutziges Geschirr gestapelt. Er nahm ein Brotmesser von der Anrichte und trat vorsichtig ins Wohnzimmer. Nachdem er das Haus gründlich durchsucht hatte, wußte er, daß er allein war.

Janey, Clare und Felix waren verschwunden.

Ebenso der Chef.

Dann klingelte das Telefon.

Dinny kehrte ins Wohnzimmer zurück.

Bestimmt rief einer von ihnen an, um alles zu erklären, dachte er, als er den Hörer abnahm. Trotzdem wurde er ein unangenehmes Prickeln zwischen den Schulterblättern nicht los – ein Unbehagen, das noch zunahm, als er sich meldete.

»Hallo?«

»Wer spricht da?« fragte eine unbekannte Stimme mit ausgeprägtem amerikanischen Akzent.

»Dinny Boyd.«

»Entschuldigung. Falsch gewählt.«

Die Verbindung war unterbrochen.

Dinny legte den Hörer langsam auf. Er blickte sich abermals im Zimmer um, suchte nach irgendeinem Hinweis auf das, was vorgefallen war. Sein Blick fiel auf ein zusammengefaltetes Blatt Papier, das auf dem Kaminsims an der Wand lehnte. Er ging hinüber, las es, dann kehrte er zum Telefon zurück.

»Dad?« sagte er, als die Verbindung hergestellt war. »Ich glaube, du solltest besser zum Chef kommen.«

»Was ist denn los, Dinny?«

»Das erkläre ich dir, wenn du hier bist. Bring Sean oder Onkel Pat mit, aber laß Mam und Bridget nicht allein.«

Er ging zur Vordertür und schloß sie auf, dann wartete er auf der schmalen Veranda auf seinen Vater. Friedliche Abendstimmung lag über dem Dorf, die nichts preisgab von der Gefahr, in der er, seine Familie und seine Freunde schwebten.

Nimm dein Schicksal in die Hand

Anscheinend bin ich ein Verb.

BUCKMINSTER FULLER zugeschrieben

Als Jodi vom Doppelgänger der Witwe durch Bodbury getragen wurde, wirkte das Dorf wie ein fremder wilder Ort.

Der Sturm heulte in hundert verschiedenen Richtungen gleichzeitig durch die engen Straßen, wirbelte und schwirrte umher wie ein Haufen wahnsinniger Derwische. Er kroch zwischen die Glasscheiben und Metallrahmen der gasbetriebenen Straßenlampen, blies die Flammen aus und machte die dunklen Straßen noch dunkler. In seinem Schlepptau tanzte und taumelte Abfall. Rolläden klapperten. Rote Dachziegel wurden von den Dächern gerissen und zerschellten auf dem Pflaster. Fenster wurden aufgedrückt, Gardinen nach innen geweht, bis die Hausbewohner die Fenster wieder schließen konnten.

Der Doppelgänger schnatterte glücklich vor sich hin, während er über die steilen Straßen zum Hafen lief, und taumelte von einer Seite zur anderen, um angesichts der Windböen das Gleichgewicht zu wahren. Das Wesen schien ganz in seinem Element und grinste übers ganze Gesicht.

Als sie die Peter Street erreicht hatten, schrie Jodi so laut wie möglich, in der Hoffnung, sie habe sich in den neuen Menhiren getäuscht, die sie am Men-an-Tol gesehen hatte. Das waren bestimmt nicht ihre Freunde, von der Witwe ebenso verzaubert wie die vorwitzigen jungen Frauen, die der Legende zufolge am Sonntag getanzt hatten und die vor langer Zeit in die Glücklichen Jungfern oder den Boskednan-Steinkreis verwandelt worden waren.

Der Doppelgänger legte eine Pause ein und blickte zum Fenster von Denzils Dachstuhl hinauf, das erst klapperte und dann aufflog. Beim Gedanken an Rettung tat Jodis Herz einen Satz, dann wurde es ihr wieder schwer in der Brust, als sie sah, daß es nur Ollie war, der vom Fensterbrett aus neugierig in die stürmische Nacht hinausschaute. Denzils Affe klammerte sich an die Gardinen, als ihn der Sturm von seinem Ausguck zu blasen versuchte. Jodi öffnete den Mund und wollte abermals rufen, doch dann zischte der Doppelgänger sie an, und ihr wurde klar, daß Ollie sich zwar mühelos von dort oben auf die Straße herunterlassen konnte, dem Doppelgänger der Witwe jedoch kaum ebenbürtig war.

Sie verhielt sich still und ließ sich vom Doppelgänger weiter zum Hafen tragen. Ollie blieb auf dem Fensterbrett zurück und spielte Tauziehen mit dem Wind, als dieser das Fenster wieder zuzuschlagen versuchte. Bevor der Doppelgänger mit ihr um eine Ecke bog, sah Jodi noch, daß der Affe vom Fenster hing und vom stürmischen Wind hin- und hergeschaukelt wurde.

Nun näherten sie sich dem Hafenviertel. Die Wellen peitschten gegen die Küste und warfen riesige Gischtwolken auf, als sie gegen das Holz und den Stein der Pier schlugen. Am Neuen Dock mühten sich Fischer mit ihren Kuttern und Booten ab, ohne allerdings viel auszurichten. Jodi sah, daß einige Boote bereits Wracks waren; andere waren im Begriff, sich loszureißen und an der Kaimauer zu zerschellen.

Und dann war da noch die Witwe.

Sie stand ausreichend weit vom anbrandenden Meeresgischt entfernt, eine abweisende große Gestalt in einem dunklen Umhang, deren Augen aus sich heraus zu glühen schienen. Rechts und links von ihr taumelten und flatterten verschwommene Moorgespenster im Wind. Zwischen ihr und der aufgewühlten See stand Reihe um Reihe Ertrunkener – Wasserleichen, die aus ihren Meeresgräbern hervorgekommen waren, um ihr zu dienen. Sie beachteten die tosenden Wellen nicht, die gegen sie anbrandeten. Meerwasser strömte aus ihrem schlaffen Haar, aus ihren abgerissenen Lumpen und dem Tang, der an ihnen herunterhing.

Das alles ist bloß ein schrecklicher Alptraum! flehte Jodi. Bitte laß es so sein! Laß es nicht wirklich sein!

Die knochigen Finger des Doppelgängers hielten sie jedoch zu fest gepackt, als daß es ein Traum sein konnte; das Unwetter war zu heftig. Die Witwe zu imposant. Die Moorgespenster und die Wasserleichen ...

Mit quietschender Stimme glücklich vor sich hin schnatternd, präsentierte Windle sie der Witwe. Jodi schauderte, als sich die kalten Finger der Witwe um sie schlossen und sie Windle abnahmen. Sie hob Jodi vor die Augen.

Das Feuer in ihnen brannte wie heiße Kohlen, und Jodi fiel Ederns Warnung ein.

Sieh ihr nicht in die Augen.

Die Erinnerung kam zu spät. Jodi versuchte wegzusehen, die knisternde Macht abzuwehren, die aus dem Blick der Witwe in ihre eigenen Augen übersprang, aber die Zauberkräfte der Witwe rissen die schwachen Mauern nieder, die Jodi aufzurichten versuchte, und drangen mühelos in ihren Geist.

Die Finger drückten schmerzhaft zu, rieben Jodis Rippen gegeneinander. Ihr fiel das Atmen schwer.

Nein, erkannte sie traurig. Es war kein Traum.

Es war nur allzu wirklich.

Die Zauberkräfte der Hexe rührten in Jodis Kopf, als wären sie ein Schöpflöffel, und ihr Kopf wäre ein Suppenkessel. Jodis Erinnerungen schwirrten und brodelten durcheinander, bis sie ganz von ferne ein schwaches rhythmisches Geräusch vernahm.

Dumm-dum.

»Du hast mich ganz schön in Trab gehalten«, sagte die Witwe, »aber jetzt gehörst du mir, du elender kleiner Wicht.«

In ihren Augen glitzerten die Ankündigungen von Qualen, die sie für ihre verkleinerte Gefangene bereithielt.

Doch inzwischen war Jodi über die Angst hinaus. Die Zauberkräfte der Witwe hatten eine Spur des Gefühls der Einheit wachgerufen, das Jodi mit der Hügelwelt geteilt hatte, einen Rest der Erinnerung, die sie nach wie vor in sich trug. Es paßte sich dem Rhythmus ihres Herzschlags an ...

Dumm-dum. Dumm-dum.

... und distanzierte sie von der Gegenwart. Es enthob sie ihrem Entsetzen und versetzte sie an einen Ort, an dem sich Taubheit in ihren Gliedern ausbreitete, trennte sie von ihrem Körper und dem Schmerz, den ihr die Witwe zufügte, bis sie das, was mit ihr und der Stadt geschah, mit dem leidenschaftslosen Blick eines bloßen Zuschauers betrachtete.

Sie war sich noch der Gefahr bewußt, hatte immer noch Angst. Doch der beobachtende Teil von ihr konnte nun die Situation aus einem objektiveren Blickwinkel betrachten. Sie nahm die Gewalt des Sturmes in sich auf, den die Witwe heraufbeschworen hatte. Die monströsen Wesen ...

Gestern war die Witwe in Bedrängnis gekommen, ein paar lächerlich kleine watschelnde Moorgespenster zu erschaffen und sie auf einen Uhrwerkmann und Jodi selbst zu hetzen. Und war gescheitert. Doch heute ... heute waren ihre Gespenster groß und quecksilbrig, die Wasserleichen gehorchten ihr, und sie schien die Elemente zu beherrschen.

Wieso war sie so mächtig geworden?

»Ich will das Geheimnis«, fuhr die Witwe fort. »Du wirst mir das Geheimnis der Hügelwelt verraten.«

Jodi sah sie bloß an und dachte: Welches Geheimnis? Es war ja alles da, getrennt von ihnen nur durch eine unsichtbare zwiebelhäutige Barriere. Während ihr Herz noch immer kraftvoll für das Hügelland schlug …

Dumm-dum.

… vermochte Jodi jene andere, der sturmgepeitschten Szenerie überlagerte Welt beinahe zu sehen. So nahe war sie.

»Jedesmal, wenn du dich weigerst«, erklärte die Witwe, »werde ich dir ein Glied ausreißen. Ich werde dich so lange am Leben erhalten, bis du nur noch ein Kopf ohne Körper bist, der darum fleht, sterben zu dürfen. Und glaub ja nicht, du könntest mich übertölpeln. Ich erkenne Lügen am Geruch.«

Der Druck der Zauberkräfte der Witwe war wie ein dumpfer, pochender Kopfschmerz.

»Lügen …?« fragte Jodi.

Sie war noch heiser vom vielen Schreien während ihrer wilden Reise im Griff des Doppelgängers vom Men-an-Tol bis nach Bodbury.

Lügen, dachte sie träumerisch. Sie hätte gern gelogen, wenn sie nur gekonnt hätte.

Denn alles wurde immer verwirrender. Es war, als wäre sie gleichzeitig da und doch nicht da. So als betrachte sie einen Schwank aus der sicheren Anonymität des Publikums heraus, anstatt selbst auf der Bühne zu stehen. Die Welt um sie herum war jetzt eine unwirkliche Mischung zweier Welten – auf der einen Seite der sturmgepeitschte Hafen von Bodbury, auf der anderen das klare, stille Wasser der Hügelwelt. Der Nacht mit ihrem Donner und den zuckenden Blitzen stand der helle blaue Himmel der Hügelwelt gegenüber. Hier die Witwe, ihre abstoßenden Wasserleichen, die Moorgespenster und die kämpfenden Fischer, dort ein seltsamer Aufmarsch von Wesen der Hügelwelt, die sich an der Küste ihrer eigenen Welt versammelt hatten – Nixen und Kobolde; ein Mann mit dem Kopf eines Raben, ein anderer, dem ein Hirschgeweih aus der Stirn entsprang; Wesen, kleinen Bäumen gleich, die man mit den Wurzeln ausgerissen hatte und die nun umhergingen; eine Frau mit einem Mondgesicht, grünem Haar und goldenen Augen, deren Hüften in die Schultern eines graurückigen Pferdes übergingen, so daß die beiden ungleichen Teile zum selben Körper gehörten …

In der einen Welt bedrohten sie die Witwe und ihre Kreaturen; in der anderen lauschten die Wesen der Musik –

Dumm-dum.

… die in Jodis Innerem erklang.

»Du wirst es mir verraten«, sagte die Witwe.

»Verraten …?« fragte Jodi verträumt.

Sie sah, daß die Fischer von Bodbury ihren Kampf gegen das Meer aufgegeben hatten und mit offenen Mündern die Witwe und ihre Kreaturen anstarrten. Einige von ihnen, die vertrauter waren mit geheimen Dingen, deuteten auf flackernde Häuser und Gebäude, die vom grünen Gras der Hügelwelt ersetzt wurden, bis auch dieses verschwamm und wieder verschwand.

Dumm-dum.

Und nun sah Jodi mehr als eine verschwommene Mischung der beiden Welten. Sie sah gleichzeitig Vergangenes und Gegenwärtiges: das alte Bodbury mit dem neuen vermischt. Alles hatte sich verändert – war sich gleich geblieben und hatte sich doch verwandelt. Es gab weniger Gebäude in der Stadt, es gab mehr. Das Neue Dock existierte; es war verschwunden, als hätte es nie existiert. Die Ruine des Alten Kais sah aus wie zu seiner Blütezeit; dann erschien es wieder so baufällig wie zuvor.

Sie hörte die Fischer rufen, als sie ihre Ahnen aus den Straßen auf sich zugehen sahen – schemenhafte Gestalten, die unaufhörlich verschwanden und wieder auftauchten.

Und ständig die Musik, betörend und nachhallend, im Rhythmus ihres Herzschlags, dem Pochen ihres Pulses, dem Herzschlag der Stadt, der Bucht, des Heidemoors ringsum …

Dumm-dum.

Jodi fühlte, wie sie sich ausdehnte und Teil ihrer Umgebung wurde, Teil beider Welten, der Vergangenheit und der Zukunft, wie sie immer weiter und weiter von der Gegenwart entfernte, von der Gefahr, von der Witwe und ihren Kreaturen …

Dumm-dum.

Die Witwe schüttelte Jodi, bis ihr die Zähne im Kopf klapperten.

»Sag's mir!« schrie die Witwe.

Das Schütteln brachte Jodi wieder ein wenig auf den Boden der Wirklichkeit zurück. Sie starrte in das Feuer, das tief in den Augen der Witwe brannte, und stellte überrascht fest, daß sie sich vor der Frau nicht mehr fürchtete. Der Druck der Zauberkräfte der Witwe war aus ihrem Kopf verschwunden.

»Ich kann es Ihnen nicht verraten«, sagte sie.

Die Augen der Witwe glitzerten tückisch.

»Ich kann es Ihnen bloß zeigen …«, ergänzte Jodi.

Funken sprühten zwischen ihren sich gegenseitig fixierenden Augen – ein Feuer, älter als die Wut.

Und dann sah die Witwe die Welt, so wie Jodi sie wahrnahm; vernahm das Pochen ihres Herzens:

Dumm-dum.

Zwei ineinander übergehende Welten, Vergangenheit und Zukunft, die miteinander verschmolzen.

Auf einmal kannte sie alles, was Jodi je gewesen war. Und Jodi kannte sie. Jodi begegnete Hedra Scorce – dem Mädchen, das die Witwe einmal gewesen war, bevor sie ihre Unschuld verloren, bevor sie sich verändert hatte. Vor Jodis Augen entfaltete sich Hedras Leben, sie vernahm das Flüstern der Schatten, welche die Witwe zu dem gemacht hatten, was sie jetzt war.

Die furchtbaren Schatten, die sich nun so gierig näherten. Nicht die schwankenden Gestalten der Moorgespenster, welche die Witwe umringten, sondern ältere Schatten: die dunklen Stimmen, die im Herzen jeden Mannes und jeder Frau wisperten, die sich nährten von Neid, Zorn und Haß.

»Es tut mir leid«, sagte Jodi.

Es tat ihr wirklich leid. Tränen traten ihr in die Augen und liefen ihr über die Wangen.

»Nein«, sagte die Witwe leise.

Der Sturm hatte aufgehört. Wolken verdunkelten noch immer den Himmel, doch die Blitze waren erloschen, der Donner war verstummt, der Regen hielt sich zurück.

Die Wasserleichen schlurften ins Meer zurück. Die schwankenden übergroßen Moorgespenster, welche die Witwe aus Morast, Schatten und Teilen ihrer selbst geformt hatte, fielen in sich zusammen und wurden zu fauligem Schlamm und verwesenden Pflanzenteilen.

Die Witwe fiel auf die Knie.

Dort, wo es am finstersten war, krochen dunkle Dinge aus den Gebäuden und Mauern. Alte Schatten. Böse Dinge.

Hexen können nicht weinen, dachte Jodi. Und sie kannte den Grund. Tränen waren ihnen wegen ihres Salzgehalts verhaßt. Es erschien nur vernünftig, daß eine Hexe sich mit einem Bannspruch belegte und Vorkehrung traf, daß ihr Körper nicht weinte.

Doch die Witwe war nicht mehr sie selbst. Ein Teil von ihr war Jodi Shepherd; ein Teil von ihr war Hedra Scorce, das unschuldige Kind, das sie einmal gewesen war. Dieser Teil von ihr weinte darüber, was aus ihr geworden war.

Tränen traten ihr in die Augen und blendeten sie. Sie rannen ihr wie Lava über die Wangen, schälten die Haut bis auf die Knochen ab. Ihr Fleisch schwelte und erfüllte die Luft mit ekelhaftem Gestank. Immer noch auf den Knien, neigte die Witwe den Kopf, bis ihre Stirn auf dem Pflaster ruhte. Die Muskeln ihrer Hand erschlafften, und Jodi war frei.

Jodi wich vor der Witwe zurück, doch sie kam nicht weit. Die alten Schatten, welche die Witwe vollständig umzingelt hatten, versperrten ihr den Fluchtweg. Sie wisperten und tuschelten miteinander. Gierig saugten sie den Schmerz der Witwe, ihre Niederlage, in sich auf. Die Hügelwelt und das geheime Tor waren einstweilen vergessen. Dieser Augenblick war viel süßer.

Die Witwe wimmerte. Der Doppelgänger streichelte ihr Haar und winselte.

Weiterhin strömten sengende Tränen aus den Augen der Witwe. Ihre Haut rauchte. Sie öffnete den Mund, um zu schreien, doch die Tränen rannen ihr die Kehle hinunter, und nur Rauch drang heraus. Unbewußt schluckte sie, und nun verbrannte auch noch ihr Inneres.

Die Schatten zwitscherten.

»Wehr dich!« schrie Jodi.

Es kam ihr gar nicht merkwürdig vor, daß sie nun Mitgefühl mit ihrer früheren Feindin empfand, denn als die Musik sie durch die Lebensgeschichte der Witwe geführt hatte, war Jodi klargeworden, daß die Schuld nicht allein bei der Witwe lag. Die Witwe war schwach gewesen, sie hatte auf die gemeinen Einflüsterungen der Schatten gehört und sich von ihrer Enttäuschung und ihrem Kummer zum Bösen verleiten lassen, doch die Schatten waren der wahre Feind.

Ihr unablässiges Geflüster.

Mit dem sie diejenigen in die Falle lockten, deren

Verzweiflung und Schwäche sie für ihre unaufhörlich murmelnden Stimmen empfänglich gemacht hatten.

Und ihre falschen Versprechungen …

Jodi hörte sie, während sie der Witwe beim Sterben zusah; ihr Geflüster hämmerte ihr gegen den Schädel. Es kroch in ihre Gedanken, führte sie mit einer dunklen Macht in Versuchung. Sie brauchte nie mehr das Opfer von irgend jemandem zu sein, versprachen sie ihr. Mächtig könne sie sein und über andere herrschen. Die anderen würden sich vor ihr fürchten müssen …

Jodi konnte die Stimmen jedoch überhören. Sie konnte sie verdrängen. Nicht weil sie stärker war als die Witwe, damals, als diese noch Hedra Scorce geheißen hatte, und nicht weil sie unbedingt ein besserer Mensch war, sondern weil in ihr die ursprüngliche Musik pochte.

Dumm-dum. Dumm-dum.

Ihr Rhythmus machte die Einflüsterungen als die Lügen kenntlich, die sie in Wirklichkeit waren. In ihrer Harmonie war kein Platz für Unwahrheiten. Sie brachten nur Schmerz und Leid, während die ursprüngliche Musik heilte.

»Hör zu«, sagte Jodi zur Witwe.

Sie wußte, daß die Witwe die Musik hören konnte – sie war in ihr, so wie die Erinnerungen der Witwe in Jodi waren.

»Laß dich von der Musik heilen«, fügte sie hinzu.

Die Witwe hob den Kopf und blickte in Jodis Richtung. Ihr verwüstetes Gesicht verursachte Jodi Übelkeit. Durch das Fleisch sah man die Knochen. Die Haut hing in Fetzen von Wangen und Kinn. Die blinden Augen fixierten sie blicklos.

Einen Augenblick lang sah Jodi dort ein anderes Gesicht – das von Hedra Scorce, das liebliche und sanfte Gesicht eines unschuldigen Kindes – dann erschien wieder die zerstörte Maske.

»Es … ist … zu … spät«, stammelte die Witwe.

Ihre Stimme war ein heiseres Krächzen. Noch mehr Tränen strömten aus ihren Augen und brannten sich durch ihr Fleisch.

»Versuch es!« schrie Jodi. »Ach bitte, versuch es!«

»Ich … kann nicht …«

Die Schatten zwischerten vor Vergnügen, als die Witwe wieder aufs Pflaster sank. Rauch stieg von ihr auf. Der Doppelgänger heulte auf und warf sich über sie, als ein gespenstisches grünes Feuer aufflammte und sie beide verschlang.

Jodi sah entsetzt zu, vermochte sich jedoch nicht abzuwenden. Sie schaute zu, bis die Flammen erstarben und von der Witwe und ihrem Doppelgänger nur noch ein wirrer Haufen leerer Kleider übrig war. Alles andere war verschwunden – Fleisch, Haut und Knochen.

Jetzt, da die Witwe nicht mehr war, konzentrierten sich die Schatten ganz auf Jodi, doch diese vermochte sie kaum zu hören. Sie taumelte vor und suchte im Umhang der Witwe, bis sie die angenähten Knöpfe gefunden hatte. Geleitet vom Rhythmus der ursprünglichen Musik, die immer noch in ihr erklang, griff sie unfehlbar nach dem Knopf, der ihr gehörte.

Als sie ihn berührte, durchfuhr sie ein heftiger Schmerz. Geblendet von seinem Wüten, fiel sie auf die Knie. Sie konnte weder atmen noch denken. Sie kannte bloß noch diesen unaufhörlichen Schmerz, der endlos fortzudauern schien.

Es dauerte lange, bis sie schließlich den Kopf wieder zu heben vermochte. Sie stellte fest, daß sie über den leeren Kleidern der Witwe kauerte. Die Musik war verstummt, wenngleich sie ihr Echo noch immer vernahm. Die Schatten waren geflohen, zurück in ihre dunklen Ecken, obwohl sie diese ebenfalls noch als leises wütendes Bienengesumm im Hinterkopf hörte.

Sie setzte sich langsam auf.

»Brauchst du Hilfe, Mädchen?« fragte eine Stimme.

Als sie aufsah, bot ihr ein stämmiger Fischer die Hand. Er war so prosaisch, so offenkundig im Hier und Jetzt verankert und von dieser Welt, daß Jodi ihn nur verwirrt anstarren konnte. Andere standen in der Nähe, und sie schnappte Bruchstücke der Unterhaltung auf.

»War schon ein komisches Unwetter.«

»Kam so schnell wie'n Sturm und hat ebenso rasch wieder aufgehört.«

»Tja, im Herbst kann einem das Wetter schon seltsamere Streiche spielen.«

»Mein Großvater kannte eine Geschichte über so eine Nacht...«

Sie erinnerten sich nicht mehr an die Witwe oder deren Kreaturen, wurde Jodi klar. Weder an den seltsamen Übergang zwischen den Welten noch an die Gespenster der Vergangenheit und die Verstorbenen, die um sie herum zum Leben erwacht waren.

»Dann hoch mit dir«, sagte der Fischer, als er ihr aufhalf. »Hast du dich verletzt?«

Jodi schüttelte den Kopf.

»Aber du hast Wäsche fallen lassen«, sagte der Fischer. »Der Korb ist längst weggeblasen, aber du könntest sie in diesen Umhang wickeln.«

Er wickelte die Kleider der Witwe ein und reichte sie ihr.

»Soll ich dich vielleicht nach Hause begleiten?« fragte er.

»Nein. Ich... danke Ihnen.«

»Du siehst aus, als hättest du dich erkältet«, sagte der Fischer. »Am besten trinkst du erst mal was Heißes.«

Jodi nickte. »Das... werde ich tun.«

Sie lächelte ihm schwach zu und ging unsicher davon, ohne genau zu wissen, wohin, bis sie auf dem Mabe Hill angelangt war, über der Stadt, und an den

Ruinen von Creak-a-vose stand. Sie ließ das Bündel zu Boden fallen und setzte sich auf einen Stein.

Sie hob die Hände an die Augen und musterte sie eingehend, verglich ihre Größe mit den verdorrten Brombeeren an einem Busch neben dem Stein.

Sie besaß wieder ihre alte Größe.

Es sei denn …

Ach du grüne Neune! War sie überhaupt jemals eine Kleine gewesen? Vielleicht hatte sie beim Sturm einen Schlag auf den Kopf abbekommen und alles nur geträumt?

Nein, dachte sie. Das alles war viel realer gewesen als ein Traum. Und wenn sie genau hinhörte, vernahm sie immer noch die ursprüngliche Musik, deren Rhythmus dem Takt ihres Herzens folgte, doch jetzt erklang sie aus weiter Ferne.

Es war wirklich passiert. Dessen war sie sich sicher. Etwas ließ sie jedoch vergessen – so wie die Fischer im Hafen es bereits vergessen hatten.

Nun, sie würde es nicht vergessen. Das hatte sie Edern versprochen, oder etwa nicht? Daß sie die ursprüngliche Musik in ihrer eigenen Welt wachrufen und die beiden Welten einander wieder näherbringen würde. Aber wie sollte sie das anstellen, wenn die Leute etwas Magischem direkt ins Gesicht sehen konnten – wie die Fischer eben – und sich dann einfach abwandten, als sei gar nichts geschehen?

Dieser Gedanke machte sie ein wenig niedergeschlagen.

Aber wenigstens hatte sie ihre ursprüngliche Größe wiedererlangt. Und die Witwe stellte keine Bedrohung mehr dar.

Das munterte sie ebenfalls nicht auf. Es war schön, wieder man selbst zu sein und zu wissen, daß sie vor der Witwe in Sicherheit war, doch es machte ihr keine Freude, die alte Frau besiegt zu haben. Ihr schien, als wären die einzigen Gewinner die flüsternden Schatten. Wenn sie sich von Schmerz und Verzweiflung nährten, dann mußte sie die Witwe heute gut satt gemacht haben.

Jodi seufzte.

Sie blickte auf das Kleiderbündel hinab. Sie öffnete es, damit sie den Umhang herausholen konnte. Auf der Innenseite, dort, wo auch ihr eigener Knopf festgemacht gewesen war, war ein knappes Dutzend weiterer Knöpfe angenäht. Als sie einen davon berührte, sah sie im Geist das Bild eines der Kinder aus dem Bruch vor sich. Bei einem zweiten sah sie Henkie Whale.

Sie dachte an die neuen Menhire, draußen beim Men-an-Tol.

Magie ist real, versicherte sie sich.

Die weiße ebenso wie die schwarze. Was bedeutete, daß man sich wirklich vor dem Geflüster im Schatten hüten mußte. Doch es gab auch die ursprüngliche Musik …

Dumm-dum.

Allein schon durch den Gedanken daran erschien sie näher. Wo sie eben noch ein Frösteln verspürt hatte beim Gedanken daran, was sie aus dem Schatten heraus beobachtete, setzte nun ein angenehmes Glühen mitten in der Brust ein, das sich ausbreitete und sie in einen weichen Kokon aus Wärme hüllte.

Vermutlich hielt das eine das andere im Gleichgewicht.

Sie stand auf, legte sich den Umhang der Witwe um die Schultern und machte sich auf den Weg durchs Heidemoor, dorthin, wo ihre Freunde wie so viele andere Steine inmitten des Stechginsters standen und auf Erlösung warteten.

Der Schrei des Adlers

Man sollte nicht vergessen, daß Künstler
magische Wesen sind.
Abgesehen von den Göttern können sie als
einzige Unsterblichkeit verleihen.

MATT RUFF aus *Fool on the Hill*

Felix lächelte, als Janey die Flöte aus der Handtasche zog und sie zusammensteckte. Angeregt durch die reine Schönheit der Musik, die von überallher zu kommen schien, tastete er ebenfalls nach einem Instrument.

Fang die Magie ein, dachte er, als Janey die Flöte an die Lippen setzte. Denn es *war* Magie.

Er blickte auf seine Hände, dann auf das Loch im Stein, durch das die Tasche in einer Lichterscheinung verschwunden war. Hätte er es nicht mit eigenen Augen gesehen …

Sein Herz jubilierte. Auf seinem Gesicht lag ein törichtes Lächeln, und es war ihm gleichgültig, wer es sah. Von einem Augenblick zum anderen war die Welt ein Ort unbegrenzter Möglichkeiten geworden. Jedes Wunder war möglich. Jedes Geheimnis konnte enthüllt werden.

Im Gefolge dieser Musik …

Und dann brach mit Maddens Erscheinen alles zusammen.

Felix starrte Madden lange Zeit bloß an und verfluchte die Störung. Er nahm das Funkeln in den Augen des Mannes und die Art und Weise, wie der Collie vor diesem unheimlichen Blick geflohen war, nur undeutlich wahr. Er richtete sich auf, und Ärger straffte ihm die Schultermuskeln, bis er Maddens Blick begegnete.

Er meinte zu fallen.

Maddens Blick verschluckte ihn als Ganzes, und dann tat sich die Erde auf, und er fiel ins Leere, wobei sich sein Magen hob, ihm schwindlig wurde und die Muskeln erschlafften.

Es ist bloß ein Trick, sagte er sich. Der Mann hat dich mit dem bösen Blick verhext – genau wie den Hund.

Doch dann ließ ihn alle Logik im Stich. Plötzlich flammte ein Scheinwerfer auf, und er fiel nicht mehr. Er saß auf einem Stuhl, auf einer Bühne. Sein Akkordeon auf den Knien; vor ihm ein Meer von Gesichtern.

Unmöglich …

Doch er spürte das harte Holz des Stuhls unter dem Gesäß, das vertraute Gewicht des Akkordeons, den Schweiß, der ihm unter dem Ansturm des grellen Scheinwerferlichts über das Gesicht strömte. Das Publikum war riesig. Er erkannte keine einzelnen Gesichter – nur daß da etwas war in der Dunkelheit jenseits der Bühne. Ein geducktes Tier, das wartete …

Daß er zu spielen begann.

Die Hände zitterten ihm. Er wußte nicht mehr, wie er hierhergekommen war, noch wo er sich befand. Es gab nur noch die tierhafte Gegenwart des Publikums und seine Panik – eine zähneklappernde, heulende Panik, die über ihn herfiel wie ein nur allzu vertrauter Alptraum. Auf der Brust lastete ihm ein dumpfer Druck. Gleichzeitig fühlte er sich erhitzt und fror. Die Geräusche des Publikums, das unruhig auf den Stühlen rutschte, waren abwechselnd gedämpft und dann wieder überdeutlich.

Sein Brustkorb hatte sich verengt, der Puls raste. Schon das bloße Atmen strengte ihn an. Die Geräusche im Publikum stürmten auf ihn ein, gellten ihm in den Ohren, eine schrille Kakophonie aus überlautem Husten, raschelndem Stoff und stampfenden Füßen.

Sie wissen Bescheid, dachte er. Sie wissen, daß ich nicht …

Ein gedämpftes Kichern zur Linken – ein Bühnenarbeiter, der sich die Hand vor den Mund hielt, dem das Hohngelächter jedoch nach wie vor aus den Augen quoll.

Felix schüttelte benommen den Kopf. Die Stimme saß ihm in der Kehle fest. Er sprach mit den Augen.

Bitte. Ich …

Ein großer Kerl wie du, höhnte eine Stimme in seinem Kopf. *Wo bleibt dein Mut?*

Ich …

Spiel oder stirb, flüsterte die Stimme.

Nein. Ich …

Seine Beine zitterten ihm unkontrollierbar. Das Akkordeon wäre ihm vom Knie gefallen, wenn er den Riemen nicht so fest umklammert gehalten hätte.

Spiel …

Das Gelächter griff aufs Publikum über, und er fühlte, daß sich seine Seele wie ein Embryo in ihm zusammenkrümmte, mit dem Daumen im Mund …

Spiel …

Ich k-kann n-nicht …

… oder stirb.

Er hatte sich über das Akkordeon gebeugt und drückte die schweißige Stirn an die kühle Oberfläche des Plastikgehäuses. Er schlang die Arme darum, drückte es an sich.

Das Gelächter schwoll an zu einer Woge des Spotts, es heulte in seinem Kopf, gellte hinter seinen Augen. Sein Herz trommelte heftig. Ein scharfer, quälender Schmerz durchbohrte seine Brust. Seine Eingeweide gerieten in Aufruhr.

Spiel …

Das Gelächter war wie Donner. Er stöhnte, versuchte Worte zu formen, und sei es nur im Kopf.

Ich …

… oder stirb.

Tausende von Köpfen bogen sich zurück, lachten brüllend über sein Unbehagen, verspotteten ihn, während sie mit dem Finger auf ihn zeigten. Die Einzelwesen verschmolzen zu einem schwerfälligen Ungeheuer, das, von seiner Panik elektrisiert, sein Entsetzen wie ein gieriger Vampir aufsaugte.

Ich … kann nicht …

Zeit zum Auftritt, mein Junge, höhnte die gräßliche Stimme in seinem Kopf. *Zeit zu spielen oder zu …*

Es blieb ihm nichts anderes übrig, er mußte …

… sterben.

2

Als er beim Haus des Chefs eintraf, nahm Charlie Boyd die Nachricht von seinem Sohn entgegen. Er war allein gekommen und hatte Sean und seinen Bruder bei Molly und Bridget gelassen. Er zog die Brille heraus und setzte sie auf, und mit jeder knappen Zeile, die er las, verdüsterte sich sein Gesicht ein wenig mehr.

Liebe Überlebende,
die Spielregeln lauten wie folgt: Du hast etwas, das ich haben will, und ich habe etwas, daß Du haben willst. Wir machen einen fairen Tauschhandel. Kein unnötiger Wirbel, kein Theater. Und keine Polizei. Wenn Du's vermasselst, kriegst Du das, was ich habe, in Einzelteilen zurück. Und dann bist Du dran. Schön ruhig bleiben. Du wirst bald von mir hören.

Als er die Nachricht ein zweites Mal gelesen hatte, legte er den Zettel auf den Tisch neben der Tür. Er steckte die Brille wieder ein.

»Wo hast du das gefunden?« fragte er.

»Auf dem Kaminsims.«

»Und der Chef?«

»Von dem war nichts zu sehen. Bloß die Hintertür war eingetreten.«

»Und hat jemand angerufen?«

Dinny nickte. »Jemand, der sich verwählt hatte. Der Akzent war amerikanisch – oder ziemlich nahe dran.«

»Es war ein Amerikaner, der uns angerufen hat«, sagte Charlie nachdenklich.

»Das muß derselbe Mann gewesen sein.«

»So scheint es.«

»Was machen wir jetzt, Dad?«

Charlie seufzte. »Uns bleibt keine andere Wahl«, sagte er. »Wir müssen die Polizei rufen.«

»Aber in der Nachricht stand …«, begann Dinny.

»Ich weiß, was drinstand, mein Sohn. Aber was bleibt uns anderes übrig? Ich bin schließlich nicht John Steed.«

»Es ist bloß … Wenn nun dem Chef unseretwegen etwas zustößt …« Dinny blickte seinen Vater gequält an. »Wie können wir dann Janey noch vor die Augen treten?«

»Wo *steckt* Janey?«

»Ist mit Felix und Clare irgendwohin gefahren.«

Charlie sah auf die Armbanduhr.

»Wir können nicht so lange warten, bis sie zurück sind«, erklärte er. »Das ist etwas für Profis, mein Sohn. Wir werden ihnen erzählen, was Janey dir über diesen Madden erzählt hat, und dann sollen die sich drum kümmern.«

Dinny nickte düster. Sein Vater ging zur entgegengesetzten Seite des Raums, wo das Telefon stand.

Er hatte gerade die Hand auf den Hörer gelegt, als das Telefon klingelte und sie beide zusammenfuhren.

3

Clare stützte sich auf ihren Stock, fast ohne ihn zu spüren. Die Musik, die das Men-an-Tol überschwemmte, weckte in ihr den Wunsch, den Stock wegzuwerfen und zu tanzen – wirklich zu tanzen, vollkommen frei, mit völliger Hingabe. Mit den geschmeidigen Bewegungen einer Ballerina oder mit der beseelten Spontaneität eines modernen Jazzkünstlers, nicht mit dem trägen Schritt der langsamen Tänze, die sie sonst gerade noch zustande brachte.

So wie die Dinge lagen, bog sie sich auf der Stelle und schwelgte im Zauber der Musik. Der Leuchterscheinung, die Dunthorns Buch verschluckt hatte. Des Wunders an sich.

Als Janey die Flöte hervorholte, lächelte sie und wünschte, sie hätte ihre ebenfalls mitgebracht. Andererseits hätte sie das Wunder niemals so gut einfangen können wie Janey.

Darum schloß sie einfach die Augen, schaukelte mit dem Oberkörper hin und her, ließ sich vom Wunderbaren durchströmen …

Bis eine jähe Kälte sie mit der Wucht eines Messers traf und sich alles veränderte.

Als sie sich umdrehte, sah sie John Madden mit funkelnden Augen an der Einmündung des Weges stehen. Kempy floh winselnd vor seinem Blick. Janeys Musik brach ab, noch bevor sie richtig begonnen hatte. Felix richtete sich neben dem Stein auf. Er machte zwei Schritte in Maddens Richtung, dann brach er stöhnend zusammen und krümmte sich wie ein Embryo zusammen.

Clare trat einen halben Schritt auf ihn zu. »Felix, was …?«

Doch dann beging sie den Fehler, nun ihrerseits in Maddens funkelnde Augen zu blicken. Er fixierte sie, und dann fiel auch sie, genauso wie Felix. Sie fiel zu Boden, vermochte sich jedoch nicht zu bewegen. Obwohl es Jahre her war, seit sie dieses Gefühl das letzte Mal gehabt hatte – eine Leere in den Beinen, wo sie etwas hätte empfinden müssen –, würde sie es niemals mehr vergessen.

Diese Empfindungslosigkeit war auch jetzt wieder da. Ihre Nerven waren tot, die Muskeln reagierten nicht. Ihre Gliedmaßen waren die eines Leichnams.

Madden hatte sie gelähmt, aber nicht nur ihre Beine.

»Ne-ein …«, stöhnte sie, die Stimme kaum mehr als ein Winseln.

O nein. Nicht bloß die Beine, sondern den ganzen Körper. Gelähmt vom Hals abwärts. Mit einem feurigen Blick aus seinen Augen hatte er sie … nicht bloß wieder an beiden Beinen gelähmt.

Nein. Das war ein zu geringer Schrecken.

Statt dessen hatte er ihre größte Angst zur Wirklichkeit gemacht: Er hatte sie vollständig gelähmt.

Und das konnte sie einfach nicht ertragen. Daß ihr *jegliche* Herrschaft über den Körper entglitten war. Dann war sie lieber tot. Dann starb sie lieber jetzt auf der Stelle, als daß sie mit dieser Qual weiterlebte.

Denn das konnte sie nicht.

Sie war stark gewesen. Ihr ganzes Leben lang war sie stark gewesen. Aber so stark war sie nicht. Niemand konnte so stark sein. Niemand konnte soviel durchmachen wie sie, sich wieder so weit erholen und dann alles wieder verlieren.

»Bi-bitte …«

Sie konnte ihm bloß den Kopf zuwenden und ihn anflehen. Ihr Körper war ein abstoßender toter

Fleischklumpen, der nur durch Haut und Knochen mit ihr verbunden war. Eine sinnvolle Verbindung existierte nicht. Es gab keine Nerven, keine Muskeln, nichts.

Sie konnte damit nicht leben.

»N-nicht... das...«

Doch er wandte sich bereits von ihr ab und sah Janey an.

4

Bett grinste seinen Gefangenen an. Sie befanden sich in einem der Silos an der Seeseite des Steinbruchs, der fast in der Mitte zwischen Mousehole und Newlyn lag, wo niemand sie sehen und hören konnte. Anscheinend wurden die alten Silos noch dazu benutzt, um den Stein nach Deutschland und in andere Länder zu verschiffen. Nachts waren sie jedoch verlassen. Das hatte Bett vorher überprüft.

Und er brauchte nur diese eine Nacht.

Er hatte den alten Mann auf einem Stuhl festgebunden, den er eigens zu diesem Zweck mitgebracht hatte, und nun gab es nur noch sie beide und den schmalen Grat, auf dem sie wandelten.

»Nur du und ich, alter Mann«, sagte er.

Er hatte dem Gefangenen seinen Willen aufzuzwingen versucht, jedoch ohne Erfolg. Das mußte er dem alten Mann lassen. Tom Little hatte sich Betts Hypnose gegenüber als widerstandsfähiger erwiesen, als er ihm zugetraut hatte. Aber das war unwichtig. Dann würde es eben ein bißchen länger dauern, das war alles.

Und sie hatten eine ganze Nacht lang Zeit.

»Wär doch schade, wenn ich deine schlaue kleine Enkeltochter zu fassen bekäme«, sagte Bett. »Sie mag mich schon – ehrlich. Glaubt, ich wäre eine Sprosse auf der Leiter zum Erfolg.«

»Sie … Sie sind der Reporter?«

Bett lachte. »Höchstpersönlich. Offen gesagt wäre sie mir lieber gewesen. Ich schätze, sie schrie schneller, und ich mag es, wenn sie schreien.«

Der Chef spuckte ihn an, aber Bett lachte bloß um so lauter.

»Und so geht das Spiel«, sagte Bett. »Wir rufen deine süße kleine Enkeltochter an. Sie kommt mit dem Zeug rüber, und wir trennen uns in aller Freundschaft. Aber wenn sie nicht kommt …«

Er tätschelte die drei Benzinkanister, die er neben sich abgestellt hatte.

»Wenn sie nicht kommt, dann veranstalten wir beide eine kleine Grillparty, alter Mann.«

»Sie …«

»Und dann schnappe ich sie mir trotzdem.«

»Wenn ich …«

»Ja, ja. Wenn du frei wärst. Wenn ich dir wie ein Mann gegenüberträte. Wach auf, du alter Narr! So läuft das Spiel nicht. Na, na«, fügte er hinzu, als der Chef den Mund wieder öffnete. »Zeit für unseren kleinen Anruf.«

Er holte ein Funktelefon aus dem Rucksack, der neben den Kanistern lag, und tippte die Nummer des Hauses in der Duck Street ein.

»So«, sagte er. »Es läutet. Schrei, wenn du willst. Es dürfte die … Dringlichkeit des Anrufs bloß unterstreichen.«

Als der Chef den Mund zu einem dünnen Strich zusammenpreßte, lächelte er.

»Wer ist da?« sprach er in den Hörer, als die Verbindung hergestellt war.

»Charlie Boyd«, kam es heraus.

»Die falsche Antwort«, sagte Bett.

Er unterbrach die Verbindung und packte das Telefon wieder ein. Er erhob sich übertrieben seufzend und schüttelte den Kopf.

Er schraubte den Verschluß des ersten Kanisters ab, trat zum Stuhl und goß das Benzin über die Beine des Chefs. Er trug den Kanister umständlich zu den anderen zurück, dann kehrte er zurück und baute sich vor seinem Gefangenen auf.

»Willst du mir irgend etwas sagen?« fragte er, als er ein Feuerzeug aus der Tasche holte.

Die Augen des Chefs waren rund vor Angst, doch er schüttelte den Kopf.

Bett seufzte erneut. Der alte Trottel hatte Mumm, gar keine Frage.

Das Mädchen wäre ihm wirklich lieber gewesen. Keine fünfzehn Minuten hätte sie das ausgehalten. Er hätte ihr ein bißchen Benzin ins Gesicht gespritzt und ihr erklärt, wie hübsch sie aussehen würde, wenn die Haut Feuer fing …

Männer mußten immer beweisen, wie hart sie waren – sogar so alte Kerle wie dieser hier.

»Du bist nicht tapfer«, sagte er zum Chef, als er das Feuerzeug anknipste. »Bloß dumm.«

Der Chef fixierte die Flamme. Bett sah, wie sich die Welt um ihn herum verengte, sich in diesem flackernden Lichtpunkt konzentrierte.

Er näherte die Flamme dem benzingetränkten Hosenbein und lachte, als der Chef die Augen schloß und zurückzuckte. Bett ließ das Feuerzeug zuschnappen.

»Aber wir amüsieren uns trotzdem, stimmt's?« fragte er, als der Chef die Augen wieder öffnete und ihn anfunkelte.

Bett schwelgte in der Angst seines Gefangenen, saugte sie auf wie Schwamm.

»Okay«, sagte er. »Diesmal wird's ernst.«

Er klappte das Feuerzeug wieder auf, drehte das Stahlrädchen über den Feuerstein.

Die Flamme schlug vom Docht hoch, drei Zentimeter lang.

5

Im Gegensatz zu ihren Kameraden war Janey vorgewarnt.

Ihre Version von Dunthorns Buch hatte genau diese Situation vorhergesagt, angefangen vom Zauber des Men-an-Tol bis zum Eintreffen Maddens. Zwar nicht in allen Einzelheiten, aber dennoch roch sie den faulen Gestank beinahe und sah die Moorgespenster der Witwe, die sich hinter der hochgewachsenen Gestalt des Eindringlings auf der Heide krümmten und wanden.

Die Flötenmelodie geriet ins Stocken, dann verstummte sie.

Sie sah erst Felix zu Boden gehen und sich wie ein angegriffener Igel zu einer Kugel zusammenrollen und gleich darauf Clare, die aussah, als hätten sich ihre sämtlichen Muskeln in Wackelpudding verwandelt. Sie war im Begriff, einen Schritt in ihre Richtung zu tun, als Maddens unheimlicher Blick sich ihr zuwandte. Die magnetische Intensität seines Willens brach über sie herein, sandte ihr einen messerscharfen Schauder über den Rücken und verwandelte ihr Herz in Stein, bis sie eine leise Stimme vernahm, die wie aus weiter Ferne, aus einem Traum, zu ihr sprach.

Sieh ihm nicht in die Augen. Hör nicht auf seine Worte.

Und sie erinnerte sich an den kleinen Mann aus Dunthorns Buch. An den Kleinen …

Bevor Madden ihr mit seinem magnetischen Blick seinen Willen aufzwingen konnte, schaffte sie es, den Kopf abzuwenden und die Flöte wieder an die Lippen zu setzen.

Sie hatte sich nie sonderlich viel aus dieser speziellen Blechflöte der Firma Adler gemacht; sie hatte sie zufällig erworben, eher deswegen, weil sie sich auseinandernehmen und leicht in der Tasche transportieren ließ, als wegen ihres Klangs. In den unteren Tonlagen klang sie gut, aber die höheren hörten sich an, als werde das Instrument überblasen, ganz gleich, wie sehr sie den Atem zurücknahm. Es war schon schwer genug, ihren Klang zu kontrollieren, und erst recht, eine Melodie darauf zu spielen.

Doch in diesem Augenblick kam es darauf an, daß sie überhaupt eine Melodie spielte, ganz gleich, wie fehlerhaft die höheren Noten klingen mochten. Sie brauchte nichts weiter als die Musik. Sie besäße nicht die Magie jener anderen Musik, die sie wie die Charaktere aus Dunthorns Buch als ›ursprüngliche Musik‹ bezeichnete, doch solange sie sie davon abhielt, Madden zuzuhören und in seine Augen zu blicken, wäre sie schon magisch genug.

Sie begann mit der ›Fuchsjagd‹ – einer gefälligen Jig im Neunachteltakt, die viel munterer ausfiel, als ihr momentan zumute war. Sie baute auf die langen H-Noten im zweiten Teil und wünschte, sie hätte ihren Dudelsack dabeigehabt, um die Noten richtig dehnen zu können, und dann wurde ihr klar, daß es gelang.

Maddens Anwesenheit war ein Summen im Hintergrund der Musik. Er sprach, aber sie verstand nicht, was er sagte, und solange sie ihm nicht in die Augen sah…

Die Melodie geriet ins Stocken, als sie zu den hohen Noten des dritten Teils überging. Teilweise lag es an der Flöte, die sie dazu brachte, die Töne zu überblasen, doch das Instrument trug nicht die ganze Schuld.

Denn da war noch Madden.

Sie hörte ihn nicht. Sie weigerte sich, ihn anzusehen. Aber sie spürte, wie er näher kam. Seine Anwesenheit war ein dunkler Schatten in ihrem Geist – ein häßliches Summen. Es bewirkte Dissonanzen – nicht bloß in der Musik, sondern in der Nacht selbst. Weil sie spürte, wie er Schritt für Schritt näher kam.

Und sie wußte nicht, was sie tun sollte.

Sie verpatzte den Lauf im vierten Teil, der sie wieder ins tiefere Register führte. Und hörte …

»… mich an. Du *wirst* mich ansehen …«

Sie konzentrierte sich voll auf die Musik, während sie den Stein umkreiste und sich aus seiner Nähe entfernte. Doch in ihrer Konzentration war jetzt ein Sprung. In der Musik war ein Loch.

Sie fühlte, wie sich seine Augen hindurchbohrten.

Sie versuchte sich Notenblätter vorzustellen.

Die Augen brannten sich hindurch.

Sie wechselte zu einem schnelleren Viervierteltakt über, einem Reel mit gleichem Titel, aber anderer Melodie. ›Die Fuchsjagd‹.

Seine Augen waren die Hunde, und sie war der Fuchs; sein Wille war das Gewehr des Jägers, dessen Mündung auf sie zielte.

Sie kam aus dem Takt und spielte falsch.

Sie hörte seine Stimme wieder – ein wortloses Geräusch, das sie stach und bedrängte. Ihre Finger verhedderten sich auf den Flötenlöchern. Die Melodie brach ab.

Ihr Blick fiel auf Felix, der fast vor ihren Füßen lag, immer noch wie ein Embryo zusammengerollt. Clare lag wie ein toter Fisch etwas weiter weg. Undeutlich hörte sie Kempy winseln, hatte jedoch keine Ahnung, wo sich der Collie versteckt hatte.

Sie verstand immer noch nicht, was Madden sagte, doch sein Tonfall veranlaßte sie, ihm langsam das Gesicht zuzuwenden, und seine Augen zogen ihren Blick an wie einen Hai, der nach einem Haken mit Makrelenköder schnappt, und zerrten sie auf den Haifänger zu.

Das Mundstück der Flöte berührte immer noch ihre Lippen, doch anscheinend fehlte ihr die Luft, sie wieder zum Leben zu erwecken. Ihre Kehle war ausgedörrt und so kratzig wie Sandpapier.

Sie hätte weglaufen können. In die Heide hinaus, in

die Dunkelheit. Er hätte sie niemals eingeholt, weil sie bestimmt schneller laufen konnte als er und weil die Angst sie anspornen würde.

Aber sie konnte Felix und Clare nicht im Stich lassen.

Sie neigte den Kopf und sah auf die Erde, als sich ihr verräterischer Körper vollständig zu Madden umdrehte. Sie weigerte sich, aufzusehen.

Denk nach! befahl sie sich. Was ist im Buch passiert?

So vieles, was sich in der Geschichte zugetragen hatte, wiederholte sich jetzt bei ihr, daß irgendein Hinweis darin versteckt sein mußte. Die Stimme des Kleinen war jedoch verstummt.

Salz, dachte sie. Sie hatten Salz benutzt.

Doch sie hatte kein Salz, und über welche übernatürlichen Kräfte Madden auch verfügen mochte, so bezweifelte sie doch, daß Salz gegen ihn etwas auszurichten vermochte.

Ihr Kopf hob sich langsam.

Dann fielen ihr die Tränen ein. Die Musik war erklungen, und die eigenen Tränen hatten die Hexe umgebracht. Doch damit verhielt es sich wie mit dem Salz, und sie kannte Maddens Erinnerungen nicht. Außerdem konnte sie die Musik nicht heraufbeschwören. Ruhe und Entspannung wären nötig gewesen, um ihren Herzschlag auf den uralten Rhythmus der Musik einzustimmen …

Dumm-dum.

…aber ihr Herz hämmerte das Blut durch die Venen. Viel zu schnell. Das war keine alte Tanzweise, sondern ein wilder Eurobeat.

Beruhige dich! befahl sie sich.

Sie zwang sich dazu, mit dem Fuß auf die festgetrampelte Erde rings ums Men-an-Tol zu stampfen.

Tapp-tapp. Tapp-tapp.

Es war beinahe der richtige Rhythmus. Ein simpler

Rhythmus – ein trügerisch simpler Rhythmus, denn jetzt, da sie ihn zu spielen begann, verstand sie nicht, wie sie ihn jemals hatte vergessen können. War es der Kleine aus Dunthorns Buch oder Peter Goninan gewesen, der etwas … darüber gesagt hatte …

Die Magie der Welt ist viel einfacher, als wir vermuten.

Sie hörte die Stimme in ihrem Kopf. Und gleichzeitig einen Hauch der Musik. *Jener* Musik. Die im Takt ihres Trampelrhythmus erklang.

Dumm-dum. Dumm-dum.

Sie gebot dem hämmernden Herzschlag Einhalt, verlangsamte den Puls, bis er sich mit dem gemächlicheren Rhythmus der Musik verband. Doch es war bereits viel zu spät.

Ihr Kopf hatte sich währenddessen immer weiter gehoben, bis sie Maddens Kinn sah, die drohend zusammengepreßten Lippen, die Hakennase … Jede Einzelheit, jede Hautpore stand ihr scharf und deutlich vor Augen – obwohl es dunkel war. Sie blickte beinahe unter die Haut, bis zum Blut, das darunter durch die Venen und Arterien floß, sah die Muskeln arbeiten, die den Kiefer bewegten, das glühende Netzwerk der Nerven …

Der Rhythmus der ursprünglichen Musik festigte sich in ihr. Ihre Melodien flüsterten in der Ferne. Sie hingen über der sanften Heidelandschaft rings ums Men-an-Tol. Drangen tief aus dem magischen Brunnen der Hügelwelt, bis in diese Eisenwelt, in der ihr Zauber nahezu vergessen war.

Sie versuchte die Augen zu schließen, um nur noch die Magie zu fühlen, doch die Lider wollten sich nicht schließen. Es war, als wären sie unbeweglich.

Und dann begegneten Maddens Augen ihrem Blick, und ein Stimmengewirr füllte ihren Kopf und übertönte die Musik.

Sag's mir, sag's mir, sag's mir …

Was hast du getan …

Sag's mir ...

Verrat mir das Geheimnis ...

SAG'S MIR.

Maddens verhundertfachte Stimme wurde zu einem ohrenbetäubenden Geplapper. Verstärkt und dröhnend bohrte sie sich in ihren Kopf. Zog sie zu ihm hin.

Sag's mir, sag's mir ...

Sie versuchte, sich gegen ihn zu wehren, doch ebensogut hätte sie versuchen können, einem Unwetter in der Bucht mit einem Sieb Einhalt zu gebieten. Die Wogen seiner Stimme brandeten mit der Gewalt eines Sturms gegen ihren Geist – wütend und fordernd, ohne Unterlaß.

Sie fiel auf die Knie, ohne die schmerzhafte Berührung mit dem Boden überhaupt zu spüren. Ihr Kopf fiel zurück, ihr Blick blieb gefangen, in seinen Blick verkrallt. Die Musik war verstummt, übertönt von seiner donnernden Stimme, die in ihr wütete. Und mit ihr die Hoffnung.

Alles, was von ihr übrigblieb, war ein winziger Kern ihres Ichs, der sich in einen Winkel ihres Geistes duckte. Der sich verbarg, während Madden ihre schwache Abwehr zertrümmerte, vergraben in den wenigen Erinnerungen, die Madden bei seiner rasenden Suche noch nicht durchwühlt hatte, ebenso gut versteckt, wie Dunthorns Geheimnis es alle die Jahre über gewesen war. Doch nicht mehr lange.

Sie wußte, daß es nicht ewig so weitergehen konnte.

Darum ließ sie sich los. Ließ sich in ihn hineinfallen, so wie die Heldin aus Dunthorns Buch zugelassen hatte, daß sie Teil der Hexe wurde, die sie quälte. Und sie fand ...

Nicht sein in allen Erinnerungsschichten ausgebreitetes Leben, wie es bei der Hexe und Jodi der Fall gewesen war, sondern die Welt, so wie Madden sie mit seinen geschärften Sinnen wahrnahm. Sie wurde ein

Teil seiner Verbindung zum uralten Herzschlag des Landes und sah das Muster, welches das Netzwerk der Geheimnisse und Mysterien des Landes sogar jetzt im Zustand der Verwirrung bildete; wie es trotz seiner Differenzen eine Harmonie schuf – gerade *wegen* seiner Differenzen.

Während sie dort schwebte, als körperloses Wesen im Geist eines anderen gefangen, verstand sie endlich, was Peter Goninan mit dem Unterschied zwischen Schlaf- und Wachzustand gemeint hatte. Wenn... wenn es sich so anfühlte, *beinahe* wach zu sein... wenn dies die hellwache Entsprechung des Augenblicks war, der zwischen Schlafen und Wachen liegt und wo alles möglich ist...

Was willst du noch? fragte sie Madden.

Das Geheimnis, verlangte Madden. *Dunthorns Geheimnis.*

Aber du hast es doch schon, sagte sie.

Denn sie sah, was er nicht sah: daß er bei seinen ganzen Manipulationen und seiner Eigensucht die eigentliche Wahrheit des geheimnisvollen Musters, das der Welt zugrunde lag, nicht zur Kenntnis nahm. Es stellte die Noten der ursprünglichen Musik dar, die darauf warteten, von jedem gelesen zu werden, der sie wahrzunehmen verstand.

Horch! sagte sie.

Worauf?

Es ist unglaublich, dachte sie. Schon seit Jahren war Madden auf die verborgene Bedeutung eingestimmt, die in der ursprünglichen Musik mitschwang, und vermochte sie dennoch nicht zu hören. Er nahm Brocken davon und benutzte sie, um anderen Menschen seinen Willen aufzuzwingen, um Macht zu erlangen, doch er nahm sie niemals in ihrer eigentlichen Bedeutung wahr, ahnte nichts von ihr, hörte sie nicht.

Die Musik.

Darum beschwor sie sie herauf.

Dumm-dum. Dummi-dum.

Der tiefe Baßrhythmus dröhnte wie der Donner bei der Erschaffung der Welt. Harfenklänge bildeten einen ätherischen Kontrapunkt zum Jubilieren von Geigen und Flöten. Und dann fiel ein Dudelsack ein, übernahm die Melodie und verlieh ihr eine Kraft, die Janey niemals hätte reproduzieren können; die Baßpfeifen tief und grollend wie Berge, wie Stein, der über Stein mahlte, wie Felsgesichter, die aus den Flanken von der Zeit gerundeter Hügel sprachen; der Chanter heulend, als bliesen sämtliche Winde der Welt vollendet und gebändigt durch seine Bohrung – die Melodie gleichzeitig bitter und süß, schnell und langsam, alle Musik zugleich, in ein einziges makelloses Lied gefügt.

Sie hatte keine Bedenken, Madden die ursprüngliche Musik zu übergeben, denn sie wußte: Ganz gleich, wie er die Splitter und Bruchstücke manipuliert haben mochte, die er die Jahre über geborgt oder gestohlen hatte, war doch kein einzelner Mensch in der Lage, sie zu beherrschen. Dazu war die gemeinsame Anstrengung aller Menschen nötig, der Menschen aus allen Teilen der Welt.

Vielleicht aus mehreren Welten.

Wie zum Beispiel der Welt, die hinter dem Loch im Men-an-Tol lag.

Die Musik in Maddens Innerem freizulassen, das war wie das Erwachen der Magie in der Hügelwelt. Die Musik jagte durch seinen Geist. Je mehr er dagegen ankämpfte, desto stärker wurde sie, desto mehr warf sie ihn aus dem Gleichgewicht.

Janey jedoch, die sie einfach durch sich hindurchströmen ließ, sie annahm und willkommen hieß, statt sie zu beherrschen versuchte, erschauerte vor diesem Geschenk der Schönheit.

Zunächst trieb sie in Maddens Geist umher, ohne von dem Sturm in Mitleidenschaft gezogen zu werden, gegen den er ankämpfte. Doch nach einer Weile stellte sie sich vor, sie befände sich in ihrem eigenen Körper, und schritt durch die dunklen Korridore aus veränderlichen Schatten, aus denen Maddens Geist bestand. In den Räumen, die von den Korridoren abgingen – und die in Wirklichkeit Erinnerungsspeicher waren, wie sie erkannte –, stieß sie auf Knoten und dunkle, sich windende Muster, die sie löste und freisetzte.

In einem dieser Speicher entdeckte sie Kempys Geist. Der Collie war in einem Traum gefangen. Männer umringten ihn, und jedesmal, wenn er sich zu bewegen und aus dem Kreis auszubrechen versuchte, traten die Stiefel der Männer nach ihm und trieben ihn wieder zurück.

Janey schlüpfte zwischen die unheimlichen Männergestalten und nahm den Hund auf die Arme. Als sie sich umdrehte und den Kreis verlassen wollte, waren die Männer verschwunden, und um sie herum war nur noch die Heide. Sie setzte Kempy ab.

»Lauf!« rief sie.

Aber der Hund stieß nur seinen Kopf gegen ihr Bein und folgte ihr, als sie weiter den Korridor entlangging.

Und dann fand sie Clare.

Ihre Freundin lag an einem völlig konturlosen Ort auf dem Boden und hatte Arme und Beine von sich gestreckt. Sie sah aus, als wäre sie tot. Doch als Janey näher trat und sich neben ihren Kopf kauerte, nahm sie die Bewegung wahr. Janey streichelte Clares Kopf, strich ihr das Haar aus der Stirn.

»Was hast du, Clare?« fragte sie.

»Ich... ich kann mich nicht bewegen. Nicht bloß die... Beine. Gar nichts mehr. Bloß... bloß den Kopf...«

Die uralte Weisheit der ursprünglichen Musik tönte noch durch Maddens Geist und erfüllte auch Janey.

»Das ist nicht wahr«, sagte sie. »Das redet Madden dir bloß ein.«

Clare zwinkerte gegen ihre Tränen an. »Ich kann mich nicht *bewegen!*«

Janey streichelte weiter mit sanften Bewegungen Clares Haar.

»Hör zu«, sagte sie. »Hör auf die Musik.«

»Ich kann nicht...«

»Hör zu«, wiederholte Janey, sanft, aber beharrlich.

Als Clare die uralten Klänge endlich vernahm, half Janey ihrer Freundin auf die Beine. Clare wurde sich erst bewußt, was sie tat, als sie an Janeys Seite stand.

Clare hielt sich die Hände vor die Augen, berührte ihre Arme, schlang die Arme um den Oberkörper.

»Ich...«

Sie wußte nicht, was sie sagen sollte.

Janey lächelte sie an und legte ihr einen Arm um die Schulter, um sie zu stützen.

»Los, komm!« rief sie. »Wir müssen noch Felix suchen.«

Sie trafen ihn allein auf einer riesigen Bühne an. Dort hockte er auf einem Stuhl, die Arme um das Akkordeon geschlungen, während ihn ein gewaltiges Publikum verhöhnte und mit Flaschen und faulem Obst bewarf. Kempy knurrte das Publikum an, als sie sich zu dritt einen Weg durch den Abfall auf der Bühne bahnten, doch das reizte das Publikum nur noch mehr zum Lachen.

Janey reichte Clare ihre Flöte.

»Spiel«, sagte sie. »Etwas Leichtes. Etwas Altes.«

Clare, vom Licht der Scheinwerfer geblendet, blickte ins Publikum. Dann sah sie wieder Felix an, und in diesem Moment erkannte Janey in ihrem Blick Clares Liebe zu ihm. Eine tiefe, hoffnungslose Liebe.

»Aber...«, begann Clare.

In Janeys Innerm regte sich die Weisheit der ursprünglichen Musik.

»Es tut mir leid«, sagte sie. »Das wußte ich nicht. Aber er liebt dich auch, Clare. Nicht auf die gleiche Weise, aber ...«

Hier war sogar die ursprüngliche Musik mit ihrer Weisheit am Ende.

Clare blinzelte die Tränen weg, dann nickte sie langsam. »Ich weiß.«

Sie setzte die Flöte an die Lippen und begann mit der ›Reise nach Sligo‹, einer von Felix' Lieblingsjigs. Sein hüpfender Rhythmus ging im Spott des Publikums nahezu unter. Clare verspielte sich. Die Flöte mit ihrem fehlerhaften oberen Register machte die Sache auch nicht leichter. Doch während Janey sich zu Felix hinunterbeugte, nickte sie Clare aufmunternd zu.

Darum spielte Clare weiter.

Die Melodie veränderte sich allmählich. In dem Maße, wie die ursprüngliche Musik sich des Instruments bemächtigte und aus ihm sprach, wurde ihr Spiel sicherer.

Janey drückte die Lippen auf Felix' Ohr und murmelte tröstende Worte. Sie löste die Hände vom Instrument und umfaßte sie. Sie sagte ihm, wie stark seine Hände seien, wie sehr sie ihre sanfte Berührung mochte. Er sei besser als das ganze Publikum, erklärte sie ihm und erinnerte ihn daran, daß er die Musik um ihrer selbst willen spielen müsse, nicht weil andere sie hören wollten. Sie versicherte ihm, daß es ihr nichts ausmache, wenn er nie auch nur auf der kleinsten Bühne spiele, wenn sie nur zusammen seien. Wenn sie nur nicht wieder verlören, was sie gerade erst wiedergefunden hatten.

»Hör mal«, sagte sie. »Hör zu, wie Clare spielt.«

Sie legte ihm einen Arm um die Schulter und zog ihn an sich. Er zitterte – ein fiebriger Schauder, der ihm durch den ganzen Körper lief.

»J-Janey ...?« flüsterte er.

»Ich bin hier.«

»Sie … sie … ich kann nicht …«

»Das alles ist eine Täuschung«, sagte sie. »Es gibt gar keine Bühne und kein Publikum. Madden steckt dahinter.«

Während sie sprach, wurde der Lärm des Publikums schließlich von der Musik übertönt. Clare stand hochaufgerichtet da, ihre Finger tanzten über die kleine Flöte. Das Instrument hatte in Janeys Ohren noch nie so gut geklungen. Sie hatte Clare noch nie so gut spielen gehört. Sie nahm den Arm von Felix' Schulter, hob das Akkordeon von seinem Schoß und stellte es auf den Boden. Dann hakte sie sich bei ihm ein.

»Komm«, sagte sie. »wir gehen weg von hier.«

Endlich hob Felix den Kopf.

»*Warum* muß mir das passieren?« fragte er.

»Ich weiß es nicht, Felix. Das ist auch nicht wichtig. Das hier ist nicht real.«

Er schüttelte den Kopf. »Es ist genauso real wie … wie das, was jedesmal geschieht, wenn ich auf eine Bühne komme.«

»Aber diesmal liegt es an Madden. Laß uns gehen, Felix. Die Leute sind unwichtig.«

Sie nickte zum Publikum hin, das nun vollkommen still dasaß – so still, daß man meinen konnte, es sei in der Dunkelheit jenseits des Scheinwerfers gar nicht vorhanden.

»Ich könnte dieses Stück spielen«, sagte Felix. »An jedem anderen Ort. Auf einem Schiff, bei einer Session, an irgendeiner dämlichen Straßenecke … Warum kann ich es nicht *hier* spielen?«

»Ich weiß es nicht«, sagte Janey. »Das ist auch wirklich nicht wichtig.«

»Es ist wichtig«, sagte Felix.

Er löste sich von ihr und hob das Akkordeon auf.

Janey wollte protestieren, ihm sagen, er solle es

nicht noch einmal versuchen, dann zögerte sie. Sie wußte, daß er es konnte. Irgend etwas in ihm blockierte ihn bloß. Wenn er es jetzt noch einmal versuchte, konnte dies dazu führen, daß alles nur noch schlimmer wurde, aber sie wußte, daß sie ihn nicht davon abhalten konnte. Vielleicht würde ihm die ursprüngliche Musik helfen. Vielleicht würde sich gar nichts ändern. Vielleicht hieße es zuviel zu erwarten, wenn man hoffte, eine lebenslange Angst könne sich innerhalb weniger Momente verflüchtigen. Was die Wurzel seines Problems auch sein mochte, es war bestimmt weitaus komplizierter, als daß ein paar Takte Musik es heilen konnten.

Doch dann fiel ihr ein: *Die Magie der Welt ist viel einfacher, als wir vermuten.*

»Felix, ich liebe dich«, sagte sie, als er die Riemen des Akkordeons überstreifte.

Sie trat von seinem Stuhl zurück. Er hob den Kopf, starrte ins Licht des Scheinwerfers und versuchte in das dahinterliegende Dunkel zu spähen. Er versucht, sich auf eine Person zu konzentrieren, begriff Janey. Versucht sich einzureden, daß er nur für diese eine Person spielt, daß sonst niemand da draußen ist.

Wenn sie zu Beginn ihrer Karriere Lampenfieber bekommen hatte, hatte sie es ebenso gemacht.

Er steckte die linke Hand durch den Handgelenkriemen nahe den Begleitknöpfen, setzte die linke Hand sanft auf die Tastatur. Er drückte den Luftfreigabeknopf hinunter und weitete den Blasebalg.

Los, du schaffst es, dachte Janey.

Doch er konnte nicht spielen. Schweiß brach ihm aus dem bereits glänzenden Gesicht. Die Hände begannen ihm zu zittern. Er versuchte, Clare zu begleiten, aber die Noten waren ein mißtönendes Durcheinander. Sie waren alle falsch.

Janey konnte es nicht ertragen, dabei zuzusehen, wie alles noch einmal von vorn begann.

Ehe das Publikum reagieren konnte, trat sie hinter seinen Stuhl, drückte ihre Brust gegen die Sprossen der Rückenlehne und legte die Arme um Felix.

»Hör zu«, flüsterte sie ihm ins Ohr. »Hör auf die Musik. Auf das, was Clare spielt.«

»Ich ...«

»Versuch nicht zu spielen. Hör einfach bloß zu. Laß die Musik auf dich wirken. Du bist nicht hier. Du bist nirgendwo. Es gibt bloß die Musik. Fühl den Rhythmus – er ist der gleiche wie der deines Herzschlags.«

Sie streichelte seine Schläfen.

»Wen interessiert es schon, wer zuhört?« fragte sie. »Auf die Musik kommt es an. Und diese Musik ...«

»Diese ... Musik ...«, wiederholte er langsam.

»... ist Magie.«

Zögernd bewegte er den Blasebalg und spielte mit der rechten Hand auf den Melodieknöpfen einen simplen Zweierakkord. So unvollständig, wie er war, kam es nicht darauf an, ob Clare in Dur oder Moll spielte. Der Teilakkord paßte.

»Ja, so«, ermutigte ihn Janey, als er den Akkord in die Länge zog und zum nächsten überging, wie die Melodie es erforderte.

Beim nächsten Akkordwechsel geriet er ins Stocken, hatte jedoch rasch den richtigen Akkord gefunden.

»Magie«, flüsterte Janey.

»Magie«, wiederholte er, als wären die Worte ein Talisman.

Der nächste Wechsel gelang besser. Und der übernächste auch. Er fügte ein paar Begleitnoten hinzu, um die Lücke zwischen den Akkorden zu füllen. Janey spürte die Anspannung in seinen Schultern. Seine Muskeln waren straff wie Stacheldraht. Sie knetete sie und spürte, wie sie sich unter ihren Händen in dem Maße entspannten, wie sein Selbstvertrauen wuchs.

Er folgte jetzt mit seinem Spiel der Melodie – zögernd, während er jeweils nur zwei von drei Noten aufnahm, wie es bei einer Session vorkommen konnte, wenn man das Stück nicht kannte und man es erst durch das Zusammenspiel mit den anderen Musikern erlernte, denen man den Großteil der Melodie überließ, solange man sie nachzuspielen versuchte.

Felix straffte sich auf seinem Stuhl. Das Akkordeon hüpfte auf seinem Knie, als er mit dem Fuß aufstampfte. Die Noten folgten jetzt rascher aufeinander, die Musik veränderte sich, holte Akkordeon und Flöte ein und riß sie im munteren Viervierteltakt einer schwungvollen hohen Melodie mit sich fort.

Janey erkannte das Stück wieder und lächelte. Es hieß ›Miss McLeods Reel‹, obwohl sie und Felix es als ›Maientag‹ kannten. Eine Frühlingsweise, die den Sommer beschwor, wie das alte Lied ›Juchheissassa, juchhe!‹. Das Versprechen eines neuen Anfangs, einer Wende, des Neubeginns eines weiteren Jahreszyklus.

Und die ursprüngliche Musik war ein Teil davon – so wie sie Teil aller Musik war. Ihre Harmonien waren der Kontrapunkt, der von Wundern sang, von alter Weisheit … und von Magie.

Von wiedergefundener Hoffnung.

Musik war unsterblich – aber sie brauchte die Musiker, um lebendig zu bleiben. So wie die Welt diejenigen brauchte, die auf ihr wandelten, damit ihr Herzschlag weitersang.

Im Publikum wurde gepfiffen. Ein paar der Leute an der Rampe begannen mitzuklatschen. Als der dreiteilige Reel wieder beim ersten Teil anlangte, fiel das ganze Publikum klatschend in den mitreißenden Rhythmus ein.

Als das Stück zu Ende war, brach es in donnernden Applaus aus. Der Scheinwerfer wurde dunkler. Janey blickte über Felix' Schulter und sah Tausende begeisterter Gesichter. Sie umarmte Felix stolz.

»Ich …«, begann er.

»Du hast es geschafft«, sagte Janey.

Er setzte das Akkordeon ab und wandte sich ihr freudestrahlend zu. Er erhob sich vom Stuhl und stellte sie auf die Beine, damit er ihre Umarmung erwidern konnte. Hinter ihm erstarb der Applaus.

Nein, erkannte Janey, er verblaßte. Ebenso wie die Bühne. Da waren nur noch Felix und sie. Clare stand in der Nähe, die Adler-Flöte in der Hand, zu ihren Füßen Kempy. Sie spürte, wie Felix' Körper in ihren Armen unstofflich wurde. Clare und Kempy verblaßten. Felix verblaßte. Und sie ...

Als sie die Augen öffnete, kniete sie neben dem Men-an-Tol auf der Erde. Nach der ständigen Anwesenheit der ursprünglichen Musik in ihrem Innern, nach dem donnernden Applaus im Konzertsaal wirkte die Stille nahezu ohrenbetäubend. Sie hob eine Hand, berührte sich an der Schulter, fuhr sich über den Arm.

War das alles überhaupt wirklich gewesen?

Doch dann sah sie John Madden, der neben dem Dolmen kniete, das Gesicht an den Stein drückte und eine Hand durchs Loch gestreckt hatte, die auf der anderen Seite schlaff herabhing. Als sie sich umwandte, setzte sich Felix gerade auf und blickte verwirrt umher. Und Clare – Clare hielt nun die Blechflöte, die sie selbst in der Hand gehabt hatte, bevor Madden sie in sich aufgenommen hatte.

So unmöglich es schien, mußte es doch wahr sein.

»Was ... was ist passiert?« fragte Clare. »Ich hatte einen furchtbaren Traum, aber dann wurde alles ... gut ...«

»Wir haben gesiegt«, sagte Janey.

Sie hob ihre Handtasche vom Boden auf und richtete sich auf.

»Wir haben das Buch so gut versteckt, daß niemand es finden kann«, fuhr sie fort, »und obwohl Madden seine Zauberkräfte eingesetzt hat, konnte er uns nicht überwältigen. Wir waren stärker als er.«

Abgesehen von der abgesagten Tournee. Und Boyds Farm. Und ...

Nein, dachte sie. Denk jetzt nicht daran. Koste den Sieg aus und laß alles andere auf dich zukommen.

Clare und Felix sahen Madden an, doch dieser rührte sich nicht vom Stein weg.

»Ist er ... tot?« fragte Clare.

»Ich weiß nicht«, sagte Janey.

Sie tätschelte Kempy, als der Hund aus seinem Versteck im nahegelegenen Stechginster hervorkam und ihr ängstlich die Schnauze gegen das Bein drückte.

»Und es ist mir auch vollkommen egal«, fügte sie hinzu.

»Aber wir können ihn doch nicht einfach hier zurücklassen ...«

»Warum nicht?« fragte Felix. »Wir sind ihm zu nichts verpflichtet.«

Er erinnert sich daran, was Madden ihm angetan hat, dachte Janey.

Sie näherte sich Clare und faßte sie beim Arm.

»Gehen wir nach Hause«, sagte sie.

»Wir haben ihn tatsächlich besiegt, nicht wahr?« fragte Clare, während sie sich wegführen ließ.

»Wir haben ihn besiegt«, sagte Janey.

»Gemeinsam«, fügte Felix hinzu.

Janey nickte. »Gemeinsam«, pflichtete sie ihm bei. »Wir drei – na gut, wir vier«, fügte sie hinzu, als Kempy wieder gegen ihr Bein stieß. »Wir vier und die Musik.«

»Die Musik«, hauchten Felix und Clare einstimmig.

Keiner sprach auf dem Rückweg zu Janeys Wagen.

6

Madden konnte sich nicht bewegen. Er lehnte am Men-an-Tol, das Gesicht an die rauhe Oberfläche gedrückt, den einen Arm noch immer durchs Loch gestreckt. Die Welt war über ihn hereingebrochen. Er versuchte, seinen Geist zu verschließen, aber das Geheimnis …

Dunthorns Geheimnis, das Janey Little ihm so beiläufig überreicht hatte …

Die verfluchte Musik …

Sie hallte in seinem Geist nach, der mit der Verarbeitung der Information überfordert war. Er war sich aller Dinge bewußt. Geräusche, Gerüche, Dinge, die er sah, ihr Geschmack, die Gefühle, die es auf der Welt und jenseits von ihr gab, überfluteten seinen Geist.

Er vermochte den gewaltigen Informationsfluß ebensowenig zu bewältigen, wie ein Mensch hätte zu atmen aufhören und dennoch weiterleben können.

Er war sich *aller Dinge* bewußt.

Angefangen vom geschmolzenen Gestein tief unter der Erdkruste bis zu einer geflüsterten Unterhaltung auf der anderen Seite der Erde.

Von den zuckrigen Corn Flakes, die irgendein rotznasiges Kind in einem Vorort von Chicago verzehrte, bis zu einem gefällten Baum im brasilianischen Regenwald.

Von nirgendwo verzeichnete Sternkonstellationen weit jenseits der Reichweite der stärksten irdischen Teleskope bis zu einem Käfer, der über einen vollgesogenen Pfahl an einem kambodschanischen Flußufer kroch.

Vom Höhenwind im Himalaja bis zum gehirntoten Betrunkenen, der in irgendeiner Gasse von Melbourne lag.

Die Einzelheiten waren es, die gewaltigen Mengen ungefilterter Einzelheiten, die ihn überschwemmten.

Vom schwankenden Gang eines kenianischen Elefanten bis zum Sirren eines Moskitos in den Sümpfen von Florida.

Von einem Ehestreit in einem der prächtigen Häuser im Umkreis seines Elternhauses in Victoria bis zum durchdringenden Getöse einer Heavy-Metal-Band in einem kleinen Klub in London.

Von der unermeßlichen Leere zwischen den Sternen bis zu –

Er hielt dieses winzige Informationsbruchstück fest und ließ es nicht mehr los.

Beruhige dich, befahl er sich. Beruhige dich. Beruhige deinen Geist. Halt die Stille fest.

Er wollte schreien.

Halt die Stille fest. Laß sie sich ausbreiten. Hierhin und dorthin …

Allmählich gewann er seine Fähigkeit zurück, sich zu konzentrieren und die äußeren Reize zu kanalisieren. Als er es schließlich schaffte, sich wieder zu erheben, blickte er über die Heide und hätte beinahe gelacht.

Er war ein Narr gewesen.

Es stimmte. Dunthorn hatte ein Tor zu unermeßlicher Macht aufgestoßen, aber welchen Nutzen hatte es, wenn sie nicht zu beherrschen war? Wenn einem nichts anderes übrigblieb, als sich Bruchstücke davon zunutze zu machen – wie er es die ganze Zeit über schon getan hatte?

Aber warum war Janey Little nicht davon betroffen gewesen? Wie hatte gerade *sie* ohne Anleitung gelernt, so mühelos damit umzugehen?

Es mußte mehr dahinterstecken als das, was er ihrem Geist entnommen hatte: als ein Buch, das jedem Leser eine andere Geschichte erfand; als ein Loch im Dolmen, der Zugang bot zu einer anderen Welt; als winzige Menschen von der Größe einer Maus …

Das waren Märchen.

Aber wenn sie nun die Wahrheit sagten? Dunthorn mußte einen Grund gehabt haben, warum er lieber gestorben war, als das Buch in Maddens Hände geraten zu lassen. Und diese Janey Little...

Er wußte, daß er die Lösung dieses Rätsels auf einen anderen Tag verschieben mußte. Heute konnte er sich gerade noch dadurch aufrechthalten, daß er sich an den Dolmen lehnte. Es reichte, daß er überlebt und seine Lektion gelernt hatte.

Aber diese Verschwendung. Alle die Jahre, die er nach Dunthorns Geheimnis gesucht hatte, in denen er seine verschlungenen Wege gegangen war, bloß um zu erkennen, daß er das, was er gesucht hatte, nicht besitzen konnte. Um zu erkennen, daß es nur die harmonische Schwingung war, die jedes Ding im Universum durchdrang.

Eine solch simple Erkenntnis! Soviel wußte jeder Student. Der Student vermochte die Kraft ebensowenig zu beherrschen wie Madden, aber zumindest *kannte* er sie.

Madden schüttelte den Kopf.

Welch eine Verschwendung.

Für einen Neuanfang war er zu alt. Und jetzt, da Michael sich gegen ihn gewandt hatte, hatte er nicht einmal mehr einen Erben, an den er das Wissen weitergeben konnte, das er heute nacht so schmerzvoll erworben hatte.

Und das wirklich Komische dabei war, daß er seine Karten so überreizt hatte, daß er sich nun in einer Situation befand, in der er nicht einmal mehr die Kräfte zu nutzen vermochte, die er sich selbst erworben hatte. Er durfte seinen Geist nicht öffnen, durfte seine Abwehr nicht einen Augenblick lang vernachlässigen, wenn er vermeiden wollte, daß die Flut der Welt wieder auf ihn einstürzte. Er mußte taub, unwissend und blind über die Erde wandeln wie die übrigen Schafe auch.

Er steckte die Hände in die Taschen und ging langsam den Weg zurück, der vom Men-an-Tol zu der Straße führte, wo er sein Auto abgestellt hatte.

Er mußte eine Möglichkeit finden, das Verlorene zurückzuerlangen. Janey Little konnte ihm dabei nicht helfen. Dunthorn war tot. Aber da war noch Peter Goninan. Nach allem, was er Janey Littles Geist entnommen hatte, schien er weit mehr zu wissen, als es Madden je für möglich gehalten hatte. Wie Janey Littles Großvater, hatte Madden gar nicht gewußt, wie eng Goninan und Dunthorn befreundet gewesen waren.

Er würde mit Goninan reden. Doch ohne die Macht, Goninan dazu zu zwingen, ihm das Gewünschte zu verraten, müßte er sich mit den Brocken zufriedengeben, die Goninan ihm zu reichen geruhte …

Madden seufzte.

Die simple Wahrheit lautete: Er konnte so viele Pläne schmieden, wie er wollte – es änderte doch nichts. Er hatte eine Tür aufgestoßen, die besser verschlossen geblieben wäre – wobei nicht *er* sie aufgestoßen hatte –, und wie alle anderen erfolglosen Sucher der Geschichte, die die hermetischen Geheimnisse erforscht hatten, mußte er jetzt ebenfalls den Preis dafür bezahlen.

Der Teufel würde die Schuld eintreiben.

Madden glaubte weder an einen gütigen Gott noch an dessen teuflischen Gegenpart.

Aber er glaubte an die Hölle.

Die Hölle war das Wissen, daß er den Rest seines Lebens zusammen mit den anderen Schafen verbringen würde, die diese armselige Welt bevölkerten.

Nein, noch schlimmer. Sie schliefen und wußten nicht einmal, daß sie schliefen.

Aber er wußte es. Er war aufgewacht und mußte nun wieder schlafen.

Oder wahnsinnig werden.

7

Als Ted Grimes Stimmen über den Feldweg näher kommen hörte, richtete er sich neben der Hecke auf, an der er gewartet hatte. Er unterschied drei verschiedene Stimmen – und keine davon gehörte zu diesem Kerl. Falls Madden nicht gerade schwieg, war er nicht bei ihnen.

Statt dessen hatten sie einen Hund dabei.

Sich unsichtbar zu machen, war ein weiter Jagdtrick, den Grimes beherrschte. Man verhielt sich einfach still. Man schaute sie niemals an – irgendein sechster Sinn warnte sie, wenn sie beobachtet wurden. Man verschmolz mit dem Hintergrund und wurde ein Teil davon.

Er war sich nicht sicher, ob es auch bei dem Hund klappen würde. Aber wenigstens kam der Wind aus ihrer Richtung. Wenn er sich nicht bewegte, sie nicht ansah …

»Ich meine immer noch, wir hätten ihn nicht dalassen dürfen«, sagte eine Frau.

»Würdest du ihn anfassen?« fragte eine andere Frauenstimme.

»Bestimmt nicht.«

Grimes hätte sich beinahe verraten. Sie unterhielten sich über Madden. Wenn Madden irgend etwas zugestoßen war, wenn sie ihm seine Rache gestohlen hatten, würde er sie fertigmachen, einen nach dem anderen …

Nachdem er so lange hier im Dunkeln gestanden hatte, war seine Nachtsicht ausgezeichnet. Das Mondlicht reichte aus, daß er sie jetzt mühelos ausmachen und aus den Augenwinkeln mustern konnte. Indirekt. Ohne Aufsehen zu erregen. Sogar ohne zu atmen.

Da war eine Frau mit einem Stock, die von einer kleineren Frau gestützt wurde. Der Mann war groß – ein breitschultriger, stämmiger Kerl. Und der Hund …

Der Hund sah nicht einmal in seine Richtung.

Blöder Köter.

»Ich hätte Lust, ihm die Luft rauszulassen«, sagte der Mann.

»Wozu die Mühe?« fragte die kleinere Frau. »Wir haben *ihm* bereits die Luft rausgelassen.«

»Was ist eigentlich passiert?« fragte die Frau mit dem Stock.

Ja, dachte Grimes. Was ist passiert?

Janeys Antwort wurde jedoch vom Öffnen der Wagentür übertönt.

Sie stiegen alle in die kleine dreirädrige Karre, auch der Hund. Der Schalldämpfer des Wagens hustete zweimal, dann sprang der Motor an, und das stille Heidemoor wurde plötzlich von durchdringendem Motorenlärm erfüllt. Grimes schloß die Augen, als die Scheinwerfer angingen, da er seine Nachtsicht bewahren wollte.

Er verfolgte sie mit den Ohren, hörte sie über den Feldweg zur Straße zurückfahren. Als sie auf halber Strecke anhielten, blickte er ihnen nach und sah, daß sie am Farmhaus, an dem er zuvor vorbeigekommen war, den Hund herausließen. Sie fuhren weiter, bis sie außer Sicht waren, obwohl er den Motor noch immer hörte.

Als sie am Ende des Feldwegs auf die Straße einbogen, blickte er den Weg zurück, den sie gekommen waren.

Ich gebe dir noch zehn Minuten, Madden, dachte er. Und dann suche ich dich.

Er machte sich keine Gedanken über das gerade Gehörte, er dachte überhaupt nicht. Madden würde kommen, oder er würde ihn finden. So einfach war das. Er würde sich einfach wieder mit der Nacht verschmelzen lassen und unsichtbar werden.

Die zehn Minuten waren noch nicht ganz vorbei, als er aus der Richtung des Zauntritts, der aufs Moor führte, Schritte näher kommen hörte.

Er war jetzt vorsichtig, erheblich vorsichtiger als bei der Annäherung der anderen drei Leute.

Die fehlende Hand schmerzte und erinnerte ihn daran, wozu Madden fähig war. Selbst bei Dunkelheit genügte ein Blick in die Augen dieses verdammten Hexers, und das Spiel war aus. Grimes ließe es nicht noch einmal dazu kommen.

Er ließ Madden Zeit, langsam über den Feldweg näher zu kommen, und rührte sich erst, als dieser die Wagentür öffnete. Und dann legte Grimes die Entfernung schwebend wie ein Gespenst zurück – rasch und leise. Er hatte Madden den rechten Arm um den Hals gelegt, die Prothese in das Fleisch des alten Mannes gegraben und ihn gegen die Flanke des Wagens geschleudert, bevor Madden auch nur ahnen konnte, daß er da war. Er setzte Madden die Mündung seiner .38er an die Schläfe.

»Hallo, John«, sagte er. »Erinnern Sie sich?«

Er spürte, wie Madden sich versteifte.

»Sie … Sie sind Sandoes Mann.«

»Ja, und wer es auch war, den Sie auf den alten Phil gehetzt haben, er hat seine Arbeit gut gemacht. Ich weiß es zu schätzen, daß ich meinen Vorschuß nicht zurückzahlen muß, weil ich's vermasselt habe. Aber *das hier*« – er verstärkte den Druck seiner Prothese – »schätze ich überhaupt nicht.«

»Was wollen Sie?«

Seine Gelassenheit ärgerte Grimes, und er mußte sich zusammennehmen, um nicht gleich abzudrücken.

»Ich weiß, daß Sie Spielchen mögen, John – wie damals, als Sie mich zwangen, mir die Hand abzuschneiden. Also, ich hätte da ein Spiel für Sie, allgemein bekannt als russisches Roulette. Wie wär's damit?«

»Das spielt keine Rolle.«

Was zum Teufel meinte er damit? Glaubte der Kerl

vielleicht, er hätte irgendein As im Ärmel? Hoffte Madden, er werde ihm erlauben, sich umzudrehen, und ihm Gelegenheit geben, seinen bösen Blick einzusetzen? Vielleicht dachte Madden auch, Grimes werde ihm die Kanone einfach reichen und ihn selbst abdrücken lassen.

Schön locker bleiben, befahl sich Grimes. Du bist im Vorteil. Er versucht bloß, dir einen Schreck einzujagen.

Und er stellte es auch verdammt geschickt an.

»Dieser Revolver hat sechs Kammern«, fuhr Grimes fort, wobei seine Stimme kaum vor Nervosität schwankte, »aber nur in einer befindet sich eine Kugel. Ich habe die Trommel gedreht, nachdem ich sie heute abend geladen hatte, so daß nicht einmal ich weiß, in welcher Kammer sie steckt.«

»Wunderbar.«

»Es könnte gut sein, daß Sie jeden Moment sterben«, sagte Grimes.

»Das spielt keine Rolle«, wiederholte Madden.

Zur Hölle mit dir, dachte Grimes.

Er drückte ab. Madden bäumte sich in seinen Armen auf. Die Kugel hatte ein kleines Loch in die linke Schläfe des alten Mannes gerissen und beim Austritt den größten Teil der rechten Schläfe herausgerissen.

Grimes trat zurück und ließ den Körper fallen. Dann feuerte er erneut und leerte die Trommel in Maddens Körper.

»Was die eine Kugel angeht«, sagte er zur Leiche, »das war gelogen.«

Er starrte auf die Leiche hinunter und vernahm nur ein flüsterndes Echo der Stimme des alten Mannes.

Das spielt keine Rolle.

Er ist tot, sagte sich Grimes, Du hast geschworen, du würdest ihn drankriegen für das, was er getan hat, und du hast dein Wort gehalten.

Aber er spürte nichts.

Das spielt keine Rolle.

Nur eine innere Leere.

Zwei Jahre hatte er auf diesen Tag gewartet, hatte sich auf die verschiedensten Weisen ausgemalt, wie es sein würde, bis Bett schließlich Kontakt mit ihm aufgenommen und ihm gesagt hatte, er solle Geduld haben, er werde ihm Madden schon ausliefern, kein Problem. Und so hatte er sich in Geduld geübt. Und darauf gewartet, daß Bett sich bei ihm meldete.

Und Bett hatte sich gemeldet.

Das spielt keine Rolle.

Und jetzt hatte er ihn erledigt. Der Scheißkerl war tot, und er fühlte nichts. Nada.

Er hatte mehr erwartet.

Er wischte die Waffe ab und drückte sie Madden in die Hand.

Selbstmord, dachte er und lächelte. Vielleicht würden es die einheimischen Bauerntrampel tatsächlich glauben.

Er richtete sich auf, noch immer in Erwartung des Erfolgsgefühls, doch die Leere hatte sich in ihm festgesetzt.

Das spielt keine Rolle.

Es war fast so, als hätte der Mistkerl sterben wollen. Als wäre es ihm egal gewesen …

Das spielt keine Rolle.

Grimes' fehlende Hand schmerzte immer noch. Das brennende Verlangen in seinem Innern war nicht gelöscht worden.

Der Hund hat gewonnen, dachte er, als er über den Feldweg zu seinem Wagen schlenderte.

Ich habe ihn umgelegt, und er hat immer noch die Oberhand.

Das spielt keine Rolle.

Weil er sterben wollte.

Grimes blieb stehen und blickte zurück, die immer heftiger schmerzende Handprothese an die Brust gedrückt.

Vielleicht würde er noch dahinterkommen.

Er ging weiter.

Der Prüfstein

Eine Kirche ist ein steinerner Zahn im Gebiß der Erde.
Deshalb beißt die Kälte. Der Zahnschmerz
des Alters, die Gewissenbisse der Zeit.
Eine Kirche macht einen reif für den Sarg.

Ian Watson aus ›The Mole Field‹
The Magazine of Fantasy and Science Fiction, Dezember 1988

Eigentlich war Jodi gar nicht sonderlich überrascht davon, wie rasch bei ihren Freunden die Erinnerung an die Zauberei der Witwe verblaßte. Der Fischer am Hafen hatte sie bereits vorgewarnt, und während Denzil und die anderen auch länger brauchten, um zu vergessen, dauerte es doch alles in allem kaum eine Woche, bis ihre Erinnerungen ebenfalls verschwunden waren.

Daß Denzil so leicht vergaß, war noch am wenigsten überraschend. Seine Gedanken bewegten sich in dermaßen logischen Bahnen, daß ihm jeder verschlungenere Weg, der zu irgend etwas Außergewöhnlichem führen mochte, sofort verdächtig war. Von Taupin hatte sie mehr erwartet, doch er neigte jetzt weniger zur Schrulligkeit als damals, als alles angefangen hatte. Und während sie Lizzie nicht gut genug kannte, um sich eine Meinung über die von ihr zu erwartende Reaktion zu bilden, verblüffte es Jodi, daß Henkie Whale, der schließlich die Leiche seines toten Freundes irgendwo in den Katakomben unter seinem Lagerhaus verwahrte und bekannt dafür war, sich mit der Leiche zu unterhalten, ebenfalls so leicht vergessen zu können schien.

Die Kinder aus dem Bruch redeten noch darüber –

aber sie sprachen davon, als wäre es eine Geschichte, die sie irgendwo gehört hatten, und nicht so, als hätten sie es tatsächlich erlebt. Nur Ratty Friggens – den der Knopfzauber der Witwe aus der Luft zurückverwandelt hatte, anstatt aus einem Menhir wie die anderen – schien noch an den Nachwirkungen der Tortur zu leiden, wollte jedoch nicht darüber reden. Tat er es dennoch, dann mit einem gehetzten Ausdruck in den Augen; meistens blieb er für sich.

Mit der Zeit fiel auch Jodi die Erinnerung zunehmend schwer. Die Einzelheiten veränderten sich, verblaßten, vermischten sich mit Bruchstücken aus Märchen, die sie als Kind gehört hatte, bis sie manchmal selbst daran zweifelte.

Denn sogar die Musik hatte sie verlassen. Sie erinnerte sich an ihr *Vorhandensein*; sie konnte sie bloß nicht mehr wachrufen. Wenn sie ihrem Herzschlag lauschte, war alles, was sie hörte, das Pochen in ihrer Brust. Es kam keine Antwort mehr, ihr Puls verband sich nicht mit dem uralten Rhythmus.

Taupin bekam sie dieser Tage nur selten zu Gesicht. Seine Wanderungen führten ihn weiter von Bodbury weg als gewöhnlich – und er blieb auch länger aus. Henkie und Lizzie schienen sie kaum noch wiederzuerkennen, wenn sie ihnen auf der Straße begegnete, und in ihrer Gegenwart verhielten sich die Kinder aus dem Bruch merkwürdig still. Wenn sie mit Denzil darüber zu reden versuchte, hatte er weniger Geduld denn je für das, was er als ›kompletten Blödsinn‹ bezeichnete. »Wenn du dir den Kopf mit solchem Unsinn vollstopfst, dann wirst du bald keinen Platz mehr für was Vernünftiges haben, glaub's mir.«

Jodi gewöhnte sich an, zu jeder Tages- und Nachtzeit in den Straßen Bodburys umherzuwandern, auf der Suche nach etwas, das mit jedem Tag mehr verblaßte. Häufig fand sie sich draußen vor dem Haus der Witwe wieder, das verrammelt war und das einzige Rätsel darstellte, über das die Einwohner von Bodbury gern klatschten.

Wohin war sie verschwunden? Was war aus ihr geworden?

Sie hatten hundert verschiedene Theorien, eine grotesker als die andere, aber keine von ihnen kam der Wahrheit nahe.

Nur Jodi wußte es, aber niemand wollte ihr zuhören.

Und so stand sie vor dem Haus und erinnerte sich an ihren und Ederns Abstieg vom Fensterbrett, an ihren wilden Ritt durch die Stadt, als sie an Ansums Halsband gehangen hatten. Sie zerbrach sich nicht mehr den Kopf darüber, was wirklich war und was nicht. Sie genoß einfach die Erinnerungen, die sie noch hatte, denn mit jedem Tag verschwammen sie ein bißchen mehr, bis es ihr so erging wie den Kindern und sie sich eher an eine Erzählung zu erinnern meinte als an Dinge, die sie tatsächlich erlebt hatte.

Die vernagelten Fenster des Hauses machten sie traurig – sie erinnerten sie zusehr an die vernagelten Köpfe ihrer Freunde und daran, wie ihr eigener Kopf vernagelt war. Es war, als hätte sie ihr ganzes Leben halb schlafend verbracht und sei nur für einen Augenblick aufgewacht, um gleich wieder einzunicken, während ihre Erinnerungen verblaßten wie Träume im Morgenlicht.

Das Haus der Witwe war am besten dazu geeignet, sich diese Erinnerungen wieder zu vergegenwärtigen – oder zumindest so deutlich, wie sie sich daran erinnern konnte. Da stand sie nun, erinnerte sich und dachte nach. Darüber, wie es als Kleine gewesen war. Über Edern, die Hügelwelt und die ursprüngliche Musik. Über die Witwe, die sich mit falschen Entscheidungen das Leben ruiniert hatte.

Wenn Jodi sich abwandte, dann mit einem Gefühl des Bedauerns für die Witwe, wobei sie so tat, als höre sie das Flüstern in den Schatten an der Gartenhecke und an den Wänden des verlassenen Hauses nicht. Im Geist sah sie das zerstörte Gesicht der Witwe vor sich, das unschuldige Kind, dessen Gesichtsausdruck die Züge der alten Frau überlagert hatte, kurz bevor sie gestorben war, und Jodis Augen füllten sich mit Tränen.

Manchmal fragte sie sich, woher es kam, daß sie soviel Mitgefühl mit einem bösen Menschen wie der Witwe empfand und so wenig Geduld mit ihren eigenen Freunden aufbrachte. Sie wußte, daß es nicht ihre Schuld war, daß sie vergaßen. Die Welt, in der sie lebten, war es, welche die Magie verblassen ließ und Logik an ihre Stelle setzte; so wie es der Hügelwelt an eben dieser Logik mangelte. Sie konnte jedoch nichts daran ändern, daß sie sich über sie ärgerte.

Als ob sie das Wunder nicht mit eigenen Augen gesehen hätten. Als ob sie nicht selbst verzaubert worden wären …

Eines Tages, nach einem besonders enttäuschenden Morgen, an dem sie sich mit Denzil gestritten hatte, wanderte sie den Mabe Hill zu den Ruinen von Creak-a-vose hinauf, die in einem Durcheinander von Steinen unter dem Nachmittagshimmel dalag. Die Kleider der Witwe waren nicht mehr dort, wo sie sie hingelegt hatte, nachdem sie den Umhang mit den Knöpfen, die sie in jener Nacht gebraucht hatte, an sich genommen hatte; jemand hatte das Kleid, die Strümpfe, alles, in die Hecke gestopft, wo sie nun grau von Staub waren. Sie stand lange da und betrachtete sie, dann betrat sie die alte zerfallene Kirche und setzte sich auf eine umgestürzte Säule.

Sie fühlte sich niedergeschlagen. Seit Tagen schon ließ sie den Kopf hängen, und sie kannte den Grund. Es hatte nichts damit zu tun, daß alle das Wunder vergaßen, nicht einmal damit, daß ihre eigene Erinnerung zusehends schwächer wurde.

Es war das Versprechen, das sie Edern Gee bezüglich der ursprünglichen Musik gegeben hatte – daß sie sie in dieser Welt lebendig erhalten werde, damit diese und die Hügelwelt wieder näher zusammenrückten.

Sie hatte die Witwe besiegt, sich und ihre Freunde gerettet, doch das Wichtigste war noch ungetan. Auch wenn sie sich nur bruchstückhaft erinnerte, wußte sie doch, was mit der Musik alles verloren war. Nicht bloß die Magie, das Wunderbare oder Geheimnisvolle. Vielmehr ging das innere Gleichgewicht der Welt in dem Maß verloren, wie die beiden Welten immer weiter auseinanderdrifteten. Wenn sie die Augen schloß, erinnerte sie sich an das Gefühl …

Ausgerottete Arten.

Verlorene Hoffnungen.

Verwüstete Länder.

Die Ödnis in der Welt und in den Herzen ihrer Bewohner.

… aber sie vermochte es nicht mehr zu *empfinden*.

Edern wird sich eben jemand anderen suchen müssen, dachte sie. Er würde jemand anderem im Traum erscheinen müssen.

Aber wenn er das nicht konnte? Wenn sie seine letzte Hoffnung gewesen war?

Dieser Gedanke verdüsterte ihre Stimmung noch mehr.

Ich bin genau da, wo ich hingehöre, dachte sie. In einer verfallenen Kirche mit einem Hügelgrab darunter. An einem gottverlassenen Ort der Verehrung, der auf den Gebeinen längst Verstorbener erbaut wurde. An einem Ort, wo Hoffnungen enden.

Sie versank immer tiefer in ihrer Melancholie. Sie blickte umher, und alles war von einer stumpfen Blässe überzogen, als hätte ihr jemand ein Leichentuch über den Kopf geworfen und sie blicke nun durch das verdüsternde Gewebe. Alles war so sinnlos.

Die ursprüngliche Musik? Besser, man nannte sie die vergessene Musik: die für immer vergessene Musik.

Und wenn sie sie nun wiederfände? Wozu wäre das gut? Wer würde sie hören wollen – wer würde sich lange genug daran erinnern? Wenn sie, die in der Hügelwelt die tosenden Melodien erfahren hatte, den Rhythmus und die Macht ihrer Kadenzen gelebt und geatmet hatte … wenn sie *das* vergaß, wenn es sich aus etwas Gespürtem und Gekanntem in etwas nur verschwommen Erinnertes verwandelte – so wie sie sich an das erste Mal erinnerte, als sie Denzils Menagerie begegnet war –, wie sollte sie dann von anderen erwarten, daß sie sich erinnerten? Sie könnte nichts weiter heraufbeschwören als ein schwaches Echo.

Sie hatte die Möglichkeit gehabt, etwas aus ihrem Leben zu machen – wie sie es immer gewollt hatte. Etwas zu tun, das wirklich etwas *bedeutete*. Und sie hatte es sich entgleiten lassen.

Und wozu sollte das gut sein?

Vergessen.

Wie die Musik.

Es war so enttäuschend, sich zu erinnern, ohne sich *wirklich* zu erinnern. Sie konnte die Logik dessen heraufbeschwören, was sie erfahren hatte, jedoch nicht die damit verbundenen Gefühle. Es war wie das sprichwörtliche Wort, das einem auf der Zunge lag – so nahe, doch ebensogut hätte es tausend Meilen weit weg sein können.

Wenn sie nur …

Als sie ein Geräusch vernahm, hob sie den Kopf. Ihr Herz tat einen Satz, als sie meinte, die Musik sei zurückgekehrt, aber es war nicht so. Und auch nicht der Wind. Es war eher ein leises höhnisches Gelächter, das aus den Schatten kam …

Sie blickte dorthin, wo die Schatten am tiefsten waren.

»Nur zu«, sagte sie zu ihnen. »Lacht nur. Zu guter Letzt habt ihr doch gewonnen...«

Gewonnen, gewonnen, gewonnen...

Das Echo verspottete sie.

Und dann hielt sie inne und dachte über ihre Worte nach. Die Schatten hatten gewonnen. Was gewonnen?

Nicht die Schatten hatten hier Schuld – wie bei der Witwe –, sondern sie selbst. Die Schatten verspotteten sie nicht, weil sie gewonnen hatten, sondern weil sie einfach aufgegeben hatte.

Bei dieser Erkenntnis erschauerte sie.

Sie stand auf und trat aus der Düsterkeit inmitten der eingestürzten Mauern der Kirche in den Sonnenschein hinaus. Der Schritt von Dunkel zu Hell war wie ein Schalter, der in ihrem Kopf umgelegt wurde. Sie schaute sich um, mit offenen Augen, und fragte sich, wie sie sich in eine solch morbide Stimmung hatte begeben können.

Ganz gleich, wie man es auch wendete, alles sah wunderbar aus. Die Hecken, das Heidemoor dahinter, die Dächer der Stadt, die alten Ruinen von Creak-a-vose... alles besaß eine kristallene Klarheit, die ihr geradezu den Atem verschlug. Warum beteten die Menschen in Kirchen und sperrten sich im Dunkeln ein, wenn die Welt in all ihrer Pracht vor der Tür lag?

Verflixt und zugenäht. Das einzig Sinnlose an der Geschichte war, daß sie den Kopf hängen ließ. Wenn Denzil und die anderen sich nicht mehr erinnerten – na, wenn schon. Sie erinnerte sich noch, oder etwa nicht? Nicht an alles, aber an genügend Dinge, die sie bewahren konnte.

Sie konnte die Welt nicht auf einen Schlag verändern. Aber sie konnte sie ein Stück verändern – soweit es in ihren Kräften stand. Vielleicht wäre es nicht viel, aber immerhin besser als nichts.

Es schien so kinderleicht. Sie hörte beinahe Ederns Stimme.

Die Magie der Welt ist viel einfacher, als wir vermuten.

Die Musik war nicht vergessen. Wie konnte sie vergessen sein, wenn sie die ganze Zeit über in ihr gewesen war? Sie hatte sie in der Hügelwelt nicht entdeckt, sie hatte sie *wiederentdeckt.*

»Danke!« rief sie den Schatten in der Ruine zu.

Sie gaben keine Antwort, als Jodi sich durch die Hecke zwängte und auf den Weg durchs Heidemoor zum Men-an-Tol machte, doch selbst wenn sie geantwortet hätten, hätte sie es wahrscheinlich nicht gehört. Denn ihr ging das Herz über vor Freude, am Leben zu sein. Sie hätte nicht erklären können, warum sie eben noch so niedergeschlagen gewesen war und sich nun so lebendig fühlte. Während sie durch den gelbblühenden Stechginster hüpfte, wußte sie bloß, daß sie die letzten Tage über blind und taub umhergegangen war.

Doch endlich hörte sie es wieder – das Knistern ihrer Hose, die sich am Ginster rieb, das Tanzen ihrer Schritte über den Boden, den fernen Vogelgesang, den Atem des Windes, der die verdorrten Farnhalme raschelnd aneinanderrieb; sie sang, laut und falsch, aber voller Begeisterung, in ihren eigenen Worten und nach ihrer eigenen Melodie, die sie vorwärtstrug; und sie sah – das wogende Meer aus gelbem und grünem Ginster, braunem Farn und den blaßrosafarbenen Blüten des Heidekrauts.

Als sie den Dolmen schließlich erreichte, war sie außer Atem und fühlte sich schwindlig. Sie ließ sich neben dem durchlöcherten Stein zu Boden fallen und rekelte sich dagegen, während sie zum Himmel aufschaute, wo sich ein Turmfalke vor einer weißen Wolke abhob, eine Insel in einem Meer aus Blau.

»Hallo, du da oben!« rief sie und winkte dem Vogel zu.

Und senkte er nicht als Antwort die Flügel, nur einen Moment, oder bildete sie sich das bloß ein?

Es war ihr gleichgültig. War das nicht schon das halbe Leben – sich Möglichkeiten vorzustellen und diese dann bis zum Ende weiterzuverfolgen? Und was sie sich vorstellen – tun – wollte: das Men-an-Tol zum Singen zu bringen. Hier draußen in der Heide. Es würde singen und nie wieder aufhören, und jeder, der vorbeikam, würde die Musik hören und mit sich forttragen. Selbst der Wind würde sie in andere Länder tragen, bis eines Tages die ganze Eisenwelt diese Musik hören und sich an sie erinnern würde.

An die ursprüngliche Musik.

Sie erhob sich und kletterte auf den Stein, streckte sich darauf aus, bis ihr Bauch dagegengedrückt war, ihr Kopf auf den Ellbogen auflag und ihre Beine zu beiden Seiten herunterbaumelten. Dann lag sie ganz still und beruhigte ihren Geist …

Denk an nichts. Denk überhaupt nicht.

… und versuchte die uralte Stille in sich aufzunehmen, die tief im Stein verborgen war, eine Stille wie …

ein alter Tanz

… konzentrierte sich auf ihren Herzschlag, auf seinen Rhythmus und wie sich das Blut, das sie durchströmte, verband mit der

verborgenen Musik

… bis sie sich in dem Schwebezustand zwischen Schlafen und Wachen befand, in dem alles möglich ist.

Und dann hörte sie es.

Dumm-dum. Dumm-dum.

Ein weitentferntes Geräusch wie Hufschlag. Das näher kam. Und sie ließ sich treiben, immer weiter weg …

Und ihr erschien Edern. Er befand sich in der Hügelwelt und machte ein besorgtes Gesicht.

»Was tust du da?« fragte er.

»Ich träume«, sagte sie. »Ich träume Magie.«

Dumm-dum. Dumm-dum.

Seine Besorgnis verwandelte sich in Entsetzen.

»Du wirst nie mehr wie früher sein«, warnte er sie.
»Ich weiß. Aber die Musik wird bleiben.«
»Die Hügelwelt wird dir ebenfalls verschlossen sein – wegen deines Eisenweltlerbluts.«
»Ich weiß.«
Dumm-dum.
»Ich werde zu Musik«, fügte sie hinzu, »und ich werde nicht zulassen, daß sie je wieder verklingt.«
Er schüttelte den Kopf. »Der Preis ist zu hoch ...«
»Ich sterbe nicht«, unterbrach ihn Jodi. »Ich werde ewig leben.«
»Aber in anderer Form«, sagte er.
»Aber in anderer Form«, stimmte sie zu.
»Ich wollte nicht, daß du das tust.«
Dumm-dum.
»*Ich* wollte es«, sagte Jodi.
»Aber ...«
Die Musik trug sie nun mit sich fort. Teile von ihr lösten sich auf, um die Musik zu nähren. Sie sang jetzt mit Jodis Stimme – nicht mit der unmelodischen Stimme, mit der Jodi manchmal vor sich hinträllerte, sondern mit den reinen, klaren Tönen, die sie in sich trug und die ihrem Herzschlag Antwort gaben. Sie hatte das Gefühl, als löse sie sich in das Men-an-Tol hinein auf, als würde sie ein Teil von ihm. Sie folgte den Wurzeln seines Geheimnisses, die sich vom Mittelpunkt des Lochs ausgehend bis tief ins Zentrum des Landes ausbreiteten. Der Wind trug sie über die Heide, durch den Wald und über Bodbury hinweg zum Meer.
»Auf Wiedersehen, Edern!« rief sie. »Vergiß mich nicht.«
»Wie könnte ich dich je vergessen?« antwortete er, und dann schloß sich der Riß zwischen den beiden Welten, und er sah sie nicht mehr.
Doch die Musik erklang weiter, hallte fort und fort durch die Hügelwelt und darüber hinaus. Und dies-

mal weckte sie keine Stürme. Sie besänftigte das Land, indem sie ihm das Geschenk der Logik darbrachte, so wie Jodis Welt das Geschenk der Magie.

Um das Geheimnis zu bewahren, damit es auf ewig weiterklang.

2

An diesem Nachmittag konnte Denzil sich nicht konzentrieren. Ständig dachte er an Jodi und den sinnlosen Streit, nach dem sie früher am Tag hinausgestürmt war. Seitdem waren die Tiere unruhig, und diese Unruhe bewirkte ein bohrendes Gefühl bei ihm, das er nicht länger mißachten konnte.

Endlich legte er die Arbeit beiseite.

Er war zu grob gewesen, wurde ihm klar. Sie war doch noch jung, und mußte man der Jugend nicht ihre Launen zugestehen? Wie kam er eigentlich dazu, ihre mystischen Neigungen zügeln zu wollen? Das würde die Welt nur allzubald von allein regeln. Und dann würde sie vielleicht entdecken, daß es andere Wunder auf der Welt gab – keine magischen Wunder wie in den Märchen, aber trotzdem eine Art von Magie. Denn waren die Wunder der Natur etwa keine Magie?

Doch das mußte sie selbst herausfinden. Und welch ein Freund wäre er bis dahin, wenn er ihr ständig fehlerhaftes Denken nachwies? Es gab einen Punkt, an dem Hilfsbereitschaft in sinnloses Herumkritteln umschlug, von dem sie beide nichts hatten.

»Los, komm mit!« sagte er zu Ollie, als er den Mantel anzog und sich den Hut aufsetzte.

Der Affe sprang von der Stuhllehne herunter, auf der er bedrückt an einem losen Stück Polsterung herumgezupft hatte, und kroch unter Denzils Jacke.

»Wir wollen mal sehen, ob wir sie nicht finden können«, fügte Denzil hinzu.

Doch als sie auf der Straße angelangt waren, wußte er nicht, wo er mit der Suche beginnen sollte. Das seltsame bohrende Gefühl setzte wieder ein, doch diesmal schien es ihn daran erinnern zu wollen, daß er dies alles schon einmal getan hatte.

Er hatte einen Traum gehabt – einen Traum, den er Jodi niemals erzählt hatte, weil sie von nichts anderem mehr sprach –, in dem die Witwe Pender sie in eine Kleine verwandelt hatte und sie alle zu dem alten Dolmen in der Heide hinter der Stadt hinausgegangen waren …

Ihn überkam die Gewißheit, daß sie dorthin gegangen war.

Leise vor sich hin brummelnd marschierte er den Mabe Hill hinauf. Als er das Heideland hinter Creak-a-vose erreichte, wurde Ollie unter Denzils Jacke zunehmend unruhig.

»Nur keine Nervosität!« ermahnte ihn Denzil, doch von diesem Moment an fühlte auch er sich ein wenig benommen.

Es lag eine Spannung in der Luft wie bei einem nahenden Gewitter, doch das war vollkommen ausgeschlossen, denn abgesehen von vereinzelten Wolkenfetzen im Westen war der Himmel klar. Ollie zwängte sich unter Denzils Jacke hervor und setzte sich ihm auf die Schulter, schnatterte laut und zupfte an Denzils Haar, um ihn zur Eile anzutreiben. Es war ein Geräusch in der Luft, ein seltsames Dröhnen wie von einer Trommel, die im Rhythmus des Herzschlags gespielt wurde, begleitet von einem Rauschen, das beinahe wie Musik klang.

Und Denzil meinte, eine Melodie herauszuhören – eine Melodie aus seiner Kindheit, eine alte Weise, die sein Vater häufig gesungen hatte. Es war immer Denzils Lieblingslied gewesen. Heute jedoch erfüllte es ihn mit schlimmen Vorahnungen.

Er beschleunigte die Schritte, getrieben von der gleichen Eile wie Ollie – vom drängenden Wunsch, das Men-an-Tol so schnell wie möglich zu erreichen.

Als er dort anlangte, wünschte er, nie hergekommen zu sein.

Ollie sprang ihm kreischend von der Schulter und hüpfte die letzten paar Meter bis zum durchlöcherten Stein. Er sprang hinauf und blickte Denzil traurig an.

»Ach, Jodi«, sagte Denzil. »Was hast du getan?«

Ollie zupfte an den Kleidern, die auf dem Stein ausgebreitet lagen, drückte das Gesicht an das wohlvertraute Hemd und die Hose, die Jodi getragen hatte, als sie aus dem Haus gestürmt war. Ihre Jacke lag neben dem Stein auf dem Boden. Rechts und links je ein Schuh. Von ihr jedoch fehlte jede Spur.

Der Affe wimmerte, hielt Denzil das Hemd hin, doch dieser rührte sich nicht und lauschte der Musik.

Erinnerte sich.

An eine verrückte Zeit: an eine Nacht, einen Tag und dann noch eine Nacht – voller Magie. Voller Kleiner und wieder zum Leben erwachter Leichen. Voller Hexen und Steine.

Besonders Steine.

Ein Menhir.

Er war ein Menhir *gewesen*, von der Witwe verhext ...

»Ach, Jodi«, wiederholte er, seine Stimme ein kaum hörbares Flüstern.

Die unirdische Musik hüllte ihn ein, und er schwankte in ihrem Rhythmus auf der Stelle, die Augen voller Tränen. Er hörte Jodi in dieser Musik und wußte, daß sie sich geopfert hatte, um sie zu erwecken.

Man muß sie hören, hatte sie ihm in der vergangenen Woche mehr als einmal zu erklären versucht. *Ohne die Musik sind beide Welten zum Untergang verdammt.*

Er hatte ihr gesagt, das sei Unsinn. Es gebe keine Hügelwelt.

Weißt du denn gar nichts *mehr von dem, was passiert ist?* hatte sie geschrien. *Wie kannst du nur so blind sein?*

»Ich bin nicht blind«, hatte er erwidert. »Ich sehe, daß die Welt vollkommen in Ordnung ist, weißt du.«

Du siehst die Welt mit den Augen eines Schlafwandlers, hatte sie erwidert, als sie am Morgen ihren Streit fortgeführt hatten.

Und dann war sie hinausgestürmt, und nur der Nachhall ihrer Worte war geblieben.

Mit den Augen eines Schlafwandlers.

Tränen strömten ihm über die Wangen. Er wußte nicht, wie sie es angestellt hatte, aber sie war die Musik *geworden.* Um zu beweisen, daß es sie wirklich gab. Ihm und allen anderen Schlafwandlern …

Eine Hand legte sich ihm auf die Schulter, doch er zuckte nicht einmal zusammen. Als er sich langsam umdrehte, sah er Taupin hinter sich stehen.

»Sie … sie ist verschwunden«, sagte Denzil. »Sie ist jetzt Musik.«

Auch Taupins Augen glänzten. Er nickte langsam.

»Ich weiß«, sagte er. »Ich bin in der Nähe spazierengegangen … hab nachgedacht. Und dann hab ich sie gehört. Und es fiel mir wieder ein …«

»Ich hatte unrecht«, sagte Denzil. »Ich habe sie schlecht behandelt – respektlos. Aber was sie sagte, kam mir so verrückt vor …«

»Ich habe sie noch schlechter behandelt«, sagte Taupin. »Ich hab's die ganze Zeit über gewußt, aber irgendwie … irgendwie hatte ich es vergessen …«

»Und jetzt ist es zu spät. Sie ist verschwunden.«

Taupin legte Denzil den Arm um die zusammengesackten Schultern.

»Jetzt ist sie Musik«, sagte er leise.

In seinem Tonfall mischten sich Staunen und Bedauern.

Jetzt ist sie Musik, wiederholte Denzil im stillen.

Sie standen lauschend da und hielten sich tröstend umarmt, während die Musik sie überschwemmte. Sie hallte in ihrem Knochenmark wider, hoch und lieblich, herzzerreißend traurig, so schnell wie eine Jig, so langsam wie das langsamste Air. Ihre Schönheit, ihr Geheimnis weiteten ihnen das Herz. All das, was sie enthüllte, und all das, was sie verbarg.

Sie konnten sich nicht bewegen, konnten nicht sprechen. Sie konnten sich bloß gegenseitig festhalten und den Stein mit den darauf verstreuten Kleidern anschauen.

Sie konnten bloß lauschen.

Und dann verklang die Musik allmählich, verblaßte zu einem leisen Flüstern, das zum Wind wurde, der durch das Loch im Men-an-Tol wehte. Ein Wind, der noch einen Nachklang der Musik in sich barg, der es ihnen jedoch wieder ermöglichte, sich zu bewegen und traurig aufzuseufzen.

Endlich konnte Denzil sich mit dem Ärmel die Tränen aus den Augen wischen. Er blickte zum Stein, auf dem Ollie Jodis Hemd umklammert hielt. Mit den dünnen Ärmchen preßte der Affe den Stoff an die Brust und schaukelte betrübt mit dem Oberkörper. Denzil trat vor, um die restlichen Sachen an sich zu nehmen.

Dann spähte Ollie plötzlich über die Seite des Men-an-Tol, die Denzil und Taupin nicht einsehen konnten. Er stieß das Hemd weg, sprang vom Stein und landete aufgeregt schnatternd auf der gegenüberliegenden Seite.

»Jodi?« fragte Denzil.

Sein Herz tat einen Satz, als er um den Stein herumging, doch als er keinerlei Anzeichen von ihr entdeckte, wurde es ihm wieder schwer. Ollie hatte jedoch etwas in der Hand. Es sah aus wie eine kleine, rosafarbene Maus, die laut piepste und mit Händen und Füßen um sich schlug …

Aber eine Maus hatte keine solchen Gliedmaßen, dachte Denzil. Und auch keinen blonden Haarschopf. Und jetzt verstand er auch, was das kleine Wesen sagte.

»Laß mich runter. Laß mich *runter!*«

Er kniete rasch nieder und öffnete Ollies Hand. Auf seiner Handfläche kam eine winzige splitternackte Jodi Shepherd zum Vorschein. Denzil wandte sich errötend ab, bis Taupin die Fusseln von einem Taschentuch abgeschüttelt hatte, das er aus einer seiner bauchigen Taschen hervorgeholt hatte, und es der verkleinerten Jodi anbot. Als sie sich darin eingewickelt hatte, schaute Denzil wieder hin.

»Glaubst du mir *jetzt*?« fragte sie mit ihrer hohen piepsenden Stimme.

Denzil nickte benommen. »Was … was ist passiert? Ich dachte, die Witwe sei tot.«

»Dann erinnerst du dich also wieder.«

»Seitdem ich die Musik gehört habe«, gab Denzil zu.

»Also, die Witwe ist tatsächlich tot«, sagte sie.

»Aber wieso …?«

»Ich so geworden bin?« fragte Jodi. »Ich habe auf einen Teil von mir verzichtet, um die Musik zum Leben zu erwecken. Eine Kleine ist alles, was von mir noch übrig ist.«

»Aber … das heißt … kannst du …?«

Sie schüttelte den Kopf. »Ich kann mich nicht mehr zurückverwandeln. Es ist etwas anderes als damals, als mich die Witwe verkleinert hatte. Sie hat den Rest von mir in ihrem Umhang verwahrt. Und ich habe ihn weggeben.«

»Der Musik«, sagte Taupin.

Jodi lächelte. »Der Musik«, bestätigte sie.

»Aber was fangen wir jetzt mit dir an?« fragte Denzil.

»Ich hoffe doch, ihr bringt mich nach Hause. Sonst habe ich einen sehr langen Spaziergang vor mir.«

Ollie streckte zögernd eine Hand nach ihr aus, und sie knuffte sie spielerisch.

»Aber wagt es bloß nicht, mich auf irgendeiner wissenschaftlichen Konferenz auszustellen«, warnte sie.

»Oder schlimmer noch«, fügte Taupin grinsend hinzu, »in einem Zirkus.«

Jodi stellte ihre neuerlangte Reife unter Beweis, indem sie ihm die Zunge herausstreckte.

»Wir dürfen niemandem davon erzählen«, meinte sie. »Nicht von mir – bloß vom Stein. Alle sollen herkommen und die Musik im Stein hören.«

»Aber deine Tante …«, begann Denzil.

»Na ja, ein *paar* Leute können wir schon einweihen«, gab sie nach. »Wir müssen sie uns bloß gut aussuchen.«

Denzil konnte nur den Kopf schütteln.

»Denk bloß mal daran, wie gut ich dir jetzt bei deinen Experimenten helfen kann«, sagte Jodi. »Oder ich kann in Taupins Tasche umherreisen. Es gibt unzählige Dinge, die ich machen kann.«

»Du bist verrückt«, sagte Denzil, als sie sich auf den Rückweg nach Bodbury machten. »Wie konntest du dir das bloß antun?«

»Hört mal!« rief Jodi, zum Stein zurückdeutend.

Denzil und Taupin blieben stehen und wandten sich um. Sie stellten fest, daß sie den Wind im Stein noch immer hören konnten. Und darin eingeschlossen war ein Echo der ursprünglichen Musik – bloß ein Wispern, das stimmte, bloß eine Spur davon, doch es war genug. Genug, damit der Wind sie mit sich forttragen konnte, hinaus übers Heidemoor und irgendwann vielleicht über die Welt.

»Glaubt ihr, das war es wert?« fragte Jodi.

Denzil und Taupin nickten beide.

»Laßt bloß nicht zu, daß man eine Kirche oder so was drumherum errichtet«, verlangte Jodi. »Die Magie muß sich frei entfalten können.«

Manche Leute behaupten, der Teufel sei tot

Tote Götter sind solche, die zur Wissenschaft
oder der gültigen Moral nicht mehr sprechen…
jeder tote Gott kann wieder zum Leben
erweckt werden.

JOSEPH CAMPBELL
aus *The Way of the Animal Powers*

Charlie Boyd legte den Hörer auf und wandte sich an seinen Sohn.

»Das war er persönlich«, sagte er.

»Derselbe Mann, der uns heute nachmittag auf der Farm angerufen hat?« fragte Dinny.

Charlie nickte. »Nach allem, was er mir zu sagen hatte, werde ich seine Stimme so bald nicht wieder vergessen.«

»Was hat er denn gesagt?«

Charlie erzählte es ihm.

»Was, glaubst du, hat er mit ›falsche Antwort‹ gemeint?« fragte Dinny.

»Daß es an der Zeit ist, daß wir die Polizei anrufen«, erklärte Charlie.

»Aber auf dem Zettel steht…«

»Ich weiß, mein Sohn. Die Entscheidung fällt mir nicht leicht. Aber Janey ist nicht da, und es muß sein.«

Dinny seufzte und ging zur Vordertür, während sein Vater mit der Polizei telefonierte. Er blickte hinaus in die Nacht. Auf dem Chapel Place war es ruhig, abgesehen von einer Katze, die mitten auf der Straße saß und sich das Gesicht putzte. Aus den Fenstern, die die schmale Straße säumten, fielen quadratische Lichtflecken auf das Pflaster – dort das milde Gelb einer Leselampe, etwas weiter weg das blauweiße Flackern eines Fernsehers.

Im Grunde war es bloß eine weitere friedliche Nacht in Mousehole. Das Leben ging weiter. Abgesehen davon, daß zur selben Zeit irgendwo dort draußen ein Wahnsinniger ihren Freund als Geisel gefangenhielt.

Dinny schüttelte den Kopf. So etwas hätte man in Nordirland oder im Mittleren Osten erwarten können. Aber doch nicht hier in Mousehole.

Als er seinen Anruf getätigt hatte, stellte sich sein Vater neben ihn und legte ihm eine Hand auf die Schulter. Er schien etwas sagen zu wollen, doch dann seufzte er bloß, genau wie Dinny eben. Sie standen da und warteten. Versuchten, nicht an den Chef zu denken oder an das, was sie Janey mitzuteilen hatten.

Als er ein vertrautes Paar Scheinwerfer den steilen Hügel von Paul herunterkommen sah, wurde Dinny das Herz schwer. Kurze Zeit später hatte Janey ihren Reliant Robin neben dem gelben Lieferwagen des Chefs abgestellt.

»Ich glaube, unsere Probleme sind wir los«, sagte Janey, als sie aus dem kleinen Wagen kletterte.

Ihre freudig federnden Schritte stockten, als sie die düsteren Gesichter der Boyds bemerkte.

»Was ist los?« fragte sie. »Ist was mit Opa …?«

»Es sieht schlecht aus«, sagte Charlie.

Bevor er es ihr erklären konnte, traf der Streifenbeamte ein. Der Polizist stoppte Charlie, bevor er seinen Bericht abgeschlossen hatte, und forderte bei der Polizeistation in Penzance Unterstützung an. Als er seinen Anruf beendet hatte, wandte er sich wieder Charlie zu.

»In Ordnung«, sagte er. »Fangen wir am besten noch mal ganz von vorn an.«

2

Der Chef hatte sich schon häufig in heiklen Situationen befunden – während des Krieges natürlich, aber auch viele Male draußen in der Bucht, wenn ein Sturm das Meer und manchmal auch die Boote gegen die Klippen drückte. Er hielt sich nicht für sonderlich tapfer. Wenn es darauf ankam, tat er einfach, was nötig war. Als das Rettungsboot von Penlee, die *Solomon Brave*, '81 bei dem Versuch gesunken war, die Besatzung der bei den Boscawen-Klippen gestrandeten *Union Star* zu retten, war er zusammen mit den anderen Männern aus dem Dorf zur Stelle gewesen und hatte getan, was getan werden mußte, ungeachtet der Gefahr und ob er nun tapfer oder ein Feigling war.

Wenn er jemals tapfer gewesen war, dann damals, als er nach dem Tod von Addie und seinem Sohn weitergemacht hatte. Das hatte mehr Mut erfordert, als er vor Dünkirchen oder am Strand der Mount's Bay hatte aufbringen müssen. Janey hatte ihm damals beigestanden. Und nur der Gedanke an Janey war es, der ihn in die Lage versetzte, seiner jetzigen Notlage ins Auge zu blicken.

Um ihretwillen mußte er durchhalten. Denn je länger der Mann mit ihm beschäftigt war, desto länger würde es dauern, bis er ihr seine Aufmerksamkeit zuwenden konnte. Bis dahin wäre sie hoffentlich so vernünftig gewesen, die Polizei zu rufen.

Die Polizei würde sie schützen.

Aber bis dahin mußte er Zeit schinden, und die war nicht billig zu haben.

Benzingestank erfüllte die Luft. Sein Hosenbein war mit der Flüssigkeit durchtränkt. Seine Arme schmerzten von den zu engen Fesseln. Im Schein der Taschenlampe, die der Amerikaner mitgebracht hatte, sah er den seltsamen Glanz in den blassen Augen des Mannes, als dieser mit dem Feuerzeug ein zweites Mal näher kam.

Das waren nicht die Augen eines Gesunden. Es waren die Augen eines Mannes, dem Schmerzen Lust bereiteten – die Schmerzen anderer. Schmerzen, die er ihnen zufügte.

Unwillkürlich schrie der Chef auf, als das Benzin auf seinem Hosenbein Feuer fing. Das Benzin entzündete sich mit einem *Whuuf* blauen Feuers, dessen Hitze seine Brauen und sein Haar versengte, obwohl er den Kopf zurückriß. Er zerrte an den Fesseln, krümmte den Rücken als Hebel, doch die Seile, die seine Arme und Beine banden, erlaubten ihm nur schwache ruckartige Bewegungen. Eine Wolke schwarzen Rauchs stieg auf, und es stank nach verschmortem Stoff und verbranntem Haar. Er spürte die Hitze auf dem Bein. Die Haut warf Blasen …

Bett warf eine Decke über das Bein und erstickte die Flammen.

Doch der Schmerz blieb.

Und in Betts Augen lag das Versprechen weiterer Schmerzen.

Der Chef bemerkte beschämt, daß sich seine Blase geleert und seine Hose benäßt hatte. Auf seiner Stirn glitzerte Schweiß. Das Hemd klebte ihm feucht am Rücken. Die Angst sandte ihm Fieberschauer durch die Gliedmaßen, aber gleichzeitig war sie auch wie Eis, preßte ihm die Brust mit kalter Hand zusammen.

Aufgrund der heißen und kalten Schauder zitterte er unkontrolliert.

Er blinzelte gegen den Schweiß an und wollte seinen Peiniger nicht ansehen, vermochte den Blick jedoch nicht von ihm abzuwenden.

Und die Angst steigerte sich noch. Er fürchtete nicht

nur um sein Leben, sondern vor allem um das von Janey. Fürchtete sich davor, was dieser Wahnsinnige ihr antun würde.

Und er *würde* sie sich vornehmen. Ganz egal, was heute nacht passierte: Als nächstes würde Bett sich Janey vornehmen.

Der Chef konnte den Gedanken daran nicht ertragen. Wenn er zu früh nach ihr zu suchen begann, bevor sie die Polizei hatte rufen können …

»Ich sage Ihnen doch, wir haben es nicht mehr«, versuchte er es erneut.

Bett zuckte die Achseln. »Vielleicht, vielleicht auch nicht. Aber du weißt, wo es ist.«

»Es …«

Der Chef mußte jedoch den Mund schließen, als Bett über seinem Kopf einen Kanister hochkant stellte und ihn mit Benzin übergoß. Es brannte ihm in den Augen. Die Dämpfe verursachten ihm ein Würgen, und der Magen verkrampfte sich ihm. Plötzlich erschauerte er vor Kälte, als ein kühler Luftschwall auf seine nassen Kleider traf.

Bett warf den leeren Kanister weg und nahm den zweiten. Er schraubte ihn auf, dann hielt er inne, als eine Sirene vorbeigellte, draußen auf der Straße von Newlyn nach Mousehole. Er blickte den Chef an und schüttelte langsam den Kopf.

»Da hat jemand was getan, was er nicht tun sollte«, murmelte er.

»Was … was meinen Sie?«

Der Chef stolperte über die Worte, als er seine Erleichterung zu verbergen versuchte. Wenigstens war Janey in Sicherheit.

»Ich habe gesagt, keine Polizei. Aber es hört ja nie jemand auf einen, oder? Bei dir ist es das gleiche, alter Mann. Ich gebe dir eine Chance, aber hörst du etwa auf mich?«

»Ich …«

»Weißt du, was ich glaube? Ich glaube, du *willst* verbrennen.«

Bitte, lieber Gott, dachte der Chef. Wenn ich schon so sterben muß, dann laß mich wenigstens diesen Wahnsinnigen mitnehmen.

Wieder zerrte er an den Fesseln, aber die Knoten hielten.

Bett lachte. Er setzte den zweiten Kanister ab.

»Ich glaube, für meine Zwecke reicht das erst mal«, sagte er.

Er näherte sich dem Chef, der hilflos gegen seine Fesseln ankämpfte.

»Wie lange, meinst du, wird es wohl dauern? Ob dich der Schmerz zuerst erwischt – dir vielleicht die Pumpe stehenbleibt? Oder glaubst du, es werden die Flammen sein, die du in die Lunge saugst?«

Er holte das Feuerzeug aus der Tasche.

»Dich und deine hübsche kleine Enkeltochter kann nur eines retten«, sagte er. »Du mußt mir sagen…«

Plötzlich knallte es. Der Chef zuckte zusammen und schloß vor dem Brüllen des sich entzündenden Benzins die Augen.

Doch sein Schmerz nahm nicht zu.

Die Hitze blieb aus.

Als er die Augen öffnete, sah er, daß Bett das Feuerzeug fallen gelassen hatte. Bett selbst lag auf den losen Steinen und umklammerte sein Bein. Blut sickerte ihm zwischen den Fingern hervor. Er blickte zur Leiter hinauf, die an der Mauer des Silos lehnte.

»D-du…«, stieß Bett zwischen zusammengepreßten Zähnen hervor.

Der Chef folgte Betts Blick. Im schwachen Licht der Taschenlampe war der Mann, der dort oben stand, nur undeutlich zu erkennen. Der Fremde war groß, blaß und hatte wirres Haar. Ein provisorischer blutiger Verband war um die eine Schulter gewickelt, den Arm hielt er an die Brust gedrückt, die Hand hatte er hinter den Gürtel gesteckt. Die andere Hand hielt eine Waffe.

»Du … bist tot«, sagte Bett.

Der Mann kletterte unbeholfen nach unten, das Gesicht ihnen zugewandt, mit dem Rücken zu den Leitersprossen. Die Waffe zielte auf Bett, schwankte jedoch.

Es war Davie Rowe, erkannte der Chef, als der Mann näher ans Licht kam. Anscheinend pfiff er auf dem letzten Loch. Was hatte Bett damit gemeint, als er sagte, er sei tot?

Bett griff in die Tasche, und Davie feuerte erneut. Bett heulte auf, als die Kugel in sein anderes Bein einschlug.

Die Detonation dröhnte und hallte wider, lauter diesmal, da Davie tiefer in das Silo hinabgestiegen war.

»Bin … dir … gefolgt«, sagte Davie zu Bett. »Du bist in meinem … Kopf … krieg dich nicht … raus …«

Er sprach undeutlich, und der Chef sah, daß er große Schmerzen litt. Davie zuckte zusammen, als er die letzten Sprossen herunterstieg, und als er am Boden angelangt war, lehnte er sich geschwächt an die Leiter. Langsam wandte er sich zum Chef herum.

»Ich … mach … Sie gleich … los … Mr. Litt …«

Er hätte nicht wegsehen sollen.

Der Schuß dröhnte wie ein Donnerschlag.

Die Kugel traf Davie in die Brust und schleuderte ihn gegen die Leiter. Ein zweiter Schuß riß ihn von der Stütze weg, doch obwohl er taumelte, fiel er nicht hin.

Bett hatte den eigenen Revolver aus der Tasche geholt. Sein Gesicht war schmerzverzerrt, die Augen funkelten vor Wut, ein wildes Feuer tanzte in den bleichen Tiefen. Er feuerte zum drittenmal.

»Stirb endlich, verdammt noch mal!« schrie er.

Er lag auf dem Boden und hatte sich auf einen Ellbogen gestützt. Beide Beine waren nicht mehr zu gebrauchen, und aus den Wunden quoll Blut und breitete sich als dunkle Flecken über die Hose aus. Sein dritter Schuß traf Davie geradewegs in die Brust, doch der Mann fiel immer noch nicht um.

»Warum stirbst du nicht endlich?« schrie Bett.

»K-kann nicht...«, murmelte Davie.

Seine Brust war eine einzige Wunde. Blut quoll ihm aus den Mundwinkeln, da er sich auf die Zunge gebissen hatte. Er schwankte einen Schritt, dann noch einen auf Bett zu und hob langsam die Pistole. Der Chef begriff nicht, wie Davie sich immer noch auf den Beinen halten und erst recht wie er sich fortbewegen konnte, doch beweglich war er noch. Bevor Bett ein viertes Mal schießen konnte, ruckte die Waffe in Davies Hand. Ein Loch erschien neben Betts Nase, wo die Kugel eingeschlagen hatte, und dann flog der Hinterkopf nach hinten weg.

Davie starrte ihn schwankend an.

»J-jeder... Hund...«, sagte er und hustete Blut, während er die Worte zu bilden versuchte. »Hat irgendwann...«

Er leerte das Magazin in Betts Körper. Der Leichnam zuckte bei jedem Treffer, doch das kam nur von der Wucht der Einschläge. Bett war an dem Kopfschuß gestorben.

»Mein großer Tag... heute...«, murmelte Davie.

Noch lange, nachdem das Magazin leer war, hielt er den Abzug durchgedrückt. Dem Chef klingelten schmerzhaft die Ohren, doch er hörte noch das trockene Klicken des Hahns, bis Davie die Waffe schließlich auf die Steine fallen ließ.

Er näherte sich dem Chef und zog mühsam ein Messer aus der Tasche. Als er den Stuhl erreicht hatte, fiel er auf die Knie, sein Oberkörper sank auf den Schoß des Chefs. Langsam hob er das Messer, hatte jedoch nicht mehr die Kraft, die Seile zu durchschneiden. Er hustete Blut. Sein Körper wurde von heftigen Krämpfen geschüttelt.

»Immer ... gewollt ...«, murmelte er.

Und dann starb er.

Der Chef brauchte lange, um Davies Körper vom Schoß herunterzubekommen. Jede Bewegung verursachte ihm heftige Schmerzen in dem verbrannten Bein, aber er verdrängte den Schmerz so gut wie möglich. Er drückte mit den Füßen gegen die losen Steine, bis er den Stuhl so weit zurückgeschoben hatte, daß das Gewicht des Körpers den Rest erledigte.

Dann ließ er den Stuhl umkippen und zuckte zusammen, als er mit der Schulter auf die Steine aufschlug. Die verbrannten Nervenenden in seinen Beinen brüllten vor Schmerz. Lange Zeit konnte der Chef nur daliegen, während ihn die Benzindämpfe würgen ließen. Dann drehte er den Stuhl Zentimeter um Zentimeter herum, bis sich die Hand endlich ums Messer schloß. Es dauerte eine weitere Ewigkeit, bis er es geöffnet hatte, und noch länger, bis die Seile durchtrennt waren.

Als er sich endlich befreit hatte, kletterte er nicht gleich aus dem Silo hinaus. Er kroch zu Davie Rowe und bettete seinen Kopf auf sein unverletztes Bein, strich Davie sanft das Haar aus der Stirn.

»Ich werd's allen erzählen, mein Lieber«, sagte er. »Verlaß dich drauf, ich werde ihnen erzählen, daß du ein guter Mensch warst.«

Als die Polizei eintraf, hielt er den Leichnam immer noch.

3

Peter Goninan war der einzige Mensch, dem Janey die ganze Geschichte erzählt hatte.

Die auf den Sonntagabend folgenden Tage waren schlimm. Janey und die anderen wurden stundenlang von der Polizei vernommen – von Polizeiwachtmeistern, von der Kriminalpolizei und sogar von Scotland Yard. Sie wurden getrennt vernommen und mußten ihre Geschichte das eine ums andere Mal wiederholen, bis zur Erschöpfung. Irgendwann war die Polizei entschlossen, Felix aufgrund von Maddens Ermordung zu verhaften, weil er arbeitslos, Ausländer und der einzige Verdächtige mit einem plausiblen Motiv war, doch das verhinderte ein Sergeant von der für Devon und Cornwall zuständigen Gendarmerie – ein Neffe von Chalkie, der Felix von seinen früheren Aufenthalten in Moushole her kannte. Schließlich wurde Felix freigelassen, und irgendwann ließ man sie alle in Ruhe. Der Mord an Madden wurde niemals aufgeklärt.

Der Chef brauchte nur einen halben Tag im Krankenhaus zu verbringen – seine Verbrennungen waren zwar schmerzhaft, jedoch leichter Natur. Wenn Bett nur ein paar Sekunden länger gewartet hätte, bevor er das Feuer erstickte… Doch daran wollte niemand denken.

Die Drohung, Boyd die Farm wegzunehmen, wurde nie eingelöst, ebensowenig verlor Clare Mabley ihren Job in der Buchhandlung. Janeys Tournee wurde auf ebenso mysteriöse Weise wieder angesetzt, wie sie abgesagt worden war, doch Janey ließ den Termin verschieben. In ihrem gegenwärtigen Zustand war sie zu einem Auftritt ebensowenig in der Lage, wie sie die Aasgeier aus der Fleet Street zu ertragen vermochte, die in Scharen über das Dorf herfielen und mit offensichtlichem Behagen in ihrem Leben herumschnüffelten.

Eine Woche nach den Morden fuhr sie mit Felix und Clare zu Goninans Farm hinaus. Janey fand, daß sie noch Erklärungen brauchte, und sonst gab es niemanden, an den sie sich hätte wenden können.

Goninan erwartete sie bereits. Eine diesmal bedeutend umgänglichere Helen geleitete sie in das kleine Haus und bereitete mit Felix' Unterstützung für alle Tee.

»Ist es wirklich passiert?« fragte Janey, als sie ihren Bericht über die Vorgänge am Men-an-Tol abgeschlossen hatte.

»Das hängt davon ab, was Sie unter wirklich verstehen«, erwiderte Goninan.

»Nein, ich meine es ernst. Er hat uns alle hypnotisiert – dort draußen am Stein. Nicht wahr?«

Goninan lächelte. »Aleister Crowley hat Magie definiert als ›die Wissenschaft und Kunst, Veränderungen zu bewirken in Übereinstimmung mit unserem Willen‹.«

Ein kurzes Schweigen entstand, während alle auf weitere Erklärungen warteten, doch Goninan nippte bloß an seinem Tee.

»Wollen Sie damit sagen, daß es sich *tatsächlich* ereignet hat?« fragte Felix schließlich.

Goninan schüttelte den Kopf. »Ich war nicht dabei, darum kann ich Ihnen nicht sagen, was geschehen ist und was nicht. Ich kann Ihnen bloß soviel sagen, daß Madden, ebenso wie Crowley, den er so bewunderte, und viele andere, tatsächlich große Zauberer waren. Sie vermochten Dinge zu bewirken, die wir nur als Wunder bezeichnen können.«

»Und Sie ...?« fragte Janey.

»Ich bin kein großer Zauberer.«

»Warum sind sie alle böse?« wollte Clare wissen.

»Aber das sind sie ja gar nicht«, sagte Goninan. »Es gibt eine Menge Magier, die nur zum Wohl der Welt und deren Bewohner gearbeitet haben. Leute wie Gurdjeff, über den wir bereits gesprochen haben, und Ouspensky. Rudolf Steiner ... der Indianer Rolling Thunder ... oder Spyros Sathi, der Zypriote, der besser unter dem Namen Daskalos bekannt ist. Sie bewirken nur Gutes. Sie trachten danach, den menschlichen

Geist seiner Bestimmung näherzubringen. Und sie erwarten dafür keine Gegenleistung.«

Clare schüttelte den Kopf. »Das sind keine Magier – das sind Philosophen.«

»Die besten Magier sind jene, die nicht die Magie zu ihren Studien verleitet, sondern das Bedürfnis, die Welt und ihre Stellung darin zu begreifen. Darin unterscheiden sie sich von Menschen wie Madden. Madden dachte nur an sich – und arbeitete nur *für* sich. Darum ist er, wie so viele andere große Magier, die auf Abwege gerieten, letztlich an seinem Egoismus gescheitert. Er vermochte normale Menschen nicht als ebenbürtig anzusehen, und deswegen hat er sie als ›Schafe‹ unterschätzt.«

»Schon seltsam, wie er zuletzt seine gerechte Strafe bekommen hat«, meinte Janey.

»Das ist eben das Schöne an der Magie«, erklärte Goninan. »Sie gedeiht auf dem Nährboden von Zufällen und Synchronismen. Auf diese Weise versucht das Unbewußte der Welt – das, was Jung kollektives Unbewußtes nannte –, uns aus unserem Schlaf aufzuwecken. Es lehrt Menschen wie Madden, daß es ein harmonisches Gleichgewicht gibt, und es lehrt die Ungebildeten, in diesem Falle uns, daß es mehr gibt im Leben als den Trübsinn, den die meisten Menschen mit sich herumtragen.«

»Aber warum verblaßt sie wieder?« wollte Janey wissen. »Warum bleibt uns kein wirklicher Beweis? Ich habe nichts – bloß verschwommene Erinnerungsfetzen, und selbst die vergesse ich noch. Allmählich kommt mir alles vor wie ein Traum. Wenn die Magie dazu da ist, uns etwas beizubringen, warum verblaßt sie dann?«

»Das tut sie nicht«, sagte Goninan. »Nur Ihr Interesse daran verblaßt. Wir leben in einer nüchternen Welt – oder vielleicht sollte ich sagen, wir haben sie zu einer nüchternen Welt *gemacht*. Darin bleibt wenig

Raum für alte Wunder oder magische Phänomene. Wir sind so mit unseren nüchternen Alltagsverrichtungen beschäftigt, daß uns keine Zeit mehr für andere Dinge bleibt, was es auch sein mag.

Aber wenn man sich in ihr Studium vertieft... Je mehr Zeit man in einer solchen Atmosphäre und mit solchen Überzeugungen zubringt, desto häufiger kommt es zu ungewöhnlichen Erfahrungen und Begegnungen. Hält man auf Distanz, dann tun dies auch die Phänomene und verblassen schließlich.

Die Magie ist noch da – man bemerkt sie bloß nicht mehr.«

»Das klingt alles ein bißchen... abgehoben«, meinte Janey und lächelte entschuldigend.

Goninan lachte. »Das kann schon sein. Offen gesagt, ist die Magie in gewisser Hinsicht irrelevant. Ebenso wie unser Interesse für das Leben nach dem Tod oder den Spiritismus... alle diese Dinge. Wichtig ist, daß wir unser Potential als Menschen nach bestem Vermögen gebrauchen – und wir verfügen über ein großes Potential.«

»Um wach zu sein«, sagte Janey.

Goninan nickte. »Und dann entdeckt, beziehungsweise *begreift* man, daß *alles* miteinander verbunden ist. Die Vergangenheit, die Gegenwart, die Zukunft. Wir als Individuen und die Welt, in der wir leben. Dieses Leben und das, was dahinterliegen mag. Es gibt keine Beschränkung für unser Potential.

Das Problem dabei ist, daß wir eher dazu neigen, uns auf das zu konzentrieren, was wir nicht haben, anstatt auf das, was wir tun. Wir müssen zu erkennen lernen, welches Potential wir bereits ausschöpfen.«

»Das klingt nach Buddhismus«, sagte Clare.

Goninan lächelte. »Alles ist verbunden«, wiederholte er. »Ich glaube, Colin Wilson war es, der darauf hingewiesen hat, daß wir die Gegenwart als etwas in sich Vollständiges begreifen. Aber die Gegenwart ist immer unvollständig, und die grundlegendste Errungenschaft unseres Geistes liegt darin, sie zu vervollständigen. Indem wir alle die Verbindungen herstellen.

Wenn Sie nicht wollen, daß die Magie verblaßt, dann lernen Sie, wie man aufwacht und wach bleibt.«

»Aber wie schaffen Sie das?« fragte Janey.

Goninan vollführte eine weitausholende Handbewegung, die sein vollgestopftes Haus umfaßte, das Durcheinander der Bücherregale, ausgestopften Vögel und Vitrinen.

»Sie könnten es mit der Beobachtung von Vögeln versuchen«, sagte er.

4

Sie waren noch keine Stunde wieder im Haus in der Duck Street, als es an der Tür klingelte. Da sie alle gerade in der Küche saßen und zum zweitenmal an diesem Nachmittag Tee tranken – den diesmal der Chef zubereitet hatte, komplett mit dicker Sahne, Teegebäck und selbstgekochter Brombeermarmelade –, stimmten sie rasch ab, wer die Tür öffnen solle, und Janey verlor. Sie lächelte gutgelaunt, als sie die Tür öffnete, doch ihr Gesicht verfinsterte sich, als sie sah, wer auf der Schwelle stand.

»Sie«, sagte sie.

Lena Grant nickte. »Ich erwarte nicht, daß ich willkommen bin«, sagte sie.

»Das ist gut.«

Der neuen und geläuterten Janey fiel es schwer, höflich, erst recht freundlich zu bleiben. Sie wollte der Frau die Tür vor der Nase zuschlagen, beherrschte sich jedoch. Es war nicht leicht.

»Was wollen Sie?« fragte sie.

»Mich entschuldigen.«

Janey mußte lachen. Sogar ihr klang es unangenehm in den Ohren.

»Ich wüßte nicht, womit Sie das, was Sie getan haben, wiedergutmachen könnten«, sagte sie nach einer Weile.

»Ich weiß.«

Das gab Janey zu denken. Sie schenkte Lena einen langen abwägenden Blick. Die Frau hatte etwas Unterwürfiges an sich, das gar nicht zu dem Bild paßte, das Janey sich von ihr gemacht hatte.

»Was wollen Sie dann?« Ihr Tonfall war jetzt gedämpfter. Immer noch nicht freundlich, aber die neue und geläuterte Janey versuchte zumindest zuzuhören.

»Wie ich bereits sagte: mich entschuldigen. Es reicht nicht aus, wenn ich sage, ich hätte nicht gewußt, was ich tat. Ich wußte es. Ich habe bloß nicht drüber nachgedacht. Ich möchte mich verändern, und ich wollte Ihnen … einfach danken, nehme ich an.«

Janey blinzelte überrascht.

»Mir danken?«

»Ihnen und Felix – weil Sie mir gezeigt haben, daß man sein Leben in die eigene Hand nehmen kann.«

»Sie haben alles wieder eingerenkt, nicht wahr?« fragte Janey. »Das mit der Tournee und Boyds Farm …?«

Lena nickte. »Als wir aufgewacht sind, wirklich *aufgewacht* sind …

Janey vernahm Peter Goninans Stimme.

Lernen Sie, wie man aufwacht und wach bleibt.

»… und sahen, was Madden eigentlich tat, nicht was er uns antat, sondern allen in seiner Umgebung, und was wir wiederum den Menschen in unserer Umgebung antaten … Glauben Sie mir, mein Vater und ich werden dafür sorgen, daß sich einiges ändert.«

»Im Orden?« fragte Janey.

Lena schüttelte den Kopf. »So etwas kann man nicht verändern – nicht von innen heraus. Das laugt einen bloß aus. Wir sind aus dem Orden ausgetreten. Wir werden alles tun, was in unserer Macht steht, um ihn in Mißkredit zu bringen.«

»Ich beneide Sie nicht«, sagte Janey.

Sie entnahm Lenas Blick, daß diese einen Doppelsinn in ihre einfache Bemerkung legte.

»Felix«, setzte Lena an. »Er… Würden Sie ihm sagen, daß es mir leid tut?«

Janey erweichte. Sie konnte nicht anders.

»Er weiß nicht, was Sie getan haben«, sagte sie. »Bloß daß Sie… daß Sie ihn unter Drogen gesetzt haben.«

»Warum haben Sie es ihm nicht erzählt?«

»Hauptsächlich um seinetwillen«, sagte Janey. »Und außerdem… Es gab keinen Grund dafür, meinen Sie nicht?«

»Wer ist da?« rief Felix von drinnen.

Janey musterte Lena eingehend, dann seufzte sie.

»Sie können ebensogut reinkommen«, sagte sie. »Ich kann Ihnen nicht versprechen, daß wir Freunde werden, aber wenn Sie sich bei ihm entschuldigen wollen…«

Lena schüttelte den Kopf. »Ich könnte ihm nicht ins Gesicht sehen«, sagte sie. »Ich schaff's ja kaum bei Ihnen.«

Sie holte eine Visitenkarte aus der Tasche und drückte sie Janey in die Hand.

»Wenn ich Ihnen jemals helfen kann«, sagte sie, »in *irgendeiner* Beziehung, dann rufen Sie mich an.«

Sie wandte sich um und ging davon, gerade als Felix an die Tür kam. Ihrem Gang war nur noch die Spur eines Humpelns anzumerken.

»Janey«, begann er, dann bemerkte er Lenas sich entfernende Gestalt. »Ist das…?«

»Lena Grant«, bestätigte Janey.

Felix' Augen verengten sich, doch Janey stieß ihn an und bugsierte ihn wieder ins Haus.

»Sie wollte sich bei uns entschuldigen«, sagte sie.

»Entschuldigen?« fragte Felix. »Wie kann sie bloß glauben, wir würden ihr das abnehmen?«

»Das glaubte sie auch nicht.«

Janey sah auf die Visitenkarte, dann steckte sie sie in die Gesäßtasche ihrer Jeans.

»Aber ich glaube, sie hat es ehrlich gemeint«, sagte sie und schloß die Tür.

Epilog

Alle Dinge sind bekannt,
doch die meisten wurden vergessen.
Man braucht eine spezielle Art
von Magie,
um sich an sie zu erinnern.

ROBERT HOLDSTOCK
aus *Lavondyss*

*

Der Weg, der uns weiterbringt,
ist auch der Weg, der uns
nach innen führt.

COLIN WILSON
aus *Beyond the Occult*

Fast zu schön, um wahr zu sein

Für mich verkörperte sein Spiel die wilden Hügel und das Heidemoor.

BILL CHARLTON,
Begründer der Northumbrischen Versammlung,
über Billy Pigg

»Ich frage mich, was aus ihnen geworden ist«, sagte Jodi, als Denzil das Buch schloß.

Sie hatte es sich auf dem Fensterbrett in einem winzigen Sitzsack bequem gemacht, den Denzil auf dem Höhepunkt seiner plötzlich erwachten Begeisterung für Miniaturmöbel, die ihn in den ersten Wochen nach Jodis Einzug gepackt hatte, für sie hergestellt hatte. Auf seiner Werkbank lagen weitere halbfertige Möbelstücke verstreut, während überall auf dem Dachstuhl seine Schöpfungen der verkleinerten Jodi das Leben erleichterten.

Er hatte ihr aus einer Holzkiste ein privates Schlafzimmer gebastelt, das nun auf einem niedrigen Bord in einem der Bücherregale stand. Eine Vielzahl von Leitern verschaffte ihr Zugang zu den verschiedenen Tischplatten und dem Fensterbrett, und im Moment arbeitete er gerade an einem Aufzug, der es ihr gestatten würde, den Dachstuhl nach Belieben zu betreten und zu verlassen, obwohl er sich insgeheim jedesmal Sorgen machte, wenn sie allein auf die Straße ging. Er fürchtete, eine normalgroße Person könne auf sie treten – ganz zu schweigen von Bodburys allzu vielen Katzen.

So wie die Dinge lagen, ging sie meistens in der Tasche eines der Kinder aus dem Bruch oder zusammen mit Denzil oder Taupin nach draußen. Ihre Tage waren ausgefüllt mit solchen Exkursionen, oder sie half Denzil bei der Arbeit; sie hatte das Auge und die richtige Größe für die kniffligsten handwerklichen Aufgaben – wenngleich es ihr, zu Denzils Verdruß, an der rechten Begeisterung fehlte. Am liebsten trödelte sie abends herum und ließ sich von Denzil vorlesen, wie er es auch heute getan hatte.

Das Buch, das sie soeben beendet hatten, war ein altes, in Leder gebundenes Exemplar, das Taupin draußen in der Heide am Men-an-Tol gefunden hatte und das er daraufhin Denzil und Jodi präsentiert hatte, da sie, wie er sich ausdrückte, die einzigen seien, »die die grotesken Einfälle angemessen zu würdigen« wüßten.

Und dann hatte er gezwinkert.

»Ich hoffe, sie leben glücklich bis ans Ende ihrer Tage«, sagte Jodi.

»Vielleicht haben das ein paar auch getan.«

»Taupin meint, daß die Geschichten ewig weitergehen, ob wir nun darin vorkommen oder nicht. Daß sie ein Eigenleben haben. Wenn wir ein Buch aufschlagen, wird die Geschichte eingefroren – aber nur so lange, wie wir darin lesen.«

Denzil räusperte sich. Er und der Heckenphilosoph führten ihre langen und nach Jodis Ansicht sinnlosen Streitgespräche fort; nur daß es dabei diesmal um die Besonderheiten gewisser Aspekte folkloristischer Wunder und ihrer Eigenheiten ging, statt um das Vorhandensein der Magie an sich.

Vor zwei Tagen, als Taupin sie das letzte Mal besucht hatte, hatten sie sich stundenlang darüber ausgelassen, ob Whiskey tatsächlich ein Heilmittel sei oder ob die Bezeichnung ›Lebenswasser‹ nur symbolisch für eine andere Gemütsverfassung stand, in die der Alkohol den Pichler versetzte.

»Ihr beide seid wie zwei Bohnen in einer Schote«, sagte Jodi zu ihm. »Ich weiß nicht, wer von euch beiden der Schlimmere ist.«

»Paß auf, du, oder ich stecke dich in ein Marmeladenglas.«

Jodi lächelte, dann spitzte sie die Ohren in die Richtung des geöffneten Fensters.

»Hör mal«, sagte sie. »Da ist es wieder. Hörst du's?«

»Ich höre etwas ...«

Was er nur undeutlich hörte, war für sie glasklar. Der Wind wehte Klänge der ursprünglichen Musik von der Heide ums Men-an-Tol heran. Darin enthalten war der schwungvolle Klang eines kleinen Dudelsacks, der sich hoch über die übrigen ätherischen Instrumente aufschwang und vor dem Hintergrund des bienenartigen Brummens der Baßpfeifen wie ein Vogelschwarm zwitscherte.

»Ich frage mich, ob Taupin wohl noch daran denkt, sie zum Stein zu bringen«, sagte Jodi.

Denzil wußte, wovon sie sprach – seitdem er die kleine Spange fertiggestellt hatte, die eine vollkommene Replik des Umschlags des Buches darstellte, das Taupin am Stein gefunden hatte, hatten sie kaum noch von etwas anderem gesprochen.

»Brengy hält, was er verspricht«, räumte er ein. Ollie hatte sich auf seinem Schoß zusammengekuschelt und schlief tief und fest. Er kraulte den kleinen Affen zwischen den Ohren. »Vielleicht vergißt er es für ein oder zwei Wochen, aber irgendwann erledigt er alles, was er versprochen hat.«

»Ich wüßte gern, was sie denkt, wenn sie es bekommt«, sagte Jodi.

»Vielleicht schreibt sie ein Buch, um es dir mitzuteilen«, sagte Denzil.

Jodi lächelte. »Vielleicht komponiert sie aber auch ein Stück.«

Draußen vor dem Fenster, wo sich die Nacht auf

die schmalen Straßen von Bodbury hinabgesenkt hatte, wehte der Wind weiter eine übermütige Musik von den Hügeln herab und durch die schmalen Straßen der Stadt bis zum Meer. In ihrem Rhythmus waren die Schritte eines alten Tanzes eingeschlossen – ein flüsterndes Geheimnis, das immer weiter getragen wurde, hinaus über die Heide, übers Meer, von Hügel zu Hügel und von Welle zu Welle, bis in alle Ewigkeit.

Zufriedenheit geht über Reichtum

Ich traf dich vor langer Zeit,
aber du hast es nicht gemerkt,
denn du warst nicht da.
Nur dein Geist.

Der Geist, der aus einem deiner Bücher trat
und mir begegnete …

JACK DANN, aus *Night Meetings*

Ein Jahr später stand Janey Little wieder einmal auf der Heide am Men-an-Tol, den kleinen Kasten mit dem northumbrischen Dudelsack unter den Arm geklemmt. Sie kam oft hierher, manchmal bei Nacht, manchmal bei Tag; manchmal mit Felix, manchmal allein. Dann setzte sie sich an den Stein und spielte auf ihrem Dudelsack, versuchte einen klaren Kopf zu bekommen, versuchte sich zu erinnern. Heute, am ersten Jahrestag, blickte sie den Dolmen an und bedauerte mehr denn je ihre Unfähigkeit, sich jene Nacht so klar und deutlich in Erinnerung zu rufen, wie sie es jedesmal versuchte, wenn sie hier draußen war.

Die Erinnerung blieb jedoch verschwommen. Sie erinnerte sich an John Madden und an alles, was er ihnen angetan hatte. Sie erinnerte sich an Großvaters Bericht über Michael Betts Feuerprobe und den armen Davie Rowe. Aber die Magie und die Musik … Die Erinnerungen daran blieben verschwommen und fern. Besonders die Erinnerung an die Musik.

Es war genauso wie in Dunthorns Buch – in *ihrer* Version dessen, was zwischen dem Einband steckte.

Niemand erinnerte sich noch richtig daran. Im Lauf der Monate hatte alles eine traumartige Qualität angenommen, und nach und nach hatte man die verschiedenen Aspekte des *Wunderbaren* vergessen, das den Ereignissen angehaftet hatte. Nur sie nicht.

Manchmal holte sie das Foto ihrer Großmutter hervor und starrte den Kleinen an, der auf der Armlehne ihres Sessels thronte. Es war *tatsächlich* ein kleiner Mann, und er spielte Geige – oder wenigstens hatte es an dem Abend, als sie das Bild zum erstenmal betrachtet hatte, so ausgesehen. Jetzt kam es ihr immer häufiger so vor, als wäre es bloß ein Lichtfleck.

Heute fand auf Boyds Farm eine Session statt – zu Ehren ihrer und Felix' Rückkehr von der Herbsttournee durch Kalifornien. Felix trat noch immer nicht auf – außer daß er gegen Ende eines Konzerts auf der Crowdy Crawn ein wenig Rhythmus beisteuerte. Meistens besorgte er die Aussteuerung – und Janey wußte, daß sie noch nie so gut geklungen hatte wie bei ihm – und spielte anschließend bei den Sessions mit.

Aber es wurde allmählich besser. Das spürte sie. Wenn er noch nicht bei der nächsten Tournee auftrat, die sie bereits gebucht hatten, dann eben bei der übernächsten. Sie würde sich gedulden – die neue und geläuterte Janey Little blieb ihren Entschlüssen nach wie vor treu.

Und er hatte fast bei jedem Stück ihres dritten Albums mitgespielt, so daß der einzige richtige Streit, den sie im vergangenen Jahr gehabt hatte, um die Nennung seines Namens auf dem Plattencover gegangen war, was er mit dem Argument zurückgewiesen hatte, daß die Leute dann erwarten würden, ihn bei ihren nächsten Tourneen auf der Bühne zu sehen. Er zog es vor, bei den Danksagungen zusammen mit den übrigen Gastmusikern wie Clare und Dinny und den anderen regelmäßigen Teilnehmern der Sessions aufgeführt zu werden, die bei ein oder zwei Stücken mitgespielt hatten. Die neue und geläuterte Janey hatte ihn in dieser Sache nicht gedrängt.

Die LP war gut gelaufen und hatte sowohl zu Hause wie auch in Übersee, wo sie sie zwischen den Stücken und nach der Vorstellung von der Bühne weg verkauften, gutes Geld eingebracht. Sie hatten sie aus naheliegenden Gründen *Das kleine Land* genannt. Ein Kritiker von *Folk Roots* meinte, der Titel beziehe sich auf ihren Nachnamen oder auf Cornwall, das manchen wohl als ›kleines Land‹ erscheinen mochte, doch nur diejenigen, die mit Dunthorns Buch zu tun gehabt hatten, kannten den wirklichen Ursprung des Namens und behielten ihn für sich.

Im vergangenen Jahr hatte es nur eine größere Veränderung in Janeys Leben gegeben: Ihre Mutter hatte angefangen, ihr zu schreiben. Auf die ersten Briefe mit ihren wirren Entschuldigungen hatte Janey nicht reagiert – schließlich war sie der Frau ja nichts schuldig. Doch die Briefe trafen regelmäßig ein, einmal im Monat. Nie war in den ungelenken Zeilen ihrer Mutter ein Tadel versteckt, weil sie ihr nicht antwortete. Sie waren im Plauderton geschrieben und berichteten von den Veränderungen im Leben ihrer Mutter. Von ihrem Umzug nach New York. Daß sie endlich eine Anstellung an einem Repertoiretheater in Neuengland bekommen habe, wie sie es sich immer gewünscht hatte. Daß sie arm, aber endlich glücklich sei. Daß sie sämtliche Platten von Janey gekauft habe und so stolz auf sie sei.

Jeder Brief war mit einem schwungvollen ›Deine Dich liebende Mutter Connie‹ unterschrieben.

Eines Nachmittags hatte Janey sich schließlich hingesetzt und zurückgeschrieben. Sie verschloß den Umschlag und brachte ihn kurz vor der Teezeit zum

Postamt. Als sie den Brief abschickte, wurde ihr eine Last von den Schultern genommen, die sie gar nicht bemerkt hatte.

Ihr war ein wenig übermütig zumute gewesen, und darum hatte sie beschlossen, am Men-an-Tol nachts eine Session zu veranstalten.

Sie ganz allein.

Bei Mondaufgang.

Mit ihrem Dudelsack.

Kempy war außer sich vor Freude, als er sie sah, und sprang begeistert um sie herum. Er legte sich mit heraushängender Zunge neben den Dolmen und sah zu, wie sie ihren Transportkoffer öffnete, die Einzelteile des Dudelsacks herausholte und zusammensetzte, indem sie Blasebalg und Chanter mittels je eines Schlauchs mit dem Luftsack verband. Bevor sie zu spielen begann, legte sie ihn auf den Kofferdeckel, lächelte Kempy verlegen zu und ging zum Stein hinüber.

Der Mond ging gerade auf.

Sie blickte sich im dunklen Heidemoor um. Zufrieden darüber, daß abgesehen vom Collie, der selbst halb verrückt war, niemand sie beobachtete, zwängte sie sich durch das Loch im Stein. Sie ging außen herum und drückte sich abermals durch das Loch. Und noch einmal. Insgesamt neunmal.

Sie suchte nicht nach einem Zugang zu jener anderen Welt. Sie wollte sie einfach nur *sehen*. Damit sie wußte, daß es sie wirklich gab.

Doch kein Nebel erhob sich von der umliegenden Heide. Kein Licht flammte auf.

Keine Musik erscholl.

Da war bloß die Stille der Nacht. Die Sterne funkelten hoch am Himmel, der für diese Jahreszeit überraschend klar war. Der Mond kletterte stetig höher.

Sie mußte über sich lachen, weil sie es überhaupt versucht hatte. Als sie nach dem neunten Durchgang auf der gegenüberliegenden Seite des Men-an-Tol stand, klopfte sie sich den Staub von der Jacke.

Es ist zwecklos, dachte sie.

Sie war enttäuscht, jedoch nicht überrascht. Wenn Magie sich so leicht hätte heraufbeschwören lassen, hätte schließlich jeder um das Men-an-Tol herumtanzen und beweisen können, daß es sie gab. Und wie Peter Goninan ihr gesagt hatte, war die Magie nicht so leicht zugänglich.

Sie war …

Sie hielt inne, als sie einen unbekannten Gegenstand berührte, der an ihrer Jacke befestigt war. Sie holte die Taschenlampe heraus, die sie vom Wagen mitgebracht hatte, und leuchtete sich auf die Brust.

Dort war eine Brosche befestigt, die sie noch nicht getragen hatte, als sie am Abend aus dem Haus gegangen war. Sie berührte sie ungläubig. Sie schien aus Zinn gefertigt zu sein – wie die schweren kleinen Landhäuser und Leuchttürme in den Andenkenläden, die vor zwei Jahren in Penzance und im Dorf verkauft worden waren. Sie hatte die Form eines Buchs, und auf dem Titelblatt …

Sie ertastete den Titel mit einem Finger, von Staunen überwältigt.

Das kleine Land.

Eine unheimliche Wärme breitete sich in ihr aus. Als sie den Stein ansah, meinte sie, einen Mann auf dem Men-an-Tol sitzen zu sehen, der die Beine schwang, so daß die Fersen leicht gegen den Stein schlugen. Und sie erkannte ihn. Es war William Dunthorn. Er sah anders aus als auf den alten Fotos ihres Großvaters, eher so, als hätte er bis heute gelebt. Und er lächelte sie an, mit einem durchdringenden Blick, randvoll mit Geheimnissen.

Sie blinzelte, und das Bild war verschwunden – jedoch nicht die Wärme. Und auch nicht die Erinnerung an den Mann, der auf dem Stein gesessen hatte.

Und auch nicht die Brosche.

Sie machte die Taschenlampe aus und hob den Dudelsack hoch. Sie schnallte sich den Blasebalg an und legte sich die kleinen Baßpfeifen über den linken Unterarm. Die Baßpfeifen begannen zu brummen. Von ihnen inspiriert, entlockte sie dem Chanter eine neue Melodie, die sie gerade komponiert hatte. Als Titel wählte sie das Gefühl, das ›beinahe zwei Billys wert war‹, das in ihren Adern jubilierte und dem tiefen Rhythmus ihres Herzschlags folgte –

Dumm-dum. Dumm-dum.

... der unter ihren Füßen im Boden widerzuhallen schien und weit, weit weg über die Heide.

Sie fühlte sich benommen, als hätte sie soeben eine Nachricht bekommen, die fast zu schön war, um wahr zu sein, und als müßte sie sie als Melodie in die Welt hinausschreien.

Eine simple Jig, ein Echo der ursprünglichen Musik. In ihrem Rhythmus waren die Schritte eines alten Tanzes verborgen – ein flüsterndes Geheimnis, das über die Heide tönte, übers Meer, von Hügel zu Hügel und von Welle zu Welle, bis in alle Ewigkeit.

Die Session auf der Farm der Boyds an diesem Abend war ein großartiger Erfolg, und Freunde von ihnen behaupteten sogar, sie hätten die Musik, die sich aus der Küche der Boyds ergoß, noch bis St. Ives und Land's End gehört.

Janey aber wußte, welche Musik sie in Wirklichkeit gehört hatten.

Es war ein Echo der ursprünglichen Musik gewesen, hatte sie Felix und Clare am nächsten Tag erklärt.

Die Musik des kleinen Landes, die jeder Mensch in sich trug.

Anhang

EINE AUSWAHL AUS JANEY LITTLES STÜCKEN

Die folgenden Stücke wurden für die Geige geschrieben, haben sich jedoch für eine große Anzahl von Instrumenten als ausgesprochen geeignet erwiesen.

(Titel der beigefügten Notenbeispiele)

Fast zu schön, um wahr zu sein
Montag nacht geht's rund
Billys Jig
Felix Gavins Reel
Denzils Mouzel
Die Mädchen von Edmonton
Ihre beiden Stühle
John Woods Mazurka
Meiklejohn Jig
Men-an-Tol-Walzer
Die neuen Schnürstiefel
Die neun blinden Harfenspieler
Sie ist zu schnell für mich
Sternguckerpastete
Die steinerne Scheune
Der schwarze Topf des Kesselflickers

Endlich ist er wieder da!

Bill, der galaktische Held

Er ist der perfekte Sternenkrieger, der beste Mann für diesen Job, den man sich nur vorstellen kann: Er hat nämlich zwei rechte Arme - was in jeder Hinsicht enorm praktisch ist -, und er hat sich ein paar ungeheuer eindrucksvolle Hauer implantieren lassen, vor denen seine Gegner erzittern. Sein Name ist Corporal Bill, und er gilt als der unbestrittene Held der gesamten Galaxis.

Ein interstellarer Spaß von und mit dem Bestseller-Autor HARRY HARRISON
Mit Cover-Illustrationen von Andreas Reiner

Der unglaubliche Beginn
06/5171

Die Welt der Roboter-Sklaven
06/5172

Die Welt der eßbaren Gehirne
(mit Robert Sheckley)
06/5173

Weitere Romane in Vorbereitung

Wilhelm Heyne Verlag
München